汽车机械基础（第二版）

主　编　蔺文刚　王建莉
副主编　李晓东　张　总　孙晓微

中南大学出版社
www.csupress.com.cn
·长沙·

全国高等职业教育汽车类"十三五"规划教材编委会

主 任

李东江　　王法长

副主任

（按姓氏拼音排序）

邓政洲　　冯月崧　　袁红军　　陆耀良

李晶华　　廖　明　　孙立宇　　苏　州

王国强　　杨立峰　　周志伟

委 员

（按姓氏拼音排序）

蔡乙贤　　陈顺强　　陈伟儒　　陈镇亚

成起强　　高　明　　归华君　　何宇漾

柯文远　　赖晓龙　　李春辉　　梁灿基

梁永勤　　梁志伟　　廖毅鸣　　林耀忠

蔺文刚　　刘及时　　刘　宜　　龙文婷

明邦平　　谭光尧　　王建莉　　王一斐

韦　清　　温锦文　　谢岳辉　　徐　振

颜其慧　　张　隽　　张璐嘉　　张淑梅

总序 / Preface

汽车后市场风云变幻，打破配件垄断、汽车维修技术信息公开、互联网＋、大众创业万众创兴等对传统汽车后市场业态产生了巨大冲击，传统业态——4S店、一二类综合性维修企业的发展空间备受挤压，利润大幅缩水，甚至面临企业的生存问题；而新兴业态——上门保养，召技上门，快修快保连锁经营，综合维修企业联盟发展，汽车维保线上下单、线下作业等层出不穷但却没有赚到理想中的利润，发展前途堪忧。而随着制造汽车的原材料、汽车零部件的加工工艺、汽车装配工艺、汽车运行材料等的技术进步，以及道路条件的大幅改善，汽车的故障概率大幅度下降，汽车的可靠性大幅度提高，"汽车不坏了"已经是一个不争的事实；在环保和能源的重重重压之下，新能源汽车，特别是纯电动汽车的市场份额将急剧扩大。因此，过去汽车"以修为主"的时代已经成为历史，"以养代修"的汽车后市场时代已经来临。基于以上现实，不久的将来，传统业态中的4S店、大型综合性汽车维修企业将面临大批倒闭的困境，汽车后市场的转型升级势在必行；流程化、规范化、标准化、专业化、品牌化、连锁化的汽车专项维修将是汽车后市场的必然发展趋势；汽车后市场对汽车类人才的需求将从单一的"技术技能型人才"向"技能服务型人才"过渡，过去汽修职业教育"以就业为导向"的人才培养模式将面临挑战，毕业生将无业可就，倒逼汽修职业教育人才培养向"以创、就业为导向"人才培养模式转变，因此汽修职业教育也必须进行转型升级，从而汽车职业教育也要从人才培养模式、人才培养方案、教学计划、教学大纲、课程建设、师资队伍建设、实训基地建设等方面进行全新规划。

职业教育不是为过去的行业培养人才，而是要为未来的行业发展需求储备人才，因此职业教育要紧跟行业发展，甚至要预判行业未来发展趋势，走在行业发展的前面，千万不能职业教育和行业发展两张皮，我办我的教育，不管行业发展什么事。因此汽修职业教育一定要研究汽车后市场，一定要贴近汽车后市场，一定要比汽车后市场更懂汽车后市场，要知道汽修职业教育到底应该教什么！到底应该怎么教！到底要教到什么程度！谋定而后动，直击汽修职业教育的痛点。鉴于此，中南大学出版社邀请行业专家参与，组织国内知名汽修高等职业教育院校教育专家共同剖析汽车后市场发展现状，研究汽车后市场发展趋势，积极探索汽修职业教育人才培养方案和人才培养模式，以满足汽车后市场现实要求和适应未来汽车后市场未来发展需求为出发点，构建全新的汽修与汽服职业教育课程体系，打造全国高等职业教育汽车类"十三五"规划教材，相信这套丛书的出版将对推动我国汽车职业教育的发展，为汽车后市场的发展奠定基础。

李东江

2020 年 5 月

前言 / Foreword

　　"汽车机械基础"作为汽车类专业的一门专业技术基础课，是学好后继专业课程的基础，本书是一本与高职高专汽车专业相结合的教材，采用"项目化教学""任务化教学"模式编写，将机械基础与汽车专业知识相结合，理论与实践相结合，具有较强的高职高专教育教材的特色。

　　本教材的编写从教育培养应用型人才的总目标出发，以近年来汽车机械基础系列课程体系改革的研究与实践成果为基础，针对当前高职高专职业学生的特点，结合编者教学中积累的一些体会，本着"实用""够用"的原则，拓宽理论基础知识范围，减少不必要的理论论述和计算。希望在满足学生就业需求的同时，使之具有再学习和可持续的职业发展能力；在帮助学生理解理论知识的同时，突出理论知识的工程应用，培养学生的实际工程应用能力。编写时力求语言简练、通俗易懂、图文并茂。

　　本教材主要内容包括"力学基础知识""材料基础知识""机械原理基础知识""液压与液力传动基础知识""公差与配合基础知识"及"汽车制造工艺基础知识"六个方面。本书在现有汽车机械基础技术系列教材主要教学内容基础上，依据课堂教学需要加入了"液力传动技术"和"汽车制造工艺"两部分内容。其中增加"液力传动基础"是基于液力传动与液压传动的区别，及液力传动在自动挡车的液力自动变速器中的应用；而增加"汽车制造工艺"是为了让汽车类专业学生了解汽车的毛坯、零部件及总装的制造方法及制造过程。

　　本教材由蔺文刚、王建莉担任主编，李晓东、张总、孙晓微担任副主编。甘肃交通职业技术学院蔺文刚老师编写了项目一"静力学基础"、项目二"材料力学"及项目三"汽车常用工程材料"的内容；甘肃交通职业技术学院王建莉老师编写了项目六"汽车机械传动"、项目八"液压与液力传动"的内容；甘肃交通职业技术学院李晓东老师编写了项目四"汽车常用机构"、项目九"公差与配合"及项目十"汽车制造基础"的内容；兰州工业学院张总老师编写了项目五"汽车机械联接"的内容；兰石石油装备工程股份有限公司高级工程师孙晓微编写了项目七"汽车轴系零部件"的内容。同时，要感谢甘肃交通职业技术学院汽筑工程系李维臻教授、王一斐教授对本次教材编写的大力支持。

由于编者水平有限，书中难免有错误和不当之处，恳请读者批评指正。

编　者

2020 年 5 月

目 录

C O N T E N T S

项目一　静力学基础

学习目标

1. 知识目标：
1) 掌握静力学基本概念；
2) 熟悉物体的受力分析；
3) 熟悉汇交力系合成的方法；
4) 掌握力矩与力偶的合成方法；
5) 掌握平面任意力系的简化方法。
2. 能力目标：
1) 能绘制简单物体的受力图；
2) 能对简单零件所受的扭矩进行分析；
3) 能计算零件受到的任意力系的大小及方向。

任务一　静力学基本概念及公理

1.1　静力学基本概念

1.1.1　力的概念

　　人们在长期的生产和生活实践中逐步形成并经过科学的抽象而建立了力的概念，力是物体之间的相互机械作用，这种作用会使物体的形状尺寸和运动状态发生改变。力使物体的形状尺寸发生改变称为力的内效应，力使物体的运动状态发生改变称为力的外效应。

　　汽车钢板弹簧在外力作用下发生变形，施加外力的物体是施力物体，钢板弹簧是受力物体，这是力的内效应，如图 1-1 所示。手推工具车使工具车由静止开始运动，手是施力物体，工具车是受力物体，这是力的外效应，如图 1-2 所示。

　　力对物体的作用效应取决于三个要素：力的大小（单位为牛，记作 N）、力的方向、力的作用点。这三者称为力的三要素。力是一个有大小和方向的矢量，可以用一具有方向的线段表示，如图 1-3 所示。线段的起点或终点表示力的作用点，箭头的指向表示力的方向，线段的长度（按一定比例尺）表示力的大小，通过力的作用点沿力的方向的直线称为力的作用线。

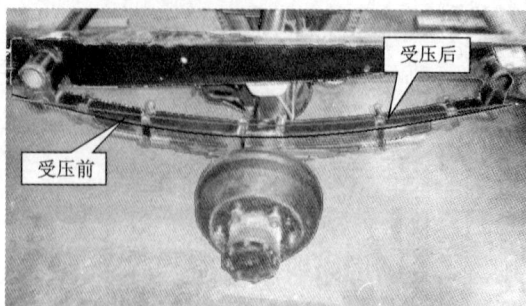

图1-1　力的内效应

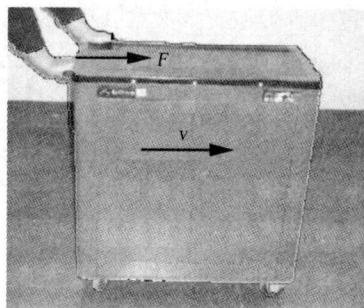

图1-2　力的外效应

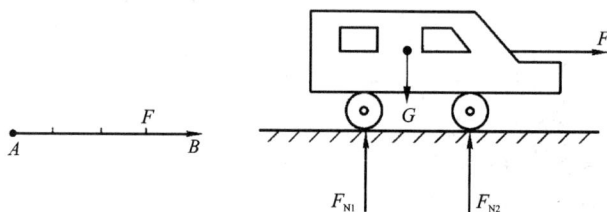

图1-3　力的表示方法

力的单位：牛顿(N)、千牛(kN)、公斤力(kgf)

换算：1 kN=1000 N；1 kgf=9.8 N

1.1.2　力系的概念

若干个力作用在同一个物体上组成的系统称为力系，如果物体在一个力系的作用下保持平衡，则称该力系为平衡力系。如果两个力系对同一物体的作用效应完全相同，则称这两个力系互为等效力系。当一个力系与一个力的作用效应完全相同时，把这一个力称为该力系的合力，而该力系中的每一个力称为合力的分力。

1.1.3　刚体的概念

刚体是指在受力状态下保持其几何形状和尺寸不变的物体。任何物体在力的作用下都会产生不同程度的变形，不过工程实际中物体的变形都很微小，在许多情形下可以忽略不计，而把物体看成不变形的刚体，从而简化所研究的问题，如图1-4所示的齿轮轴就可以看作刚体。但当物体的变形成为研究问题的主要因素时，就不能再把物体看成刚体，而要看成变形体。

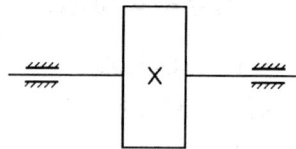

图1-4　齿轮轴

1.2　静力学基本公理

静力学公理是人们从长期的实践中积累起来，并经过概括、总结和提炼的客观规律，其正确性已在大量的实践中得到证明。静力学公理揭示了力的基本规律，是静力学全部理论的基础。

1.2.1 公理一(二力平衡公理)

作用在刚体上的两个力使刚体处于平衡的充要条件是:这两个力的大小相等,方向相反,且作用在同一直线上。只在两端受力,且处于平衡状态的物体称为二力杆,其特征是:它所受的两个力必定处在二力作用点的连线上,且符合等值、反向条件。如图1-5所示,若 *AC* 杆和 *BC* 杆不计自重、惯性力和摩擦力,即为二力杆。

二力杆不一定是直杆,可以是形状弯曲的构件,但只要符合二力杆的基本条件,都可称为二力杆。二力杆不论是直杆还是弯杆,其力必定都处于二力作用点的连线上,如图1-6所示。

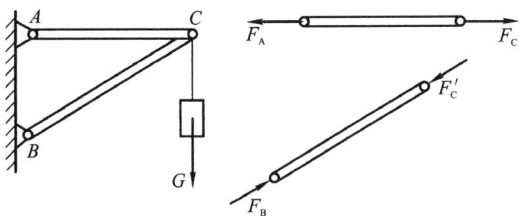

图1-5 支架

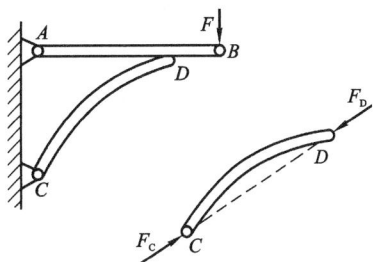

图1-6 二力构件

1.2.2 公理二(加减平衡力系公理)

在刚体上作用有某一力系时,再加上或减去一个平衡力系,并不改变原有力系对刚体的作用效应。

力的可传性原理:作用于刚体上的力,可以沿着其作用线任意移动,而不改变力对刚体作用的外效应,如图1-7所示。

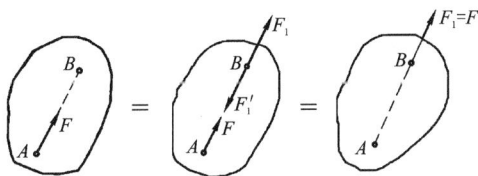

图1-7 力的可传性原理

1.2.3 公理三(作用力与反作用力公理)

两物体之间相互作用的力,总是同时存在,两者大小相等,方向相反,沿同一条直线,分别作用在两个物体上,如图1-8所示。

作用力与反作用力公理指出:力总是成对出现,有作用力必定存在一个反作用力,这是分析物体之间相互作用力的一条重要规律。

必须强调的是,作用力与反作用力公理中所讲的两个力,绝不能与二力平衡公理中的两个力混淆,这两个公理有着本质的区别。

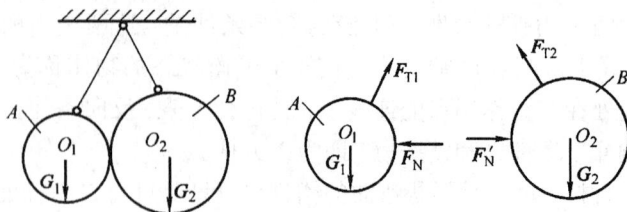

图 1 – 8　作用力与反作用力

1.2.4　公理四(力的平行四边形公理)

作用于物体上同一点的两个力可以合成为一个合力,合力仍作用于该点,其大小和方向由这两个分力为邻边所构成的平行四边形的对角线表示,如图 1 – 9 所示。力的平行四边形公理符合矢量加法原则,即 $F_R = F_1 + F_2$。

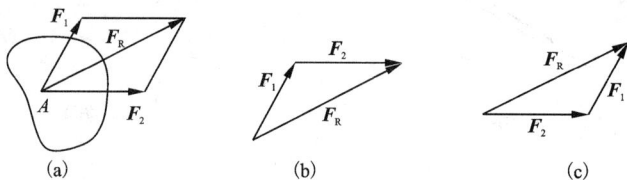

图 1 – 9　力的平行四边形法则

力的平行四边形公理不仅适用于两个力的合成,还可推广到更多的共点力的合成,由此我们可以推论出三力平衡汇交定理:若作用在刚体上,且处于同一平面内的三个相互不等的力使刚体处于平衡状态,则此三个力的作用线必交汇于一点。如图 1 – 10 中所示的物体在 A、B、C 三点分别受到力的作用下而处于平衡,C 点的作用力 F_3 必过 A、B 两点作用力的作用线交点 O。

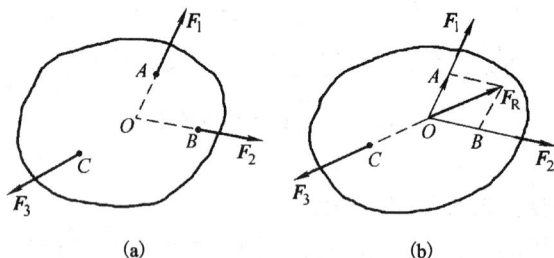

图 1 – 10　三力平衡汇交定理

1.2.5　公理五(刚化公理)

变形体在某一力系作用下处于平衡,如把此变形体刚化为刚体,则平衡状态保持不变。一段绳子(弹簧)在两个等值反向的拉力作用下处于平衡,若将其变为刚性体,则平衡状态不受影响;但对刚性杆受两个等值反向压力作用而平衡时,如果将该刚性杆变为绳索(弹簧),

则平衡状态不能保持。

任务二 受力分析与受力图

1.3 约束与约束反力

能在空间任意运动而不受限制的物体称为自由体。反之,运动受到限制的物体称为非自由体。对非自由体的某些运动所起限制作用的周围物体,称为约束。如发动机曲轴受轴承的限制、半轴受固定螺栓的限制、起吊的发动机在垂直方向受吊索的限制,它们都只能做定向运动,都是非自由体。

约束总是阻碍物体运动,作用于非自由体上限制其运动的力,称为约束反力或被动力,简称反力;物体受到的重力、加在物体上的载荷等使物体产生运动或运动趋势的力,称为主动力。通常,主动力的大小和方向是已知的,约束反力的大小和方向是未知的,两者共同构成一个平衡力系。一般约束力的作用点就是约束与被约束物体的接触点,根据平衡条件就能确定约束反力的方向和作用线。

1.3.1 柔性约束

由柔软的绳索、链条、皮带等形成的约束称为柔性约束。此类约束的特点是:柔软易变形,只能承受拉力,不能承受压力,不能抵抗弯曲,所以柔性物体只能限制物体沿它的中心线离开的运动,而不能限制其他方向的运动,柔性体的约束反力方向沿着柔性体而背离物体,作用点为柔性体与物体的接触点,如图 1 – 11 所示。

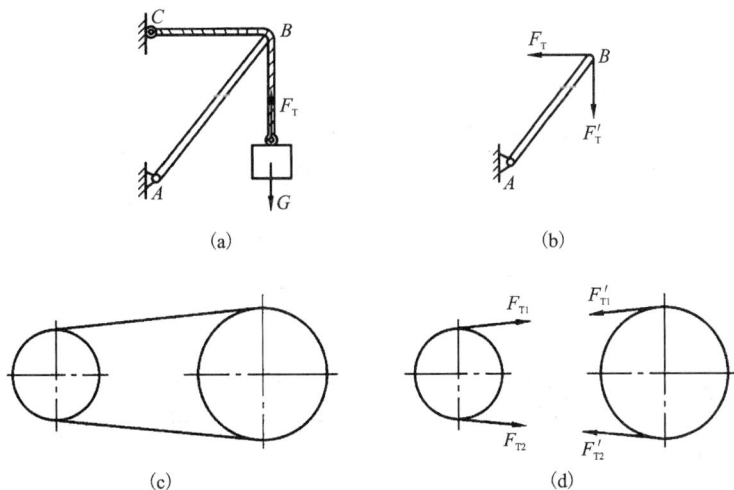

图 1 – 11 柔性约束示例

1.3.2 光滑面约束

两个互相接触的物体,如果接触面上摩擦力小到可以忽略不计,这样的接触面认为是光滑面。光滑面限制物体沿支承面法线指向支承面方向的运动,但不限制沿支承面切线方向的运动，光滑面约束反力的方向是沿接触面在接触点的公法线，并指向物体，通常用F_N表示。

图1-12(a)表示重力为G的圆柱置于V形架上，两物体接触于A、B两点。V形架作用于圆柱的反力为$\boldsymbol{F}_{NA}$、$\boldsymbol{F}_{NB}$，它们分别沿接触点处的公法线指向圆柱，如图1-12(b)所示；V形架所受圆柱的作用力$\boldsymbol{F}'_{NA}$、$\boldsymbol{F}'_{NB}$，如图1-12(c)所示，其中$\boldsymbol{F}_{NA}$与$\boldsymbol{F}'_{NA}$，$\boldsymbol{F}_{NB}$与$\boldsymbol{F}'_{NB}$互为作用力与反作用力。

图1-12　光滑面约束示例

1.3.3　光滑铰链约束

由铰链构成的约束为铰链约束。铰链由圆柱销和带孔构件组成，构件只能绕销钉轴线转动，而不能沿销钉半径方向移动。如门窗的合叶，曲柄、连杆与活塞连接等。这类约束通常包括中间铰链约束、固定铰链约束和活动铰支座约束三种类型。

其中，当两构件采用圆柱销形成连接，且相互连接的构件之一为固定件，则称为固定铰链约束或固定铰支座，如图1-13(a)所示；若均不固定，则称之为中间铰链约束，如图1-13(b)所示；在固定铰支座的下边安装滚轮称为活动铰支座，如图1-13(c)所示。

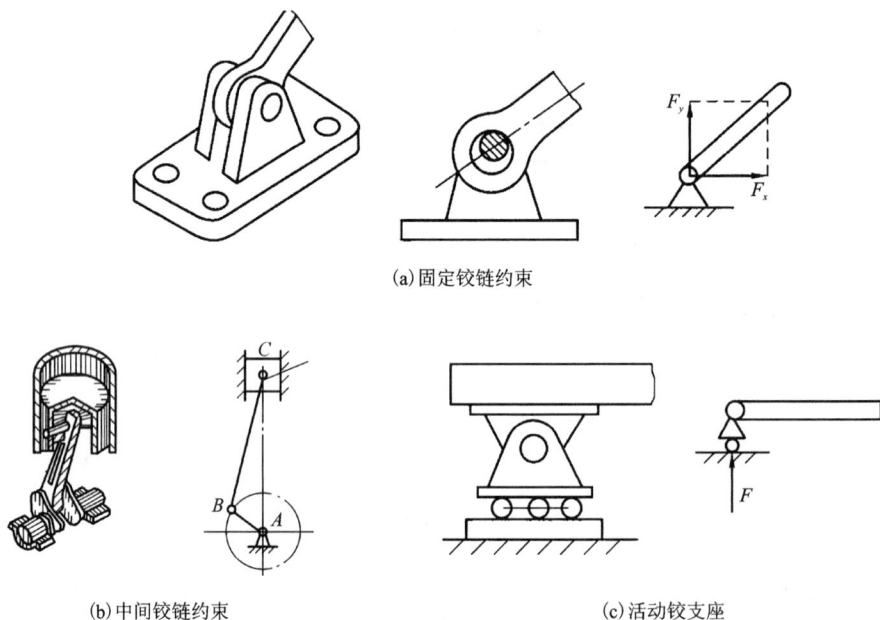

(a)固定铰链约束

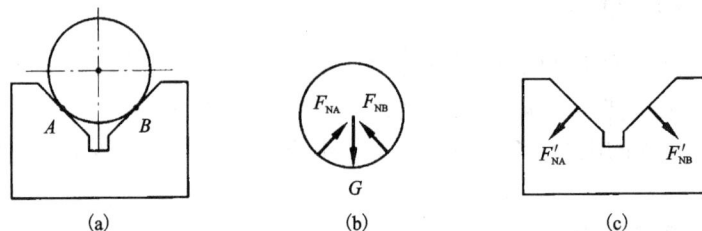

(b)中间铰链约束　　　　　　　　　　(c)活动铰支座

图1-13　光滑铰链约束示例

1.3.4 固定端约束

物体一端自由,另一端被固定的约束形式称为固定端约束,如图 1 – 14(a)和图 1 – 14 (b)所示,车刀与工件分别夹持在刀架和卡盘上,都是固定不动的,这些约束称为固定端约束。

以上所述工程实例都可归结为一杆插入固定面的力学模型,如图 1 – 14(c)所示,固定端约束可按约束作用画出其约束反力。因为固定端既限制了非自由体的垂直与水平移动,又限制了非自由体的转动,故在平面问题中,可将固定端约束的约束反力简化为一组正交的约束反力与一个约束力偶,如图 1 – 14(d)所示。

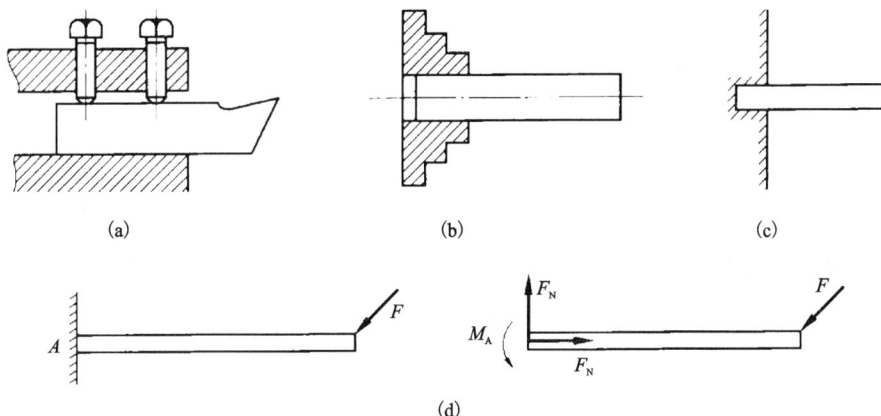

(a)   (b)   (c)

(d)

图 1 – 14 固定端约束示例

1.4 受力分析与受力图

作用在物体上的力对物体的运动都会产生一定影响,为了清楚表示物体的受力情况,需要把所研究的物体(研究对象)从周围物体的约束中分离出来,单独画出它的简图,并在上面画出所受的全部主动力和约束反力,这样得到的图形称为受力图。

画受力图步骤:

1)取分离体——画出所分析物体的分离体;

2)画主动力——画出该分离体所受到的所有主动力;

3)画约束力——根据约束的性质画出约束反力。

【例 1 – 1】 图 1 – 15(a)所示定滑轮中,定滑轮在轮心处受到平面铰链约束,在绳子的一端施加力 F,将重力为 G 的物体匀速吊起。设滑轮本身重力不计,滑轮与轴之间的摩擦亦不计,试分别画出重物与滑轮的受力图。

解:1)将滑轮约束解除,画出分离体,作用于其上的力有主动力 F 和绳子的拉力 F_T,以及铰链 O 的约束反力 F_x 和 F_y,其中 F_T 和 F'_T 为作用力与反作用力关系,如图 1 – 15(b)所示。

2)将重物约束解除并画出分离体,它受到主动力是重力 G、约束反力是绳子的拉力 F_T 的作用,如图 1 – 15(c)所示。

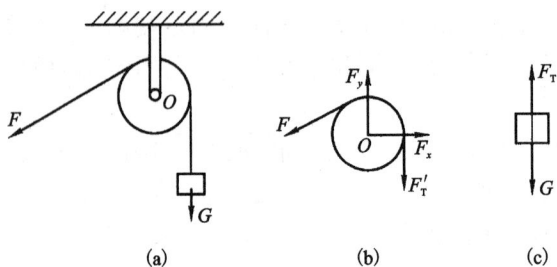

图 1 -15　定滑轮系

【例 1 -2】　如图 1 -16(a)所示，重力为 G 的均质球 O，由杆件 AB、绳子 BC 和墙壁支撑。设各处的摩擦及各杆的重力忽略不计，试分别画出球 O、杆件 AB 的受力图。

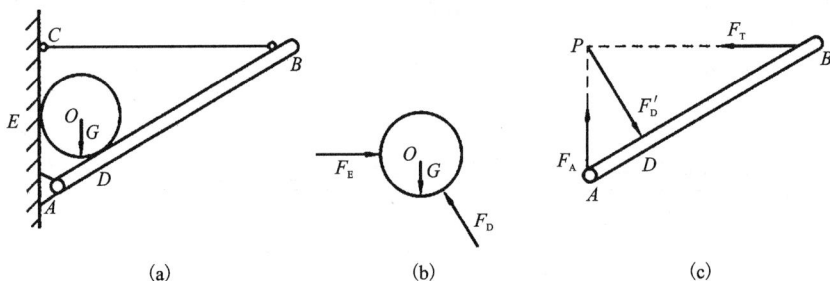

图 1 -16　均质球支架

解：1)以球 O 为研究对象画出其分离体。

2)受力分析。球受到主动力为重力 G，方向垂直向下；杆 AB、墙壁支撑力 F_D、F_E 分别过球与两者的接触点 D、E，并沿接触点处公法线指向球心，如图 1 -16(b)所示。

3)以杆 AB 为研究对象画出分离体，如图 1 -16(c)所示。

4)对杆 AB 进行受力分析。杆 AB 上主动力为球对它的压力 F_D'(和 F_D 是作用力与反作用力关系)，方向沿 D 点处公法线指向杆 AB。同时，B 点受到绳子对 AB 杆的拉力 F_T，方向自 B 指向 C 点。A 点为固定铰链约束，约束反力的方向可根据三力平衡汇交定理判定，F_A 经过 F_D 与 F_T 的交点为 P。

【例 1 -3】　折梯的 AB、AC 两部分在 A 处用中间铰链连接，并在 D、E 两点用水平绳子相连，梯子一边作用有铅垂载荷 F_P，如图 1 -17(a)所示。不计梯子自重和接触面的摩擦，试画 AB、AC 的受力图。

解：1)取 AB 为研究对象，画分离体。其上作用有主动力 F_P，B 点处光滑面约束反力 F_{NB} 垂直于支承面指向 AB，D 点处绳子的拉力 F_{TD}，方向水平向右，A 点中间铰链的约束反力用正交的 F_{Ax}、F_{Ay} 表示，如图 1 -17(b)所示。

2)取 AC 为研究对象，画出分离体受力图。其上所受各力分别为绳子约束反力 F_{TE}，方向水平向左，C 点光滑面约束反力 F_{NC} 垂直支承面指向 AC，A 处中间铰链约束反力为正交的 F_{Ax}'、F_{Ay}'，与 F_{Ax}、F_{Ay} 分别为作用力与反作用力关系，如图 1 -17(c)所示。

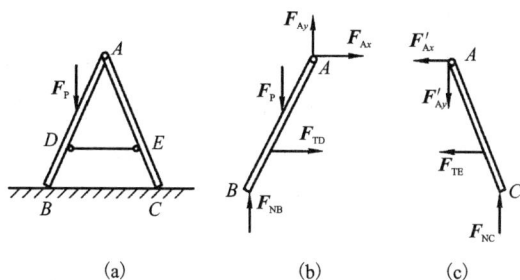

图1-17 折梯

【例1-4】 汽车发动机中的活塞连杆组可看作曲柄滑块机构,由曲柄、滑块组成,如图1-18(a)所示。设各构件重力不计,试画出图示位置时活塞的受力图。

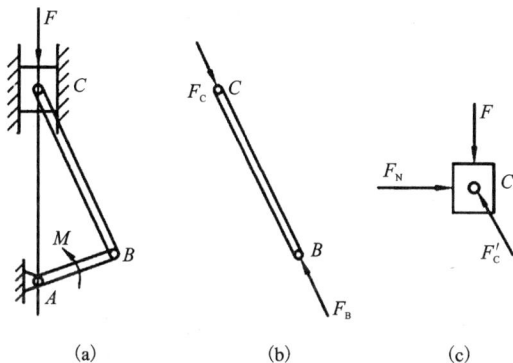

图1-18 活塞连杆组

解: 1)取活塞为研究对象,画出分离体,先画出已知的主动力 F。铰链 C 处的约束反力可通过 BC 杆的受力来分析。由于杆的重力不计,只在 B、C 两点受力而平衡,因此 BC 杆属二力构件,受力如图1-18(b)所示。

2)取活塞为研究对象,活塞上 C 点所受的力与 BC 杆上 C 点的受力是作用力与反作用力关系,另外,由于活塞在 F_C 作用下,有往左运动的趋势,因此受到气缸壁的无滑面约束,方向垂直支承面指向活塞,如图1-18(c)所示。

任务三 平面汇交力系

作用在物体上的力,通常按力系中各力作用线在空间位置的不同分为平面力系和空间力系两大类。各力的作用线均在同一平面上的力系称为平面力系;作用线不全在同一平面上的力系称为空间力系。

1.5 平面汇交力系的简化与合成

作用在物体上的各力的作用线都在同一平面内,且汇交于一点的力系,称为平面汇交力系。例如,用力 F 拉动碾子压平路面,当受到石块的阻碍而停止前进时,碾子受到拉力 F、重力 F_P、地面反力 F_{NB} 以及石块的反力 F_{NA} 的作用,以上各力的作用线都在铅垂平面内且汇交于碾子中心 C 点,这是平面汇交力系,如图 1-19 所示。

1.5.1 力的平移定理

力的平移定理:作用在刚体上的一个力可以平移到同一刚体上的任意一点,但必须同时附加一个力偶,其力偶矩等于原力对新作用点的矩,如图 1-20 所示。

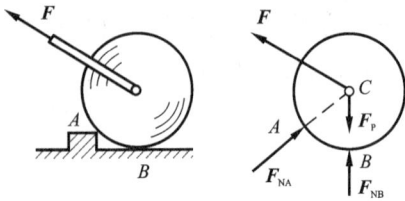

图 1-19 平面汇交力系

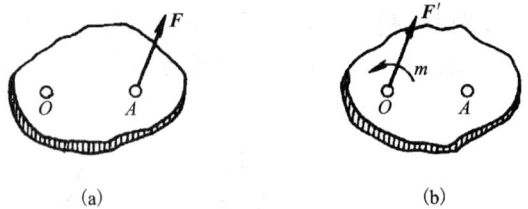

(a)　　　　(b)

图 1-20 力的平移

1.5.2 平面汇交力系的合成

1. 平面汇交力系合成的几何法

(1)两个共点力合成力的三角形法则

设在物体上作用有汇交于 O 点的两个力 F_1 和 F_2,按力的平行四边形法则求出这两个力的合力 F_B,如图 1-21 所示。为了作图简便,只要在 F_1 的终点 B 作 F_2,再将 F_1 的起点 O 和 F_2 的终点 C 连接起来,矢量 OC 则代表 F_1 和 F_2 的合力 F_B,$\triangle OBC$ 称为力的三角形,这种通过作图求合力的方法叫力的三角形法则。可用式子表示为:

$$F_B = F_1 + F_2$$

它是一个矢量等式,即两个汇交力的合力等于这两个力的矢量和。

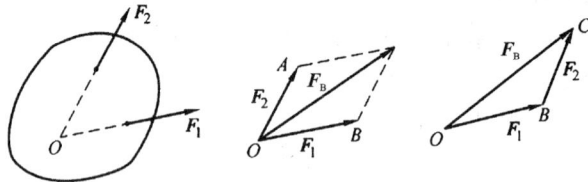

图 1-21 力的三角形法则

(2)多个共点力合成的多边形法则

多个共点力合成时,按照力的三角形法则,先求 F_1 和 F_2 的合力 F_{R12},再求 F_{R12} 和 F_3 的合力 F_{R123},最后求出 F_{R123} 和 F_4 的合力 F_R。F_R 就是汇交力系的合力,如图 1-22 所示。作图时 F_{R12},F_{R123} 可不必画出,只需按一定的比例尺将力系中各力矢量首尾相接组成一条折线,然后,连接第一个力的起点到最后一个力的终点,方向从第一个力的起点指向最后一个力的终点，就得到合力 $\boldsymbol{F}_{R}$。合力是力多边形的封闭边，这种求合力的几何作图方法叫力的多边形法则，又称为几何法。其表达式为

$$\boldsymbol{F}_{R} = \boldsymbol{F}_{1} + \boldsymbol{F}_{2} + \boldsymbol{F}_{3} + \boldsymbol{F}_{4}$$

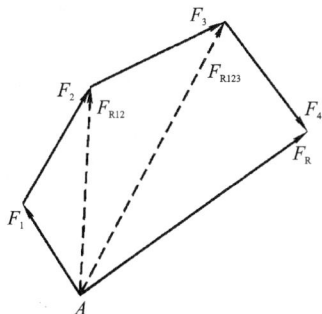

图 1 – 22 力的多边形法则

显然，不论有多少个力组成汇交力系，都可以用这种方法来求合力。即平面汇交力系合成的结果是一个合力，合力的作用线通过力系的汇交点，合力等于原力系中所有分力的矢量和。即

$$\boldsymbol{F}_{R} = \boldsymbol{F}_{1} + \boldsymbol{F}_{2} + \cdots + \boldsymbol{F}_{n} = \sum_{i=1}^{n} \boldsymbol{F}_{i} \qquad (1 – 1)$$

还应指出，在作力的多边形时，若按不同的顺序画各分力，得到力的多边形也不同，但力的多边形的封闭边不变，即最终合力的大小和方向不变。也就是说，力的多边形在合成过程中与顺序无关。

（3）平面汇交力系平衡的几何条件

平面汇交力系平衡的允分必要条件是：合力 $\boldsymbol{F}_{R}$ 等于零。

$$\boldsymbol{F}_{R} = \sum_{i=1}^{n} \boldsymbol{F}_{i} = 0$$

平衡力系平衡的充分必要几何条件是：力系中各力构成的力多边形自行封闭，如图 1 – 23所示。

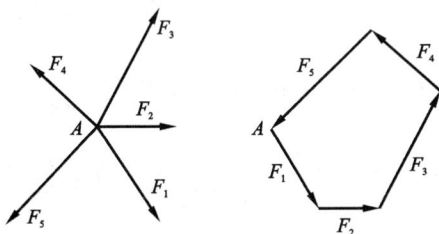

图 1 – 23 平面汇交力系平衡的几何条件

2. 平面汇交力系合成的解析法

（1）力的分解

两个共作用点的力合成一个合力，解是唯一的，但要将一个已知力分解为两个力，如无

足够的条件限制，其解将是不定的。因为按力的平行四边形公理 $F = F_1 + F_2$，其中每个矢量都包含大小和方向两个要素，则上式中就包含有六个要素，必须已知其中四个才能确定其余两个。即在已知合力的大小和方向的条件下，还必须给出另外两个条件：如两分力的方向或两分力的大小；或一个分力的大小和方向；或一个分力的大小和另一个分力的方向等。

（2）力在坐标轴上的投影

设有已知力 F 作用于物体的 A 点，如图 1 – 24 所示。在力 F 作用线所在平面建立直角坐标系 xOy，从力 F 的始点 A 和末端 B 点分别向 x 轴、y 轴作垂线，在 x 轴上的投影用 F_x 表示，在 y 轴上的投影用 F_y 表示。其正负号规定：若投影的指向与坐标轴的正向一致，则为正，反之为负。若已知力 F 与 x 轴正向夹角为 α。

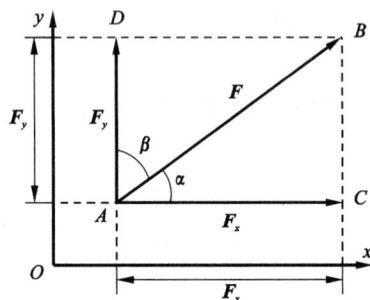

图 1 – 24　力在平面直角坐标系内的投影

$$\left.\begin{array}{l} F_x = \pm F\cos\alpha \\ F_y = \pm F\sin\alpha \end{array}\right\}$$

若已知 F_x、F_y 值，可求出 F 的大小和方向，即：

$$\left.\begin{array}{l} |F| = \sqrt{|F_x|^2 + |F_y|^2} \\ \tan\alpha = |F_y / F_x| \end{array}\right\}$$

（3）平面汇交力系合力的解析法

合力在某一轴的投影，等于各分力在同一轴上投影的代数和：

$$\left\{\begin{array}{l} F_x = F_{1x} + F_{2x} + \cdots + F_{nx} = \sum_{i=1}^{n} F_{ix} \\ F_y = F_{1y} + F_{2y} + \cdots + F_{ny} = \sum_{i=1}^{n} F_{iy} \end{array}\right.$$

$$\left\{\begin{array}{l} F = \sqrt{F_x^2 + F_y^2} = \sqrt{\left(\sum_{i=1}^{n} F_{ix}\right)^2 + \left(\sum_{i=1}^{n} F_{iy}\right)^2} \\ \tan\alpha = \left|\dfrac{F_y}{F_x}\right| = \left|\dfrac{\sum\limits_{i=1}^{n} F_{iy}}{\sum\limits_{i=1}^{n} F_{ix}}\right| \end{array}\right.$$

【例 1 – 5】　一固定于房顶的吊钩上有三个力 F_1，F_2，F_3，其数值与方向如图 1 – 25 所示。用解析法求此三力的合力。

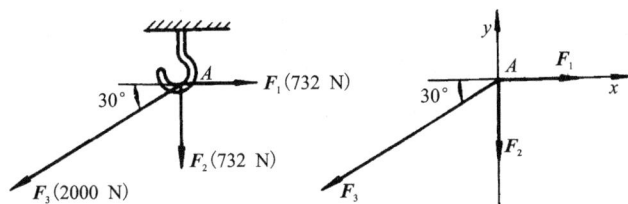

图 1-25　吊钩受力图

解： 建立直角坐标系 xAy：

$$F_x = F_{1x} + F_{2x} + F_{3x} = 732 + 0 - 2000\cos30° = -1000 \text{ N}$$

$$F_y = F_{1y} + F_{2y} + F_{3y} = 0 - 732 - 2000\sin30° = -1732 \text{ N}$$

$$F = \sqrt{\left(\sum F_x\right)^2 + \left(\sum F_y\right)^2} = 2000 \text{ N}$$

$$\tan\alpha = \left|\frac{F_y}{F_x}\right| = \sqrt{3}, \text{ 故 } \alpha = 60°。$$

合力在第三象限，与 x 轴所夹锐角为 60°，且过汇交点。

（4）平面汇交力系的平衡方程

平面汇交力系平衡的充分与必要条件是力系的合力 F 为零，即：

$$F = \sqrt{\left(\sum F_x\right)^2 + \left(\sum F_y\right)^2} = 0$$

而要使上式成立，则必须同时满足：

$$\begin{cases} \sum F_x = 0 \\ \sum F_y = 0 \end{cases}$$

因此，平面汇交力系平衡的充分与必要条件是力系中各力在两个直角坐标轴上的投影的代数和等于零。

任务四　力矩与力偶

1.6　力矩

1.6.1　力矩概念

力对物体的作用，能使物体发生移动或转动的变化。例如用扳手拧紧螺母时（图 1-26），力 F 作用于扳手的一端，其拧紧程度不仅与力 F 的大小有关，而且与 O 点到力 F 作用线的垂直距离 d 有关。

因此，在力学上以乘积 Fd 作为度量力 F 使物体绕 O 点转动效应的物理量，称为力 F 对 O 点之矩，简称力矩，用符号 $M_O(F)$ 表示，即：

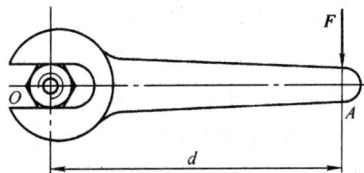

图 1-26　扳手简图

$$M_O(F) = \pm Fd$$

O 点为力矩中心（矩心），O 点到力 F 作用线的垂直距离 d 称为力臂。通常规定：力使物体绕矩心作逆时针方向转动时，力矩为正；作顺时针方向转动时，力矩为负。力矩的国际制单位是牛顿·米（N·m），工程制单位是千克力·米（kgf·m）。

由此可知，力对点的矩在两种情况下等于零：

1）力为零；

2）力臂为零，即力的作用线过矩心。

1.6.2　合力矩定理

平面汇交力系的合力对平面上任一点之矩，等于所有各分力对同一点力矩的代数和。

设某力系为 $F_i(i = 1, 2, \cdots, n)$，其合力为 F_R，根据以上理论，则有表达式：

$$M_O(F_R) = M_O(F_1) + M_O(F_2) + \cdots + M_O(F_n) = \sum_{i=1}^{n} M_O(F_i)$$

其中：$F_R = F_1 + F_2 + \cdots + F_n = \sum_{i=1}^{n} F_i$。可用于力臂不易求得的场合。

【例 1-6】　一轮在轮轴 B 处受一切向力 F 作用，如图 1-27(a) 所示，已知 F，R，r，α，试求此力对轮与地面接触点 A 的力矩。

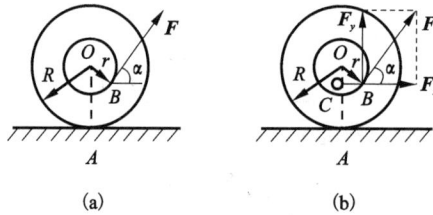

图 1-27　轮轴受力图

解：利用合力矩定理来求解：将 F 分解为 F_x 和 F_y，如图 1-27(b) 所示。

$$M_A(F) = M_A(F_x) + M_A(F_y)$$
$$M_A(F_x) = -F_x CA = -F_x(OA - OC) = -F\cos\alpha(R - r\cos\alpha)$$
$$M_A(F_y) = F_y CB = F_y r\sin\alpha = F\sin\alpha \cdot r\sin\alpha$$
$$M_A(F) = F(r - R\cos\alpha)$$

1.7　力偶与力偶矩

1.7.1　力偶与力偶矩定义

在生活中，常见到物体受大小相等、方向相反、作用线互相平行的两力作用使物体转动的情况。如司机用双手转动方向盘［图 1-28(a)］、用丝锥攻丝［图 1-28(b)］等，这样的两个力由于不共线而不能互相平衡。

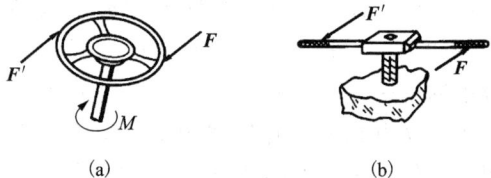

图 1-28　力偶应用实例

我们把这种大小相等、方向相反、作用线互相平行的两个力叫力偶，记为(F，F')。力偶所在的平面叫做力偶的作用面，两力作用线之间的垂直距离 d 叫力偶臂，力的大小与力偶臂的乘积，称为力偶矩，以 $M(F，F')$ 或 M 表示，即：

$$M = \pm M(F，F') = \pm Fd$$

式中正号表示力偶逆时针方向转动，负号表示力偶顺时针方向转动。力偶矩的符号、单位与力矩的符号、单位相同。

综上所述，力偶对物体的转动效应，取决于以下三要素：

1）力偶矩的大小；

2）力偶的转向；

3）力偶的作用平面。

1.7.2　力偶的性质

1）力偶不能简化为一个合力，即力偶不能与一个力等效，力偶只能与力偶相平衡；

2）力偶中的两个力对其作用面内任一点的矩，恒等于力偶矩，与矩心的位置无关，即力偶作用面指力偶中的两个力所在的平面。

1.7.3　平面力偶的等效条件

1）同一平面内力偶的等效变换：只要保持力偶矩大小和力偶的转向不变，作用于刚体上的力偶可以在其作用面内任意移动或转动，或同时改变力和力偶臂的大小而对刚体的效应不变；

2）平行平面内的等效变换：力偶在同一刚体上可以搬移到与其作用面相平行的平面内，而不改变其对刚体的效应。

1.7.4　平面力偶系的合成和平衡条件

1. 平面力偶系的合成

作用在物体上同一平面内的若十力偶总称为平面力偶系，平面力偶系合成的结果为一合力偶，合力偶矩为各分力偶矩的代数和。

$$M = M_1 + M_2 + \cdots + M_n = \sum_{i=1}^{n} M_i$$

2. 平面力偶系的平衡

平面力偶系平衡的充分与必要条件是：力偶系中各力偶的代数和等于零。

$$\sum_{i=1}^{n} M_i = 0$$

【例1-7】　梁 AB 受一力偶作用，如图 1-29 所示，其力偶矩 $M = 1000$ N·cm，试求支座 A、B 的反力。

解：取 AB 梁为研究对象。梁在矩为 M 的力偶及支座 A、B 的反力下平衡。

列平衡方程：

$$\sum M = 0$$

即

$$F_A \times 50 - M = 0$$

解得：

$$F_A = 20 \text{ N} \quad F_B = F_A = 20 \text{ N}$$

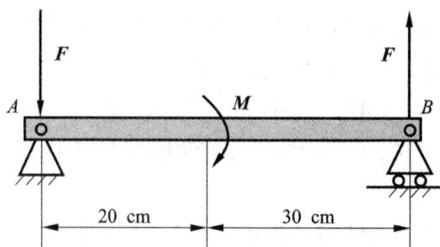

图 1-29　梁受力图

【例1-8】 用多轴钻床在水平工件上钻孔时，每个钻头对工件施加一压力和力偶，如图 1-30 所示，已知三个力偶的力偶矩分别为 $M_1 = M_2 = 10\ \text{N} \cdot \text{m}$，$M_3 = 20\ \text{N} \cdot \text{m}$，固定螺栓 A 和 B 之间的距离 $l = 0.2\ \text{m}$，试求两螺栓所受的水平力。

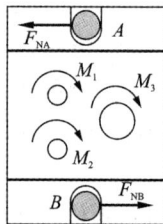

图 1-30　工件钻孔示例

解： 选工件为研究对象。工件在水平面内受三个力偶和两个螺栓的水平反力的作用而平衡。

$$\sum M = 0,\ F_{NA} \cdot l - M_1 - M_2 - M_3 = 0$$

得：

$$F_{NA} = F_{NB} = \frac{M_1 + M_2 + M_3}{l} = 200\ \text{N}$$

任务五　平面任意力系

作用在物体上各力的作用线分布在同一平面内，不汇交于一点，也不互相平行，这样的力系称为平面任意力系。

1.8　平面任意力系的简化

1.8.1　平面任意力系的简化方法

设刚体受一个平面任意力系作用，我们采用向一点简化的方法简化这个力系。为了具体说明力系向一点简化的方法和结果，我们设想只有三个力 F_1，F_2，F_3 作用在刚体上，如

图 1-31(a)所示,在平面内任取一点,作为简化中心;应用力的平移定理,把每个力都平移到简化中心 O 点。这样,得到作用于 O 点的力 F_1',F_2',F_3' 以及相应的附加力偶,其力偶矩分别为 m_1,m_2,m_3,如图 1-31(b)所示。这些力偶作用在同一平面内,它们分别等于力 F_1,F_2,F_3 对简化中心点的矩,即:

$$m_1 = M_O(F_1)$$
$$m_2 = M_O(F_2)$$
$$m_3 = M_O(F_3)$$

因此,平面任意力系就简化为平面汇交力系和平面力偶系,然后再分别对这两个力系进行合成,如图 1-31(c)所示。

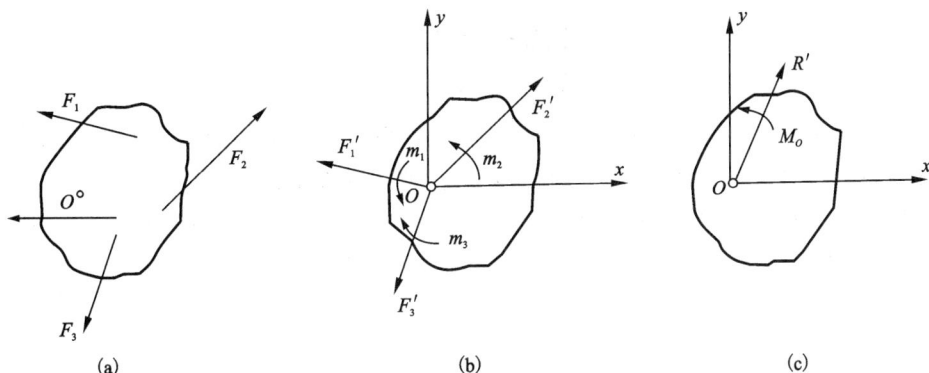

图 1-31 平面任意力系向任意一点的简化

1.8.2 平面任意力系的简化

设刚体上作用一平面的任意力系 F_1,F_2,$\cdots$,F_n,在力系所在平面内任选一点 O,作为简化中心。根据力的平移定理,将力系中的各力向 O 点平移,得到一平面汇交力系(F_1',F_2',$\cdots$,F_n')和一平面力偶系(M_1,M_2,$\cdots$,M_n)。平面汇交力系(F_1',F_2',$\cdots$,F_n')可合成为一个合力 F_R',F_R' 称为平面任意力系的主矢。平面力偶系(M_1,M_2,$\cdots$,M_n)可合成为一个合力偶,其合力偶矩 M_o 称为平面任意力系的主矩。

主矢

$$F_R' = F_1' + F_2' + \cdots + F_n' = F_1 + F_2 + \cdots + F_n = \sum_{i=1}^{n} F_i$$

主矩

$$M_O = M_1 + M_2 + \cdots + M_n = M_O(F_1) + M_O(F_2) + \cdots + M_O(F_n) = \sum_{i=1}^{n} M_O(F_i)$$

综上所述:平面任意力系向作用面内任一点简化的结果是一个力和一个力偶。这个力作用在简化中心,它的矢量称为原力系的主矢,并等于这个力系中各力的矢量和;这个力偶的力偶矩称为原力系对简化中心的主矩,并等于原力系中各力对简化中心的力矩的代数和。

1.9 平面任意力系的平衡

在平面任意力系中,如果要使物体在力系中保持平衡状态,则要求物体在各力作用下不能发生转动,也不能发生移动。所以,平面任意力系平衡的条件是:主矢和主矩同时为零。即:

$$F'_R = \sum F = 0$$

$$M_O = \sum M_O(F) = 0$$

因此,平面任意力系的平衡方程为:

$$\begin{cases} \sum F_x = 0 \\ \sum F_y = 0 \\ \sum M_O(F) = 0 \end{cases}$$

由此可知,平面任意力系平衡时力系中所有力在两个任选坐标轴 x, y 上投影的代数和分别等于零,以及各力对于平面内任意一点之矩的代数和也等于零。

【**例 1 – 9**】 重力 $G = 2$ kN 的球搁在光滑的斜面上,用绳拉住,如图 1 – 32(a)所示。已知 $\alpha = 30°$,$\beta = 15°$,求绳子的拉力和斜面对球的约束反力。

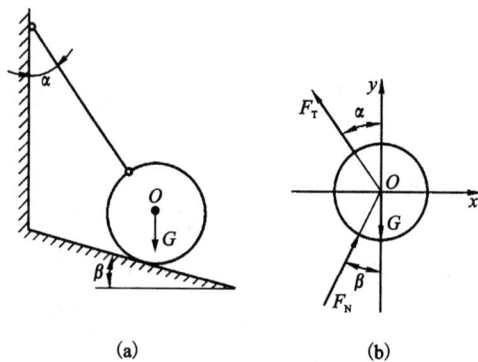

（a）　　　　　　　　（b）

图 1 – 32　球体受力图

解:1)根据题目要求,所要求的绳子拉力、斜面对球的约束反力均作用于球上,故选取球为研究对象,并画出分离体。

2)对球进行受力分析,画出受力图如图 1 – 32(b)所示。球受三个力作用,其中重力方向垂直向下(已知),绳子拉力 F_T 沿绳子背离球体,斜面的约束反力沿过接触点的接触面公法线指向球体,这三个力的延长线均通过球心,因此球受平面汇交力系的作用。

3)以球的中心 O 为原点建立直角坐标系,根据平面汇交力系的平衡条件,列出平衡方程并求解如下:

$$\sum F_x = 0, \quad 即 \ F_N \sin\beta - F_T \sin\alpha = 0$$

$$\sum F_y = 0, \quad 即 \ F_N \cos\beta + F_T \cos\alpha = 0$$

解得：
$$F_N = 1.414 \text{ N}$$
$$F_T = 0.732 \text{ N}$$

【例 1 – 10】 如图 1 – 33(a)所示的平面结构，横梁 AB 长为 l，受到一同平面内的力偶 M 作用。A 端通过铰链由 AD 杆支撑，B 端为固定铰链支座。不计梁和支杆自重，求 A、B 端的约束反力。

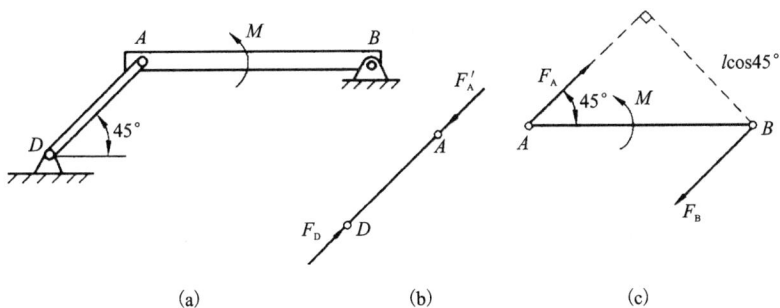

图 1 – 33 平面结构

解：1)根据题意，选取梁 AB 为研究对象，画出分离体，并进行受力分析；梁所受主动力为力偶 M，同时在 A、B 两端各受一力而平衡。

根据力偶平衡的性质可知，A，B 两端的力互成力偶才能与主动力偶平衡，即 F_A 与 F_B 必须等值、反向、作用线平行，如图 1 – 33(c)所示。

由于支杆 AD 在重力不计时为二力构件，由此可知梁上 A 点受力必沿 AD 杆，据此可定出 F_A，F_B 的指向，如图 1 – 33(b)所示，梁 AB 受一平面力偶系作用。

2)根据平面力偶系的平衡条件，列出平衡方程并求解：

$$M_O = \sum M_O(F) = 0$$
$$M - F_A l \cos 45° = 0$$
$$F_A = \frac{M}{l \sqrt{2}/2} = \frac{\sqrt{2} M}{l}$$
$$F_B = \frac{\sqrt{2} M}{l}$$

复习思考题

一、填空题

1. 力的三要素是指_____、_____和_____。

2. 作用力与反作用力总是同时存在同时消失，且_____、_____、沿同一直线_____物体上。

3. 二力杆的基本特征是所受的两个力必定处在两力作用点的_____且符合_____、_____条件。

4. 一个力与一个力系相等，则该力就称为该力系的_____。

5. 常见的约束类型有_____、_____、_____和_____。

6. 铰链约束可分为_____、_____和_____三种。

7. 平面力系是指力系中各力的作用线在_____。

8. 作用在刚体上的三个力使刚体处于平衡状态，其中两个力汇交于一点，则第三个力的作用线_____。

9. 平面汇交力系的合力在某一坐标轴上的投影等于_____。

10. 平面汇交力系平衡条件是_____。

11. 力偶对物体的转动效应取决于：力偶的_____、力偶的_____和力偶的_____三个要素。

12. 力偶是由_____、_____、_____的两个力组成。

13. 同一平面的两个力偶，只要_____相同，则这两个力偶等效。

14. 保持力偶矩的_____和_____不变，可以同时改变力偶中力和力偶臂的大小，而不改变它对物体的作用效果。

15. 平面力偶系的平衡条件_____。

16. 平面内两个力偶等效的条件是这两个力偶的_____；平面力偶系平衡的条件是_____。

17. 作用在刚体上的力，如果保持力的大小、方向不变，将力的作用线平移到另外一个位置，要保证力的作用效果不变，则必须附加_____，其矩等于_____。

18. 平面汇交力系的合力对平面内任意点的矩等于_____的代数和。

19. 平面一般力系平衡方程是_____，但应满足的附加条件是_____。

20. 平面任意力系向作用面内任一点简化后，若主矢_____，主矩_____，则原力系必然是平衡力系。

二、选择题

1. 汇交二力，其大小相等并与其合力一样大，此二力之间的夹角必为（   ）。

A. 0°   B. 90°   C. 120°   D. 180°

2. 一物体受到两个共点力的作用，无论是在什么情况下，其合力（   ）。

A. 一定大于任意一个分力   B. 至少比一个分力大

C. 不大于两个分力大小的和，不小于两个分力大小的差

D. 随两个分力夹角的增大而增大

3. 平面内三个共点力的大小分别为 3 N，9 N 和 6 N，它们的合力的最大值和最小值分别为（   ）。

A. 24 N 和 3 N   B. 18 N 和 0 N   C. 6 N 和 6 N   D. 12 N 和 9 N

4. 力偶对物体产生的运动效应为（   ）。

A. 只能使物体转动   B. 只能使物体移动

C. 既能使物体转动，又能使物体移动

D. 它与力对物体产生的运动效应有时相同，有时不同

5. 力偶在(　　　)的坐标轴上的投影之和为零。

A. 任意　　　　　　　B. 正交　　　　　　　C. 与力垂直　　　　　　　D. 与力平行

6. 图1－34中画出的四个力偶共面,试问在图(a)、(b)、(c)、(d)中,哪两个图所示的力偶等效。(　　　)

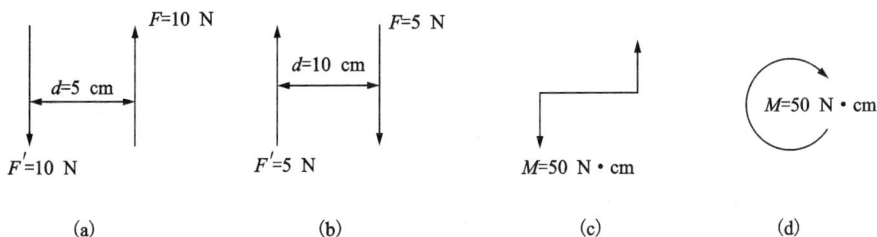

图1－34　四个共面力偶

A. a与b,c与d　　　B. a与c,b与d　　　C. a与d,b与c　　　D. 没有相等的

7. 在同一平面内的两个力偶只要(　　　),则这两个力偶就彼此等效。

A. 力偶中二力大小相等　　　　　　　B. 力偶相等

C. 力偶的方向完全一样　　　　　　　D. 力偶矩相等

8. 平面一般力系向一点 O 简化结果,得到一个主矢量 R' 和一个主矩 M_O ,下列四种情况,属于平衡的应是(　　　)。

A. $R' \neq 0$, $M_O = 0$　　B. $R' = 0$, $M_O = 0$　　C. $R' \neq 0$, $M_O \neq 0$　　D. $R' = 0$, $M_O \neq 0$

三、作图与计算题

1. 图1－35中,起重机水平梁 AB 重 $F_G = 1$ kN,载荷 $F_Q = 8$ kN,梁的 A 端为固定铰链支座, B 端用中间铰与拉杆 BC 连接,若不计拉杆 BC 自重,试求拉杆拉力及支座 A 的反力。

2. 如图1－36所示,用几何法求图中汇交力系的合力。其中 $F_1 = 100$ N, $F_2 = 80$ N, $F_3 = 120$ N, $F_4 = 160$ N。

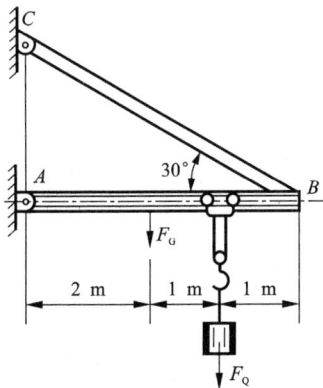

图1－35　起重机水平梁

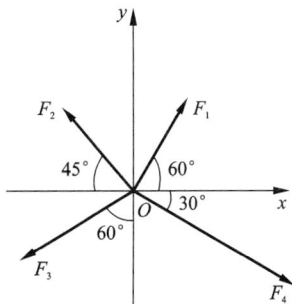

图1－36　平面汇交力系

3. 求图 1 – 37 中所示三个力偶的合力偶矩，已知：$F_1 = F_1' = 80$ N，$F_2 = F_2' = 80$ N，$F_3 = F_3' = 80$ N，$d_1 = 70$ cm，$d_2 = 60$ cm，$d_3 = 50$ cm。

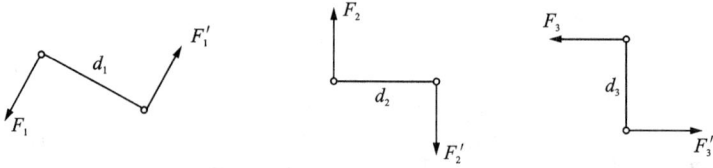

图 1 – 37

4. 用解析法求图 1 – 38 中所示两斜面的反力 F_{NA} 和 F_{NB}，其中，均质球中 $F_G = 500$ N。

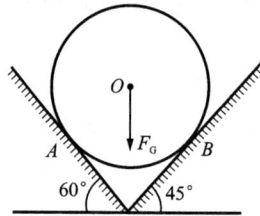

图 1 – 38   均质球受力图

项目二 材料力学

学习目标

1. 知识目标：
1）了解材料力学的基本概念；
2）掌握轴的基本变形形式。
2. 能力目标：
1）能够计算轴的各种内力；
2）能够绘制扭矩图、剪力图和弯矩图。

任务一 轴的拉伸与压缩变形

2.1 拉伸与压缩的概念

在实际工程中，承受轴向拉伸或压缩的构件是相当多的，例如起吊重物的钢索、桁架中的拉杆和压杆、悬索桥中的拉杆等，这类杆件共同的受力特点是外力或外力合力的作用线与杆轴线重合；共同的变形特点是杆件沿着杆轴方向伸长或缩短。这种变形形式就称为轴向拉伸或压缩，这类构件称为拉杆或压杆。

本项目只研究直杆的拉伸与压缩。可将这类杆件的形状和受力情况进行简化，得到如图 2－1 所示的受力与变形的示意图，图中的实线为受力前的形状，虚线则表示变形后的形状。

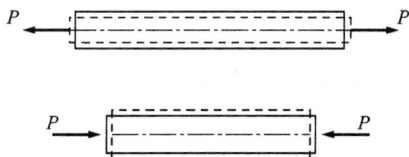

图 2－1 轴向拉压轴类件变形示意图

2.1.1　拉伸与压缩时横截面上的内力和应力

1. 横截面的内力

为了进行拉(压)杆的强度计算，必须首先研究杆件横截面上的内力，然后分析横截面上的应力。当杆件受到外力作用而发生变形时，内部材料之间在分子力的作用下，产生相互作用力，称为内力。当外力消失时，内力随之消失；外力越大，内力越大，当内力增加超过一定极限时，杆件就会产生永久变形，甚至破坏。因此，为了保证杆件安全正常的工作，就必须研究杆件的内力。

(1) 截面法

通过截面使构件内力显示出来，利用静力平衡方程求出内力的方法称为截面法。它是求内力的一般方法，也是材料力学中的基本方法之一。为了显示拉杆横截面上的内力，取横截面 $m-m$ 把拉杆分成两段，如图 2-2(a) 所示。杆件横截面上的内力是一个分布力系，其合力为 F_N，如图 2-2(b) 和图 2-2(c) 所示。由于外力 P 的作用线与杆轴线重合，所以，F_N 的作用线也与杆轴线重合，故称 F_N 为内力。

左段的静力平衡条件是：$\sum F_X = 0$，则

$$F_N - P = 0$$
$$F_N = P$$

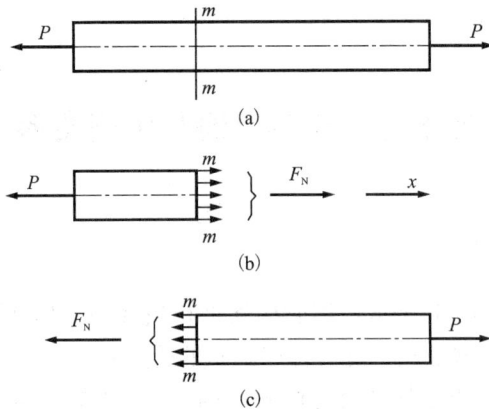

图 2-2　轴向拉压杆横截面的内力

即该截面上的内力是一个与外力方向相反并通过轴线，且大小等于 P 的轴向力。

综上所述，用截面法求轴向拉(压)杆内力的基本步骤是：

1) 截：在欲求内力的截面，假想地用横截面将杆件截开为两部分；

2) 取：任取一部分为研究对象，画出其受力图；

3) 代：将弃去部分对研究对象的作用，以截面上的未知内力来代替；

4) 平：根据平衡条件建立平衡方程，求出截面内力即轴力。

(2) 轴力图

对于受轴向拉、压的杆件，因外力的作用线与杆件的轴线重合，故分布内力的合力必沿杆的轴线，这种内合力称为轴力，为了使左右两段同一横截面上的轴力具有相同的正负号，对轴力的符号作如下规定：

使杆件产生纵向伸长的轴力为正，称为拉力；使杆件产生纵向缩短的轴力为负，称为压力。不难理解，拉力的方向是离开截面的，压力的方向是指向截面的。

多次利用截面法，可以求出所有横截面上的轴力，轴力沿杆轴的分布可以用图形描述。一般以与杆件轴线平行的坐标轴表示各横截面的位置，以垂直于该坐标轴的方向表示相应的内力值，这样作出的图形称为轴力图，也称为 F_N 图。轴力图能够简洁地表示杆件各横截面的轴力大小及方向，它是进行应力、变形、强度、刚度等计算的依据。

轴力图的绘制方法：

选取一坐标系，其横坐标表示横截面的位置，纵坐标表示相应横截面的轴力，然后根据各段内的轴力的大小与符号，就可绘出表示杆件轴力与截面位置关系的图形，即所谓轴力图。这样从轴力图上不但可以看出各段轴力的大小，而且还可以根据正负号看出各段的变形是拉伸还是压缩。

【例 2 - 1】　一等直杆，其受力情况如图 2 - 3 所示，试作其轴力图。

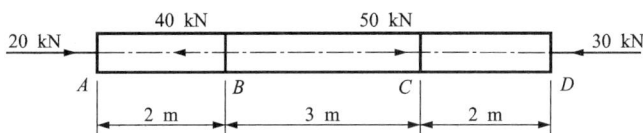

图 2 - 3　等直杆受力图

解：一般来说解题首先应搞清问题种类，由该杆的受力特点可知它是轴向拉压杆，其内力是轴力 F_N，下面用截面法求内力。

如图 2 - 4 所示，在 AB 之间任取一横截面 1 - 1，将杆件分为两部分，取左边部分为研究对象（以右边部分为研究对象也可），画出该分离体的受力图，由静力平衡条件列方程 $\sum X = 0$ 可得：

$$F_{N1} + 20 = 0$$

得

$$F_{N1} = -20 \text{ kN}$$

在 BC 之间任取一横截面 2 - 2，截面将杆件分为两部分，取左边部分为研究对象（以右边部分为研究对象也可），由静力平衡条件列方程 $\sum X = 0$ 可得：

$$F_{N2} + 20 - 40 = 0$$

得

$$F_{N2} = 20 \text{ kN}$$

在 CD 之间任取一横截面 3 - 3，截面将杆件分为两部分，取左边部分为研究对象（以右边部分为研究对象也可），由静力平衡条件列方程 $\sum X = 0$ 可得：

$$F_{N3} + 20 - 40 + 50 = 0$$

得

$$F_{N3} = -30 \text{ kN}$$

根据 AB、BC、CD 段内轴力的大小和符号，画出轴力图，如图 2 - 4 所示。

注意，画轴力图时一般应与受力图对正，当杆件水平放置或倾斜放置时，正值应画在与杆件轴线平行的横坐标轴的上方或斜上方，而负值则画在下方或斜下方，并且标出正负号。

当杆件竖直放置时，正负值可分别画在不同侧并标出正负号；轴力图上可以适当地画一些纵标线，纵标线必须垂直于坐标轴；旁边应标明内力图的名称。熟练以后可以不必画各分

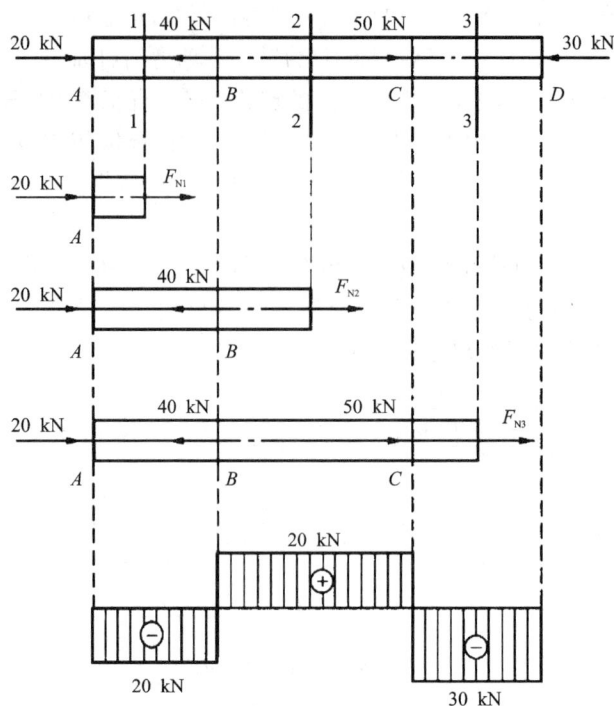

图 2 - 4　轴力图(F_N 图)

离体的受力图。

2. 横截面的应力

横截面是垂直于杆轴线的截面，前面已经介绍了如何求杆件的轴力，但是仅知道杆件横截面上的轴力，并不能立即判断杆在外力作用下是否会因强度不足而被破坏。例如，两根材料相同而粗细不同的直杆，受到同样大小的拉力作用，两杆横截面上的轴力也相同，随着拉力逐渐增大，细杆必定先被拉断。这说明杆件强度不仅与轴力大小有关，而且与横截面面积有关，所以必须用横截面上的内力分布集度(即应力)来度量杆件的强度。单位面积上的内力称为应力，单位为 N/m²、1 Pa = 1 N/m²。

在拉(压)杆横截面上，与轴力 F_N 相对应的是正应力，一般用 σ 表示。要确定该应力的大小，必须了解它在横截面上的分布规律。

取一等直杆，在其侧面上作两条垂直于轴线的横线 ab 和 cd，如图 2 - 5(a)所示，在两端施加轴向拉力 P，观察发现，在杆件变形过程中，ab 和 cd 仍保持直线且垂直于轴线，只是分别平移到了 $a'b'$ 和 $c'd'$，如图 2 - 5(a)中虚线所示，这一现象是杆件变形的外在反应。

根据这一现象，从变形的可能性出发，可以作出假设：原为平面的横截面变形后仍保持为平面，且垂直于轴线，这个假设称为平面假设，该假设意味着杆件变形后任意两个横截面之间所有纵向线段的伸长相等。又由于材料的均质连续性假设，由此推断：横截面上的应力均匀分布，且方向垂直于横截面，即横截面上只有正应力 σ 且均匀分布，如图 2 - 5(b)所示。如果以 A 表示横截面的面积，以 σ 表示横截面上的应力，那么应力 σ 的大小为：

$$\sigma = F_N/A \tag{2-1}$$

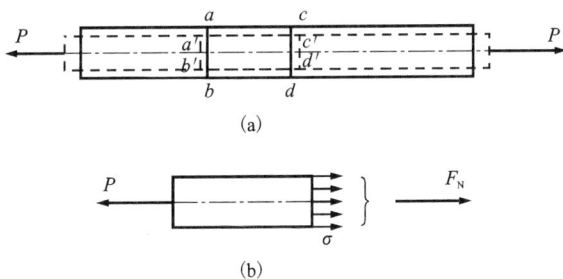

图 2 – 5　受拉杆件的应力

σ 的方向与 F_N 一致，即垂直于横截面。垂直于横截面的应力称为正应力，都用 σ 表示。正应力 σ 的符号随轴力的符号确定，即拉应力为正，压应力为负。

但是，实验研究表明，加载方式的不同，只对作用力附近截面上的应力分布有影响，这个结论称为圣维南（Saint – Venant）原理。根据这一原理，在拉（压）杆中，离外力作用点稍远的横截面上，应力分布便是均匀的了，一般在拉（压）杆的应力计算中直接用公式（2 – 1）。

【例 2 – 2】　一变截面圆钢杆 ABCD，如图 2 – 6（a）所示，已知 $P_1 = 20$ kN，$P_2 = 35$ kN，$P_3 = 35$ kN，$d_1 = 12$ mm，$d_2 = 16$ mm，$d_3 = 24$ mm。试求：

1）求各截面上的轴力，并作轴力图。

2）求杆的最大正应力。

解：1）求截面上的轴力，并画轴力图。

分别取三个横截面 Ⅰ – Ⅰ、Ⅱ – Ⅱ、Ⅲ – Ⅲ 将杆件截开，以右边部分为研究对象，各截面上的轴力分别用 F_{N1}、F_{N2}、F_{N3} 表示，并设为拉力，各部分的受力图如图 2 – 6（b）所示。由各部分的静力平衡方程 $\sum X = 0$ 可得：

$$F_{N1} = P_1 = 20 \text{ kN}$$

由

$$F_{N2} + P_2 - P_1 = 0$$

得：

$$F_{N2} = -15 \text{ kN}$$

由

$$F_{N3} + P_3 + P_2 - P_1 = 0$$

得：

$$F_{N3} = -50 \text{ kN}$$

其中负号表示轴力与所设方向相反，即为压力。作出的轴力图如图 2 – 6（c）所示。

2）求最大正应力。

由于该杆为变截面杆，AB、BC 及 CD 三段内不仅内力不同，横截面面积也不同，这就需要分别求出各段横截面上的正应力。利用式（2 – 1）分别求得 AB、BC 和 CD 段内的正应力为：

$$\sigma_1 = \frac{F_{N1}}{A_1} = 176.84 \text{ N/mm}^2 = 176.84 \text{ MPa}$$

$$\sigma_2 = \frac{F_{N2}}{A_2} = -74.60 \text{ N/mm}^2 = -74.60 \text{ MPa}$$

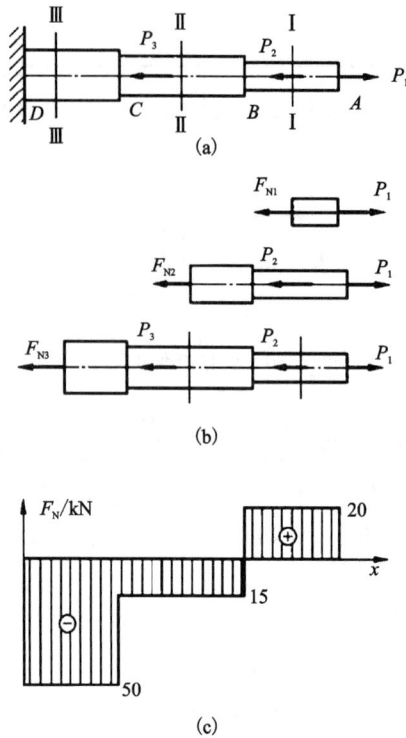

图 2-6 圆钢杆受力图

$$\sigma_2 = \frac{F_{N3}}{A_3} = -110.52 \text{ N/mm}^2 = -110.52 \text{ MPa}$$

由上述结果可见,该钢杆最大正应力发生在 AB 段内,大小为 176.84 MPa。

注意:应力计算时单位应得到 MPa,1 MPa = 1 N/mm²,因此算式中力的单位为 N,长度或面积单位应带入 mm 或 mm²。

杆件受到轴向载荷之后,杆中任意一点都将产生正应力 σ,同时该点也相应地产生纵向线应变 ε。正应力 σ 与线应变 ε 存在下列关系:

$$\sigma = E\varepsilon \qquad\qquad (2-2)$$

式中:E 为比例系数,称为拉压弹性模量,它是与材料有关的常量,不同材料的 E 值可查有关手册,钢的拉压弹性模量为:

$$E = 210 \text{ GN/m}^2 = 210 \text{ GPa}$$

在一定范围内,一点处的正应力同该点处的线应变成正比关系。式(2-2)称为胡克定律,适用于单向拉伸、压缩变形的杆件。

2.1.2 拉伸与压缩时强度计算

1.许用应力与安全系数

机器或工程机构中的每一构件,都必须保证安全可靠的工作。当构件受到拉压作用达到或是超过材料的极限应力时,就会发生过大的塑性变形或是断裂,构件就会失去正常的工作能力,这种现象称为失效。

为了保证构件的安全，必须保证构件在载荷作用下的最大应力低于材料的极限应力。为了保证构件有足够的强度，要求构件的工作应力必须小于材料的极限应力。考虑到构件的实际情况(如工作条件、载荷估计的准确性、材料的均匀性等)，需要一定的强度储备，即用极限应力除以大于1的安全系数 n 得到一个应力值，用 $[\sigma]$ 表示，即：

$$塑性材料 \quad [\sigma] = \sigma_s/n_s \qquad (2-3)$$
$$脆性材料 \quad [\sigma] = \sigma_b/n_b \qquad (2-4)$$

在工程实际中，静载时塑性材料一般安全系数 $n_s \approx 1.2 \sim 2.5$，对于脆性材料 $n_b \approx 2 \sim 3.5$。安全系数也反映了经济与安全之间的矛盾关系，取值过大，许用应力低，造成材料的浪费。反之取值过小，危险性加大。对于塑性材料，在材料屈服时就会发生过大的塑性变形而失效，故取屈服点 σ_s 作为极限应力；脆性材料一般取强度极限 σ_b 作为极限应力。

2. 强度条件

为了保证构件在工作时不至于因强度不够而破坏，要求构件的最大工作应力不超过材料的许用应力，于是得到强度条件为：

$$\sigma_{max} = F_{Nmax}/A \leqslant [\sigma] \qquad (2-5)$$

根据强度条件，可以解决以下几类强度问题：

1)强度校核。若已知拉压杆的截面尺寸、载荷大小以及材料的许用应力，即可用公式(2-5)验算不等式是否成立，进而确定强度是否足够，即工作时是否安全。

2)设计截面。若已知拉压杆承受的载荷和材料的许用应力，则强度条件变成：

$$A \geqslant F_{Nmax}/[\sigma] \qquad (2-6)$$

由此可以确定构件所需要的横截面面积的最小值。

3)确定承载能力。若已知拉压杆的截面尺寸和材料的许用应力，则强度条件变成：

$$F_{Nmax} \leqslant A[\sigma] \qquad (2-7)$$

由此可计算构件所能承受的最大载荷。

最后还应指出，如果最大工作应力 σ_{max} 略微大于许用应力，即一般不超过许用应力的5%，在工程上仍然被认为是允许的。

【例2-3】 用绳索起吊钢筋混凝土管，如图2-7(a)所示，管子的重量 $W=10 \text{ kN}$，绳索的直径 $d=40 \text{ mm}$，容许应力 $[\sigma]=10 \text{ MPa}$，试校核绳索的强度。

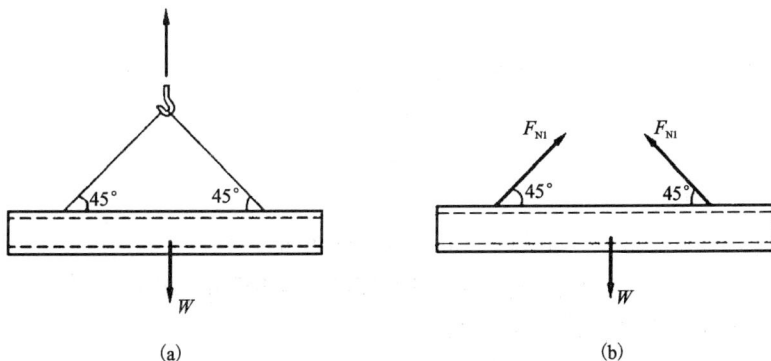

(a) (b)

图2-7 绳索受力图

解：1）计算绳索的轴力。

以混凝土管为研究对象，画出其受力图如图2-7(b)所示，根据对称性易知左右两段绳索轴力相等，记为F_{N1}，根据静力平衡方程有：

$$2F_{N1}\sin 45° = W$$

计算得：

$$F_{N1} = \frac{\sqrt{2}}{2}W = 5\sqrt{2}\ \text{kN}$$

2）校核强度。

$$\sigma = F_{N1}/A = 4F_{N1}/\pi d^2 = 20\sqrt{2} \times 10^3/3.14 \times 40^2$$
$$= 5.63\ \text{N/mm}^2 = 5.63\ \text{MPa} < [\sigma] = 10\ \text{MPa}$$

故绳索满足强度条件，能够安全工作。

【例2-4】　如图2-8(a)所示一简易托架结构中，$A_{BC} = 268.8\ \text{mm}^2$，$A_{BD} = 10.24\ \text{cm}^2$，两杆的弹性模量$E = 200\ \text{GPa}$，$P = 60\ \text{kN}$，$BC$杆为圆截面钢杆，其直径$d = 18.5\ \text{mm}$，$BD$杆为8号槽钢，两杆的$[\sigma] = 160\ \text{MPa}$，试校核该托架的强度。

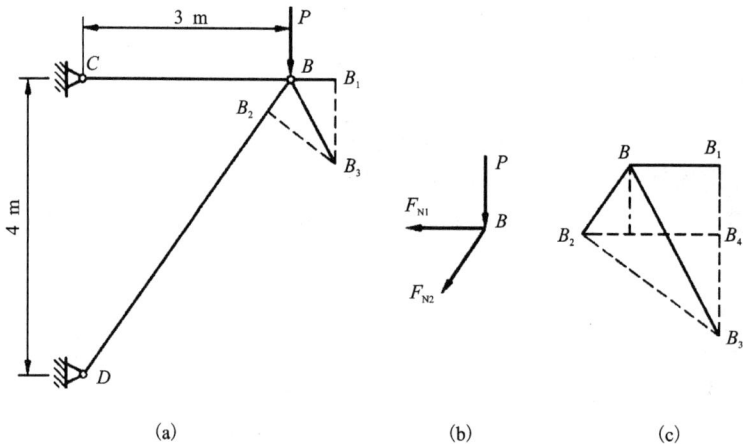

图2-8　托架受力图

解：1）计算各杆的内力。

由图2-8(b)所示，根据静力平衡方程计算得：

$$F_{N1} = 3P/4 = 45\ \text{kN}$$
$$F_{N2} = -5P/4 = -75\ \text{kN}$$

2）校核两杆的强度。

$$A_{BC} = \pi d^2/4 = 268.8\ \text{mm}^2$$
$$\sigma_{BC} = F_{N1}/A_{BC} = 45 \times 10^3/268.8 = 167.41\ \text{MPa}$$

工作应力大于许用应力，但是其增大幅度并不大

$$\frac{167.41 - 160}{160} \times 100\% = 4.63\%$$

由于在工程上增幅在5%以内被认为是允许的，所以，强度符合要求。

对于 BD 杆，由型钢表查得其横截面面积为 $10.24\ \text{cm}^2$，则杆的工作应力：

$$\sigma_{BD} = -\frac{75 \times 10^3}{10.24 \times 10^2} = -73.24\ \text{MPa} < [\sigma] = 160\ \text{MPa}$$

计算结果表明，托架的强度是足够的。

任务二　剪切和挤压

2.2　剪切与挤压的概念

用铰制孔螺栓连接钢板如图 2-9(a) 所示，在外力 F 的作用下，螺栓沿着截面 $a-a$ 发生错动。如果外力不断增大，螺栓将沿 $a-a$ 面被剪断。$a-a$ 面称为剪切面，这种截面发生相对错动的变形称为剪切变形。

在工程中常见的受剪切力的零件有键、销等。零件的受力特点是作用在两构件上的外力大小相等、方向相反，作用线平行且相距较近。变形特点是构件沿着两力作用的截面发生相对错动。

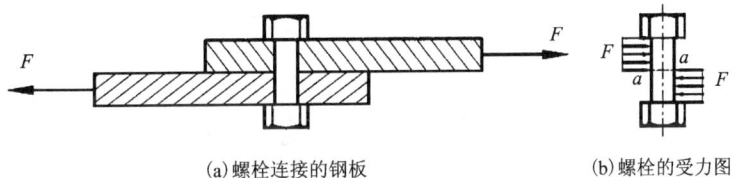

(a)螺栓连接的钢板　　　　(b)螺栓的受力图

图 2-9　螺栓连接

构件受剪切作用的同时，由于构件之间互相接触而且压紧，所以往往还伴随着挤压，螺栓与钢板在接触面上因为相互挤压而产生松动导致失效；钢板在受螺栓孔削弱的截面处产生塑性变形。相应地，为了保证连接件的正常工作，一般需要进行连接件的剪切强度、挤压强度计算和钢板的抗拉强度计算。

2.3　剪切和挤压的计算

2.3.1　剪切强度的计算

在图 2-9(a) 中，由螺栓连接的两块钢板承受力 F 的作用，显然螺栓在此受力情况下将沿 $a-a$ 截面发生相对错动，发生剪切变形。根据平衡条件可知，截面上必有一与截面相切的内力 F_Q 与外力 F 平衡。如前所述，剪切面上的切应力为：

$$\tau = \frac{F_Q}{A_S} \tag{2-8}$$

式中：A_S 为剪切面面积。

为保证螺栓不被剪断，必须使切应力 τ 不超过材料的许用切应力 $[\tau]$。于是，剪切强度条件可表示为：

$$\tau = \frac{F_Q}{A_S} \leqslant [\tau] \tag{2-9}$$

许用切应力$[\tau]$是通过实验来确定的,可查阅相关手册。

2.3.2 挤压强度的计算

在图2-9(a)中,在螺栓与钢板相接触的侧面上会发生相互间的局部承压现象,我们称之为挤压,在接触面上的压力称之为挤压力,用符号F_{bs}表示。当挤压力足够大时,将使螺栓压扁或钢板在孔缘处压皱,从而导致连接松动而失效。在工程设计中,通常假定在挤压面上应力是均匀分布的,挤压力根据所受外力由静力平衡条件求得,因而挤压面上挤压应力为:

$$\rho_{bs} = \frac{F_{bs}}{A_{bs}} \leqslant [\rho_{bs}] \qquad (2-10)$$

式中:A_{bs}为挤压面的计算面积,$[\rho_{bs}]$为材料的许用挤压应力,可查阅相关手册。

2.3.3 挤压面积的计算

式(2-10)中A_{bs}为计算挤压面面积。当接触面为平面时,计算挤压面面积取实际接触面的面积,$A_{bs} = hL$;当接触面为圆柱面(如螺栓连接中螺栓与钢板的接触面)时,计算挤压面面积取圆柱面在直径平面上的投影面积,如图2-10(a)所示,$A_{bs} = dt$,d为直径,t为螺栓与孔接触长度。

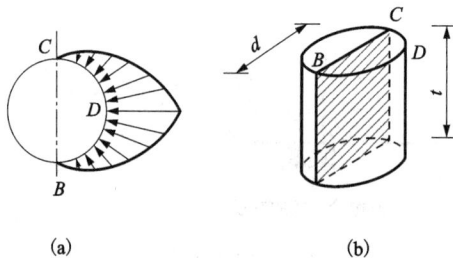

图2-10 挤压面面积与理论挤压应力的分布

【例2-5】 一螺栓接头如图2-11所示。已知$F = 40$ kN,螺栓、钢板的材料均为Q235钢,许用切应力$[\tau] = 130$ MPa,许用挤压应力$[\rho_{bs}] = 300$ MPa。试计算螺栓所需的直径。

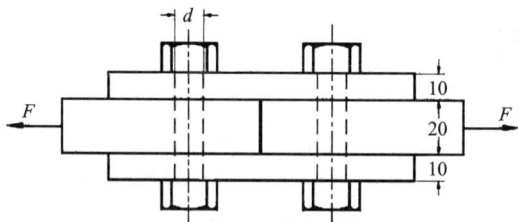

图2-11 螺栓受力图

解: 这是一个截面选择问题,先根据剪切强度条件式(2-9)求得螺栓的直径,再根据挤压强度条件式(2-10)来校核。

1)分析每个螺栓所受到的力。显然,每个螺栓有两个剪切面,但只受到一个力F的作用,由截面法可得每个剪切面上的剪力为

$$F_Q = \frac{F}{2}$$

将剪力和有关的已知数据代入剪切强度条件式(2-9),即得:

$$\tau = \frac{F_Q}{A_S} = \frac{2 \times 40 \times 10^3}{\pi d^2} \leqslant 130 \times 10^6 \text{ MPa}$$

于是求得螺栓直径为:

$$d \geqslant \sqrt{\frac{2 \times 40 \times 10^3}{\pi \times 130}} = 14 \text{ mm}$$

2)校核挤压强度。显然,由静力平衡条件可知每个螺栓所受挤压力为

$$F_{bs} = F$$

计算挤压面面积 A_{bs} 为螺栓的直径截面面积,即

$$A_{bs} = \delta d$$

将相关数据代入挤压强度条件式

$$\rho_{bs} = \frac{F_{bs}}{A_{bs}} \leqslant [\rho_{bs}]$$

得

$$\rho_{bs} = \frac{F_{bs}}{A_{bs}} = \frac{F}{\delta d} = \frac{40 \times 10^3}{20 \times 10^{-3} \times 0.014} = 143 \times 10^6 \text{ Pa} = 143 \text{ MPa} < [\rho_{bs}]$$

可见,螺栓直径取 14 mm 满足挤压强度条件。

任务三 圆轴扭转

在工程应用中,有很多构件在承受扭转作用时传递动力且产生扭转变形。例如机械中的传动轴、汽车的转向轴、攻螺纹时的丝锥等。杆件的扭转变形特点是杆件两端受到大小相等、方向相反的一对力偶作用且各个横截面均绕杆件的轴线发生相对转动。

2.4 圆轴扭转

2.4.1 圆轴扭转的内力

1. 外力偶矩的计算

工程中对于传动轴等转动构件,通常给出其转速和所传递的功率,在分析内力时,必须先计算外力偶矩。外力偶矩的计算公式为:

$$M_e = 9550 \frac{P}{n} \tag{2-11}$$

式中:M_e 为外力偶矩,N·m;P 为传递的功率,kW;n 为轴的转速,r/min。

2. 扭矩

如图 2-12(a)所示为一对大小相等,转向相反的外力偶 M_e 作用于圆周,采用截面法把轴沿截面 $m-m$ 截断,可假设沿 $m-m$ 截面将圆轴一分为二,并取其左半段分析,如图 2-12(b)所示,由平衡方程得:

$$\sum M = 0 \quad T - M_e = 0$$

即：
$$T = M_e$$

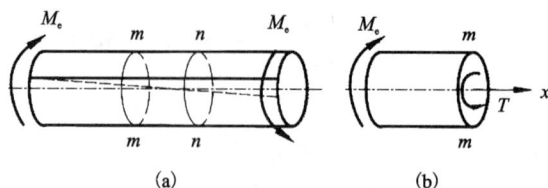

图 2 – 12　扭矩作用下的圆轴

如果取圆轴的右半段分析，则在同一横截面上可求得扭矩的数值大小相等而方向相反。为使从两段杆所求得的同一横截面上的扭矩在正负号上一致，材料力学中通常规定：按右手螺旋法则确定扭矩矢量，如果扭矩矢量的指向与截面的外法向方向一致，则扭矩为正，反之为负。

如果轴上有多个外力偶作用，则任意一截面上的扭矩等于该截面左段(或右段)外力偶矩的代数和。

3.扭矩图

当杆件上作用有多个外力偶矩时，为了表示沿轴线各横截面上扭矩的变化情况，从而确定最大扭矩及其所在位置，可仿照轴力图的绘制方法来绘制扭矩图。方法是：用横坐标 x 表示横截面的位置，纵坐标 y 表示这个界面上的扭矩的大小。

【例 2 – 6】　一传动轴如图 2 – 13(a)所示，轴的转速 $n = 500$ r/min，主动轮的输入功率为 $P_A = 600$ kW，三个从动轮的输出功率分别为 $P_B = P_C = 180$ kW，$P_D = 240$ kW。试计算轴内的最大扭矩，并作扭矩图。

解：首先计算外力偶矩，如图 2 – 13(a)所示。

$$M_A = 9550 \times \frac{600}{500} = 11.46 \times 10^3 \text{ N} \cdot \text{m} = 11.46 \text{ （kN} \cdot \text{m）}$$

$$M_B = M_C = 9550 \times \frac{180}{500} = 3.44 \text{ （kN} \cdot \text{m）}$$

$$M_D = 9550 \times \frac{240}{500} = 4.58 \times 10^3 \text{ N} \cdot \text{m} = 4.58 \text{ （kN} \cdot \text{m）}$$

然后，由轴的计算简图，计算各段轴内的扭矩，如图 2 – 13(b)所示。先考虑 AC 段，从任一截面 2 – 2 处截开，取截面左侧进行分析，如图 2 – 13(c)所示，假设 T_2 为正，由平衡方程：

$$\sum M_X = 0, \quad M_B - M_A + T_2 = 0$$

得
$$T_2 = M_A - M_B = 11.46 - 3.44 = 8.02 \text{ （kN} \cdot \text{m）}$$

同理，BA 段内有

$$T_1 = -M_B = -3.44 \text{ （kN} \cdot \text{m）}$$

CD 段内有

$$T_3 = M_D = 4.58 \ (kN \cdot m)$$

要注意的是,在求各截面的扭矩时,通常采用"设正法",即假设扭矩为正。若所得结果为负值的话,则说明该截面扭矩的实际方向与假设方向相反。

根据这些扭矩即可作出扭矩图,如图 2 – 13(d)所示。从图可见,最大扭矩发生在 AC 段,其值为 8.02 kN·m。

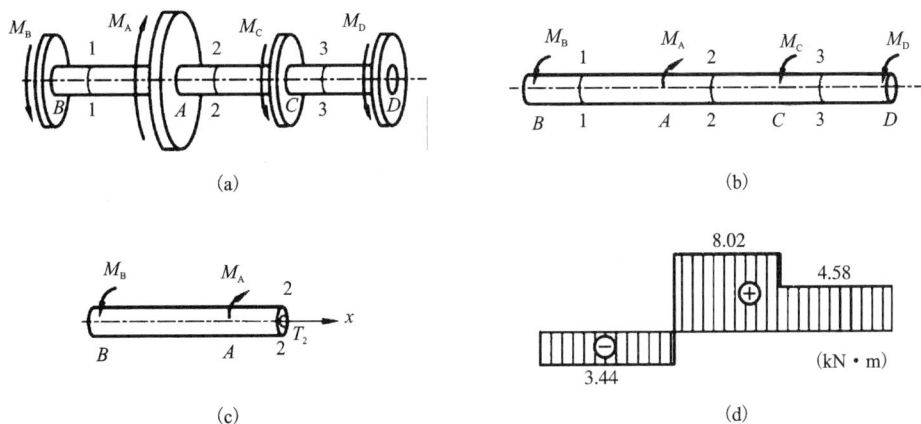

(a)

(b)

(c)

(d)

图 2 – 13 传动轴受力图

任务四 梁的弯曲变形

2.5 平面弯曲

弯曲是杆件的基本变形之一。如果杆件上作用有垂直于轴线的外力(通常称为横向力),使原为直线的轴线变为曲线,这种变形称为弯曲变形。凡是以弯曲变形为主要变形的杆件,通常称为梁。

在工程实际中,杆件在外载荷作用下发生弯曲变形的事例是很多的,例如,楼板梁,图 2 – 14(a)所示的汽车横梁,图 2 – 14(b)所示的吊车的大梁及图 2 – 14(c)所示的火车轮轴等杆件,在垂直于轴线的载荷作用下均发生弯曲变形。绝大多数受弯杆件的横截面都具有对称轴。

这种变形称为平面弯曲,它是最常见、最基本的情况,火车轮轴、吊车大梁和闸门立柱等都是平面弯曲的实例。

2.5.1 梁的基本形式

根据梁的支座性质和位置不同,梁简化后可分为三种基本形式:

1)简支梁。一端为固定铰支座,另一端为可动铰支座的梁,称为简支梁,两支座间的距离称为跨度,如图 2 – 15(a)所示。

2)外伸梁。当简支梁的一端或两端伸出支座之外,称为外伸梁,如图 2 – 15(b)所示。

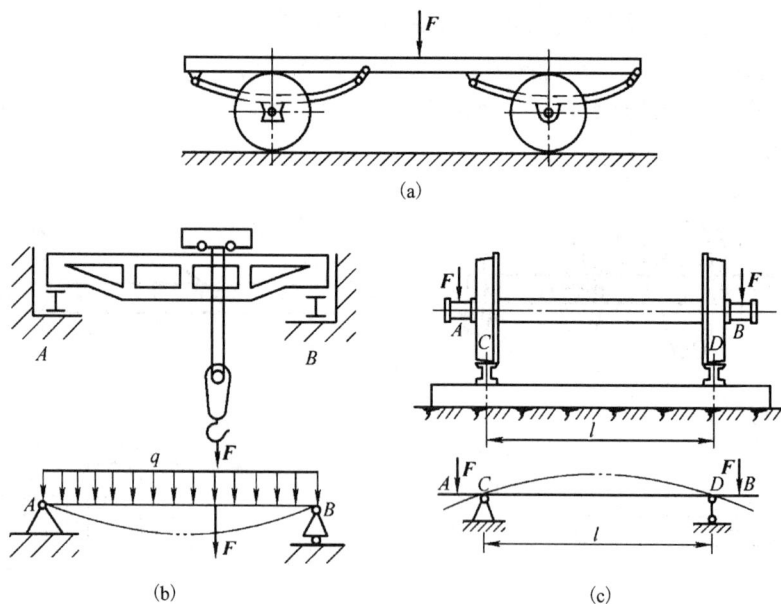

(a)

(b)   (c)

图 2 – 14   杆件发生弯曲变形情形

3）悬臂梁。一端为固定端、另一端自由的梁称为悬臂梁，如图 2 – 15（c）所示。

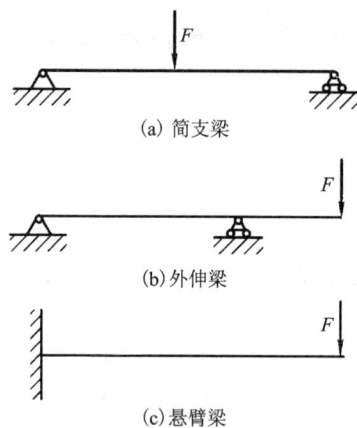

（a）简支梁

（b）外伸梁

（c）悬臂梁

图 2 – 15   梁的基本形式

2.5.2   梁的载荷类型

1）集中力。指通过一微小段梁作用在梁上的横向力 F，如图 2 – 16（a）所示。

2）集中力偶。指通过一微小段梁作用于梁轴平面内的外力偶，如图 2 – 16（b）所示的力偶 M，单位一般为 $N \cdot m$ 或 $kN \cdot m$。

3）分布载荷。在梁的部分长度或全长上连续分布的横向力，如图 2 – 16（c）所示。

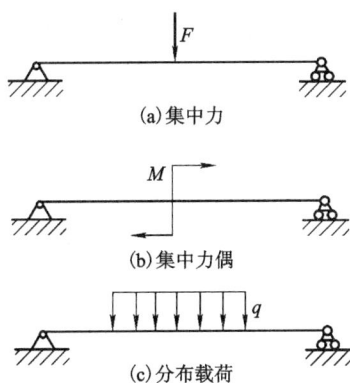

图 2-16 载荷的类型

2.5.3 梁的内力

分析梁横截面的内力仍采用截面法。下面以简支梁为例加以说明。

AB 梁如图 2-17 所示,设跨度为 L,在点 C 作用集中力 F,试分析梁的内力变化情况。

(1)先计算梁上的外力

$$F_{RA} = F \cdot b/L$$

$$F_{RB} = F \cdot a/L$$

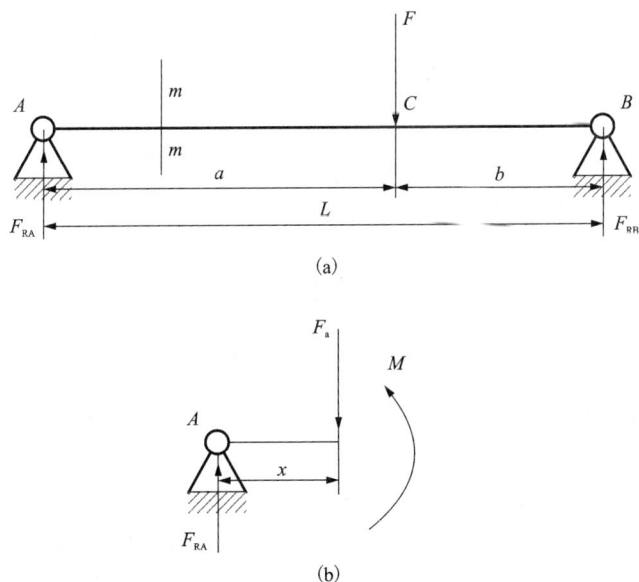

图 2-17 梁的内力变化分析

(2)用截面法求内力

1)在截面 $m-m$ 处将梁假想截断。

2)取左段为研究对象。由于左段作用有外力 F_{RA},则在截面上必然有一个与其大小相等、方向相反的力 F_a，由于该内力与截面相切，因此称为剪力。此外，F_{RA} 与 F_a 形成一个力偶，对左段有顺时针转动的效果，故截面处必然存在一个内力偶 M 与之平衡，该内力偶称为弯矩。

3）建立平衡方程：

$$\sum F = 0 \quad F_{RA} - F_a = 0 \quad F_{RA} = F_a$$
$$\sum M = 0 \quad M = F_{RA}x$$

因此，梁在弯曲时，横截面上产生两种内力：剪力和弯矩。工程中，对于一般的梁发生弯曲变形时，弯矩是其主要作用，而剪力的影响很小，在强度计算中可以忽略。因此，下面我们讨论有关弯矩的一些问题。

1. 弯矩符号规定

梁弯曲后，若凹面向上，截面上的弯矩为正；反之，若凹面向下，截面上的弯矩为负，如图 2 − 18 所示。

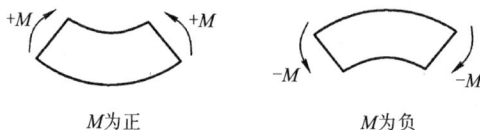

M 为正　　　　　M 为负

图 2 − 18　弯矩的正负

2. 建立弯矩方程，绘制弯矩图

一般情况下，在梁的不同截面上，弯矩是不同的，随截面位置的变化而变化。如以横坐标 x 表示横截面在梁轴线方向上的位置，则弯矩可以表示为 x 的函数，即：

$$M = M(x) \tag{2 − 12}$$

式（2 − 12）的函数表达式称为弯矩方程。弯矩沿梁轴线的变化规律也可用按弯矩方程绘制的图形来表达，这种图形称为弯矩图。

复习思考题

一、填空

1. 为保证机械和工程结构的正常工作，其中各构件一般应满足_____、_____和_____三方面要求。

2. 变形固体的变形可分为：_____和_____。

3. 内力是外力作用引起的，不同的外力引起不同的内力，轴向拉、压变形时的内力称为_____。剪切变形时的内力称为_____，扭转变形时内力称为_____。

4. 杆件的基本变形形式有_____、_____、_____、_____。

5. 以拉伸变形为主的杆件称为_____；以扭转变形为主的杆件称为_____；以弯曲变形为主的杆件称为_____。

6. 运用截面法研究内力时，其过程可归纳为以下三步：_____；_____；_____。

7. 轴向拉压时横截面上的内力称为_____。

二、选择

1. 构件的强度、刚度、稳定性(　　　)。

A. 只与材料的力学性质有关　　　　　　B. 只与构件的形状尺寸有关

C. 与二者都有关　　　　　　　　　　　D. 与二者无关

2. 塑性的指标是(　　　)。

A. 只有断后伸长率　　　　　　　　　　B. 只有断面收缩率

C. 断后伸长率和断面收缩率　　　　　　D. 塑性变形和弹性变形

3. 强度的指标是(　　　)。

A. 只有弹性极限　　　　　　　　　　　B. 只有屈服强度

C. 只有抗拉强度　　　　　　　　　　　D. 弹性极限、屈服强度和抗拉强度

4. 均匀性假设认为,材料内部各点的(　　　)是相同的。

A. 应力　　　　　B. 应变　　　　　　C. 位移　　　　　D. 力学性质

5. 用截面法求内力时,是对(　　　)建立平衡方程而求解的。

A. 截面左段　　　B. 截面右段　　　　C. 左段或右段　　D. 整个杆件

6. 计算 M−M 面上的轴力(　　　)。

A. −5P　　　　　B. −2P　　　　　　C. −7P　　　　　D. −P

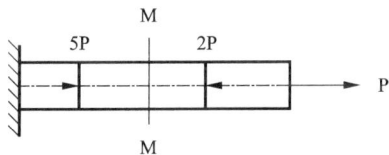

7. 关于轴向拉压杆件轴力的说法中,错误的是(　　　)。

A. 拉压杆的内力只有轴力　　　　　　　B. 轴力的作用线与杆轴重合

C. 轴力是沿杆轴作用的外力　　　　　　D. 轴力与杆的材料、横截面无关

三、问答题

1. 杆件有哪几种基本变形形式?

2. 指出下列各组概念有何区别? 有何联系?

①变形与应变;②内力与应力;③极限应力与许用应力;④剪切与挤压。

3. 对于圆截面梁,当横截面直径尺寸增大一倍时,该梁的抗弯能力增大几倍?

4. 图 2−19 所示传动轴以 200 r/min 的转速匀速转动,主动轮 B 的输入功率为 60 kW,从动轮 A、C、D、E 的输出功率分别为 18 kW、12 kW、22 kW 和 8 kW。试作轴的扭矩图。

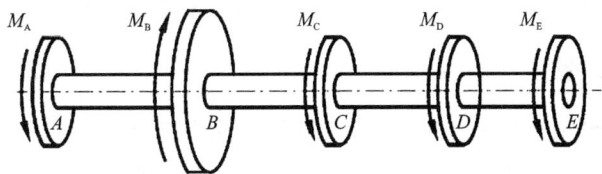

图 2−19

项目三　汽车常用工程材料

学习目标

1. 知识目标：
1) 了解金属材料的各种力学性能；
2) 了解钢铁材料在汽车中的应用；
3) 了解有色金属及非金属材料在汽车中的应用；
4) 掌握金属材料的热处理方法及应用；
5) 掌握车用燃油及润滑油的性质及选用。

2. 能力目标：
1) 能对汽车的典型零件选择合适的热处理方法；
2) 能正确使用车用燃油；
3) 能正确使用车用润滑油。

任务一　金属材料的性能

金属材料的性能主要分为使用性能和工艺性能两方面。所谓使用性能，是指材料在使用时所表现出来的性质和适应能力，如物理性能、化学性能和机械性能（或力学性能）等。所谓工艺性能，是指金属在加工时所表现出来的适应能力和难易程度，按加工方法可分为铸造性能、压力加工性能、焊接性能、切削加工性能和热处理性能等。所有性能中，力学性能是最基本和最重要的，因为它是产品设计和材料选择的主要依据。

金属的力学性能不仅是设计和制造机械零件的主要依据，也是评价金属材料质量的重要依据。通常用强度、塑性、硬度、韧性、抗疲劳性等性能指标衡量金属材料的力学性能。

3.1　刚度与强度、塑性

用拉伸试验可以测定金属的强度和塑性指标，试验规定了拉伸试验的方法和拉伸试验的制作标准。在试验时，金属材料制作成一定的尺寸和形状（图 3-1），将拉伸试样装夹在拉伸试验机上，对试样施加拉力，在拉力不断增加的过程中，观察试样的变化，直至把试样拉断。

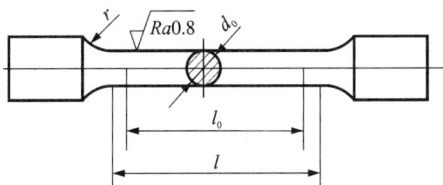

图 3-1　圆形拉伸试样示意图

根据拉伸过程中载荷(F)与试样的伸长量(ΔL)之间的关系，可以绘制出金属的拉伸曲线。如图 3-2 所示低碳钢的拉伸曲线，拉伸过程可分为弹性变形、塑性变形和断裂三个阶段。具体分析如下：

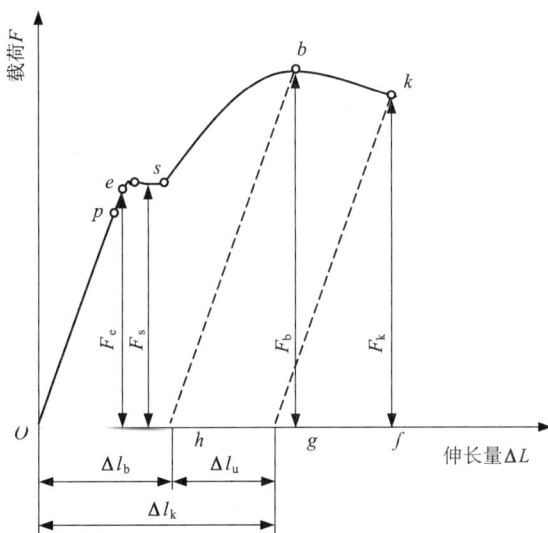

图 3-2　低碳钢的拉伸曲线

Op 段：试样的伸长量与载荷呈直线关系，完全符合胡克定律，试样处于弹性变形阶段。

pe 段：伸长量与载荷不再成正比关系，拉伸曲线不成直线，试样仍处于弹性变形阶段。

s 段（e 点后的平台或锯齿）：外力不增加或变化不大，试样仍继续伸长，出现明显的塑性变形，这种现象称为屈服现象。

sb 段：这个阶段载荷增加，整个试样长度均匀伸长，称均匀塑性变形阶段；同时，随着塑性变形不断增加，试样的变形抗力也逐渐增加，这个阶段是材料的强化阶段。

b 点：载荷达到最大，试样局部面积减小，伸长增加，形成了"缩颈"。

bk 段：随着缩颈处截面不断减小（非均匀塑性变形阶段），承载能力不断下降，到 k 点时，试样发生断裂。

拉伸曲线中，断裂总伸长为 Of，其中塑性变形伸长为 Og（试样断后测得的伸长），弹性伸长为 gf。

应力：试样单位面积上承受的载荷（MPa）。这里用承受的载荷 F 除以试样的原始横截面

积 S_0 表示。即

$$\sigma = \frac{F}{S_0}$$

式中，F 为试样所承受的载荷；S_0 为试样的原始横截面积。

应变：试样单位长度的伸长量。这里用试样的伸长量 ΔL 除以试样的原始标距 l_0 表示。即

$$\varepsilon = \frac{\Delta L}{l_0}$$

式中，ΔL 为试样标距长度的伸长量；l_0 为试样的原始标距长度。

图 3-3 是低碳钢的应力-应变曲线，即 $\sigma - \varepsilon$ 曲线。应力-应变的形状与拉伸曲线形状相同，只是坐标数值不同。

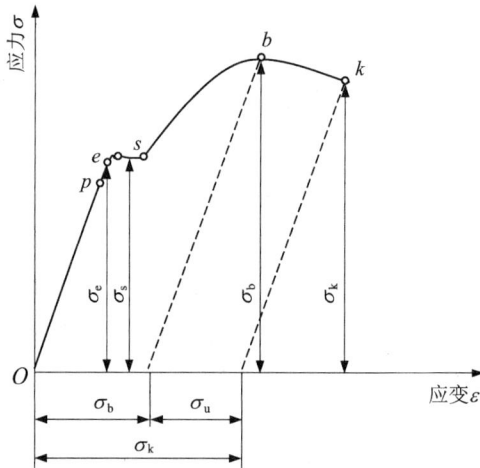

图 3-3　应力-应变曲线

不同材料的拉伸曲线形状有很大差别。像低碳钢这样，材料在断裂前有明显塑性变形的断裂称为韧性断裂；而灰口铸铁、淬火高碳钢等材料，在断裂前塑性变形量很小，甚至不发生塑性变形的断裂称为脆性断裂。

3.1.1　刚度

刚度是指材料抵抗弹性变形的能力，刚度的大小一般用弹性模量 E 表示。弹性模量指材料在弹性状态下的应力与应变的比值。即

$$E = \frac{\sigma}{\varepsilon}$$

式中，σ 为试样承受的应力；ε 为试样的应变。

在应力-应变曲线上，弹性模量就是直线部分的斜率。对于材料而言，弹性模量 E 越大，其刚度越大。E 主要取决于各种金属材料的本性，是一个对组织不敏感的力学性能指标。对钢进行热处理、微量合金化及塑性变形等，其弹性模量变化很小。

机械零件大多都是在弹性状态下工作的，零件对刚度都有一定的要求，一般不允许有过量的弹性变形，因为过量的弹性变形会使机器的精度下降。零件的刚度主要由材料的刚度决

定,另外还与零件的形状、截面尺寸有关。

3.1.2　弹性极限

弹性极限 σ_e 是材料开始产生塑性变形时所承受的最大应力值。按照规定,弹性极限和屈服极限已经取消,两者统一规定为微量塑性伸长的应力。由于其物理意义及工程中仍有应用,这里仍保留。

$$\sigma_e = \frac{F_e}{S_0}$$

式中, F_e 为试样不发生塑性变形的最大载荷。

一些在工作中不允许有微量塑性变形的零件(精密的弹性元件、炮筒等)在设计和选材时,弹性极限是重要的依据。

3.1.3　强度

强度是指金属材料在静载荷作用下,抵抗塑性变形和断裂的能力。工程上常用的强度指标有:规定残余伸长应力、屈服点(屈服强度)、抗拉强度。

1. 屈服点和屈服强度

在图 3 - 3 中,屈服点 σ_s 是指应力 - 应变曲线中平行线段对应的应力值,表示材料开始产生明显塑性变形的最小应力值。即

$$\sigma_s = \frac{F_s}{S_0}$$

式中, F_s 为试样发生屈服现象时的载荷。

对于高碳淬火钢、铸铁等材料,在拉伸试验中没有明显的屈服现象,无法确定其屈服点。国标规定,一般以规定残余伸长率为 0.2% 时对应的应力 $\sigma_{r0.2}$ 作为材料的屈服强度,通常记作 $\sigma_{0.2}$ 。即

$$\sigma_{0.2} = \frac{F_{0.2}}{S_0}$$

式中, $F_{0.2}$ 为试样标距发生 0.2% 残余伸长时的载荷。

屈服点 σ_s 和屈服强度 $\sigma_{0.2}$ 通常是机器零件设计的主要强度指标,也是评定金属材料强度的重要指标之一。我们知道,工程上各种机器零件工作时是不允许发生过量残余变形而失效的,设计的许用应力以 σ_s 或 $\sigma_{0.2}$ 来确定。

2. 抗拉强度

抗拉强度 σ_b 是指材料在断裂前所承受的最大应力值。即

$$\sigma_b = \frac{F_b}{S_0}$$

式中, F_b 为试样拉断前承受的最大载荷。

试样在拉伸过程中,达到最大载荷之前是均匀塑性变形,因此抗拉强度 σ_b 是材料抵抗大量均匀塑性变形的能力。塑性材料的 σ_b 没有直接意义;铸铁等脆性材料拉伸过程中一般不出现缩颈现象,抗拉强度就是材料的断裂强度,脆性材料制成的零件是以 σ_b 确定其许用应力。

3.1.4　塑性

塑性是指材料受力时,当应力超过屈服点后,能产生显著的变形而不即行断裂的性质。

工程上以断后伸长率 A 和断面收缩率 Z 作为衡量金属静载荷下塑性变形能力的指标。

1. 断后伸长率(A)

断后伸长率主要反映材料均匀变形的能力;以试件拉断后,总伸长的长度与原始长度的比值百分率 A(%)来表示的。

$$A = \frac{l_k - l_0}{l_0} \times 100\%$$

式中,l_k 为试件断裂后的标距长度,mm;l_0 为试件原始的标距长度,mm。

断后伸长率的大小与试件尺寸有关,同一材料的试样长度不同,测得的断后伸长率是不同的。

2. 断面收缩率(Z)

断面收缩率主要反映材料局部变形的能力,是以试件拉断后,断面缩小的面积与原始截面面积比值的百分率 Z(%)来表示。

$$Z = \frac{S_0 - S_k}{S_0} \times 100\%$$

式中,S_k 为试件断裂后的最小截面积,mm^2;S_0 为试件的原始截面积,mm^2。

断面收缩率的大小与试件尺寸无关。它不是一个表征材料固有性能的指标,但它对材料的组织变化比较敏感,尤其对钢的氢脆以及材料的缺口比较敏感。材料的断后伸长率与断面收缩率值愈大,材料塑性愈好。塑性指标在机械设备设计中具有重要意义,有良好的塑性才能进行成型加工,如弯卷和冲压等;良好的塑性性能可使设备在使用中产生塑性变形而避免发生突然的断裂。承受静载荷的容器及零件,其制作材料都应具有一定塑性,但过高的塑性常常会导致强度降低。

3.2　硬度

硬度是衡量金属材料软硬的指标,是力学性能中最常用的性能之一。材料在表面局部体积内抵抗变形,特别是塑性变形、压痕或划痕的能力称为硬度。硬度的测定方法一般分为压入法、刻画法、回跳法三类。压入法包括布氏硬度、洛氏硬度、维氏硬度、显微硬度等;刻画法包括莫氏硬度等;回跳法包括肖氏硬度等。

生产中常用的是压入法,它是将一定形状的压头,在一定的载荷下,压入被测的金属材料表面,根据压入程度来测定其硬度值。在同样的实验条件下(压头相同、载荷相同),若压入的程度越大,则材料的硬度越低,反之越高。生产中应用广泛的硬度测试方法有布氏硬度、洛氏硬度和维氏硬度等。

硬度是一个由材料的弹性、强度、塑性、韧性等一系列不同力学性能组成的综合性能指标。硬度试验设备简单,操作迅速方便,是常用的作为产品质量检查、制定合理加工工艺的试验方法。

3.2.1　布氏硬度

布氏硬度试验法的测试原理:在一定的载荷 F 作用下,将一定直径 D 的淬火钢球或硬质合金球压入被测材料的表面,保持一定的时间 t 后将载荷卸掉,测量被测材料表面留下压痕的直径 d,根据 d 计算出压痕球缺的面积 S,最后求出压痕单位面积上承受的平均压力,以此作为被测金属材料的布氏硬度值,如图 3-4 所示。

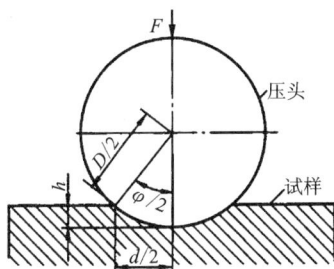

图 3 - 4　布氏硬度试验原理示意图

习惯上，布氏硬度是不标单位的。布氏硬度实际测试时，硬度值是不用计算的，利用刻度放大镜测出压痕直径 d，根据 d 值即可查出硬度值。

布氏硬度试验时，当用淬火钢球作为压头时，用 HBS 表示，适用于布氏硬度低于 450 的材料；当用硬质合金球作为压头时，用 HBW 表示，适用于硬度值为 450 ~ 650 的材料。

布氏硬度的表示方法如下：硬度值 + 硬度符号 + 试验条件。例如 210HBS10/1000/30 表示用 10 mm 直径的淬火钢球作为压头，在 1000 kgf* 作用下，保持时间为 30 s，测得的布氏硬度值为 210；500HBW5/750 表示用 5 mm 直径的硬质合金球压头，在 750 kgf 作用下，保持 10 ~ 15 s(持续时间 10 ~ 15 s 时，可以不标注)，测得的布氏硬度值为 500。

布氏硬度的优点：压痕面积较大，能较好地反映材料的平均硬度；数据较稳定，重复性好。缺点是：测试麻烦，压痕较大，不适合测量成品及薄件材料。目前，布氏硬度主要用于铸铁、非铁金属(如滑动轴承合金等)及经过退火、正火和调质处理的钢材。

3.2.2　洛氏硬度

洛氏硬度试验法是目前应用最广泛的硬度测试方法，它是直接用压痕深度来确定硬度值的。试验时，用顶角为 120°金刚石圆锥体或者用直径为 1.588 mm 的淬火钢球作为压头，先加初载荷为 98.07 N(10 kgf)，再加规定的主载荷，将压头压入金属材料的表面，卸去主载荷后，根据压头压入的深度最终确定其硬度值。

试验原理如图 3 - 5 所示，先加初载荷，使压头与试样表面之间有良好的接触，并以此作为测量的基准；再施加主载荷，试样压到最深处；卸去主载荷后，被测试样的弹性变形恢复，压头略微抬高。测得的深度就是基准与压头顶点最后位置之间的距离 e。e 越大，被测金属的硬度越低，为了和习惯(数值越大，硬度越高)相符，用常数 k 减 e 来表示硬度大小，用 0.002 mm 表示一个硬度单位，洛氏硬度值的计算公式为：

$$HR = k - \frac{e}{0.002}$$

式中，k 为常数，用金刚石圆锥体压头时，$k = 0.2$ mm；用淬火钢球作为压头时，$k = 0.26$ mm；e 为卸去主载荷后测得的压痕深度。

洛氏硬度没有单位，是一个无量纲的力学性能指标。为了能用同一硬度计测定从软到硬的材料硬度，就需要不同的压头和载荷组成不同的洛氏硬度标尺，最常用的是 A、B、C 三种

---

* 注：1 kgf = 9.806 N。

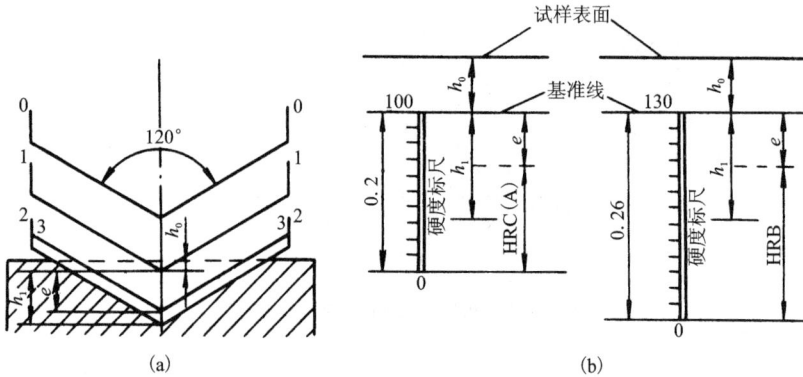

图 3 - 5　洛氏硬度试验原理示意图

标尺, 分别记作 HRA、HRB、HRC。表 3 - 1 给出了三种标尺的实验规范及应用范围。

表 3 - 1　常用三种洛氏硬度的试验条件及应用范围

标尺	硬度符号	压头类型	总载荷/(N 或 kgf)	测量范围	应用范围
A	HRA	金刚石圆锥体	588.4(60)	20 ~ 88	硬质合金、表面硬化层、淬火工具钢等
B	HRB	ϕ1.588 mm 钢球	980.7(100)	20 ~ 100	低碳钢、铜合金、铝合金、铁素体可锻铸铁
C	HRC	金刚石圆锥体	1471(150)	20 ~ 70	淬火钢、调质钢、高硬度铸铁

实际测量时, 洛氏硬度是在硬度计上直接读出硬度值的。洛氏硬度的表示方法为: 硬度值 + 硬度符号。例如, 60HRC 表示用 C 标尺测得的洛氏硬度值为 60。

洛氏硬度的优点是: 测量迅速简便, 压痕较小, 可用于测量成品零件; 缺点是: 压痕较小, 测得的硬度值不够准确, 并且各硬度标尺之间没有联系, 不同标尺硬度值之间不能直接比较大小。洛氏硬度 C 标尺应用最广泛。

3.2.3　维氏硬度

为了在同一种硬度标尺上, 测定从极软到极硬金属材料的硬度, 特制定了维氏硬度试验法。

维氏硬度试验法原理与布氏硬度基本相同, 如图 3 - 6 所示, 用一个相对面夹角为 136° 的金刚石正四棱锥体压头, 在规定载荷的作用下压入被测金属的表面, 保持一定时间后卸除载荷, 用压痕单位面积上承受的载荷(F/S)来表示硬度值, 维氏硬度的符号为 HV。

测出维氏硬度的表示方法为: 硬度值 + 硬度符号 + 测试条件。例如, 620HV30/20 表示在 30 kgf(249.3 N) 载荷作用下, 保持 20 s 测得的维氏硬度值为 620, 如果保荷时间 10 ~ 15 s 可以不标注, 如 620HV30。

维氏硬度的优点是: 试验载荷小, 压痕较浅, 适合测定零件表面淬硬层及化学热处理的表面层等; 可以测量极软到极硬的材料, 由于维氏硬度只用一种标尺, 材料的硬度可以直接通过维氏硬度值比较大小; 由于测量载荷可任意选择, 所以, 既可测尺寸厚大的材料, 又能

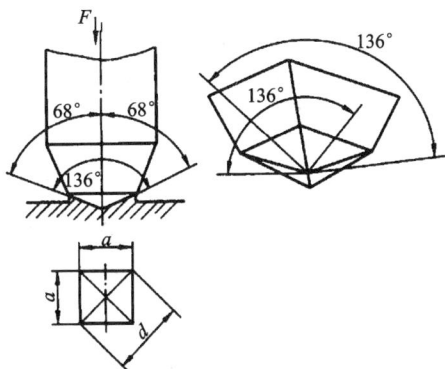

图 3-6　维氏硬度试验法原理

测很薄的材料。缺点是：试样表面要求高，硬度值的测定较麻烦，工作效率不如洛氏硬度高。

3.3　韧性

金属材料在断裂前吸收塑性变形和断裂的能力，称为金属材料的韧性。常用韧度来衡量金属材料的韧性好坏，但习惯上，韧性和韧度不加严格区分。由于断裂前金属材料所受力的类型、大小不同，材料的韧性也表现为不同的形式，这里介绍冲击韧性和断裂韧性。

材料不仅受静载荷的作用，在工作中，往往也受到冲击载荷（以很大的速率作用于工件上的载荷）的作用。例如，锻锤和锻模、冲头和冲模、活塞和连杆、铆钉枪等，材料在受到冲击时，由于时间短，速度快，应力集中，因此这些零件和工具在设计和制造时，不能只考虑静载荷强度指标，还必须考虑材料抵抗冲击载荷的能力。

金属材料在冲击载荷作用下，抵抗变形、破坏的能力叫作冲击韧性。材料冲击韧性通常用一次冲击试验来测定，用冲击吸收功表示冲击韧性的大小。

3.3.1　摆锤式一次冲击弯曲试验

摆锤式冲击试验原理如图 3-7 所示，试验时，将标准试样放在试验机的支座上，把质量为 m 的摆锤抬升到一定高度 H_1，然后释放摆锤、冲断试样，摆锤依靠惯性运动到高度 H_2，冲击过程中如果忽略各种能量损失（空气阻力及摩擦等），摆锤的位能损失 $mgH_1 - mgH_2 = mg(H_1 - H_2)$ 就是冲断试样所需要的能量，即是试样变形和断裂所消耗的功，也就称为冲击吸收功 A_K。即 $A_K = mg(H_1 - H_2)$。式中，$G = mg$ 表示摆锤的重力；A_K 表示冲击吸收功。U 形缺口试样和 V 形缺口试样分别表示为 A_{KU} 和 A_{KV}，其单位是焦耳（J）。冲击吸收功的大小直接由试验机的刻度盘上直接读出。冲击韧度用 $\alpha_K = A_K/S$ 来计算。式中，S 表示试样缺口处的横截面积（cm^2）。

把冲击吸收功低的材料称为脆性材料，冲击吸收功高的材料称为韧性材料。脆性材料在断裂前没有明显的塑性变形，断口较平直，有金属光泽；而韧性材料在断裂前有明显的塑性变形，断口呈纤维状，无光泽。

3.3.2　低温脆性

有些金属材料，如工程上用的中低强度钢，当温度降低到某一程度时，会出现冲击吸收

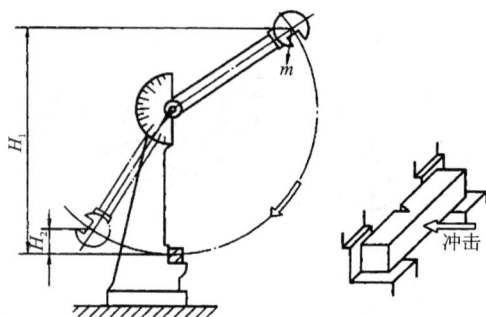

图 3 - 7　摆锤式冲击试验原理

功明显下降的现象,这种现象称为冷脆现象。历史上曾经发生过多次由于低温冷脆造成的船舶、桥梁等大型结构脆断的事故,造成巨大损失。通过测定材料在不同温度下的冲击吸收功,就可测出某种材料冲击吸收功与温度的关系曲线。如图 3 - 8 所示,冲击吸收功随温度降低而减小,在某个温度区间,冲击吸收功发生急剧下降,试样断口由韧性断口过渡为脆性断口,这个温度区间就称为韧脆转变温度范围。

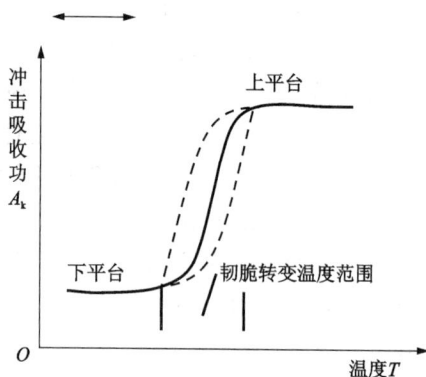

图 3 - 8　冲击吸收功 - 温度曲线

韧脆转变温度越低,材料的低温冲击性能就越好。例如,我国的南极科学考察所用的设备、工具等,工作的温度可能在 - 50℃ 以下,要求材料必须有更低的韧脆转变温度,才能保证正常工作。

3.4　疲劳强度

3.4.1　疲劳现象

疲劳断裂是指在动载荷的作用下,零件(或构件)经过较长时间工作或多次应力循环后所发生的突然断裂现象。许多零件,如齿轮、曲轴、弹簧和滚动轴承等,都是在交变应力下工作的。据统计,各类断裂失效中,80% 是由于各种不同类型的疲劳破坏所造成的。

零件承受的应力分为交变应力和重复应力。如图 3 - 9 所示,交变应力是指应力的大小和方向随时间作周期性变化的应力。交变应力的变化可以是周期性的、规律的变化，也可以是无规律的变化。

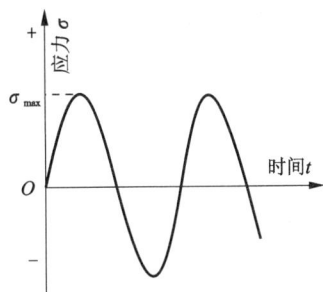

图 3-9　交变应力示意图

　　疲劳断裂具有突然性，危害很大。对于疲劳的研究，已经有了很大的进展，疲劳断裂的特点如下：①疲劳断裂是一种低应力脆断，断裂应力低于材料的屈服强度，甚至低于材料的弹性极限；②断裂前，零件没有明显的塑性变形，即使断后伸长率 A 和断面收缩率 Z 很高的塑性材料也是如此；③疲劳断裂对材料的表面和内部缺陷非常敏感，疲劳裂纹常在表面缺口（如螺纹、刀痕、油孔等）、脱碳层、夹渣物、碳化物及孔洞等处形成。

　　产生疲劳的原因，一般认为是由于零件应力高度集中的部位或材料本身强度较低的部位，在交变应力作用下产生了疲劳裂纹，并随着应力循环周次的增加，裂纹不断扩展使零件有效承载面积不断减小，最后突然断裂。零件疲劳失效的过程可分为疲劳裂纹产生、疲劳裂纹扩展和瞬时断裂三个阶段。

3.4.2　疲劳强度

　　大量实验表明，材料所受的交变应力的最大值 σ_{max} 越大，则疲劳断裂前所经历的应力循环次数 N 越低，反之越高。根据交变应力 σ_{max} 和应力循环次数 N 建立起来的曲线，称作疲劳曲线，或称 $S-N$ 曲线，如图 3-10 所示。

　　疲劳强度是指材料经受无限次循环应力也不发生断裂的最大应力值，记作 σ_D，就是疲劳曲线中的平台位置对应的应力。通常，材料的疲劳强度是在对称弯曲条件下测定的，对称弯曲疲劳强度记作 σ_{-1}。实践表明，如果在 10^7 周次应力循环下，仍不发生疲劳断裂，则在经过相当多次的应力循环后一般也不会疲劳断裂。GB 4337—84 规定，一般钢铁材料循环周次取 10^7 次时能承受的最大循环应力为疲劳强度。

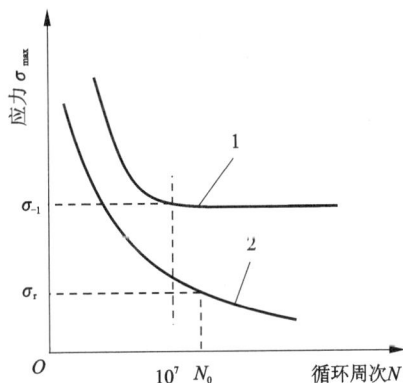

图 3-10　疲劳曲线示意图
1—低、中碳钢；2—非铁金属（有色金属）

　　一般非铁金属（有色金属）、高强度钢和腐蚀介质作用下的钢铁材料的疲劳曲线没有平台，如图 3-10 所示。这类材料的疲劳强度定义为：在规定循环周次 N_0 下，不发生疲劳断裂的最大循环应力值，称为条件疲劳强度，记作 $\sigma_r(N_0)$。一般规定非铁金属 N_0 取 10^8 次，腐蚀介质作用下的 N_0 取 10^6 次。

　　金属材料的疲劳强度受到很多因素的影响，如材料本质、材料的表面质量、工作条件、零件的形状、尺寸及表面残余压应力等。

3.4.3　提高疲劳强度的途径

　　1）合理选择材料。实践证明，金属材料在其他条件相同的情况下，疲劳强度随抗拉强度的增加而增加。因此，那些能提高金属材料抗拉强度的因素，一般也能提高疲劳强度。例如，结构钢中的含碳量越高，抗拉强度越高；结构钢中合金元素主要通过提高淬透性和改善组织来提高疲劳强度。

2）设计零件时形状、尺寸合理。尽量避免尖角、缺口和截面突变，这些地方容易引起应力集中，从而导致疲劳裂纹；另外，伴随着尺寸的增加，材料的疲劳强度降低，强度越高，疲劳强度下降越明显。

3）降低零件表面粗糙度，提高表面加工质量。因为疲劳源多数位于零件的表面，应尽量减少表面缺陷（氧化、脱碳、裂纹、夹杂等）和表面加工损伤（刀痕、磨痕、擦伤等）。

4）采用各种表面强化处理。如渗碳、渗氮、表面淬火、喷丸和滚压等都可以有效地提高疲劳强度。这是因为表面强化处理不仅提高了表面疲劳强度，而且还在材料表面形成一定深度的残余压应力；在工作时，这部分压应力可以抵消部分拉应力，使零件实际承受的拉应力降低，提高了疲劳强度。

任务二　钢铁材料

金属材料可分为钢铁材料和有色金属两大类，而铁和碳的合金称为铁碳合金。碳钢、铸铁均属于铁碳合金范畴，铁碳合金可分为工业纯铁、钢和白口铸铁（生铁）。工业纯铁是指含碳量小于 0.02% 的铁碳合金，钢是指含碳量介于 0.02%～2.11% 的铁碳合金，适于塑性加工，白口铸铁指含碳量为 2.11%～6.69% 的铁碳合金，具有较好的铸造性能，不能进行塑性加工。

3.5　碳钢

3.5.1　碳钢的分类

1.按碳质量分数分类

按碳质量分数分，碳钢可分为低碳钢、中碳钢和高碳钢。

1）低碳钢：碳的质量分数 $\omega_C \leqslant 0.25\%$。

2）中碳钢：碳的质量分数为 $0.25\% < \omega_C \leqslant 0.60\%$。

3）高碳钢：碳的质量分数 $\omega_C > 0.60\%$。

2.按用途分类

按用途分，碳钢可分为碳素结构钢和碳素工具钢。

1）碳素结构钢：用于制造各种机器零件和工程结构件，多为低碳钢和中碳钢。

2）碳素工具钢：用于制造各种刀具、量具和模具，多为高碳钢。

3.5.2　碳钢的编号、性能和用途

1.碳素结构钢

牌号：用"Q+数字"表示，其中"Q"为屈服点"屈"字的汉语拼音首字母，数字表示屈服强度的数值。例如，Q275 表示屈服强度为 275 MPa 的碳素结构钢。

若牌号后面标注字母 A，B，C，D，则表示钢材质量等级不同，即硫、磷质量分数不同。其中 A 级钢硫、磷质量分数最高，D 级钢硫、磷质量分数最低，即 A，B，C，D 表示钢材质量

依次提高。若在牌号后面标注字母"F"则为沸腾钢，标注"b"为半镇静钢，不标注"F"或"b"者为镇静钢。例如 Q235AF 表示屈服强度为 235 MPa 的 A 级沸腾钢。Q235C 表示屈服强度为 235 MPa 的 C 级镇静钢。

Q195，Q215，Q235 等几种钢的塑性较高，焊接性能良好，适用于金属构件的制造；而 Q275 钢的强度较高，适用于制造承受中等载荷的机械构件。

2. 优质碳素结构钢

优质碳素结构钢必须保证钢的化学成分和力学性能。优质碳素钢中所含的有害杂质元素（硫、磷元素等）和非金属夹杂物较少，力学性能和钢材的表面质量较好，其组织也较均匀。此类钢主要应用于经过热处理且技术性能要求较高的零件的制造。根据化学成分不同，优质碳素结构钢又分为普通含锰量钢和较高含锰量钢两类。

（1）普通含锰量的优质碳素结构钢

所谓普通含锰量（质量分数 ω_{Mn}），对于碳的质量分数 $\omega_C < 0.25\%$ 的碳素结构钢，$\omega_{Mn} = 0.35\% \sim 0.65\%$；对于 $\omega_C \geq 0.25\%$ 的碳素结构钢，$\omega_{Mn} = 0.50\% \sim 0.80\%$。这类钢的编号用两位数字表示，这两位数字代表钢中的平均含碳量，以 0.01% 为单位。例如，45 表示平均 $\omega_C = 0.45\%$ 的普通含锰量的优质碳素结构钢。

（2）较高含锰量的优质碳素结构钢

所谓较高含锰量 ω_{Mn}，是指对于 $\omega_C = 0.15\% \sim 0.60\%$ 的碳素结构钢，$\omega_{Mn} = 0.70\% \sim 1.00\%$；对于 $\omega_C > 0.60\%$ 的碳素结构钢，$\omega_{Mn} = 0.90\% \sim 1.00\%$。这类钢的编号是在表示含碳量的两位数字后面附以 Mn，例如，45 Mn 表示平均 $\omega_C = 0.45\%$ 的较高含锰量的优质碳素结构钢。

3. 碳素工具钢

工具钢是用来制造各种刀具、量具和模具的材料。它应满足刀具在硬度、耐磨性、强度和韧度等方面的要求。碳素工具钢是指 $\omega_C - 0.7\% \cdots 1.3\%$ 的高碳钢。牌号用"T"表示钢的种类，后面的数字表示碳的平均质量分数，用千分之几表示。常用的碳素工具钢有 T8，T10，T10A，T12A（A 表示高级优质钢）等。由于碳素工具钢的热硬性较差，热处理变形较大，仅适用于制造不太精密的模具、木工工具和金属切削的低速手用刀具（锉刀、锯条、手用丝锥）等。

4. 碳素铸钢

随着新技术新工艺的不断发展，使铸钢件的质量和性能有了很大提高，均达到和接近锻造件的水平，并且铸钢能制造形状复杂的零件，而锻造件则无法做到，所以汽车上许多零件是用铸钢铸造而成的。

铸钢是将熔化的钢水直接浇注到铸型中去，冷却后即获得零件毛坯（或零件）的一种钢材。铸钢中碳的质量分数一般为 0.15% ~ 0.6%，铸钢的浇注温度较高，因此在铸态时晶粒粗大，使用前应进行热处理改善性能。

铸钢的牌号由"ZG"和两组数字组成，其中"ZG"为铸钢的代号，代号后面的两组数字分别表示屈服强度 σ_s（MPa）和抗拉强度 σ_b（MPa）。例如：ZG270 - 500 表示屈服强度为 270 MPa、抗拉强度为 500 MPa 的铸钢。

ZG200 - 400 具有良好的塑性、韧度和焊接性，适用于受力不大，要求一定韧度的各种机械零件，如机座、变速箱壳等；ZG270 - 500 的强度较高，韧度较好，各项工艺性能均较好，用途广泛，常用作轧钢机机架、轴承座、连杆、缸体等；ZG340 – 640 具有高的强度、硬度和耐磨性，焊接性较差，常用于制造齿轮类零件。

　　铸钢在车辆中的应用实例：ZG270 – 500 常用于制造机油管凸缘、操作杆活接头等；ZG310 – 570 常用于制造进排气歧管压板、前减振器下支架、二挡、四挡、五挡变速叉、起动爪等。

3.6　合金钢

3.6.1　合金钢的分类与编号

1. 合金钢的分类

（1）按用途分

1）合金结构钢，用来制造各种机器零件及工程结构；

2）合金工具钢，用来制造各种重要的工具和量具、刃具等；

3）特殊性能钢，用来制造有特殊性能要求的结构件和机器零件等。

（2）按合金元素的含量分

1）低合金钢，合金元素的总含量小于 5%；

2）中合金钢，合金元素的总含量为 5% ~ 10%；

3）高合金钢，合金元素的总含量大于 10%。

2. 合金钢的编号

按国家标准的规定，合金钢的牌号采用"数字 + 合金元素符号 + 数字"的方法来表示。

（1）合金结构钢的编号

牌号的前两位数字表示钢中碳的平均质量分数，以万分数计。合金元素符号后的数字表示该元素的平均质量分数，若合金元素的质量分数小于 1.5%，一般不标出。

　　例如：55Si2Mn，表示碳的平均质量分数为 0.55%，硅的平均质量分数为 2%，锰的平均质量分数小于 1.5% 的合金结构钢。

（2）合金工具钢的编号

牌号的前一位数字表示钢中碳的平均质量分数，以千分数计，若碳的平均质量分数超过 1% 时，一般不标出。合金元素质量分数的表示方法同合金结构钢。

　　例如：9SiCr，表示碳的平均质量分数为 0.9%，硅和铬的平均质量分数均小于 1.5% 的合金工具钢。

（3）滚动轴承钢的表示方法

与合金工具钢相同，滚动轴承钢因其碳的平均质量分数一般都大于或等于 1.0%，故一般不标出。要注意的是铬元素后面的数字是表示含铬量的千分之几，并在牌号前标以"G"或"滚"字。

　　例如：GCr15SiMn，"G"表示滚动轴承钢，铬的平均质量分数为 1.5%，硅和锰的平均质量分数均小于 1.5%。

（4）特殊性能钢的编号

牌号表示法与合金工具钢相同。只是当碳的平均质量分数小于 0.1% 时，用"0"表示，碳的平均质量分数≤0.03% 时，用"00"表示。

　　例如：0Cr13，表示碳的平均质量分数小于 0.1%，铬的平均质量分数为 1.3% 的不锈钢。

3.6.2 合金结构钢

合金结构钢是在优质或高级优质碳素结构钢的基础上加入适量合金元素的钢。它主要用于制造各种重要的机器零件和受力工程结构，要求它有较高的力学性能和较好的加工工艺性能。合金结构钢按用途分为工程用钢和机器制造用钢，其中工程用钢主要指低合金结构钢，机器制造用钢有合金渗碳钢、合金调质钢、合金弹簧钢、滚动轴承钢等。

1. 低合金结构钢

低合金结构钢是在低碳碳素结构钢的基础上，加入少量合金元素而制成的工程用钢，虽然合金元素含量较少(一般合金元素的质量分数在 3% 以下)，但其强度明显高于相同含碳量的普通碳素结构钢。例如，Q235 钢的屈服强度 $\sigma_s = 235$ MPa，而常用的低合金结构钢的屈服强度 $\sigma_s = 300 \sim 400$ MPa，若用低合金结构钢来代替碳素结构钢，就可在相同受载条件下使结构质量减轻 20% ~ 30%。低合金结构钢还具有良好的塑性($A > 20\%$)和焊接性能，便于冲压或焊接成型。此外，它还具有比碳素结构钢更低的冷脆转变温度，一般在 -40℃ 时冲击韧度仍能保证 $\alpha_k \geqslant 24 \sim 32$ J/cm^2 时，这对在高寒地区使用的构件及运输工具具有特别重要的意义。

低合金结构钢不仅具有良好的性能，而且生产过程比较简单，价格与普通碳素结构钢相近，因此，用低合金结构钢代替普通碳素结构钢，在经济上具有重要意义。工业上，低合金结构钢广泛用于制造车辆、船舶、高压容器、输油输气管道、起重运输机械、大型钢结构桥梁等重要结构件。

低合金结构钢的牌号表示方法与合金结构钢的相同。当碳的质量分数小于 0.1% 时，以含碳量的万分之几表示，并用两位数字标示于钢号前，前面补 0，如 09MnV 钢，表示平均碳的质量分数约为 0.09%。

低合金结构钢应具有低碳、低合金的成分特点。采用低碳的目的是提高钢的塑性，以便获得良好的焊接性能和冷变形性能，其碳的质量分数一般不超过 0.2%。低合金结构钢的优良性能是靠少量的合金化来实现的，常用的合金化元素有 Mn，Ti，V，Nb，Cu，P 等，其总质量分数一般不超过 3%。其中 Mn 是主要合金元素，它可降低奥氏体的分解温度，使珠光体细化并使其相对量增加，从而达到强化基体的目的，Mn 的质量分数一般在 1.8% 以下。Mn 含量过高，钢的塑性及韧度会显著下降，焊接性能也受到影响。附加元素 Ti，V，Nb 等在钢中可形成微细碳化物，能起细化晶粒和弥散强化的作用，从而可提高钢的抗拉强度、屈服强度以及低温冲击韧度。Cu，P 的作用是提高钢对大气的耐蚀能力。

2. 合金渗碳钢

合金渗碳钢零件经渗碳、淬火和回火后，零件表面具有高硬度和高耐磨性，而心部具有较高的韧度和足够的强度，有良好的热处理工艺性能及良好的淬透性。

合金渗碳钢主要用于制造表面承受强烈磨损并承受动载荷的零件，如汽车、工程机械上的变速齿轮、内燃机上的凸轮、活塞销等，是机械制造中应用较广泛的钢种。

合金渗碳钢实际就是碳素渗碳钢加入合金元素所形成的钢种，其碳的质量分数一般为 0.10% ~ 0.25%，属于低碳钢范畴，以保证渗碳零件心部有较高的韧度。

在合金渗碳钢中，主加合金元素为 Cr，Mn，Ni，B 等，其主要作用是提高钢的淬透性。合金渗碳钢渗碳后可在油中淬火，其心部可得到低碳马氏体，可以提高强度，同时保持良好的韧度，还能提高渗碳层的强度和塑性，其中以 Ni 的作用最好。在合金渗碳钢中，除上述元素外,还加入少量的 V,W,Mo,Ti 等加强碳化物形成元素,其主要作用是细化晶粒,防止高温渗碳过程中奥氏体晶粒长大。此外,合金碳化物的存在,提高了渗碳层的耐磨性。合金渗碳钢可在油中淬火,减少了工件的变形与开裂倾向。

3. 合金调质钢

合金调质钢一般是指在碳素调质钢中加入合金元素经调质处理后再使用的结构钢。调质后的组织具有强而韧的良好综合力学性能,是承受较复杂、多种工作载荷零件的合适材料。作为基本性能要求,调质钢必须具有足够高的淬透性。

调质钢常用于制造承受较大载荷,同时还承受一定冲击的机械零件,如柴油机连杆螺栓、机床主轴、齿轮及汽车半轴等。调质钢是机械制造用钢中应用最广泛的结构钢。

合金调质钢的碳的质量分数介于 $0.21\% \sim 0.45\%$,属于中碳钢,含碳量过低不易淬硬,回火后强度不足;含碳量过高则韧度不足。合金调质钢较之碳素调质钢,由于合金元素的强化作用,相当于代替了一部分碳量,故含碳量偏低,如 40Cr,35CrMnSi,25CrNiWA 等。

调质钢的主加合金元素为 Cr,Ni,Mn,Si 等,其主要作用是提高钢的淬透性。全部淬透的零件,在高温回火后,可获得高而均匀的综合力学性能,特别是高的屈强比(σ_s/σ_b)。此外,主加元素(除 B 以外)都有较显著强化铁素体的作用,当它们含量在一定范围时,还可提高铁素体的韧度。

调质钢的辅加元素为 Mo,W,V,Al 等,它们在合金调质钢中的含量一般较少,其主要作用为细化晶粒与提高回火稳定性。其中 Mo,W 有防止调质钢的第二类回火脆性的作用,V 可细化晶粒,Al 的主要作用是提高合金调质钢的渗氮强化效果。

4. 合金弹簧钢

合金弹簧钢的特点是具有很高的弹性强度。用它制造的弹簧等弹性零件,在工作时产生大量的弹性变形,在各种机械中起缓和冲击、吸收振动的作用。另外利用弹性变形储存的能量可以使机件完成规定的动作。弹簧在工作时一般承受循环载荷,大多数情况下因疲劳而破坏,因此,要求制造弹簧的材料具有高的疲劳强度。为了获得高的疲劳强度与弹性强度,要求钢材具有高的屈服强度,尤其是高的屈强比(σ_s/σ_b)。为了减轻材料对缺口的敏感性,弹簧还要有一定的塑性和韧度,并有良好的表面加工质量。

合金弹簧钢一般用于制造截面尺寸较大,承受较重载荷的弹簧和各种弹性零件,有时也用于制造具有一定耐磨性的零件。

这类钢的含碳量较高,属于中、高碳钢,以保证得到高的弹性强度与疲劳强度,合金弹簧钢的含碳量较之碳素弹簧钢要低一些,碳的质量分数一般为 $0.45\% \sim 0.70\%$。若含碳量过低,则钢的强度不足,含量过高,则韧度、塑性差,疲劳强度下降。

合金弹簧钢的主加合金元素为 Mn,Si,Cr 等,其主要目的是提高钢的淬透性和回火稳定性;Si,Mn 对铁素体有明显的强化效果,因而,可提高屈服强度和屈强比。辅加合金元素是少量的 W,Mo,V 等元素,其目的是为了提高钢的弹性强度、屈强比及耐热性,同时它们还可减少硅锰弹簧钢易产生脱碳与过热的倾向,其中 V 还能提高冲击韧度等。

5. 滚动轴承钢

用来制造滚动轴承的内圈、外圈和滚动体的专用钢称为滚动轴承钢,属专用结构钢。滚动轴承是在周期性交变载荷下工作的,应力交变次数每分钟多达数万次。套圈和滚动体之间呈点或线接触,产生的接触应力高达 $1500 \sim 5000$ MPa。同时,套圈和滚动体的接触面之间不但存在滚动摩擦，而且还产生滑动摩擦，从而引起轴承的过度磨损，使其丧失精度。由此可见，轴承钢必须具有高而均匀的硬度和耐磨性、高的弹性强度和接触疲劳强度、足够的韧度及良好的淬透性，同时在大气或润滑剂中具有一定的耐蚀能力。因此，为保证组织的均匀性，必须严格控制钢的纯度、碳化物分布状况及脱碳程度等。这些要求可以通过控制轴承钢的成分、冶金质量和热处理等措施来达到。

滚动轴承钢一般专用于制造滚动轴承。从化学成分看它又属于工具钢，有时也用于制造精密量具、冷冲模、机床丝杠等耐磨件。滚动轴承钢的编号与其他合金结构钢略有不同，它是在钢号前面加"G"，后跟 Cr 的质量分数，以千分之几表示，如 GCr15SiMn，表示 $\omega_{Cr} \approx$ 1.5%，即 $\omega_{Si} < 1.5\%$，$\omega_{Mn} < 1.5\%$ 的轴承钢。

滚动轴承钢的碳的质量分数为 0.95% ~ 1.10%，这样高的含碳量是为了保证轴承钢具有高的硬度和耐磨性。

主加合金元素为 Cr，其质量分数在 0.40% ~ 1.65% 的范围内。Cr 的作用是用于增加钢的淬透性，并使钢材在热处理后形成细小且均匀分布的合金渗碳体，以提高耐磨性和接触疲劳强度。加入 Si，Mn，V 等进一步提高淬透性，用于制造大型轴承。V 部分溶于奥氏体中，部分形成碳化物 VC，提高钢的耐磨性并防止过热。无 Cr 钢中都含有 V。

滚动轴承钢要求极高的纯度，规定 $\omega_s < 0.02\%$，$\omega_P < 0.027\%$。非金属夹杂对轴承钢的性能尤其是接触疲劳性能影响很大，因此，轴承钢一般采用电炉冶炼，甚至进行真空脱气处理。

3.7　合金工具钢

合金工具钢是在碳素工具钢的基础上加入少量合金元素（Si，Mn，Cr，W，V 等）制成的，由于合金元素的加入，提高了材料的热硬性，改善了热处理性能。合金工具钢常用来制造各种量具、模具或切削刀具等，合金工具钢按主要用途分为合金刃具钢、合金模具钢和合金量具钢三种。

3.8　铸铁

铸铁是碳的质量分数大于 2.11% 的铁碳合金，并且还含有较多的 Si，Mn 和一定的 S，P 等元素。铸铁是一种使用历史悠久的重要工程材料。我国劳动人民在春秋时期已发明了生铁冶炼技术，并用其制造生产工具和生活用具，比西欧各国早两千年。现在，铸铁仍是工程上最常用的金属材料，广泛应用在机械制造、冶金、矿山、石油化工、交通等行业。据统计，按质量百分比计算，在农业机械中铸铁件占 40% ~ 60%，在汽车、工程机械中占 50% ~ 70%，在机床制造中占 60% ~ 90%。铸铁之所以应用广泛，是因为它的生产设备和工艺简单，价格便宜，且有良好的铸造性、切削加工性及减振性等优良的使用性能和工艺性能。

3.8.1　铸铁的分类

1. 按碳存在的形式分类

（1）灰铸铁

灰铸铁中的碳主要以石墨形式存在，断口呈灰白色。工业上的铸铁大多是这一类铸铁，其力学性能虽然不高，但生产工艺简单，价格低廉，故在工业上获得广泛应用。

（2）白口铸铁

白口铸铁的石墨化全部被抑制，除少量溶于铁素体外，碳都以渗碳体的形式存在，断口呈白色。这类铸铁硬而脆，很难切削加工，主要用作炼钢原料。但由于它的耐磨性高，也可铸造出表面有一定深度的白口层，而中心为灰口铸铁的铸件，称为冷硬铸铁件。冷硬铸铁应用于一些要求耐磨的零件，如轧辊、球磨机的磨球及犁铧等。

（3）麻口铸铁

麻口铸铁中的碳部分以渗碳体和部分以石墨的形式共存，断口呈灰白色。这种铸铁有较大脆性，工业上很少应用。

2. 按石墨的形态分类

铸铁中石墨的形状、大小和分布情况，称为石墨的形态。常见的铸铁石墨形态有 20 余种，但可归纳为片状、蠕虫状、絮状及球状四大类。灰口铸铁又可据此相应分为普通灰口铸铁、蠕墨铸铁、可锻铸铁及球墨铸铁四类。

3. 按化学成分分类

（1）普通铸铁

普通铸铁即常规元素的铸铁，如普通灰口铸铁、高强度灰口铸铁、球墨铸铁、可锻铸铁、蠕墨铸铁。

（2）合金铸铁

合金铸铁又称为特殊性能铸铁，是向普通灰口铸铁或球墨铸铁中加入一定量的合金元素，如 Cr，Ni，Cu，Al，Pb 等制成的铸铁。

3.8.2　灰铸铁

灰铸铁是价格便宜、应用最广泛的铸铁材料。在各类铸铁的总产量中，灰铸铁占 80% 以上。我国用"HT"表示"灰铁"，后面的数字表示最低抗拉强度值。例如，HT150 表示最低抗拉强度值不低于 150 MPa 的灰铸铁。

3.8.3　球墨铸铁

球墨铸铁是 20 世纪 50 年代发展起来的一种高强度铸铁材料，其综合力学性能接近于钢，因铸造性能很好、成本低廉、生产方便，在工业中得到了广泛的应用和快速的发展。

1. 球墨铸铁的成分和球化处理

球墨铸铁的成分要求比较严格，一般范围是：C 的质量分数为 3.6% ~ 3.9%，Si 的质量分数为 2.0% ~ 2.8%，Mn 的质量分数为 0.6% ~ 0.8%，S 的质量分数小于 0.07%，P 的质量分数小于 0.1%。与灰铸铁相比，它的碳含量较高。

球墨铸铁的球化处理必须伴随孕育处理，通常是在铁液中同时加入一定量的球化剂和孕育剂。国外使用的球化剂主要是金属镁，实践证明，铁液中 Mg 的质量分数为 0.04% ~ 0.08% 时，石墨就能完全球化。我国普遍使用稀土镁球化剂。Mg 是强烈的反石墨化元素。为了避免白口，并使石墨球细小、均匀分布、光圆，一定要加入孕育剂。常用的孕育剂是 Si 的质量分数为 75% 的硅铁和硅钙合金等。

2. 球墨铸铁的牌号、组织和性能

我国球墨铸铁牌号用"QT"标明，其后两组数字表示最低抗拉强度和断后伸长率，例如，QT420 ~ 10 表示最低抗拉强度为 420 MPa，断后伸长率为 10% 的球墨铸铁。

球墨铸铁的扭转疲劳强度甚至超过 45 钢。在实际应用中，大多数承受动载的零件是带孔或带台肩的,因此完全可以用球墨铸铁来代替钢材制造某些重要零件,如汽车发动机的曲轴、连杆、凸轮轴等。

3.8.4 可锻铸铁

可锻铸铁是由一定成分的白口铸铁经过可锻化(石墨化)退火而获得的具有团絮状石墨的铸铁。其大致成分范围为:C 的质量分数为 2.4% ~2.7%,Si 的质量分数为 1.4% ~1.8%,Mn 的质量分数为 0.5% ~0.7%,P 的质量分数为 0.008%,S 的质量分数为 0.025%;同时为缩短石墨化退火周期,还往往向铸铁中加入 B,Al,Bi 等孕育剂(可缩短一半多时间)。

可锻铸铁的力学性能比灰口铸铁高,强度、塑性和韧度都有明显的提高。铁素体可锻铸铁具有较高的塑性和韧度,且铸造性能好,它常用于制造形状复杂的薄截面零件,其工作时易受冲击和振动,如汽车、工程机械的轮壳、转向机构及管接头等;珠光体可锻铸铁强度和耐磨性较好,可用于制造曲轴、连杆、凸轮、活塞等强度和耐磨性要求较高的零件。

3.8.5 蠕墨铸铁

蠕墨铸铁是近几十年来迅速发展起来的新型铸铁材料,它是在一定成分的铁液中加入适量的蠕化剂,凝固结晶后铸铁中的石墨形态介于片状与球状之间,形似蠕虫状。通常变质剂和蠕化剂为稀土硅铁镁合金、稀土硅铁合金、稀土硅铁钙合金或混合稀土。蠕墨铸铁的化学成分与球墨铸铁相似,即要求高碳、高硅、低磷并含有一定量的镁和稀土,一般成分范围是:C 的质量分数为 3.5% ~3.9%,Si 的质量分数为 2.1% ~2.8%,Mn 的质量分数为 0.4% ~0.8%,P 和 S 的质量分数均小于 0.1%。

蠕墨铸铁的力学性能介于基体组织相同的优质灰铸铁和球墨铸铁之间,当成分一定时,蠕墨铸铁的强度、韧度、疲劳强度和耐磨性等都优于灰铸铁,对断面的敏感性也较小;但蠕虫状石墨是互相连接的,使得蠕墨铸铁的塑性和韧度比球墨铸铁低,强度接近球墨铸铁。此外,蠕墨铸铁还有优良的抗热疲劳性能、铸造性能和减振能力,其热导性接近于灰铸铁,但优于球墨铸铁。蠕墨铸铁广泛用来制造柴油机缸盖、汽缸套、机座、电机壳、机床床身、钢锭模、液压阀等零件。

任务三 钢铁材料的热处理

钢的强化及表面改性技术是钢材研究与应用领域最为活跃的课题之一。它不仅可用来提高材料的力学性能,充分发挥材料的性能潜力,而且还可获得一些特殊要求的性能或功能,满足特殊条件下工作零件的使用要求。

3.9 钢的热处理基本概念及分类

钢的热处理是将钢在固态下通过加热保温和冷却的方法来改变钢的内部组织,以获得预期性能的一种工艺。钢的热处理在机械和汽车制造业中占有十分重要的地位。钢经适当的热处理后,可以提高使用性能,改善工艺性能,达到充分发挥材料潜力,提高产品质量,延长使用寿命等目的。因此,热处理是强化钢材的重要方法之一。机械、交通、能源以及航空航天等工业部门的大多数零部件和一些工程构件都需要通过热处理来提高产品质量和性能。如现代机床工业中有 60% ~70% 零件,汽车、工程机械中有 70% ~80% 零件,而滚动轴承和各种工具、模具几乎 100% 的要经过热处理。

　　按 GB 12603—2005《金属热处理工艺分类及代号》的规定，根据加热和冷却方法的不同，常用的热处理分类如下：

　　整体热处理：退火、正火、淬火、回火；表面热处理：表面淬火；化学热处理：渗碳、碳氮共渗、渗氮等。根据热处理在零件加工过程中的工序位置及作用不同，热处理还可分为预备热处理和最终热处理。

　　热处理的方法虽然很多，但任何一种热处理都是由加热、保温和冷却三个阶段组成的。

3.10　钢的热处理原理

3.10.1　钢在加热和冷却时的转变

　　钢的热处理原理主要是利用钢在加热和冷却时内部组织发生转变的基本规律来确定加热温度、保温时间和冷却介质等有关参数，以达到改善材料性能的目的。

　　由 Fe – Fe$_3$C 相图可知，碳钢在缓慢加热和冷却的过程中，经过 PSK 线、GS 线和 ES 线时都要发生组织转变。因此，我们分别把 PSK 线、GS 线和 ES 线称为组织转变的临界点，分别记为 A_1 线、A_3 线和 A_{cm} 线。A_1、A_3 和 A_{cm} 上的点都是新相与旧相自由能相等的平衡温度点。在实际转变过程中，由于加热和冷却速度较快，转变温度会偏离平衡临界点。加热和冷却速度越大，偏离平衡点越远。为方便起见，通常将实际加热转变点和实际冷却转变点分别加注下角标 c 和 r，如图 3 – 11 所示。

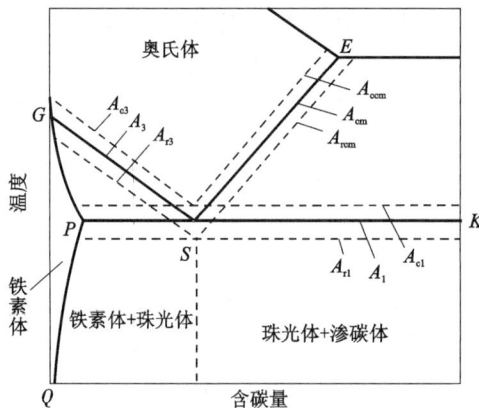

图 3 – 11　加热和冷却时 Fe – Fe$_3$C 相图上临界点位置

　　1. 钢在加热时的组织转变

　　碳钢的室温组织基本上是铁素体和渗碳体两个相组成，只有在奥氏体状态才能通过不同冷却方式使钢转变为不同组织，获得所需要性能。所以，热处理时需将钢加热到一定温度，使其组织全部或部分转变为奥氏体。现以共析碳钢为例讨论钢的奥氏体化过程。

　　(1) 奥氏体的形成

　　钢加热到 A_{c1} 点以上时，会发生珠光体向奥氏体的转变；加热到 A_{c3} 点或 A_{ccm} 点以上时，便全部转变为奥氏体，热处理加热最主要的目的就是为了得到奥氏体，因此这种加热转变过程称为钢的奥氏体化。

共析钢在室温下的组织为单一的珠光体,加热到A_{c1}点以上时,由于铁原子的晶格和渗碳体逐步熔解而形成奥氏体,随后在保温的过程中,通过碳原子的扩散使奥氏体成分均匀化,最后得到单相均匀的奥氏体,如图3 - 12所示。亚共析钢和过共析钢的室温组织除了珠光体外,还有先共析铁素体和先共析二次渗碳体,因此,亚共析钢和过共析钢奥氏体化过程,首先是珠光体转变为奥氏体,然后先共析相向奥氏体转变或溶解,最后得到单相的奥氏体组织。可见,亚共析钢和过共析钢都必须加热到A_{ccm}或A_{c3}以上才能全部完成奥氏体化,得到单相的奥氏体组织,这种加热称为完全奥氏体化加热。如果加热温度在A_{c1}和A_{c3}(A_{ccm})之间,除了奥氏体外还有一部分未转变的先共析相,这种加热称为不完全奥氏体化加热。

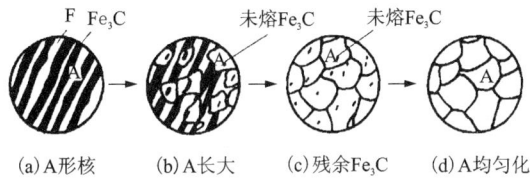

图3 - 12 共析碳钢的奥氏体形成过程示意图

(2)奥氏体晶粒的长大及其控制

奥氏体晶粒的大小对随后冷却时的转变及转变产物的性能有重要的影响,奥氏体晶粒愈小,冷却转变产物的组织愈细,其屈服强度、冲击韧度愈高,所以在淬火加热时,总是希望得到细小的奥氏体晶粒。奥氏体晶粒的大小是评定加热质量的指标之一。严格控制奥氏体的晶粒度是热处理生产中的一个重要环节。凡是晶粒度超过规定时就成为加热缺陷,称为过热,必须进行返修。重要的刀具淬火时都要对奥氏体晶粒度进行金相评级,以保证淬火后有足够的强度和韧度。

在实际生产中,常从加热温度、保温时间和加热速度几个方面来控制奥氏体的晶粒大小,加热温度愈高,保温时间愈长,奥氏体晶粒愈大;反之,加热温度愈低,时间愈短,晶粒就愈小。在加热温度相同时,加热速度愈快,保温时间愈短,奥氏体晶粒愈小。因而,在实际生产中,常利用快速加热、短时保温来获得细小的奥氏体晶粒。

2. 钢在冷却时的转变

冷却过程是钢热处理的关键工序,其冷却转变温度决定了冷却后的组织和性能。实际生产中采用的冷却方式主要有连续冷却(如炉冷、空冷、水冷等)和等温冷却(如等温淬火)。

钢在铸造、锻压、焊接以后,也都要经过由高温到室温的冷却过程。它虽然不作为一个热处理工序,但实质也是一个冷却转变过程,也应正确加以控制。否则,也会形成某种组织缺陷。

所以,钢在冷却时的转变规律,不仅是制定热处理工艺的基本依据,也是制定热加工后的冷却工艺的理论依据。

热处理有两种冷却方式:一种是等温冷却,即将钢由加热温度迅速冷却到临界点A_{r1}以下的既定温度,保温一定时间,进行恒温转变,然后再冷却到室温(图3 - 13曲线1)。另一种是连续冷却,即将钢由加热温度连续冷却到室温,在临界点以下进行连续转变(图3 - 13曲线2)。

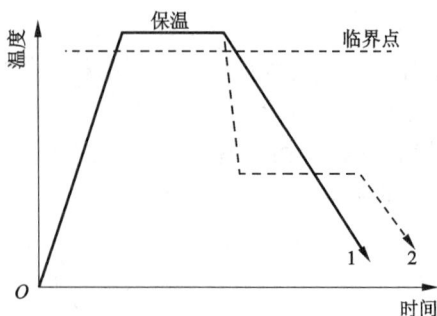

图 3 – 13　热处理的不同冷却方式

3.11　钢的热处理工艺对组织和性能的影响

根据钢在加热和冷却过程中组织和性能的变化规律,常规热处理工艺可以分为退火、正火、淬火和回火等。

3.11.1　退火

退火是将钢加热到临界点以上或者在临界点以下某一既定温度保温一定时间,然后缓慢冷却(一般是随炉冷却)的一种热处理工艺。依据不同的热处理目的和要求,退火分为完全退火、等温退火、球化退火、扩散退火和去应力退火等。

完全退火是将钢加热到 A_{c3} 以上 30℃ 左右,保温一定时间后随炉(或埋入石灰、砂中)缓慢冷却,目的是通过完全重结晶,获得细化晶粒,并降低硬度,改善切削性能和消除内应力。主要用于中碳以上的亚共析成分碳钢和合金钢的铸件、锻件及热轧型材。完全退火花费的时间很长。

等温退火是将钢加热到 A_{c3} 以上的温度,保温一定时间后,很快地冷却到珠光体区的某一温度,保持等温使奥氏体转变为珠光体,随后缓慢冷却。等温退火目的与完全退火相同,但其转变容易控制,退火时间也明显缩短。

球化退火是将钢加热到 A_{c1} 以上 30℃ 左右,保温一定时间后随炉缓慢冷却到 600℃ 后出炉空冷,使二次渗碳体和珠光体中的渗碳体球状化,目的是降低钢的硬度、改善切削性能,并为以后的淬火作准备。对于网状渗碳体严重的过共析钢,球化退火之前要采用正火消除网状渗碳体。球化退火主要用于共析成分和过共析成分的碳钢及合金钢,如工具钢和滚动轴承钢等。

去应力退火(低温退火)是将钢缓慢加热到 500~650℃(低于 A_{c1}),保温一定时间,然后随炉冷却。钢在去应力退火中不发生组织变化,而是发生应力松弛,部分弹性变形转变为塑性变形使内应力消除,目的是防止工件在使用或加工时发生变形、开裂。退火温度越高,应力消除越充分。主要用于消除铸造、焊接、冷加工和机加工等冷热加工在工件中造成的残留内应力,如图 3 – 14 所示。

3.11.2　正火

正火是将钢加热到 A_{c3} 以上 30~50℃(亚共析钢)或者 A_{cm} 以上 30~50℃(过共析钢),保温一定时间后在空气中冷却,得到索氏体组织。与退火的最大区别在于正火的冷却速度快,

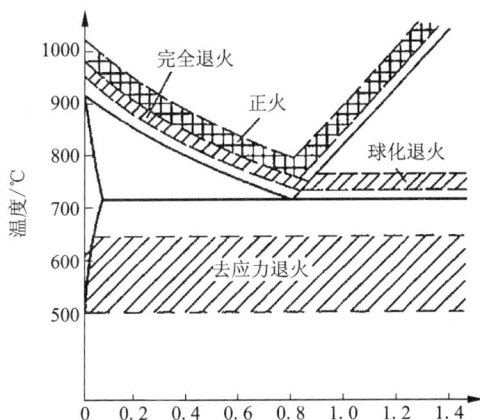

图 3-14　碳钢各种退火、正火加热范围

生产周期短，操作简便，强度和硬度稍有提高，因此，应用中可以根据实际情况考虑用正火代替退火。

正火的目的：

1）作为预备热处理，使组织粗大的铸件和锻件达到组织均匀、细化，为淬火和调质作准备。

2）作为最终热处理，提高钢的强度、韧度和硬度，对于力学性能要求不高的普通结构钢件，可在正火状态使用。

3）低碳钢退火后塑性和韧度太高，切削时难断屑，光洁度不高。正火可以获得适当硬度，改善低碳钢和低碳合金钢的切削性能。

3.11.3　淬火

淬火是将钢加热到 A_3 以上 $30 \sim 50℃$（亚共析钢）或者 A_{c1} 以上 $30 \sim 50℃$（共析钢、过共析钢），保温一定时间，然后快速冷却（油冷或水冷），使奥氏体转变为马氏体的热处理工艺。淬火的目的是获得马氏体组织，以提高钢的强度和硬度。

保温目的是使钢件烧透，获得细小均匀的奥氏体。保温时间主要根据钢的成分、工件大小和形状、加热炉类型和加热介质确定。生产中可以通过实验或者根据相关手册的经验公式估算。

3.11.4　回火

回火是将钢加热到 A_{c1} 以下的某一温度，保温一定时间，然后冷却至室温，改善组织并消除内应力的热处理工艺。

钢淬火得到的是脆性马氏体组织，并存在内应力，容易产生开裂和变形；另外，淬火马氏体和其中残余的奥氏体在室温都是不稳定组织，趋向于分解回到铁素体和碳化物的稳定状态，从而导致工件的尺寸和性能发生变化。因此淬火钢不能直接应用，必须通过回火处理，达到工况要求的强度、硬度、塑性和韧度。应当注意，几乎所有的钢在 $250 \sim 350℃$ 作回火热处理时都要出现低温回火脆性，由于这种脆性不能消除，故又称为不可逆回火脆性，所以一般情况下均不在该温度范围作回火处理。

3.12　钢的表面处理强化

汽车中的一些零部件在运动、摩擦、冲刷、腐蚀、高温等条件下工作，因此要求其表面有高的硬度、耐磨性或者耐腐蚀、耐热性等，而心部要求足够的强度和韧度，此时仅仅从材料入手是难以解决的，工程上常常对钢铁采用表面处理强化。

表面热处理是仅仅加热冷却钢的表面，使心部和表面具有不同的组织和相应的性能，而不改变钢的成分的热处理工艺。

3.12.1　表面淬火

表面淬火就是将钢件表面快速加热到淬火温度，使表面转变为奥氏体，在热量尚未传到心部时，随即快速冷却淬火，在表面得到马氏体组织的一种局部淬火方法。表面淬火根据加热方式不同有多种方法，常用的是电感应加热淬火和火焰加热淬火。

1. 电感应加热表面淬火

在感应线圈中通入交流电，它的周围就会产生交变磁场，如果将钢件置入该磁场内，钢件中就会产生与线圈频率相同、方向相反的感应电流，并且由于电阻作用产生大量热量，使钢件加热，随之立即喷水或乳化液使钢件冷却而达到表面淬火的目的。

高频淬火（100～1000 kHz）：常用频率 200～300 kHz，淬硬层深度为 0.2～2 mm，适用中小零件。

中频淬火（0.5～100 kHz）：常用频率 2.5～8 kHz，淬硬层深度为 2～8 mm，适用大中型零部件。

工频淬火（50 Hz）：淬硬层深度为 10～15 mm，适用大型部件。

感应加热淬火的加热速度快，容易控制及自动化，生产效率和质量高，淬火组织细小、硬度高，耐疲劳和冲击，因此在工业上得到广泛应用，但是设备复杂、成本高。

2. 火焰加热表面淬火

用乙炔 – 氧或者煤气 – 氧等火焰（约 3000℃）加热钢件，使钢件表面快速加热到淬火温度，随即再用水或乳化液喷射冷却，火焰表面淬火的淬硬层深度一般是 2～6 cm，调整火焰烧嘴的移动速度、烧嘴与钢件之间的距离以及烧嘴与冷却喷水管的距离，都可以改变和控制淬硬层深度，如图 3 – 15 所示。火焰加热淬火的设备简单、成本低。但是生产效率低，加热不均匀，质量不易稳定。

3.12.2　化学热处理强化

化学热处理是将钢件置入特殊介质中加热保温，使特殊介质中的一种或几种元素渗入钢件表面，改变其成分和组织，从而改变钢件表面性能的热处理工艺。它可以提高钢件的耐蚀性、耐磨性、抗氧化性、耐热性和抗疲劳性。化学热处理按照渗入的元素可分为渗碳、渗氮、碳氮共渗以及渗铝、渗铬、渗硼、渗硫和多元共渗等，常用的化学处理方法如下：

1. 渗碳

渗碳是使碳原子渗入钢件表面，使低碳钢（含碳量为 0.15%～0.30%）的表层获得高的含碳量（含碳量为 0.85%～1.0%），再经过淬火和低温回火处理，表面获得细小的回火马氏体和碳化物组织，渗碳层深度通常为 0.5～2 mm。可以达到通常要求的硬度 HRC58～64。从而使钢件表面具有高硬度、抗疲劳性和耐磨性，心部仍然保持足够的韧度和强度。主要用于经受严重磨损和较大冲击载荷的零件，例如汽车齿轮、凸轮轴、活塞销等。

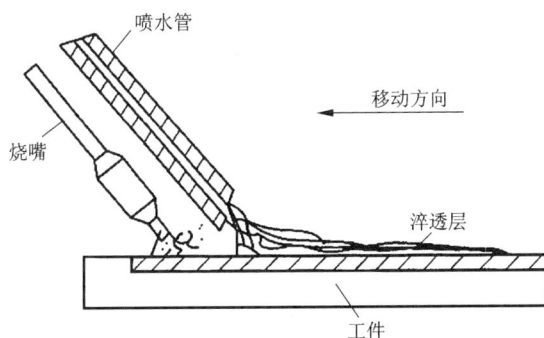

图 3-15 火焰加热表面淬火示意图

常用渗碳方法有气体渗碳和固体渗碳,近年还发展了离子渗碳。

气体渗碳将钢件置入密封的炉膛内,加热到 900~950℃,向炉内滴入碳氢化合物,如煤油、甲苯、甲醇(或者直接通入含碳气体如煤气、液化气),高温裂解为 CO、CH_4,通过如下反应产生出活性碳原子[C]:

$$2CO = CO_2 + [C]$$
$$CH_4 = 2H_2 + [C]$$

活性碳原子渗入钢件表面,被吸收、溶解并扩散,形成 0.5~2 mm 的渗碳层。

固体渗碳是将钢件置入填满了渗碳剂的渗碳箱内,加盖密封后,加热到 900~950℃ 保温渗碳。渗碳剂主要由木炭和催渗剂($BaCO_3$ 或 Na_2O_3)组成,反应产生活性碳原子[C]渗入钢件表面,形成渗碳层。

离子渗碳将钢件置入真空加热器中,加热到 900℃,导入丙烷气体,施加直流电压,产生辉光放电,使碳离子轰击钢件表面,将钢件表面加热并被表面吸收,然后向内部扩散。离子渗碳不会使晶界硬化,同时表面渗碳量容易控制,多次循环处理可以形成复合硬化层。

2. 氮化

氮化是使氮原子渗入钢件,使钢件表层获得富氮层。氮化用钢通常是合金钢,氮溶入铁素体和奥氏体中,与铁形成 Fe_4N(γ 相)和 Fe_3N(ε 相)。氮化性能优于渗碳,氮化后的硬度高达 HV 1000~HV 1200,并且在 600℃ 左右保持不下降,具有很高的耐磨性和热硬性;氮化后的钢件表面形成压应力,明显提高抗疲劳性;氮化表面的 ε 相具有耐蚀性,在水、蒸汽和碱中长期保持光亮。氮化后一般不再进行热处理。

常用的方法是气体氮化,在密封的加热炉内放入钢件,升温到 500~600℃,通氨(也可以预先放入尿素,分解为氨),高温下分解出活性氮原子[N]。

$$2NH_3 = 3H_2 + 2[N]$$

钢件吸收活性氮原子,渗入内部形成富氮硬化层。

3. 碳氮共渗及多元共渗

碳氮共渗就是同时向钢件表面渗入碳原子和氮原子,兼具渗碳和渗氮的特点,目的是提高钢件的硬度、耐磨性和抗疲劳性。

高温碳氮共渗是在 800~900℃ 进行,同时通入渗氮和渗碳气体,形成碳氮共渗层,但以渗碳为主。碳氮共渗层组织与渗碳层类似，但硬度、耐磨性、耐蚀性和抗疲劳性等性能都优于渗碳层。

低温碳氮共渗是在 $500 \sim 600℃$ 进行，同时通入渗氮和渗碳气体，形成碳氮共渗层，但以渗氮为主，又称为软氮化。其碳氮共渗层组织与氮化类似，但抗疲劳性优于渗碳和高温碳氮共渗；硬度低于氮化但仍然有耐磨性，并具有减摩作用。

4. 渗铬

将钢件埋入填满了渗铬剂的密封箱内，加热后保温进行渗铬。渗铬剂主要由金属铬粉和 SiO_2（或 Al_2O_3）添加氯化氨组成，反应产生活性 $[Cr]$ 渗入钢件晶体，形成渗铬层。

渗铬层具有较好的耐蚀性和优良的抗氧化性，硬度和耐磨性也相当好。渗铬层可以代替不锈钢和耐热钢用于机械和工具制造。

5. 渗硼

渗硼方法有固体渗硼、气体渗硼、盐浴渗硼等。渗硼剂主要由碳化硼、硼砂、硼铁和少量氧化铝及氯化物组成，处理温度为 $950 \sim 1000℃$。

渗硼层具有十分优秀的耐磨性、耐腐蚀磨损和泥浆磨损的能力，渗硼层的耐磨性明显优于上述渗氮、碳和碳氮共渗层。渗硼层还有较好的耐酸性、耐盐水和氢氧化钠能力。但是，渗硼层不耐大气和水的腐蚀。渗硼主要用于泥浆泵零部件、热作模具和工夹具、各种兼具耐磨和耐蚀的用品。

任务四　有色金属及其合金

3.13　铝及其铝合金

铝及铝合金是应用最广泛的非铁金属，目前其产量仅次于钢铁材料。由于铝的密度小，有利于车辆的轻量化发展，在车辆中的使用量和使用率正在逐渐增加，其用量已超过（铸）铁，成为仅次于钢的第二大材料。

3.13.1　工业纯铝

铝在地球上的储量居金属元素之首。纯铝呈银白色，质量分数不低于 99.0%，铝的密度为 2.72 g/cm³，是铁密度的 $1/3$，熔点较低（660℃），基本无磁性。铝具有良好的导电、导热性能，仅次于金、银、铜。铝和氧的亲和力强，在大气中，其表面会生成一层致密的 Al_2O_3 薄膜，并可阻止其进一步氧化，故铝的抗大气腐蚀能力强。但不耐酸、碱、盐的腐蚀。

工业上使用的纯铝质量分数一般为 99.7% ~98%，其强度低（σ_b 仅 $80 \sim 100$ MPa）、塑性好（$A = 60\%$，$Z = 80\%$），通过压力加工可制成各种型材，如丝、线、箔、棒和管等。铝不能用热处理进行强化，可采用冷变形强化手段提高其强度。冷变形后，强度可提高到 $150 \sim 250$ MPa，但塑性则下降到 50% ~60%。

纯铝牌号用 $1 \times \times \times$ 四位数字、字符表示，牌号的最后两位数表示铝的最低质量分数。工业纯铝的牌号有 1070A，1060，1050A，1035 等。当铝的最低质量分数精确到 0.01% 时，牌号的最后两位数为铝的最低质量分数中小数点后面的两位，如 1A99 表示 $\omega_{Al} = 99.99\%$，1A93 表示 $\omega_{Al} = 99.93\%$。

根据纯铝的特点，其主要用途是熔炼铝合金，制作电线、电缆。在汽车上则用于制造空气压缩机垫圈、排气阀垫片、汽车铭牌等。

3.13.2　铝合金及其应用

在纯铝中加入硅、铜、镁、锌、锰等元素形成的金属材料称为铝合金。经过冷变形加工或热处理后，铝合金的抗拉强度可提高到 500 MPa 以上，同时保持其密度小、比强度高和导热性好的特性，适宜制造各种机械零件，广泛用于汽车制造、航空航天工业及民用产品制造。

3.13.3　铝合金的热处理

纯铝无同素异构转变，因此铝合金热处理机理与钢不同。铝合金是通过固溶－时效处理来提高强度、硬度和其他性能的，这种热处理也称强化处理。

1. 固溶处理

将铝合金加热到稍高于固溶线，保温适当时间，可得到均匀的单相 a 固溶体，然后在水中快速冷却，使第二相来不及析出，在室温下获得过饱和的固溶体单相组织。此时铝合金的强度和硬度并没有明显提高，而塑性却得到改善，这种热处理为固溶处理。

铝合金的固溶处理与钢的淬火虽然都是加热后快速冷却，但却有本质的区别。前者在冷却过程中晶格类型没有发生变化，而后者晶格类型却发生了变化。

2. 时效

铝合金固溶处理后应及时进行时效。由于固溶处理后获得的过饱和固溶体是不稳定的组织，有分解出第二相过渡到稳定状态的倾向。如果在一定温度下保持一定时间，使第二相从过饱和固溶体中缓慢析出，导致晶格畸变，可使铝合金的强度和硬度得到显著提高，塑性明显下降，这种现象称为时效。

铝合金的时效分为自然时效和人工时效两种。在 $100 \sim 200\,℃$ 范围内进行的时效称为人工时效。人工时效温度越高，时效过程越短，但强化效果越差，超过 $200\,℃$，晶格畸变完全消失，已不再具有强化效果。

在室温下进行的时效称自然时效。自然时效后的铝合金，在 $230 \sim 250\,℃$ 短时间（几秒至几分钟）加热后，快速水冷至室温时可以重新变软。如再在室温下放置，则又发生正常的自然时效。这种现象称为回归。一切能时效硬化的合金都有回归现象。回归现象在实际生产中具有重要意义。时效后的铝合金可在回归处理后的软化状态进行各种冷变形。

3. 退火

铝合金的退火是为了消除加工硬化，便于再加工。主要用于飞机蒙皮等形状复杂的钣金件，一般是将零部件加热到 $350 \sim 450\,℃$，保温后空冷。对热处理不可强化铝合金零件，为了保持较高强度，适当增加塑性，可进行去应力退火，在 $180 \sim 300\,℃$ 加热后空冷。

3.14　铜及其铜合金

铜元素储量较少，是较为贵重的非铁金属，其产量仅次于钢和铝。目前汽车上使用的铜及其合金主要有工业纯铜、黄铜和青铜。

3.14.1　工业纯铜

工业纯铜中铜的质量分数为 $99.5\% \sim 99.95\%$，其新鲜表面呈玫瑰红色，表面形成氧化亚铜 Cu_2O 膜层后呈紫红色，俗称紫铜。因工业纯铜是用电解方法提炼出来的，故又称电解铜。纯铜在含有 CO_2 的湿空气中，表面容易生成碱性碳酸盐类的绿色薄膜

$[CuCO_3 \cdot Cu(OH)_2]$，俗称铜绿。

1. 工业纯铜的性能

工业纯铜的熔点为 $1083℃$，密度为 $8.96 g/cm^3$。具有良好的导电性，在所有金属中，铜的导电性略逊于银。铜的导热性及抗大气腐蚀性也很好，并具有抗磁性。因此广泛用作电工导体、传热体、防磁器械及配制各种铜合金。

纯铜强度低，不宜做结构材料；塑性好，容易进行压力加工。纯铜可进行冷变形强化，但塑性会显著下降。例如，当变形率为50%时，强度从 $230\sim250$ MPa 提高到 $400\sim430$ MPa，塑性由 $40\%\sim50\%$ 降低到 $1\%\sim2\%$。

纯铜中的杂质主要有硅(Si)、锰(Mn)、硫(S)和磷(P)等，它们对纯铜的性能影响极大。如硅、锰可引起铜的"热脆"，而硫、磷却能导致铜的"冷脆"。所以在纯铜中必须控制杂质含量。

2. 工业纯铜的牌号及用途

工业纯铜(压力加工产品)的牌号用"T + 数字"表示，"T"为铜的汉语拼音首字母，数字表示顺序号，数字越大，纯度越低。如 T1，T2 等。工业纯铜的牌号、化学成分及用途如表3-2所示。

表3-2 工业纯铜的牌号、化学成分及用途

牌号	代号	化学成分(质量分数)/%				用 途
		ω_{Cu}(不小于)	ω_{Bi}	ω_{Pb}	杂质总量	
一号铜	T1	99.95	0.001	0.003	0.05	导电、导热、耐腐蚀器具材料，如电线、蒸发器、雷管、贮藏器等
二号铜	T2	99.90	0.001	0.005	0.10	
三号铜	T3	99.70	0.002	0.010	0.30	

3.14.2 铜合金

铜合金是以铜为基体加入合金元素后形成的合金材料。与工业纯铜相比，铜合金具有较高的强度和硬度，韧性好，并保持了纯铜的某些优良性能。

按化学成分不同，一般将铜合金分为黄铜、青铜和白铜三类；按生产方法不同，铜合金分为压力加工铜合金与铸造铜合金两类。

1. 黄铜

黄铜是以铜为基体，以锌为主要合金元素的铜合金。按化学成分不同，黄铜分为普通黄铜和特殊黄铜两种。

(1)普通黄铜

它是铜-锌(Cu-Zn)二元合金，色泽美观，具有良好的耐腐蚀性和加工性能。其牌号用"H + 数字"表示，"H"表示"黄"字汉语拼音首字母，数字表示铜的平均质量分数，余数为锌的质量分数。如 H70 表示平均铜的质量分数为70%，锌的质量分数为30%。

常用的黄铜有 H80、H70、H68 等，其塑性好，可进行冷、热加工，适于制作冷轧钢板、冷拉线材、管材及形状复杂的深冲零件。双相黄铜有 H62、H59 等。常用黄铜的牌号、化学

成分、力学性能及用途如表3-3所示。

表3-3　常用黄铜的牌号、化学成分、力学性能及用途

类别	合金牌号	化学成分(质量分数)(余数为Zn)/%		制品种类	力学性能		用途举例
		Cu	其他		σ_b/MPa	σ_s/%	
普通黄铜	H80	79~81		板、条、带、箔、棒、线、管	265~392	50	色泽美观,用于镀层及装饰
	H68	67~70			294~392	40	管道、散热器、铆钉、螺母、垫片等
	H62	60.5~63.5			294~412	35	散热器、垫圈、垫片等
特殊黄铜	HPb59-1	57~60	Pb 0.8~1.9	板、带、管、棒	343~441	25	切削加工性好、强度高、用于热冲压和切削加工件
	HMn58-2	57~60	Mn 1.0~2.0	板、带、棒、线	382~588	35	耐腐蚀性和弱电用零件
铸铝黄铜	ZCuZn31Al2	66~68	Al 2.0~3.0	砂型铸造、金属型铸造	295~390	12~15	要求耐蚀性较高的零件
铸硅黄铜	ZCuZn16Si4	79~81	Si 2.5~4.5	砂型铸造、金属型铸造	345~390	15~20	接触海水工作的管配件及水泵叶轮等

（2）特殊黄铜

为了获得更高的强度、抗蚀性和良好的铸造性能，在普通黄铜中加入铅、锡、铝、镍、铁、硅、锰等元素所形成的铜合金称为特殊黄铜，如铅黄铜、锡黄铜、铝黄铜、镍黄铜、铁黄铜及硅黄铜等。其代号用"H+主加元素符号+铜的质量分数+主加元素的质量分数"表示。例如：HPb59-1，表示平均成分为 $\omega_{Cu}=59\%$，$\omega_{Pb}=1\%$，其余为锌的铅黄铜。

加入铅可以改善黄铜的切削加工性能；加入硅可提高黄铜的强度和硬度，改善其铸造性能；加入锡可增加黄铜的强度及其在海水中的耐腐蚀性；加入铝、锰、镍的铜合金还能提高其抗蚀性和耐磨性。特殊黄铜中若加入的合金元素较少，则塑性会较高，也称为压力加工特殊黄铜。加入的合金元素较多，则强度和铸造性能好，称为铸造用特殊黄铜，代号中用"Z"表示"铸造"。

2.青铜

青铜是人类历史上应用最早的合金，因铜与锡的合金颜色呈青黑色而得名。青铜原指铜-锡(Cu-Sn)合金，目前把以含铝、硅、铅、铍、锰等为主加元素的铜合金统称为青铜。

青铜按化学成分分为锡青铜(Cu-Sn)、铝青铜(Cu-Al)、铍青铜(Cu-Be)等，也可按加工方法分为加工青铜和铸造青铜两类。其牌号用"Q+主加元素符号+主加元素的质量分数+其他元素的质量分数"表示，"Q"表示"青铜"。例如：QSn4-3表示含$\omega_{Sn}=4\%$，$\omega_{Zn}=3\%$，其余为Cu的锡青铜。铸造青铜是在编号前加"Z"字。

1)锡青铜是以锡为主要合金元素的铜合金。当锡的质量分数小于6%时，锡青铜随着锡含量的增加，合金的强度和塑性均增加。当锡的质量分数为6%时，锡青铜组织中出现硬而脆的δ相，塑性急剧下降，但强度继续增高。当锡的质量分数大于20%时，大量的δ相使其强度显著下降，合金变得硬而脆，无使用价值。一般工业用锡青铜中锡的质量分数为3%~14%。

锡的质量分数小于8%的青铜具有优良的弹性、塑性及适宜的强度，适用于冷、热压力加工，又称为加工锡青铜。锡的质量分数大于10%的锡青铜，由于塑性差，只适于铸造，称为铸造锡青铜。铸造锡青铜流动性差，组织疏松、不致密。但它在凝固时尺寸收缩小，特别适于对外形尺寸要求较严格的铸件。

与纯铜和黄铜相比，锡青铜具有良好的耐磨性和耐腐蚀性，特别是在大气、海水环境中其优越性更为明显。但其在酸类及氨水中的耐蚀性较差。因此，锡青铜多用于制造弹簧片、电极、轴承、轴瓦、轴套等耐磨零件。

2)铝青铜是以铝为主要合金元素的铜合金。铝青铜的力学性能比黄铜和锡青铜高。在铸造状态下，当铝的质量分数小于5%时，铝青铜的强度很低；铝的质量分数大于5%后强度显著增加，铝的质量分数在10%左右时强度最高，因此铝青铜多在铸态或经热加工后使用。铝的质量分数为5%~7%时，铝青铜塑性最好，适于冷加工。铝的质量分数大于7%后，塑性急剧降低。高于12%时铝青铜塑性很差，加工困难。因此铝青铜中铝的质量分数一般为5%~12%。

与锡青铜和黄铜相比，铝青铜具有更高的强度、硬度和耐磨性。常用来制造强度及耐磨性要求较高的飞机、船舶零件，如齿轮、蜗轮、轴承、轴套等。

3)铍青铜是以铍为主要合金元素的铜合金，铍的质量分数为1.7%~2.5%。铍在铜中的溶解度随温度的变化很大，如温度在866℃时，最大溶解度为2.7%，而在室温时却只有0.2%，因此铍青铜在进行固溶时效处理后可获得很高的硬度和强度，强度最大可达1500 MPa，硬度可达350~400 HBW，远远超过其他钢合金，甚至可与高强度钢媲美。

铍青铜具有良好的综合性能，不仅强度高、疲劳抗力高、弹性好，而且具有抗蚀、耐热、耐磨等优良性能。其导电性和导热性良好，而且具有抗磁、受冲击时不产生火花等特殊性质。主要用于制造精密仪器、仪表中重要的弹性元件，如钟表齿轮、电焊机电极、电接触器及防爆工具、航海罗盘等重要零件。但铍青铜的价格较高，生产工艺复杂，使其应用受到限制。

3.白铜

以铜为基体，以镍为主要合金元素的铜合金称为白铜。白铜分为普通白铜和特殊白铜。普通白铜是铜镍二元合金，用"B+镍的平均质量分数"表示，"B"表示"白铜"。例如，B19表示镍的质量分数为19%，铜的质量分数为81%的普通白铜。在普通白铜中加入锌、锰、铁等元素后形成的合金称为特殊白铜，分为锌白铜、锰白铜、铁白铜等。其代号用"B+其他元素符号+镍的平均质量分数+其他元素的平均质量分数"表示，例如：BMn3-12表示镍质量分数为3%、锰质量分数为12%、铜质量分数为85%的锰白铜。

在固态下，铜与镍无限固溶，因此工业白铜的组织为单相 a 固溶体，有较好的强度和优良的塑性，能进行冷、热变形。冷变形能得到高的强度和硬度。其耐腐蚀性好，电阻率较高。主要用于制造船舶仪器零件、化工机械零件及医疗器械等。

3.15 滑动轴承合金

目前机器中使用的轴承有滚动轴承和滑动轴承两类。与滚动轴承相比，滑动轴承具有承压面积大，工作平稳，噪声小，制造、维修和拆装方便等优点，广泛用于汽车、工程机械、机床、大型电机及其他机器设备中，如汽车的曲轴轴承、连杆轴承、凸轮轴轴承等均为滑动轴承。在滑动轴承中，用于制造轴瓦及其内衬的铸造合金材料称为轴承合金。

3.15.1 滑动轴承合金的性能

轴承在工作时，不仅要承受轴的压力，而且要与之产生强烈的摩擦。为了减少轴的磨损，延长其使用寿命，轴承合金必须具备以下性能要求：

1）具有足够的强度，以承受较大的单位压力。

2）具有足够的塑性和韧性，便于加工和抵抗冲击、振动。

3）与轴颈材料相比，应具有较低的硬度，以避免轴的大量磨损。同时应具有一定的耐磨性。

4）具有良好的磨合性，使其与轴能较快地紧密配合。摩擦因数要小，其表面应有微孔储油功能，以便形成油膜，减轻磨损。

5）具有良好的耐蚀性、导热性和较小的膨胀系数，抗咬合性好，防止摩擦升温而发生咬合。

6）具有良好的工艺性，易于铸造成型，易于焊合，成本低廉。

生产过程中，为了提高滑动轴承的强度和使用寿命，通常选用双金属方法制造。如利用离心浇铸法将滑动轴承合金铸在钢质轴瓦上，这种方法称为"挂衬"。

3.15.2 滑动轴承合金的组织

为满足以上性能要求，除考虑合金的化学成分外，更应注重其组织的特殊作用。滑动轴承合金理想组织状态是在软的基体上分布着硬质点或在硬的基体上分布着软质点。

1）软的基体上分布着硬质点，滑动轴承工作时，软基体很快磨损凹陷，可储存润滑油，使轴与轴瓦间形成连续油膜，起到良好的润滑作用，减少轴和轴承间的磨损；硬质点将凸出于基体上，以支承轴的压力；一旦负载过大时，凸起的硬质点被压入软的基体中，从而避免了轴的擦伤。这类组织具有较好的磨合性与抗冲击、振动能力，但承载能力低，如锡基和铅基滑动轴承合金（巴氏合金）。

2）硬基体上分布着软的质点，这类轴承合金基体的硬度低于轴颈，但比软基体合金硬，能承受较大载荷。基体上分布着软的质点，摩擦因数小，但磨合性较差。这类组织的轴承合金有铜基和铝基轴承合金。

3.15.3 常用滑动轴承合金

常用滑动轴承合金有锡基、铅基、铜基、铝基等轴承合金，工业上应用最广的轴承合金是锡基和铅基滑动轴承合金（又称巴氏合金）。滑动轴承合金的牌号用"Z＋基体元素＋主加元素＋主加元素的质量分数＋辅加元素＋辅加元素的质量分数"表示，"Z"为"铸"的汉语拼音首字母。例如，ZSnSb11Cu6 表示铸造锡基滑动轴承合金，基体为元素锡，主加元素锑的质量分数为 11% , 辅加元素铜的质量分数为 6% , 余量为锡。

1)锡基滑动轴承合金(锡基巴氏合金)是以锡为基体元素，加入锑、铜等元素形成的合金。其组织是以锑溶入锡形成的 a 固溶体为软基体，以化合物 SnSb 和 Cu6Sn3 形成硬质点及骨架。这种合金具有适度的硬度，摩擦因数小，塑性、导热性、耐腐蚀性均较好，常用作重要轴承，如汽轮机、发动机、内燃机等大型机器的高速轴承。由于其疲劳强度较低，成本高，且工作温度不能高于 150℃ , 因而其应用受到一定程度的限制。常用的锡基滑动轴承合金有 ZSnSb8Cu4 , ZSnSb11Cu6 , ZSnSb4Cu4 等。

2)铅基滑动轴承合金(铅基巴氏合金)是以铅为基体元素，加入锡、锑、铜等元素形成的合金。其硬度、强度、韧性均优于锡基滑动轴承合金，但其摩擦因数较大，价格便宜，工作温度不超过 120℃ 。常用于制造承受中低载荷的中速轴承，如汽车、工程机械曲轴轴承、连杆轴承及电动机轴承。常用的铅基滑动轴承合金有 ZPbSb16Sn16Cu2 , ZPbSb15Sn10 等。

3)铜基滑动轴承合金是以铜为基体元素，加入铅、锡、铝、铍等元素形成的合金，主要有铅青铜、锡基铜等。与巴氏合金相比，铜基轴承合金是硬的基体上均匀分布着软的质点，具有高的疲劳强度和承载能力，优良的耐磨性、导热性和低的摩擦因数，能在较高温度(250℃)下正常工作，因此可制造高速、重载的重要轴承，例如航空发动机、高速柴油机的轴承等。

4)铝基滑动轴承合金是以铝为基体元素，加入锑、锡、镁等元素形成的合金，其具有密度小、导热性好、疲劳强度高和耐蚀性好等优点，并且原料丰富，价格低廉。但其膨胀系数大，运转时容易与轴咬合，且其硬度较高，容易造成轴的磨损，应相应提高轴的硬度。

常用的铝基滑动轴承合金有：铝锑镁滑动轴承合金、铝锡滑动轴承合金，如高锡铝滑动轴承合金 ZAlSn6Cu1Ni1 。

3.16　其他有色金属材料

随着汽车工业的不断发展，对汽车轻量化、减少排放污染的要求逐年提高，非铁金属在汽车上的应用越来越广泛，钛、镁、锌等合金的应用也越来越受到重视，它们在汽车上的用量也越来越多。

3.16.1　钛及钛合金

钛具有良好的综合性能，其密度小，比强度高，耐高温，耐腐蚀，且资源丰富，在航空航天、化工、机电产品、医疗卫生等行业得到广泛应用。

1. 工业纯钛

1)纯钛的性能。纯钛是银白色金属，熔点为 1677℃ , 密度为 4.508 g/cm^3 , 热膨胀系数小、导热性差，塑性好，强度低，容易加工成型。

钛与氧和氮的亲和力很强，容易形成一层致密的氧化物和氮化物薄膜，其稳定性高于铝和不锈钢的氧化膜，故钛在许多介质中的耐腐蚀性优于不锈钢，尤其是抗海水腐蚀的能力非常突出。工业纯钛常用于制造飞机骨架、发动机部件、耐海水管道及柴油机活塞、连杆等。

2)钛的牌号纯钛用"TA + 顺序号"表示，如 TA2 表示 2 号工业纯钛。工业纯钛的牌号有 TA1、TA2、TA3 三种，顺序号越大，杂质含量越多，纯度越低。

2. 钛合金

为了提高纯钛在室温时的强度和在高温下的耐热性，常加入铝、铅、铜、钒、锰、铬、铁等元素，得到不同的钛合金，其牌号用"T + 合金类别代号 + 顺序号"表示。钛合金按其组织类型不同，可分为 α 型钛合金、β 型钛合金和 $\alpha + \beta$ 型钛合金，分别以 TA、TB、TC 来表示。如 TC4 表示 4 号 $\alpha + \beta$ 型钛合金。

3.16.2　镁及镁合金

1. 工业纯镁

镁的密度为 1.74 g/cm³，具有很高的化学活性，易在空气中形成疏松多孔的氧化膜。且电极电位低，耐蚀性很差，强度和塑性不高，一般不直接用作结构材料。工业纯镁的牌号用"Mg + 序列号"表示，例如 Mg1 称为 1 号纯镁，Mg2 称为 2 号纯镁。

2. 镁合金

在镁中加入铝、锌、锰等合金元素形成镁合金。合金元素的质量分数一般为：铝为 0.2% ~9.2%，锌为 0.2% ~6.0%，锰为 0.1% ~2.5%。经热处理后（固溶时效处理），其硬度可达 300 ~350 MPa。

镁合金密度很小，比铝轻 1/3，但比强度高于铝合金；疲劳强度极高，能承受较大的冲击载荷；耐蚀性好（特别耐煤油、汽油等矿物油和碱类的腐蚀），有良好的切削加工性能。因此镁合金在航空、无线电通信、仪表等行业获得了广泛的应用。同时，由于镁合金是最有发展前景的汽车轻量化材料之一，用镁合金替代铝合金制造汽车零部件，在当前世界汽车生产中已逐步得到应用。

镁合金根据加工方法分为变形镁合金（压力加工镁合金）和铸造镁合金两类，牌号分别用"MB"和"MZ"加序号表示，例如 MB2 称为 2 号变形镁合金，MZ6 称为 6 号铸造镁合金。

常用的变形镁合金有 MB1、MB2、MB8、MB15，其中应用较多的是 MB15，具有较高强度和良好的塑性，且热处理工艺简单，热加工后直接进行时效便可强化。常用铸造镁合金有 ZM1、ZM2、ZM5，具有较高的强度和良好的铸造工艺性，但耐热性较差，长期使用温度应不高于 150℃。

3. 镁合金在汽车中的应用

镁是实际应用最轻的金属，其吸振能力强、切削性能好、金属模铸造性能好，很适合制造汽车零件。镁合金大部分以压铸件的形式在汽车上应用，镁压铸件的生产效率比铝高 30% ~50%。新开发的无孔压铸法可生产出没有气孔且可热处理的镁压铸件。

镁铸件在汽车上使用最早的实例是车轮。在汽车上使用镁合金的实例还有离合器壳体、离合器踏板、制动踏板固定支架、仪表板骨架、座椅、转向柱部件、转向盘轮芯、变速箱壳体、发动机悬置、气缸盖和气缸盖罩盖等。与传统的锌制转向柱上的支架相比，镁制件降重 65%；与传统的钢制转向轮芯相比，镁制件降重 45%；与全铝气缸盖相比，镁制件降重 30%；与传统的钢制冲压焊接结构制动踏板支架相比，整体的镁铸件降重 40%，同时其刚性也得以改善。

镁基复合材料的研究也有进展，以 SiC 颗粒为增强体，采用液态搅拌技术得到的镁基复合材料具有很好的性能且生产成本较低。在 AZ91 合金中加入 25% 的 SiC 颗粒增强的复合材，比基体合金抗拉强度提高 23%，屈服强度提高 47%，弹性模量提高 72%。

3.16.3　锌及锌合金

锌的熔点较低，抗大气腐蚀性良好，再结晶温度在室温以下，一般采用普通压力加工方式。

铝、铜、镁等为锌的主要合金元素，它们对锌合金产生明显的强化作用。锌合金可分为变形锌合金和铸造锌合金两类，有 Zn – Al 和 Zn – Al – Cu 等合金系。目前应用最广的锌合金是 ZZnAl4CulMg，主要用作压铸小尺寸、高强度、高耐蚀性零件，如汽车机油泵体、仪器仪表外壳及零件等。

任务五　非金属机械材料及应用

3.17　塑料材料

汽车上有许多塑料件，最初汽车零部件塑料化的主要目标是实现汽车内饰柔软化，使乘客有安全舒适感。1973 年石油危机以后，为节省能源，对车辆提出了轻量化和防锈的要求，从此车用零部件的塑料化得到了迅速的发展。特别是近年来汽车朝着轻量、高速、安全节能、舒适、多功能、低成本、长寿命的方向发展，而各种新型塑料正是符合这种发展方向的理想材料。

3.17.1　塑料的组成及分类

1. 塑料的定义

塑料是以树脂为主要成分，加入一些用以改善使用性能和工艺性能的添加剂，经一定温度、压力塑制成型的高分子材料。按其力学状态也可以说，凡在室温下处于玻璃态的高聚物即可称为塑料。

2. 塑料的组成

按其组成可分为两类：一类是单纯的由一种合成树脂组成的塑料，为简单组分；另一类则除合成树脂外，还要添加某些填料或添加剂组成的塑料，为复杂组分。现将塑料按组分及作用分述如下。

（1）树脂

树脂是塑料的主要成分，它将其他组分黏结起来而具成型能力，树脂对塑料性能起决定性作用。因此绝大多数塑料是以树脂名称命名的。树脂又分为天然树脂和合成树脂。天然树脂是指由植物或动物分泌的有机物质，如松香、虫胶等。其共同特点是没有显著的熔点，受热可逐渐软化，能溶于某些有机溶剂之中，但不溶于水。用人工合成方法制成的与天然树脂某些性能相似的产物称合成树脂。有些合成树脂可制成简单组分的塑料，如聚乙烯、尼龙等。而另一些合成树脂必须加入一些添加剂后，成为复杂组分的塑料，如酚醛树脂、聚氯乙烯等。

（2）添加剂

添加剂约有十余种，现介绍几种主要常用的添加剂。

1）填料。为了改善性能或降低成本，在塑料中加入的物质称为填料。按其形状可分为粉状、纤维状和片状。常用的粉状填料有木粉、滑石粉、铝粉、石墨粉等；纤维状填料有玻璃纤维、石棉纤维、碳纤维等；片状填料有麻片、棉布、玻璃布等。

2）增塑剂。用来提高树脂可塑性和柔软性的一些低挥发性物质称为增塑剂。对增塑剂的要求是应与树脂很好混溶而不起化学变化；不易从制品中析出及挥发；不降低制品主要性能；无毒、无害、成本低。一般在树脂中均加入适量增塑剂，如甲酸酯类、磷酸酯类等。

3）稳定剂。稳定剂的作用是防止塑料老化。在日常生活中，经常会发现用久了的塑料制品发硬开裂，橡胶制品发黏等现象，这都称为高聚物的老化，为了阻缓高聚物的老化，确保高聚物大分子链结构稳定，常加入稳定剂。如在聚氯乙烯中加入硬脂酸盐可防止热成型时的热分解。在塑料中加入炭黑作紫外线吸收剂，可提高其耐光辐射的能力。

4)润滑剂。用以防止塑料在加工过程中黏附于模具和设备上，以便于脱模，使制品的表面光洁。常用的有硬脂酸及其盐等。凡能改善其流动性、脱模性的物质都可做润滑剂，常用硬脂酸及盐类、石蜡烃和酯类。

5)着色剂。亦称染料。用于装饰的塑料制品常加入着色剂。一般用有机染料或无机颜料作着色剂。着色剂应满足着色力强，色泽鲜艳，分散性好，不易与其他组分起化学变化，耐热、耐光性好等要求。

6)固化剂。固化剂的作用是将热塑性的线型高聚物加热成型时，交联成网状体型高聚物并固结硬化，制成坚硬和稳定的塑料制品。固化剂常用胺类和酸类及过氧化物等化合物作固结剂，如环氧树脂中加入乙二胺。

7)其他。塑料中还可加入其他一些添加剂，如阻燃剂(阻止塑料燃烧或造成自熄)、抗静电剂(提高塑料表面的导电性，防止静电积聚，保证加工或使用过程中安全操作)以及发泡剂(在塑料中形成气孔，降低材料的密度)等。

3. 塑料的特性

(1)轻质

无填料的塑料的相对密度为 0.82~22，是钢铁的 1/8~1/4。有填料的塑料的相对密度也只有铝的 1/2。因此，塑料的比强度反而比金属大。

(2)耐腐蚀性良好

塑料在水、水蒸气、酸、碱、盐、汽油等化学介质中，大多比较稳定，不起化学变化。在某些强腐蚀性介质中，有的塑料的耐蚀性甚至超过某些贵金属。因此，在工业生产中，许多设备是由塑料制造的。所谓"塑料王"——聚四氟乙烯，在很宽的温度范围内，对许多强腐蚀性的化学介质甚至王水是稳定的。

(3)加工和成型的工艺性能良好

塑料的加工成型方法很多，而且加工方法简单。热塑性的塑料在很短的时间内即可成型出制品。比金属加工成零件的车、铣、刨、钻、磨等工序简单得多。塑料也可以采用机加工，大多数塑料便于焊接。

(4)优良的电绝缘性

大多数塑料有优良的电绝缘性，在高频电压下，可以作为电容器的介电材料和绝缘材料，也可以应用于电视、雷达等装置中。

(5)摩擦因数小，润滑性能好

塑料制成的机械传动部件，机械动力的损耗小，有的甚至可以不加润滑剂，或用水润滑即可，这是金属材料所无法相比的。

(6)热性能不好，耐热性差

大多数塑料的耐热性差，一般只可在 100℃ 以下使用，有的使用温度不能超过 60℃，少数可以在 200℃ 左右的条件下使用。高于这些温度，塑料即软化、变形，甚至丧失使用性能。

(7)塑料较容易变形

大多数塑料比金属容易变形，这是作为工程材料的塑料的最大缺点。金属材料在较高温度下,才有显著的蠕变现象;而塑料即使在室温下,经过长时间受力,也会缓慢变形并随温度升高,蠕变加剧。热塑性塑料的蠕变更为严重。添加填料,或使用金属、玻璃纤维、碳纤维等增强材料的塑料,可使所受外力分布到较大的面积上,蠕变会减轻。

(8)塑料会逐步老化

塑料制品在使用中,由于大气中氧气、臭氧、光、热等以及各类机械力的作用,又有树脂内部微量杂质的存在,塑料的性能变坏,甚至丧失使用价值,即为塑料的老化。当然,如果在塑料中加入一些防老剂,或者在塑料的表面喷涂防老剂阻隔或减轻光和热的作用,可以减缓塑料的老化速度,延长使用寿命。

4. 塑料的分类

塑料品种繁多,而每一品种又有多种牌号,为便于认识和使用塑料制品,有必要进行分类。现仅介绍两种常用分类方法。

(1)按树脂在加热和冷却时所表现的性能分类

按树脂在加热和冷却时所表现的性能可分为热塑性塑料和热固性塑料。

1)热塑性塑料。是指在特定温度范围内能反复加热软化和冷却硬化的塑料。这类塑料一般由聚合树脂制成,受热时主要是通过物理变化而使其几何构型发生变化,当再一次受热后仍具有可塑性。如聚乙烯、聚苯乙烯、ABS、聚酰胺等。

2)热固性塑料。指在一定温度和压力等条件下,保持一定时间而固化,固化后成为不熔性物质的塑料。一般以缩聚树脂为基础制成。受热时通过化学变化使相对分子质量低的线型分子转变为体型结构的高分子化合物,当它再次受热后不具有可塑性,如酚醛塑料、环氧塑料等。

(2)按塑料应用范围分类

按塑料应用范围分类可分为三类:

1)通用塑料。指产量大、用途广、价格低的常用塑料。包括聚乙烯、聚氯乙烯、聚丙烯、酚醛塑料等,产量占全部塑料产量的80%以上。

2)工程塑料。指可以作为结构材料的塑料。可代替金属作为工程结构件使用。如聚碳酸酯、ABS、聚酰胺等。通用塑料经改性和增强,也可制成工程构件。这样就很难从定义上区分通用塑料和工程塑料的界限了。

3)特种塑料。指有某一方面特殊性能的塑料。这些特殊性能包括高耐热性、高电绝缘性、高耐腐蚀性等,如氟塑料、有机硅树脂等。

3.17.2　塑料在汽车上的应用

随着汽车工业的发展,大大促进了汽车上塑料的应用,汽车上塑料的用量占整车质量的7%左右。

1. 汽车内饰用塑料制品材料

为创造更舒适、更安全而豪华的车内居住空间,人们一直追求高档次、高质量的汽车内饰。汽车内饰塑料制品有仪表板、座椅、顶棚、门内板、副仪表板、扶手、地毯、行李箱内衬、发动机罩盖内衬以及各种吸音、降噪用的毛毡垫等。

2. 汽车外装塑料制品

汽车外饰塑料制品有保险杠、散热器格栅、车轮罩、叶子板衬里、发动机挡泥板及雨刷机构等。

3.18 橡胶材料

3.18.1 橡胶的性能特点及结构

1. 橡胶的性能特点

橡胶是以生胶为主要原料，加入适量配合剂而制成的高分子材料。相对分子质量一般在几十万以上，有的甚至达到一百万左右。橡胶与其他材料最基本的区别是其弹性模量低（约为 10 MPa）且具有很高的伸长率（100%～1000%），即具有高弹性（在较小的外力作用下，就能产生很大变形，当外力消除后又能很快恢复到原来的状态），同时具有优良的伸缩性和可贵的积蓄能量的能力。另外橡胶具有高的拉伸强度和疲劳强度，并且具有良好的耐磨性、隔音性、不透水、不透气、耐酸碱和电绝缘性等性能，某些特种合成橡胶，还具有耐油、耐化学品腐蚀、耐热、耐寒、耐燃、耐老化、耐辐射等特点。未经硫化的橡胶还能与某些树脂掺和改性，与其他材料如金属、纤维、塑料、石棉、软木等组合成兼有两者特性的复合材料和制品。

由于橡胶具有这些可贵的性能，因此，用橡胶可制成常用的弹性材料、密封制品，减振、防振制品如轮胎、胶管、胶板、胶条、胶垫及其他制品等。

生胶是指未加配合剂的天然胶或合成胶，它也是将配合剂和骨架材料黏成一体的黏结剂。橡胶制品的性能主要取决于生胶的性能。

配合剂是指为改善和提高橡胶制品性能而加入的物质，如硫化剂、活性剂、软化剂、填充剂、防老剂、着色剂等。

常用硫磺做硫化剂，经硫化处理后，可提高橡胶制品的弹性、强度、耐磨性、耐蚀性和抗老化能力；活性剂能加速发挥硫化促进剂的作用，常用的活性剂为氧化锌；软化剂可增强橡胶塑性，改善附着力，降低硬度，提高耐寒性；填充剂可提高橡胶强度，减少生胶用量，降低成本和改善工艺性；防老剂可在橡胶表面形成稳定的氧化膜，以抵抗氧化作用，防止和延缓出现橡胶发黏、变脆和性能变坏等老化现象；骨架材料可提高橡胶承载能力，减少制品变形，常用的骨架材料有金属丝、纤维织物等。

2. 橡胶的结构

橡胶一系列特有的性能是由它本身分子结构决定的。橡胶的分子结构有线型、支链型和体型三种类型。未经硫化的生胶和乳胶是线型的或含有支链型的分子。硫化后的橡胶则是体型结构。我们常看到的大块生胶或牛奶似的胶乳，里面就是由许多细长而且有很大柔顺性的线型分子链所组成。通常这种长链的橡胶分子往往卷曲成无规则、其乱如麻的线团，并且相互缠绕；当受到外力拉伸时，分子链就伸直，外力去掉后，又恢复成卷曲状，这就是橡胶高弹性的来源。但生橡胶由于分子中有不稳定的双键存在，也容易使橡胶老化，一般情况下，不能直接用来制造橡胶制品。例如受热发黏、遇冷变硬，只能在 5～35℃范围内保持弹性；同时强度差、不耐磨，也不耐溶剂，所以生胶只有经过特种的物理、化学过程，即所谓硫化处理之后，才具有橡胶的各种优良性能。硫化后，不同分子链之间相互连接成立体网状结构，这种立体网状结构被称之为体型结构。它使橡胶的物理力学性能得到全面增强，从而具有实际使用价值。

3. 橡胶的分类

按原料来源不同，分为天然橡胶和合成橡胶；按应用范围不同，分为通用橡胶和特种橡胶。天然橡胶是指橡胶树上流出的胶乳，经凝固干燥后加压制成的固态生胶，再经硫化处理获得，属于通用橡胶。

合成橡胶是指用石油、天然气、煤和农副产品为原料制成的高分子化合物。

3.18.2　橡胶在汽车上的应用

一台车上的橡胶件少则100多个，多则400多个，使用的橡胶材料品种多达十几种。常用的橡胶品种有天然橡胶、丁苯橡胶、氯丁橡胶、丁腈橡胶、三元乙丙橡胶、丙烯酸酯橡胶、氟橡胶、硅橡胶、聚氨酯橡胶和丁基橡胶等。汽车橡胶制品主要分布在车的车身、传动、转向、悬挂、制动和电器仪表等系统内。

1. 车用轮胎

轮胎是汽车上橡胶用量最大的零件，轮胎按结构分为普通结构轮胎（斜交轮胎），子午线轮胎，无内胎轮胎，活胎面轮胎等。

子午线轮胎的胎体是由数层纤维或一层钢丝帘布组成，其帘线与胎圈成90°平行排列，好像地球的子午线那样分布，故称为子午线轮胎。带束斜交轮胎具有普通结构轮胎和子午线轮胎的特点。从性能和经济效果上看，它优于普通结构轮胎而次于子午线轮胎。

无内胎轮胎的外形与普通轮胎相似，但结构却不同。它有气密层，密封胶，胎圈结构特殊，着合直径稍小，以便使轮胎紧密地与轮毂着合。

轮胎的外胎部分直接承受地面的冲击和磨损，要求具有较高的弹性、强度和耐磨性能，耐疲劳和耐日光老化性能。轮胎的外胎大量使用天然橡胶、丁苯橡胶、顺丁橡胶等。

轮胎的内胎起着充气并维持轮胎具有一定压力的作用。内胎一般用气密性好的材料来制造，如丁基橡胶。

2. 密封制品

汽车上使用的橡胶密封制品主要包括油封件、密封条、密封圈、皮碗、防尘罩、衬垫等。根据使用环境的不同，要求这类橡胶制品应有良好的密封性能，耐油及各种化学试剂、耐老化、耐热、耐寒、耐臭氧、耐磨及高强度和永久压缩变形小等特性。

（1）密封条

密封条在车辆上的用量很大，每辆汽车用十几种密封条，其数量达20多件，质量达十几千克。如车门缓冲密封条，车顶密封条，行李箱密封条，前、后风窗密封条，门玻璃密封条，门框密封条，发动机盖密封条等。此外车辆上还使用许多密封垫片，如各种车灯密封垫片，扬声器密封垫片，管接头密封垫片等。

密封条的断面结构有实心（扁八边形，扁圆形）、中空及金属－橡胶复合形（有马槽形内植长绒，马蹄形外植长绒和椅形外背植短绒），采用的胶种有CR，EPDM和NR等。我国目前以三元乙丙橡胶密封条为主。

（2）油封

油封和O形圈是车辆上用的品种和数量最多的密封件，是最重要的密封件。丁腈橡胶、硅橡胶、聚丙烯酸酯橡胶、聚氨酯橡胶、氟橡胶及聚四氟乙烯树脂是制造油封所普遍使用的材料。

（3）皮碗

皮碗也是一种密封元件。常用在往复轴和缸的密封中，皮碗的形状有V形、U形和Y形，近年来普遍采用Y形。如制动皮碗采用丁腈、丁苯、天然、乙丙橡胶等材料制作，对蓖麻油和合成酯类制动液都适用，尤以三元乙丙橡胶为最好。

（4）防尘套

防尘套有直筒形和变截面波纹形等几种。虽然其使用条件较温和，但橡胶材料要兼备耐热、耐寒、耐油、耐介质、耐老化等性能。单纯采用天然橡胶和丁腈橡胶只能满足一般要求，而采用氯丁、丁腈、三元乙丙橡胶复合并用，可以达到较高的使用寿命。

3. 胶管

每辆车辆中所用的胶管有几十种，总长约 30 m，用胶量达到 120 kg 以上。所用的橡胶材料有天然橡胶、丁腈橡胶、三元乙丙橡胶、氯丁橡胶、丙烯酸酯橡胶等。胶管按结构可分为纯胶管、夹布胶管和编织胶管；按其耐压性能分为低压管、高压管和真空管。用在车辆上的燃油、制动、冷却、空调等系统中。

（1）耐油软管

耐油软管主要有汽油软管、柴油软管、机油软管等。软管一般由内胶层、增强层和外胶层组成。内层胶一般用丁腈橡胶制成，外层胶用丁腈橡胶或耐候性好的氯丁橡胶、乙丙橡胶等，如果要求耐候、耐油性更好还可以采用氯醇橡胶。视使用压力的不同，增强层可以采用夹布、纤维编织或加一层钢丝编织层。

（2）水箱连接软管

水箱连接软管是连接汽车水箱的进出水口的胶管。这种胶管属于一般低压软管。工作压力低于 0.1 MPa。应用较多的是夹布胶管。水箱软管的工作压力和温度不高，要求在 100℃ 热水条件下能正常使用即可。胶料的抗拉强度为 10 MPa，伸长率为 300%，以前大量用天然橡胶配合填充料、软化剂、炭黑等制造。现在已被柔韧性、耐久性、环保性好的三元乙丙橡胶所代替。

（3）制动橡胶软管

制动橡胶软管用于载重汽车上的历史较长，这种胶管属于耐高压胶管，胶管所承受的压力最高可达 10 MPa。其中一种胶管的内层胶为丁腈橡胶，外层胶为氯丁橡胶或三元乙丙橡胶，增强层采用氯磺化聚乙烯橡胶，外层是氯丁橡胶的结构；另一种是内层胶为氢化丁腈橡胶，外层是氯磺化聚乙烯橡胶的结构。

（4）空调管

空调管分为低压管和高压管。空调管的主要特点是能有效地防止制冷剂氟利昂的渗透。一种胶管是 PA 作为内胶层，外胶层采用 IIR。为了克服 PA 的缺点，现已开发出了 PA 为隔离层、NBR/CR 为内外胶层的新型胶管。

4. 胶带

车用胶带主要是 V 形带。通常 V 带有三种，即包布 V 带、切割 V 带和多楔 V 带，以切割 V 带为多。切割 V 带两侧没有包布，屈挠性好，摩擦因数大，具有受力大、线速高、散热性及耐疲劳性良好和节能等特点，常用的胶种有 NBR 和 CR 等。

5. 减振块

减振块主要用在车辆发动机、底盘等部件上，用来防止和降低车辆行驶中的振动和噪声。每辆车上使用的减振块有几十种，按其材料的组合形式可分为纯胶制品、塑料–橡胶复合制品及金属–橡胶复合制品。一辆车上减振块的用量最多可达 15 kg 左右，使用的材料有天然橡胶、氯丁橡胶、聚氨酯橡胶、丁腈橡胶等，从目前的使用情况看，减振材料以天然橡胶为主，并且向多元化、高功能方向发展。国外新开发的 VA–MAC 丙烯酸酯橡胶弹性体，高温下的耐热性和阻尼特性良好。为了提高减振制品的耐久性，聚氨酯橡胶材料在减振制品应用中已崭露头角，能同时满足耐磨性、耐油性和高强度的要求。

3.19　陶瓷材料

陶瓷是经原材料配制、坯料成型、高温烧结制成的无机非金属材料，是现代工业中很有发展前途的一类材料。今后将是陶瓷材料、高分子材料和金属材料三足鼎立的时代，构成固体材料的三大支柱。随着科学技术的发展，陶瓷在品种、制造技术、应用领域等方面都发生了很大的突破，精细陶瓷已成为许多高新技术领域中不可缺少的关键材料，并得到非常迅速的发展，在汽车上的应用亦越来越广，如耐高温、高压的火花塞、陶瓷发动机等。

3.19.1　陶瓷的分类、组成及性能

1. 陶瓷的分类

陶瓷产品共同特点是硬度高、抗压强度大、耐高温、隔热性和绝缘性能优异。一些精细陶瓷还具有导电、透明、导磁、超高频绝缘、红外线透过率高的特性，以及具有压电、铁电、声光等能量转换的功能。

按原料使用的不同，陶瓷材料可分为普通陶瓷（硅酸盐材料）和特种陶瓷（人工合成材料）。

（1）普通陶瓷

普通陶瓷是指黏土类陶瓷。它是用黏土、长石、石英为原料，经过配制、烧结而成的。黏土的化学组成是 $Al_2O_3 \cdot 2SiO_2 \cdot 2H_2O$。烧结后失去结晶水变成莫来石晶体（$Al_2O_3 \cdot 2SiO_2$），陶瓷的显微结构和性能与黏土粒度、数量的多少有关。长石是一种碱金属的铝硅酸盐，常见的有钾长石（$K_2O \cdot Al_2O_3 \cdot 6SiO_2$）和钠长石（$Na_2O \cdot Al_2O_3 \cdot 6SiO_2$）。长石是一种溶剂物质，能降低陶瓷的烧成温度。此外，烧结时，长石在高温下能溶解黏土和石英，形成液相，填充坯体孔隙，增加致密度，提高力学性能。液相冷却后成为玻璃相；石英（SiO_2）是一种普通的二氧化硅矿石，高温下可溶解于液相中，未溶解的石英颗粒残留在坯体中成为晶相的一部分。这三种原料的纯度、粒度及配料的比例与制品的性能有关。

这类陶瓷质地坚硬，不会氧化生锈，耐腐蚀、不导电，能耐一定高温，成本低廉、加工成型性好。广泛应用于日用器皿、电气、化工、建筑、纺织等行业。但是由于含有相当数量的玻璃相，它的结构比晶体疏松，因此强度较低，且在一定的温度下玻璃相软化，故耐高温性能不及其他陶瓷，一般只能承受1200℃的高温。

（2）特种陶瓷

特种陶瓷的原料是人工提炼的，即纯度较高的金属氧化物、碳化物、氮化物等化合物。这类陶瓷具有一些独特的性能，可满足工程结构的特殊需要。特种陶瓷按功能和用途又分为结构陶瓷、功能陶瓷和生物陶瓷，例如，压电陶瓷、高温陶瓷、高强度陶瓷等。

2. 陶瓷的组织结构

陶瓷是由金属和非金属元素的无机化合物构成的多晶体材料，晶体结构比金属复杂。陶瓷的性能不但与其晶体结构有关，而且更与组织的相结构密不可分。尽管陶瓷组织结构非常复杂，但它们都由晶相、玻璃相、气相组成。各相的组成、数量、形状和分布都会影响陶瓷的性能。

3.陶瓷的性能

（1）力学性能

1）陶瓷在室温下几乎没有塑性，是脆性断裂。

2）由于陶瓷内部有大量气孔，所以它的抗拉强度低。但在受压时，气孔不会导致裂纹扩展，所以抗压强度较高。

3）陶瓷受力后有一定的弹性变形，其弹性模量在 $10^3 \sim 10^5$ MPa 数量级之间。多数陶瓷的弹性模量高于金属。

4）陶瓷的硬度远高于金属。多数陶瓷的硬度在 1000HV ~ 5000HV 之间，淬火钢仅为500HV ~ 800HV，高分子化合物一般不超过 20HV。

5）陶瓷质脆，冲击韧度低。

（2）热性能

陶瓷材料的熔点一般都高于金属，而且具有优于金属的高温强度。多数金属在 1000℃ 以上高温即丧失强度，而陶瓷却仍能保持室温下的强度，而且高温抗蠕变能力强，在高于1000℃ 的高温下也不会氧化。它是工程上常用的耐高温材料。但陶瓷的抗热振性能一般比较差，温度急剧变化时容易破裂。陶瓷的热膨胀系数和导热系数都低于金属。

（3）化学性能

陶瓷的组织结构非常稳定，在离子晶体中金属原子被四周的非金属原子（氧原子）所包围，屏蔽于非金属原子的间隙中，形成非常稳定的化学结构，甚至在 1000℃ 以上的高温，金属原子也很难同介质中的氧发生作用，因此它是很好的耐火材料。此外，陶瓷对酸、碱、盐等的腐蚀有较强的抵抗能力，也能抵抗许多金属熔体的侵蚀。

（4）电性能

因为在离子晶体中没有自由运动的自由电子，因此大多数陶瓷具有较好的电绝缘性能，是传统的绝缘材料。此外，还有少数陶瓷具有各种电性能，如压电陶瓷、磁性陶瓷、透明铁电陶瓷等。但不少陶瓷既是离子导体，又有一定的电子导电性，许多氧化物如 ZnO、NiO、Fc_3O_4 等实际上都是重要的半导体材料。

3.19.2　陶瓷在汽车上的应用

陶瓷具有各种优异的特性，应用于车辆上可以有效地降低车辆的质量、提高发动机的热效率、降低油耗、减少排气污染、提高易损件寿命等。

用氮化硅陶瓷材料制成的陶瓷纤维活塞，耐磨性好，可以有效地防止铝合金活塞由于热膨胀系数大而产生的"冷敲热拉"现象。

精细陶瓷可用于制作气门、气门座、摇臂等零件，以充分发挥其耐热性、耐磨性等优良的特性。日本五十铃公司研究开发的发动机用氮化硅材料制成气门，三菱公司采用陶瓷制成发动机摇臂，在使用中效果良好。

精细陶瓷耐腐蚀性强，在高温下有良好的热稳定性，被广泛地用作汽油机点火系火花塞的基体。日本五十铃汽车公司研制的陶瓷发动机采用陶瓷做进、排气管，可以承受 800 ~ 900℃ 的高温，取消了隔热板，减少了发动机体积，并使排气净化效果提高 2 倍。

精细陶瓷主要用于汽车调控系统的敏感元件制作中，如空燃比燃烧传感器及传动装置传感器等。

随着人们对汽车的安全性、舒适性、智能化、节能及对噪声、排放污染的限值等有更高的要求，具有绝缘性、介电性、压电性、半导体性、导磁性等特异功能的陶瓷在汽车上作为诸多调控敏感元件的应用范围越来越广，品种和规格日趋繁多，如温度传感器、废气传感器（包括浓差电池式氧化锆传感器、临界电流式氧化锆传感器、半导体型氧化锆传感器、CO 传感器等）、湿度传感器、压电性传感器（爆震性传感器、超声波传感器）、硅压力传感器等。

为了提高发动机热效率，利用陶瓷的耐热、耐磨、耐腐蚀、热膨胀系数小的特点可以制作陶瓷绝热发动机。日本日野汽车公司开发了陶瓷发动机，该机气缸套、活塞、气门等燃烧室零件有 40% 为陶瓷零件，取消了散热器和冷却装置，可以提高功率 10%，燃烧消耗降低 30%。

精细陶瓷制品对其原材料要求比较严格，工艺难以掌握，使得每批制品的性能难以保持同前一批一致，因此，它有成型工艺复杂，要求高，成本长期居高不下的缺点。但是，随着科学技术的飞速发展，工艺不断完善，精细陶瓷材料以其优异的性能，一定会在汽车生产中得到广泛的应用。

3.20　玻璃材料

玻璃是指由熔融物通过一定方式冷却后，因黏度增加而具有固体力学性质与一定结构特征的非晶形物体，主要是由二氧化硅（SiO_2）和各种金属氧化物组成。但是，并不是所有的熔融物在冷却时会形成玻璃态，只有某些物质，特别是硅酸盐类物质，在冷却时才容易过冷而形成玻璃态。所以人们常常把玻璃看作硅酸盐类材料中的一种。

3.20.1　玻璃的分类

玻璃的种类繁多，包括范围也非常广泛，分清玻璃的类别对于掌握玻璃的成分、性质和用途十分必要。按照性质和用途分类可分为以下几类：

1. 建筑玻璃

建筑玻璃主要是平板玻璃，包括商用平板玻璃、镜用平板玻璃、装饰用平板玻璃（压花玻璃、磨砂玻璃、彩色玻璃等）、安全玻璃（夹层玻璃）和特种平板玻璃（如磨光玻璃、双层中空玻璃、玻璃砖等）。

2. 技术玻璃

技术玻璃包括光学玻璃、仪器玻璃、玻璃器具及设备和特种技术玻璃（如导电玻璃、磁性玻璃、荧光玻璃等）。

3. 日用玻璃

日用玻璃主要包括瓶罐玻璃、器皿玻璃、装饰玻璃制品等。

4. 纤维玻璃

纤维有无碱玻璃纤维（Na_2O 含量小于 0.7%）、低碱玻璃纤维（Na_2O 含量小于 2%）、中碱玻璃纤维（Na_2O 含量在 12% 左右）和高碱玻璃纤维（Na_2O 含量在 15% 左右）。

5. 车用玻璃

车用玻璃主要有前挡风玻璃、侧面玻璃和后玻璃等，要根据不同部位的具体要求选用满足不同安全要求的玻璃。车用玻璃都是安全玻璃，包括夹层玻璃、区域钢化玻璃和钢化玻璃。安全玻璃在汽车工业中占据着十分重要的位置，它不仅是汽车的安全部件，也是装饰制品，起到防风沙、雨雪、防碰撞冲击、保护驾乘人员健康的作用。

3.20.2　汽车玻璃

最初的汽车制造商认为汽车玻璃只不过是起到抵御风寒、防止雨水、尘土的作用。随着汽车工业的发展，道路状况不断改善、车速日益提高，汽车玻璃的重要性逐渐被汽车制造商和用户所认识，因为汽车用玻璃在汽车行驶中要给乘员提供良好的视野，在遇到突发性事故时不会伤害驾驶人员及乘员，还要求其轻量化及多功能化。

汽车玻璃经历了由平板型向曲面型、普通型向强化型、全钢化向局部钢化、钢化玻璃向夹层玻璃、三层夹层向多层夹层、功能化玻璃等发展的过程。

现代汽车玻璃的发展趋势是安全、美观、多功能、轻而薄，还出现许多新技术，如减速玻璃、吸热玻璃、带印刷陶瓷层花边的玻璃、带有印刷电路的防霜玻璃、带天线的玻璃等。

1.汽车玻璃的种类、特点

汽车玻璃分为安全玻璃、夹层玻璃、钢化玻璃、有色玻璃、区域钢化玻璃。

（1）安全玻璃

汽车用安全玻璃是由无机材料或无机与有机复合材料所构成的产品，应用于车辆时，可以减少车祸中严重伤人的危险，对其可见性、强度和耐磨性都有规定。

（2）夹层玻璃

夹层玻璃用于制造各种挡风玻璃。这种玻璃是由两片很薄的玻璃片中间夹着一块塑料膜片或数层胶黏剂黏结在一起的玻璃制品组成的。这类玻璃破碎时，中间的塑料能够黏住碎玻璃，可防止碎玻璃引起的伤害。防割碎玻璃与传统的夹层玻璃类似，但是它由一片或多片附加的塑料层固定于乘员舱内玻璃的侧面。这种玻璃用于制造前部挡风玻璃，同时有附加的保护措施可防止在碰撞中被打碎和割伤乘员。

（3）钢化玻璃

钢化玻璃一般用于侧面和后车窗上，很少用于挡风玻璃。它仅由一片经过热处理的玻璃组成，先将玻璃加热到软化点附近，然后，用骤冷的方法制成的玻璃。提高了玻璃的强度和热稳定性，一旦玻璃破坏，碎片无尖锐棱角。这种玻璃碎片很小，呈颗粒状结构。比普通的具有同样厚度的玻璃抗碰撞。碎玻璃呈现一种连接的结构，减少了透明度，这是这种玻璃不能用于做挡风玻璃的一个原因；另一个不能用于做挡风玻璃的原因是这种玻璃并不是很常见，而且在碰撞中能够引起比较严重的头部损伤。

（4）有色玻璃

有色玻璃是一种特殊的玻璃。夹层玻璃和钢化玻璃都是有色玻璃。有色夹层玻璃是加入了一种微绿的乙烯基材料，这种材料能够吸收大量的阳光。给玻璃着色也可以在正常的玻璃成分中加入微量的金属粉末，这样可以使玻璃具有特殊的颜色。加钴可以使玻璃具有蓝颜色；加铁可以使玻璃略带红色。玻璃上可以安装防霜加热电路或天线。防霜玻璃一般在后车窗上。在加热之前，导电金属粉末以加热电线的形式附在玻璃的表面，通电加热，玻璃表面温度升高，起到防霜的效果。收音机接收天线可以安置在夹层玻璃（挡风玻璃）之间或放在玻璃的表面（后车窗）。有些车窗上天线和加热电线并排布置。

（5）区域钢化玻璃

它是分区域控制钢化程序的钢化玻璃，一旦破坏，总体上符合安全玻璃对所裂碎片的要求，即当突然受到外力作用使玻璃破碎时，有的部分碎片大，有的部分碎片小。这样一来，既保证了驾驶员和乘员的安全，同时又提供了一个不妨碍驾驶的视区，将车及时开到修理站进行修理。

汽车的前风挡玻璃为 A 类夹层玻璃、B 类夹层玻璃或区域钢化玻璃，它们在认证标志中的产品代号分别为 LA，LB，Z；其他玻璃一般为 A 类夹层玻璃、B 类夹层玻璃和钢化玻璃（钢化玻璃的代号为 T）。其中 A 类夹层玻璃的安全性能最好。

2. 新型玻璃材料

在保证其安全性的前提下，人们不断追求多用途和外形美观的新品种，出现了印刷陶瓷电热玻璃、热线反射玻璃、着色钢化玻璃、天线夹层玻璃、除霜玻璃、调光夹层玻璃、导电膜夹层玻璃、顶篷玻璃、带耐磨塑料涂层的安全玻璃、经增强处理的无机玻璃制成的夹层玻璃、玻璃 – 塑料安全装配玻璃材料等。以下介绍几种新型玻璃。

（1）天线夹层玻璃

天线夹层玻璃的天线主要用于电视、AM 和 FM 收音机以及电话和导航用。该天线采用印刷电路线，即利用含银发热线的导电性可直接用于接收。近来，因信息量增大和对接收质量的高要求，印刷电路天线的图像趋于复杂化，针对这一情况和美观的需求，一种透明薄膜天线不显露网格，可作为隐蔽形天线正在扩大其应用。薄膜天线是利用热线反射玻璃金属薄膜的导电性而实用化的。其接收性能包括灵敏度和指向性，不仅与玻璃本身的性能有关，还要受天线玻璃与收音机的相对位置、与电波的角度、车身形状等的影响，因而汽车上收音机等设备与天线玻璃的组合尤为重要。

（2）调光夹层玻璃

随着汽车舒适性、居住性的提高。对窗玻璃控制环境功能的要求也越来越高。采用一种光的透射率和散射度可变的玻璃，可达到遮挡太阳能、适当的采光、隐蔽保护等。典型的几种调光玻璃有镀铬玻璃（EC）、热玻璃（T）、光致变色玻璃（PC）和液晶玻璃（LC）。其中镀铬玻璃（EC）具有色泽鲜明、无视角依赖性，由于与流过的电流呈正比，故浓度可控制。一旦着色后即使切断电源仍能继续保持其状态，故电力消耗少。典型的 EC 材料氧化钨玻璃，已在汽车顶窗上应用。此外，液晶（LC）夹层玻璃的响应速度不随面积而变化，能瞬时通断，透明度与电压成正比，这种玻璃已在轿车顶部采用。

（3）热线反射玻璃

夏天为了控制车内温度的升高，减轻空调的负荷，采用热线反射玻璃是有效的对策。热线反射玻璃是用喷镀或其他方法使金属薄膜镀在玻璃表面或把喷镀了金属薄膜的聚酯薄膜夹在夹层玻璃中间的方法，使玻璃具有反射功能。出于安全性的考虑，汽车玻璃在确保规定的可见光透射率的前提下，应尽可能使近红外线得以充分的反射，为此，必须喷镀十几微米至几十微米的电介质薄膜。此外，镀膜的黏着力、表面硬度等耐久性方面的问题尚有待解决。

（4）除霜玻璃

除霜玻璃是采用网板印刷法将导电性胶印刷在玻璃上，然后在玻璃加热成型时黏附，这种印刷电路可加热玻璃起到除霜作用。另外将钨丝以正弦形粘贴在夹层玻璃的中间膜上，也可通电加热除霜；利用喷镀法把金属薄膜镀到外侧夹层玻璃的内表面上，通以电流即可使冰溶化；利用透明电导膜进行电加热的耐蚀高强度铜合金已广泛用于冷冻车厢的玻璃上。

汽车玻璃的颜色也随之发生变化，欧洲原以无色透明为主，自法国为减轻驾驶员视觉疲劳，采用青铜色玻璃之后，其他各国也都普遍采用青铜色。日本为蓝色兼无色透明玻璃，并开始用青铜色，美国以绿色为主，澳大利亚则以无色透明为主。

为节约能源,玻璃的轻量化在不断加强。原先的 6 mm 钢化玻璃,现在减到 3.5 mm 甚至 3.2 mm;夹层玻璃由 6 mm 减至 4.7 mm,也有许多国家采用 4 mm 厚的夹层玻璃。总之,汽车玻璃具有安全、美观、多功能、轻而薄的特点。

任务六　汽车材料的选用

3.21　零件的失效形式

3.21.1　机械零件失效的形式

任何零件或部件使用一段时间后都要损伤或损坏,其损伤的程度有三种情况:

1)零件彻底破坏,不能再使用;如轴断裂。

2)严重损伤,继续使用不安全;如有裂纹产生、表面磨损。

3)虽然还能安全工作,但已达不到预定的作用。

只要发生上面情况中的任何一种都可以认为零件已经失效。对机器零件或部件进行失效分析的目的就是要找出零件破坏的原因,并且提出相应的改进措施。失效分析的结果对于零件的设计、选材、加工及使用都具有很大的指导意义。

零件失效的形式多种多样,按零件的工作条件及失效的宏观表现与规律可分为:变形失效、断裂失效、表面损伤失效等。

3.21.2　机械零件失效的原因

失效原因有多种,在实际生产中,零件失效很少是由于单一因素引起的,往往是几个因素综合作用的结果。归纳起来可分为设计、材料、加工和安装使用四个方面。可能的原因如下:

1.设计原因

一是由于设计的结构和形状不合理导致零件失效,如零件的高应力区存在明显的应力集中源(各种尖角、缺口、过小的过渡圆角等);二是对零件的工作条件估计失误,如对工作中可能的过载估计不足,使设计零件的承载能力不够。

2.材料方面的原因

选材不当是材料方面导致失效的主要原因。最常见的是设计人员仅根据材料的常规性能指标作出决定,而这些指标根本不能反映出材料所受某种类型失效的形式;材料本身的缺陷(如缩孔、疏松、气孔、夹杂、微裂纹等)也导致零件失效。

3.加工方面原因

由于加工工艺控制不好会造成各种缺陷而引起失效。如热处理工艺控制不当导致过热、脱碳、回火不足等;锻造工艺不当会造成带状组织、过热或过烧现象等;冷加工工艺不良造成光洁度太低、刀痕过深、磨削裂纹等,这些都可导致零件的失效。

有些零件加工不当造成的缺陷与零件设计有很大的关系,如热处理时的某些缺陷。零件外形和结构设计不合理会促使热处理缺陷的产生(如变形、开裂)。为避免或减少零件热处理时发生变形或开裂,设计零件时应注意:截面厚薄应均匀,否则容易在薄壁处开裂;结构对称,尽量采用封闭结构以免发生大的变形;变截面处均匀过渡,防止应力集中。

4. 安装使用的原因

零件安装时，配合过紧、过松、对中不良、固定不紧或操作不当均可造成使用过程中失效。

3.21.3　零件失效分析的方法步骤

1）现场调查研究。这是十分关键的一步，尽量仔细收集失效零件的残骸，并拍照记录实况，从而确定重点分析的对象，样品应取自失效的发源部位。

2）详细记录并整理失效零件的有关资料，如设计图纸、加工方式及使用情况。

3）对所选定的试样进行宏观和微观分析，确定失效的发源点和失效的方式。进行扫描电镜断口分析，确定失效发源地和失效方式；进行金相分析，确定材料的内部质量。

4）测定样品的有关数据。性能测试、组织分析、化学成分分析及无损探伤等。

5）断裂力学分析。

6）最后综合各方面分析资料作出判断，确定失效的具体原因，提出改进措施，写出分析报告。

3.22　零件选材的一般原则方法和步骤

3.22.1　零件选材的一般原则

1. 材料的使用性能——选材的最主要依据

指零件在使用时所应具备的材料性能，包括机械性能、物理性能和化学性能。对大多数零件而言，力学性能是主要指标，表征力学性能的参数主要有屈服强度、断后伸长率 A、断面收缩率 Z、冲击韧性及硬度等。这些参数中屈服强度是主要性能指标，只有在强度满足要求的情况下，才能保证零件正常工作，且经久耐用。在材料力学的学习中，已经发现，在设计计算零件的危险截面尺寸或校核安全程度时所用的许用应力，都要依据材料强度数据。

设计机械零件和选材时，应根据零件的工作条件、损坏形式，确定对材料力学性能的要求，这是材料选择的基本出发点。

2. 材料的工艺性能

材料的加工工艺性能主要有：铸造、压力加工、切削加工、热处理和焊接等性能。其加工工艺性能的好坏直接影响到零件的质量、生产效率及成本。所以，材料的工艺性能也是选材的重要依据之一。

1）铸造性能：一般熔点低，结晶温度范围小的合金才具有良好的铸造性能。如合金中共晶成分铸造性最好。

2）压力加工性能：是指钢材承受冷热变形的能力。冷变形性能好的标志是成型性良好、加工表面质量高、不易产生裂纹；而热变形性能好的标志是接受热变形的能力好、抗氧化性高、可变形的温度范围大及热脆倾向小等。

3）切削加工性能：刀具的磨损、动力消耗及零件表面光洁度等是评定金属材料切削加工性能好坏的标志，也是合理选择材料的重要依据之一。

4）可焊性：衡量材料焊接性能的优劣是以焊缝区强度不低于基体金属和不产生裂纹为标志。

5）热处理：是指钢材在热处理过程中所表现的行为。

总之，良好的加工工艺性能可以大大减少加工过程的动力、材料消耗、缩短加工周期及降低废品率等。优良的加工工艺性能是降低产品成本的重要途径。

3. 材料的经济性能

每台机器产品成本的高低是劳动生产率的重要标志。产品的成本主要包括：原料成本、加工费用、成品率以及生产管理费用等。材料的选择也要着眼于经济效益，根据国家资源，结合国内生产实际加以考虑。此外，还应考虑零件的寿命及维修费，若选用新材料还要考虑研究试验费。

4. 零件的选材应考虑产品的实用性和市场需求

某项产品或某种机械零件的优劣，不仅仅要求能符合工作条件的使用要求，从商品的销售和用户的愿望考虑，产品还应当具有质量轻、美观、经久耐用等特点。这就要求在选材时，应突破传统观点的束缚，尽量采用先进科学技术成果，做到在结构设计方面有创新，有特色；在材料制造工艺和强化工艺上有改革，有先进性。

5. 零件的选材应考虑实现现代生产组织的可能性

一个产品或一个零件的制造，是采用手工操作还是机器操作，是采用单件生产还是采用机械化自动流水作业，这些因素都对产品的成本和质量起着重要的作用。因此，在选材时，应该考虑到所选材料能满足实现现代化生产的可能性。

3.22.2　选材的方法与步骤

1. 选材的方法

1)以综合力学性能为主时的选材。当零件工作中承受冲击载荷或循环载荷时，其失效形式主要是过量变形与疲劳断裂，因此，要求材料具有较高的强度、疲劳强度、塑性与韧性，即要求有较好的综合力学性能。

2)以疲劳强度为主时的选材。主要失效形式是疲劳破坏，对承载较大的零件选用淬透性要求较高的材料。调质钢进行表面淬火、渗碳钢进行渗碳淬火、氮化钢进行氮化以及喷丸、滚压等处理。

3)以耐磨性为主时的选材。两零件摩擦时，磨损量与其接触应力、相对速度、润滑条件及摩擦副的材料有关。而材料的耐磨性是其抵抗磨损能力的指标，它主要与材料硬度、显微组织有关。根据零件工作条件的不同，其选择也分两种情况：①摩擦较大、受力较小的情况。其主要失效形式是磨损，故要求材料具有高的耐磨性，如各种量具、钻套、刀具、冷冲模等。在应力较低的情况下，材料硬度越高，耐磨性越好；硬度相同时，弥散分布的碳化物相越多，耐磨性越好。因此，在受力较小、摩擦较大时，应选高碳钢或高碳合金钢经淬火、低温回火，以满足耐磨性的要求。②同时受磨损与交变应力、冲击应力的零件。其失效形式主要是磨损、过量的变形与疲劳断裂。齿轮、凸轮等零件，为了使心部获得一定的综合力学性能，且表面有高的耐磨性，应选适于表面热处理的钢材(如低淬透性钢等)。

2. 选材的步骤

1)分析零件的工作条件及可能的失效形式，确定控制失效的关键性能指标(使用性能和工艺性能)，以此作为选材的依据。

2)针对所确定的零件性能要求，通过力学计算或辅以试验等方法。

3)对同类或相近零件的用材情况进行调查研究，可从其使用性能、材料供应、材料价格、加工工艺性能等方面进行综合分析以供参考，拟定较为合理的选材方案。

4)针对具体情况，灵活运用选材原则。一般在经济性、工艺性相近或相同时，应选用使用性能最优的材料。但在加工工艺上无法实现而成为突出的制约因素时，所选材料的使用性能也可以不是最优的，此时需找到使用性能与制约因素之间恰当的平衡点。如某产品采用1Cr18Ni9Ti 钢制造，按设计要求需钻 ϕ1.6 mm 的细小深孔，用高速钢钻头钻孔时，由于奥氏体不锈钢黏刀严重，使钻头折断，无法加工，后改用易切削不锈钢 Y1Cr18Ni9 钢制造，获得了较理想的效果。

5）根据所选材料及使用性能要求，确定热处理方法或其他强化方法。对于关键零件，投产前应对所选材料进行试验，以考察所选材料及其热处理工艺方法能否满足使用性能要求。

3.23　汽车零件的选材及应用实例

汽车是由几百种、上万个零件组成的，而这些零件是用不同材料制成的，如钢、铸铁、铜、铝及其合金、塑料、橡胶、玻璃、胶黏剂等。在制造过程中，还需要采用各种加工方法，如铸造、压力加工、热处理、焊接和金属切削加工等。除此以外，汽车运行时需要使用燃料作为其动力源；运行中，为减少各个相互运动零件的摩擦和磨损，延长其使用寿命，降低功率消耗，必须采用各种润滑油料。为达到汽车行驶平稳，安全可靠，还要使用各种工作液油，如制动液、防冻液和液力传动油等。因此，在汽车制造、运行及维修过程中需要各种不同用途的材料。

3.23.1　汽车零件的选材分析

1. 发动机和传动系统零件的选材

这两部分包括的零件相当多。其中，有大量的齿轮和各种轴，还有在高温下工作的零件，如进气阀、排气阀、活塞等。它们的用材都比较重要，目前一般都是根据使用经验来选材。对于不同类型的汽车和不同的生产厂，发动机和传动系统的选材是不相同的。应该根据零件的具体工作条件及实际的失效方式，通过大量的计算和试验选出合适的材料。

2. 减轻汽车自重的选材

随着能源和原材料供应的日趋短缺，人们对汽车节能降耗的要求越来越高。而减轻自重可提高汽车的质量利用系数，减少材料消耗和燃油消耗，这在资源、能源的节约和经济价值方面具有非常重要的意义。

减轻自重所选用的材料，比传统的用材应该更轻且能保证使用性能。比如，用铝合金或镁合金代替铸铁，质量可减轻至原来的 1/4～1/3，但并不影响其使用性能；采用新型的双相钢板材代替普通的低碳钢板材生产汽车的冲压件，可以使用比较薄的板材，减轻自重，但一点都不降低构件的强度；在车身和某些不太重要的结构件中，采用塑料或纤维增强复合材料代替钢材，也可以降低自重，减少能耗。

3.23.2　典型汽车零件的选材实例

1. 齿轮类零件的选材

（1）齿轮的作用

传递扭矩、调节速度、改变运动方向。

（2）工作条件

1）齿根受很大交变弯曲应力作用，齿面受较大接触应力并有强烈的摩擦和磨损；

2）承受一定的冲击载荷。

（3）失效形式

轮齿折断、齿面磨损、齿面剥落、齿面点蚀、过载断裂等。

（4）力学性能要求

1）高的弯曲疲劳强度；

2）齿面应具有高的接触疲劳强度、高的硬度和耐磨性；

3）齿轮心部应具有良好的综合力学性能或较好的强韧性。

（5）齿轮选材

1）性能要求：齿面硬度（决定弯曲、接触疲劳强度，耐磨性）、强度、韧性。

2）选材：①调质钢——调质 + 表面淬火 + 低温回火；②渗碳钢——硬度、韧性高。

【例 3 - 1】 载重汽车变速箱齿轮

性能指标：$\sigma_b > 1000$ MPa，$a_k > 600$ kJ/m^2，齿面硬度 ≥ HRC55；

选材：20CrMnTi，$\sigma_b > 1080$ MPa，$a_k > 700$ kJ/m^2，齿面 HRC ≥ 58 - 63；

最终热处理工艺：930℃渗碳 + 预冷830℃油淬 + 200℃回火；

最终组织：心部：回火 M + F；

齿面：回火 M + 碳化物 + A′；

工艺路线：锻造→正火→机加工→渗碳、淬火 + 低温回火→喷丸→磨削。

2. 轴类零件的选材

（1）轴类零件的作用

支承传动零件、传递运动和动力。

（2）工作条件

1）承受较大的交变弯曲应力、扭转应力；

2）轴颈和花键部位承受较大的摩擦；

3）一定的冲击载荷。

（3）失效形式

疲劳断裂、过量的弯曲变形和扭转变形、过量磨损。

（4）力学性能要求

1）良好的综合力学性能；

2）轴颈等部位应具有高的硬度和良好的耐磨性；

3）高的疲劳强度。

【例 3 - 2】 内燃机曲轴选材

性能要求：强度，韧性，弯曲，扭转疲劳强度和刚度，轴颈耐磨性。

选材：调质钢（韧性高）、球墨铸铁。

【例 3 - 3】 30 载重车半轴

材料：40Cr。

热处理：整体调质。

性能要求：杆部 HRC37 ~ HRC44；盘部外圆 HRC24 ~ HRC34。

工艺路线：下料→锻造→正火→机械加工→调质→钻孔→磨花键。

3.机体组：机体

机体是气缸体与曲轴箱的连铸体。绝大多数水冷发动机的气缸体与曲轴箱连铸在一起，而且多缸发动机的各个气缸也铸成一个整体。风冷发动机几乎无一例外地将气缸体与曲轴箱分别铸成，而且气缸体为单体的。

机体是发动机中最大的零件。在发动机工作时，机体承受拉、压、弯、扭等不同形式的机械负荷，同时还因为气缸壁面与高温燃气直接接触而承受很大的热负荷。因此，机体应具有足够的强度和刚度，且应耐磨损和耐腐蚀，并应对气缸进行适当的冷却以免机体损坏和变形。机体也是最重的零件，应该力求结构紧凑、质量轻，以减小整体的尺寸的质量。

机体一般用高强度灰铸铁和铝合金铸造。最近，在轿车发动机上采用铝合金机体的越来越普遍。与铸铁机体相比，全铝机体与铝活塞的热膨胀系数相同，因此，活塞与气缸的间隙可以控制到最小，从而可以降低噪声和机油消耗。

由于铝合金的导热性很好，因此采用全铝机体可以提高压缩比，有利于提高发动机功率。铝合金机体质量轻，有利于前置发动机前轮驱动和轿车前后轮载荷的合理分配。由于铝合金集体散热性能好，可以减少冷却液容量，减小散热器尺寸，使整个发动机轻量化。铝合金机体的缺点是成本高。

4.活塞组：活塞

活塞的主要功用是承受燃烧气体压力，并将此力通过活塞销传给连杆以推动曲轴旋转。活塞是发动机工作条件最严酷的零件。作用在活塞上的有气体力和往复惯性力，这些力都是周期性变化的，且其最大值都很大。

(1)活塞结构及所用材料应满足下列要求

1)活塞应该具有足够的强度和刚度，合理的形状和壁厚。合理的活塞裙部形状，可以获得最佳的配合间隙，活塞质量应尽可能小。

2)受热面积小、散热好。高强化发动机的活塞应进行冷却。

3)活塞材料应该是热膨胀系数小、导热性能好、比重小，有较好的减磨性和热强度。

(2)活塞的材料

现代汽车发动机不论是汽油机还是柴油机广泛采用铝合金活塞，只在极少数汽车发动机上采用铸铁或耐热钢活塞。

铝合金的第一个优点是比重小，约为铸铁的1/3，因此铝合金活塞质量轻，在发动机工作时产生的惯性力小。铝合金的第二个优点是导热性好，其导热系数约为铸铁的3~4倍。因此铝合金活塞工作温度低，温度分布均匀，对减小热应力、改善工作条件和延缓机油变质都十分有利。铝合金的缺点是热膨胀系数大，另外当温度升高时，其机械强度和硬度下降较快。通过设计和调整材料配比等措施可以弥补这些缺陷。目前铝合金多用含硅12%左右的共晶铝硅合金和含硅18%~23%的过共晶铝硅合金制造，外加镍和铜，以提高热稳定性和高温力学性能。在铝合金中增加硅的含量，可以提高活塞表面的耐磨性。铝合金活塞毛坯可用金属铸造、锻造和液态模锻等方法制造。用液态模锻方法制造的毛坯组织细密，无铸造缺陷，可以实现少切削和无切削加工，使金属利用率大幅提高。

总之，用于汽车制造的钢材品种主要有型钢、中板、薄板、钢带、优质钢材、钢管等，其中以薄板和优质钢材为主。热轧中板主要用于载货汽车车架纵梁、横梁、车厢横梁、车轮轮辐等。冷轧薄板主要用于车身，要求钢板成型性能良好，表面质量好，厚度公差小。轿车车身用钢为电镀锌板、热镀锌板。优质钢材包括碳素结构钢、合金结构钢、弹簧钢、易切钢、冷墩钢、耐热钢等，其中齿轮钢用量最多。可锻铸铁广泛应用于汽车行业，适用于制造形状复杂、承受冲击载荷的薄壁件及中小型零件，常用于制造汽车后桥壳、轮毂、变速器拨叉、制动踏板及管接头、低压阀门等零件。为了改善铸铁的使用性能，在铁水中加入一种或几种合金元素(如铬、镍、铜、铂、铝等)，即可获得具有耐磨、耐热、耐蚀等特殊性能，并可在腐蚀介质、高温或剧烈摩擦磨损的条件下使用的合金铸铁。常用的合金铸铁有抗磨铸铁、耐热铸铁及耐腐蚀铸铁等。非铁金属在汽车上的应用越来越广泛，钛、镁、锌等合金的应用也越来越受到重视，它们在汽车上的用量也越来越多。各种非金属材料在汽车上也有不同程度的应用，且呈逐年增长的趋势。如：橡胶用于制造汽车轮胎、内胎、防振橡胶、软管、密封带、输送带等零部件；陶瓷、玻璃用于制造火花塞、车窗玻璃、爆振传感器、氧传感器等；工程塑料用于制造汽车内饰件、仪表面板等；高分子复合材料用于制造车身外装板件、车顶导流板、风窗窗框等；胶黏剂用于汽车零件的黏结、密封；合成纤维主要用于制造坐垫、安全带、内饰等；摩擦材料用于制造汽车各类摩擦片。非金属材料在汽车的安全性、舒适性、经济性、轻量化、高性能等各个方面发挥了重要作用。

任务七 汽车运行材料

3.24 车用汽油

车用汽油是汽油机的主要燃料，是从石油中提炼而得到的密度小、易挥发的液体燃料。密度一般在 $0.71 \sim 0.75 \ g/cm^3$ 之间，自燃点为 $415 \sim 530 ℃$。汽油性能的好坏，对于汽油机的动力性、经济性、可靠性及排气污染等均有很大的影响。汽油如同人的血液，对车辆的"健康"至关重要。如果汽油的抗爆性等指标不合格，将对车辆造成直接损害，同时危及行车安全，切不可疏忽大意。

3.24.1 评价汽油性能的指标

1. 汽油的抗爆性及其评价指标

1) 汽油的抗爆性是指汽油在发动机中燃烧时不发生爆震的能力。爆震也称"火头响"，是发动机工作时的一种不正常现象。

汽油在发动机中正常燃烧时，火焰的传播速度大致为 $50 \ m/s$，气缸内温度与压力都呈均匀上升。但当使用抗爆性差的汽油时，燃烧情况就不同了，当混合气被点燃后，火焰前锋以一定速率扩散传播，但火焰前锋尚未到达的那部分混合气在气缸内高温、高压的作用下，生成大量的过氧化物。过氧化物是一种极不稳定的化合物，积聚量达一定值时，不等火焰前锋传播到就会自行分解，导致爆炸燃烧，形成压力冲击波，使气缸内产生清脆的金属敲击声，这种不正常燃烧现象就称之为爆震。产生爆震的因素较多，除汽油牌号过低、发动机负荷过重及发动机过热外，发动机的压缩比也和爆震的产生关系极大。高压缩比发动机经济性好，但产生爆震的趋势明显增大。所以，应根据汽油机压缩比合理选用汽油，压缩比高，要求汽油的牌号也就高。另外，驾驶操作水平及发动机结构设计也对爆震产生影响。因此，爆震限制了发动机压缩比的提高，使发动机的经济性下降，长时间爆震还会使发动机过热，甚至使零件损坏。

2）汽油抗爆性的评价指标。汽油抗爆性可用汽油的辛烷值来评价。辛烷值是代表点燃式发动机燃料抗爆性的一个约定数值。在规定条件下的标准发动机试验中，通过和标准燃料进行比较来测定。采用和被测定燃料具有相同抗爆性的标准燃料中异辛烷的体积百分数来表示。测定辛烷值的方法不同，所得值也不同，因此，引用辛烷值时，应指明所采取的方法，汽油的辛烷值越高，它的抗爆性就越好，发动机的动力性与经济性就越能得以体现。

测定辛烷值的标准是 GB/T 503—2016《汽油辛烷值测定法（马达法）》和 GB/T 5487—2015《汽油辛烷值测定法（研究法）》。

我国用研究法辛烷值作为汽油抗爆性的评定指标，并以此划分汽油牌号。美国从 1970 年开始用抗爆指数代替研究法辛烷值作为抗爆性的评定指标。大部分国家，如日本、欧盟等国家都采用研究法辛烷值作为汽油抗爆性的评定指标。

3）提高汽油辛烷值的方法。

①采用先进的炼制工艺以生产出含有高辛烷值成分多的汽油。组成汽油的化合物一般为烷烃、环烷烃、芳香烃与烯烃，烷烃、环烷烃的体积含量一般在 50% 以上，芳香烃不高于 35%，烯烃一般低于 15%。芳香烃与异构烷烃的热氧化安定性好，相对应的辛烷值可达 100 左右，环烷烃的辛烷值次之，烯烃又次之，正构烷烃辛烷值最低。不同的炼制工艺，所获汽油组分的辛烷值也不同，一般而言，用常压蒸馏法获得的直馏汽油组分含正构烷与环烷烃较多，异构烷、芳香烃和烯烃含量较少，所以辛烷值只有 40～55；用热裂化和焦化法制取的汽油部分，因含有较多烯烃，辛烷值达 50～60；催化裂化、催化重整和加氢裂化是较先进的二次加工方法，炼出的汽油组分含异构烷烃和芳香烃较多，其辛烷值高达 70～85 以上。由此可见，采用先进的生产工艺是提高既有辛烷值的有效途径之一。

②在汽油中调入改善辛烷值的组分，如加入烷基化油、异构化油、苯、甲苯及工业异辛烷等都能提高汽油的辛烷值。20 世纪 70 年代国外出现了新的高辛烷值汽油调和组分，如甲基叔丁基醚和叔丁醇。甲基叔丁基醚在汽油中的加入量一般为 10%，可以大大改善汽油的抗爆性，是生产优质汽油上好的调和组分。

③加入抗爆添加剂。使用最多的抗爆剂是四乙基铅，在汽油中添加少量的四乙基铅便可极显著地提高汽油的辛烷值。

随着车辆保有量的不断增多，汽车排放的废气给人类的生存环境带来越来越大的危害。为了保护环境、控制污染，许多国家制定了汽车废气排放控制标准与环保法规。为了达到规定的废气排放标准，采取的简便有效的措施是在汽车的废气排出前经过催化转换器，使有害的 CO、NO 和 HC 转化为二氧化碳、水、氮和氧。但加铅汽油废气中有使催化转换中催化剂中毒失效的成分。所以，为满足环保方面的要求以及随着汽油生产工艺水平的不断提高，严格限制汽油中的铅加入量，逐步向低铅及无铅汽油过渡是必然的。美国 20 世纪 80 年代，无铅汽油的比例已达 75% 以上，我国已颁布了无铅车用汽油的行业标准（SH 0041—93），无铅汽油产品的使用也将逐渐增多。

2. 汽油的清洁性及其判定指标

汽油的清洁性主要指汽油中是否含有机械杂质及水分。炼油厂炼制出的成品汽油中是不含机械杂质与水分的，但在储运及使用过程中，汽油不可避免地受到外界污染，使得机械杂质及水分进入汽油中。汽油中的机械杂质有可能堵塞汽油滤清器；同时也会加剧气缸活塞组件的磨损。汽油中的水分在冬季则可能冻结，严重时会堵塞滤清器或油路，甚至造成供油中断；另外，水分还有加速机件腐蚀，溶解抗氧剂，加速汽油氧化生胶引起四乙基铅分解，使导出剂等添加剂失效等不良作用。检查汽油中是否含有机械杂质及水分，一般是将试样注入100 mL的玻璃量筒中静置 8 ~ 12 h 后观察，应当透明，没有悬浮和沉降的机械杂质及水分。在有异议时，机械杂质可按 GB/T 511—2010 进行测定；水分可按 GB/T 260—2016(88)进行测定。

3.24.2 汽油的质量要求

汽油性能的优劣，对于汽油发动机的动力性、经济性、可靠性及使用寿命等均有很大影响。要求汽油具有良好的蒸发性，保证发动机在冬季易于启动，在夏季不易产生气阻，并能较充分燃烧；抗爆性好，辛烷值合乎要求，保证发动机工作稳定、运转正常，不发生爆震，以充分发挥发动机功率；在长期的储存过程中不会发生辛烷值降低、酸度增大、颜色变深等质量变化，也不至于生成过多的胶状及酸性物质；抗腐蚀性要好，在储存及使用过程中保证汽油不会腐蚀储油容器及汽油机机件。

3.24.3 车用汽油的牌号和规格

汽油的质量标准称为汽油的规格。各国根据各自的实际情况制定汽油的规格要求，而且随着汽车技术进步和节能、环保的要求不断发展和提高，逐渐趋于全球统一化。中国的机动车污染防治工作始于20世纪80年代。1999 年，国家环保总局制定了车用汽油有害物质控制标准和相当于欧洲 1 号和欧洲 2 号排放法规的国家第一、二阶段轻型汽车和重型车用压燃式发动机排气污染物排放标准，并于 2000 年 1 月 1 日起实施。使中国的汽车污染物排放标准的控制水平向前推进了 20 年。至此，我国新车排放标准达到了欧洲 20 世纪 90 年代初期水平，比原国家标准尺度加严了 80% 以上。为了与这四项汽车排放标准协调配套，国家质量技术监察局已制定了车用无铅汽油的国家标准，并于 2000 年 1 月 1 日实施。

2016 年 12 月 18 日发布的 GB 17930—2016《车用汽油》标准（即国六标准）。规定车用汽油牌号为 89 号、92 号、95 号、98 号四个牌号。车用汽油国六 A 标准于 2019 年 1 月 1 日执行，于 2023 年 1 月 1 日起废止。同时，车用汽油国六标准 B 于 2023 年 1 月 1 日起执行。

此外，我国排放标准分为：国一、国二、国三、国四、国五、国六。就每台发动机而言，每实施一个新阶段排放标准，其单机污染物排放量就会降低 30% 以上。不同的国家和地区根据自己的实际情况，采用不同排放标准，像美国美标，欧洲有欧标（欧Ⅴ、欧Ⅴ 等），中国有国标（国Ⅳ、国Ⅴ 等）。

2016 年 12 月 23 日，环境保护部、国家质检总局发布《轻型汽车污染物排放限值及测量方法（中国第六阶段）》（GB 18352.6—2016），自 2020 年 7 月 1 日起实施，该标准替代《轻型汽车污染物排放限值及测量方法（中国第五阶段）》（GB 18352.5—2013）。但在 2025 年 7 月 1 日前，第五阶段轻型汽车的"在用符合性检查"仍执行 GB 18352.5—2013 的相关要求。

3.24.4 车用汽油的选择与使用

1.汽油的选择

选择汽油主要根据汽车使用说明书的要求，以正常运行条件下发动机不发生爆燃为前提，选择适当牌号的车用汽油。

选择合适的汽油牌号，应注意要使汽油的标号与发动机的压缩比相匹配，若高压缩比的发动机选择低标号的汽油，汽油发动机容易产生爆震，发动机长时间爆震，容易造成活塞烧结、活塞环断裂等故障,加速发动机部件的损坏;若低压缩比的发动机选用高标号汽油,虽能避免发动机爆震,但高标号汽油配低压缩比的发动机会改变点火时间,造成气缸内积炭增加,长期使用会减少发动机的使用寿命。

2.汽油的使用注意事项

1)燃油的品质直接影响整车的动力性、经济性、排放性及机件的使用寿命。因此,必须按车辆规定的牌号加注汽油。如奥迪 A4 不允许加注低于 92 号的汽油,否则有可能损坏燃油供给系统。

2)油箱要经常装满油,尽量减少油箱中的空气含量,以减少胶质的生成。同时应保持油箱盖通气阀作用良好,按要求定期清洁油箱与汽油滤清器。

3)长期存放后已变质的汽油不能使用,否则,将导致电喷发动机的喷油器结胶堵塞。

3.25　车用柴油

柴油是应用于柴油发动机的专用燃料。柴油的外观为水白色、浅黄色或棕褐色的液体。柴油又分为轻柴油与重柴油两种。轻柴油是用于 1000 r/min 以上的高速柴油机中的燃料,重柴油是用于 1000 r/min 以下的中低速柴油机中的燃料。一般加油站所销售的柴油均为轻柴油。2016 年 12 月 23 日国家发布了 GB/T 19147—2016《车用柴油》,该标准为推荐性标准并于 2019 年 1 月 1 日实施。该标准中柴油的牌号分为 10 号、5 号、0 号、-10 号、-20 号、-35 号、-50 号,柴油的牌号划分依据是柴油的凝点。

3.25.1　车用柴油的选择和使用

1.车用柴油的选择

柴油牌号的选择主要是根据当地当月最低气温进行选择。为保证在最低气温下柴油机能正常工作,凝点应比环境气温低 5℃ 以上。

车用柴油一般可按照下列情况选用:

5 号车用柴油:适用于风险率为 10% 的最低气温在 8℃ 以上的地区使用;

0 号车用柴油:适用于风险率为 10% 的最低气温在 4℃ 以上的地区使用;

-10 号车用柴油:适用于风险率为 10% 的最低气温在 -5℃ 以上的地区使用;

-20 号车用柴油:适用于风险率为 10% 的最低气温在 -14℃ 以上的地区使用。

2.使用注意事项

1)不同牌号的柴油可掺兑使用,以降低高凝点柴油的凝点。

2)不能在柴油中掺入汽油,因为汽油的发火性能差,掺入汽油会导致起动困难,甚至不能起动。

3)低温起动可以采取预热措施,也可使用低温起动液。

4)柴油加入油箱前,要经过沉淀和过滤,沉淀时间不少于 48 h 以除去杂质,确保柴油的清洁。

3.26　汽车新能源

汽车是石油产品的主要消耗者,当今汽车的燃料大部分是石油产品。但据目前探明的石油资源测算,世界上可供开采的石油仅有数十年,石油资源将面临枯竭。毫无疑问,从长远的观点来看,寻求新能源,成为了解决石油危机和环境污染的必然选择。

车用新能源的选择标准包括：热值高，能量密度大；安全、无毒，污染低；价格便宜，来源广，制取容易；携带、存储和使用安全方便。

车用新能源是指不同于传统燃料汽油和柴油的能源。目前使用的车用新能源包括：天然气、液化石油气、甲醇燃料、乙醇燃料、电能、氢能等。

3.26.1　天然气

天然气(英文缩写NG)主要成分是甲烷，占85%~95%，其余为乙烷、丙烷、丁烷和少量其他物质。按其存在形式划分为压缩天然气(CNG)和液化天然气(LNG)两种，目前广泛用于汽车上的是压缩天然气。

与汽油相比，天然气的特点是：热值高；抗爆性能好，其主要成分甲烷的研究法辛烷值高达130，便于采用更高压缩比提高效率；着火界限宽，容易实现稀薄燃烧以降低排放污染；着火温度高，火焰传播速度慢，需要较高点火能量。

从技术层面看，将天然气发展为汽车燃料，主要受限于以下几个方面：

1. 燃料加注便利性差

天然气在常态的自然环境中呈气态，因此充加天然气远比充加液体燃料复杂，需要技术含量极高的加气站设备。

2. 安全性有待提高

由于汽车行驶环境比较复杂，因此保证在各种苛刻环境中储存气体燃料的气瓶都能拥有较高安全性始终是不可忽视的难题。

3. 汽车技术有待提高

气体燃料的性质决定相应发动机在混合气生成、燃烧方式、燃烧室结构、点火系统等方面需要进一步研发改进。

我国天然气汽车技术起步于20世纪50年代，但后来在石油产量暴增、压缩天然气关键技术问题受制约的背景下，我国天然气汽车技术发展几乎停滞。随着最近这些年我国经济的迅猛发展，能源紧张问题再次凸现，并且人们对环境保护的呼声日益高涨，同时考虑到我国具有较丰富的天然气资源，政府再次出面牵头，引领我国天然气汽车技术快速发展。

3.26.2　液化石油气

液化石油气(LPG)来源于石油开采过程中的石油气和炼油厂加工过程中的炼油气，这些油气在常温条件下经加压呈液态，可用高压罐储存。它是以三个或四个碳原子的烃类，如丙烷、丙烯、丁烷、丁烯为主的一种混合物。

与汽油相比，液化石油气的特点是：

1)以质量计算，热值高于汽油；

2)抗爆性能好，液化石油气研究法辛烷值在100~110范围内；

3)燃烧完全、积炭少、排放污染物低，液化石油气与空气混合均匀，有利燃烧；

4)着火温度高，火焰传播的速度慢，需要较高的点火能量。

液化石油气在汽车上的使用形式与天然气类似，因此它们存在几乎相同的技术问题，如加气站技术问题、气瓶技术问题、发动机结构与控制技术问题等。

液化石油气在几种车用新能源中是发展最快的，欧美已有大量汽车使用液化石油气作燃料。迫于能源和环保压力，我国也加快了LPG技术的研发和推广速度。

3.26.3　醇类燃料

车用醇类燃料包括甲醇和乙醇。使用甲醇或乙醇作为汽车燃料的技术发展比较成熟,已有几十个国家和地区使用该技术,尤其在盛产甘蔗的巴西,有30%以上的汽车采用乙醇作燃料。

甲醇,是一种无色易挥发液体,能与水按任意比例互溶,有毒,人类服用后可导致失明,其自燃点为464℃,热值比汽油低,但辛烷值较高。由于其性能与汽油相似,在无须对发动机进行改造的前提下,可以使用15%~30%的甲醇与汽油混合燃烧,是一种较为理想的燃料。如果单独使用甲醇作为燃料,需要对发动机稍作改进,采用提高压缩比的方法来提升发动机性能。

乙醇,俗称酒精,很容易挥发燃烧,其自燃点为423℃,热值比汽油低,但辛烷值较高。我国车用乙醇按照研究法辛烷值(RON)划分为89号,92号,95号。

3.26.4　电能

电能是二次能源,它可以采用绝大多数的一次能源(如矿物燃料、水能、风能、核能、沼气能、太阳能等)生产。纯粹以电能驱动的汽车称为电动汽车,它是目前世界各国致力开发,最具发展前景的汽车,相信不久的将来,随着各方面技术的不断完善,电动汽车必将成为汽车市场主流产品。

与传统的汽车燃料相比,电能的特点是:

1)直接污染及噪声小。

2)电能来源方式多。

3)结构简单。

4)比能低,汽车持续行驶里程短,动力性差。

5)成本高。

6)充电时间长。

3.26.5　氢能

氢能的利用主要有两种形式:第一种是通过燃料电池转化装置,将氢能转化为电能,然后再由电机驱动汽车;第二种则是通过热机作用,将其化学能转变为机械能。第一种利用形式通常将其归入利用电能的范畴,第二种利用形式将氢能原料称为氢燃料,亦即氢气。氢燃料可以从水中通过裂解制取,或来源于各种工业副产品,是一种很有前途的能源。

若想使得氢燃料动力车能推广使用,必须解决的问题包括:降低氢气制取成本;建立完善的氢气加注网络;改进氢气携带形态,保证安全高效。目前,氢气动力汽车尚处于研究探索阶段,比较成功的产品仅有宝马7系的氢动力汽车等极少数车型。

随着能源紧缺,环境污染问题日趋严重以及科学技术的不断进步,氢燃料动力汽车前景非常光明,是未来汽车能源技术发展重要方向之一。用氢气作为燃料的汽车称为氢气汽车。

3.27　车用润滑油

汽车在正常行驶过程中,许多零部件将产生相对运动,加之受载荷和温度的作用,会引起零部件的磨损。磨损是车辆发生故障和损坏的主要原因之一,为减缓零部件的磨损、减少故障、延长车辆的使用寿命、最大限度地发挥车辆的应有功率,必须正确使用润滑油料。

根据组成及润滑部位的不同,车用润滑油料可分为发动机润滑油、齿轮传动润滑油、液力传动油和润滑脂等。

3.27.1 发动机润滑油

发动机润滑油又称机油，是由石油中的重油经精制加工，并加入各种添加剂而制成的。

发动机润滑油是润滑油料中用量最大、品种最多，且性能要求较高、工作条件异常苛刻的一种油品。

1. 润滑油的作用

1）润滑油的主要作用是润滑。发动机在高速运转时，许多机件相互摩擦，若摩擦部位得不到合适润滑，就会使金属之间形成干摩擦。干摩擦不仅引起摩擦表面剧烈磨损，消耗动力，而且其产生的热量在很短时间内便可使摩擦表面金属熔化，造成机件损坏。

润滑油通过自流、飞溅和压力循环等方式能够在摩擦表面形成牢固的油膜，使金属间的干摩擦变成润滑油层间的液体摩擦，显著减少摩擦力，从而减少机件的磨损。

2）发动机在工作时，发动机润滑油在单位时间内会进行大流量循环。当润滑油流过各个摩擦表面时，能将摩擦表面生成的热量导出，使机件保持正常的工作温度。

3）发动机润滑油在机件摩擦表面快速流动时，除冷却以外，还能携带出磨损的金属和其他杂质，并把它们送到集油盘中沉淀或由滤清器滤除。通过反复循环，使干净的润滑油不断洗涤摩擦表面，保持机件清洁和正常运转。

4）发动机各机件之间、活塞和活塞环之间存在间隙。这些间隙会造成漏气，降低发动机功率，并使废气和燃料下窜至曲轴箱污染润滑油。润滑油能在这些间隙形成油膜，起到密封作用，从而阻断漏气。

此外，发动机润滑油还具有防锈作用，它能吸附在金属表面，防止水和酸性气体对金属的腐蚀；润滑油还具有缓冲作用，能在冲击载荷传送中起缓冲和消振作用。

2. 润滑油的分类

1）国产润滑油的分类。按照发动机的类型，我国将发动机润滑油分为汽油机润滑油（简称汽油机油）和柴油机润滑油（简称柴油机油）。

根据 CB 11121—2006《汽油机油》及 GB 11122—2006《柴油机油》的规定，汽油机润滑油按用途分为 SC，SD，SE，SF 四类；柴油机润滑油按用途分为 CC，CD 两类。每一类润滑油又根据黏度分为若干个牌号，其中以字母 W 表示冬季润滑油品种。此外，双重号码表示全天候润滑油（又称多级润滑油），如 5W/30 指高温时该润滑油具有与 30 号润滑油相同的黏度，而在低温时其黏度不超过冬用润滑油 5W 的黏度值。

2）国外润滑油的分类。国际上广泛采用美国汽车工程师协会（SAE）黏度分类和美国石油学会（API）使用分类法。

SAE 黏度分类法把冬用润滑油分为 0W，5W，10W，15W，20W，25W 六个级别；夏用润滑油分为 20W，30W，40W，50W，60W 五个级别；全天候复合级别润滑油有 5W/20，10W/30，15W/40，20W/40 等级别。

API 使用分类也称性能分类或用途分类。该分类法把内燃机润滑油分为 S 系列（汽油机润滑油系列）和 C 系列（柴油机润滑油系列）。S 系列分为 SA，SB，SC，SD，SE，SF，SG 和 SH 八个级别，C 系列分为 CA，CB，CC，CD，CD－Ⅱ，CE，CF－4 七个级别。

3. 润滑油的选用

选择润滑油时，通常从两个方面考虑：一是使用级的选择，二是黏度级的选择。

（1）润滑油使用级的选择

润滑油使用级的高低是按级别代号的第 3 个字母排序区别的，从 A 开始越往后等级越高。使用级的选择主要考虑发动机机型，不同机型发动机功率和活塞平均速度不同，所产生的气缸有效压力和发动机转速也不同。气缸有效压力越高、发动机转速越高，对润滑油的使用级要求越高。

目前市场上出售的润滑油有国产或进口小容器包装的，在容器的一侧标有 API 使用级号，进口汽车使用说明书也按 API 使用分类推荐用油。

（2）润滑油黏度级的选择

润滑油黏度级主要依据环境温度的高低来选择。根据季节、气温及使用地区不同，相应选择不同牌号的润滑油。为避免冬夏季换油，可选用多级油。选用润滑油的黏度级时还必须考虑发动机的负荷、转速和磨损情况。如果发动机负荷大、转速低或磨损严重时，应选用黏度较大的润滑油，反之则应选择黏度较小的润滑油。

4. 润滑油的检测

润滑油换油指标的检测最好是使用专门设备和仪器，但在实际应用中很难做到，通常是凭经验进行判断。下面介绍几种应用较广的快速检测方法。

1）外观与气味检测。润滑油比较清澈，保持或接近新润滑油颜色，表明污染不严重；颜色混浊或呈灰白色，表明油中含水量较大；颜色变黑，表明润滑油受到未燃燃料的污染（多级油在使用中也会变黑，应注意区别）；润滑油出现刺激气味是高温氧化后的特征；有燃料味则表明润滑油被燃料严重稀释。

2）油滴斑点检测。将油样滴一滴在滤纸上，油滴扩散后，滤纸上便形成颜色不同的晕环似的斑痕。观察斑痕的颜色、外形并对照有关图谱，可判断油的氧化程度和污染情况。

3）爆裂检测。将油样滴在加热至 110℃ 以上的金属片上，若产生爆裂，表明油中含有水分。这种方法简单灵敏，能检验出油中 0.1% 以上的含水量。

5. 润滑油使用注意事项

1）正确选用润滑油。必须使用质量等级合适的润滑油，这是保证发动机正常工作的关键。一般使用等级较高的油可代替等级较低的油，但等级低的润滑油不能代替等级高的润滑油使用，否则会导致发动机的早期磨损或损坏。在某些特殊工况下，如汽车长期低温、低速行驶，长时间高温高速运行，长时间满载并拖挂车行驶等，可视情况选用高一等级的润滑油。

2）选用适当黏度的润滑油。润滑油并非黏度越大越好，黏度过大，刚起动时润滑油流动太慢，导致机件磨损加剧。且润滑油黏度越大，摩擦阻力也大，动力损失增加，油耗上升。国外有资料表明，润滑油黏度降低 $1 \ mm^2/s$，大约节约燃料 1.5%。

3）保持正常的油面高度。油量不足会加速润滑油变质，甚至会因缺油而引起零部件的黏结与异常磨损。但润滑油太多，将导致润滑油从气缸和活塞间隙中窜进燃烧室产生积炭，同时增大了曲轴连杆的搅拌阻力，使燃油消耗增加。实验表明，加油量超过标准 1% 时，燃油消耗会增大 1.2%。

4）定期或按质换油。任何质量的润滑油，在使用到一定的里程后，一些理化指标发生变化，所以要根据油的变化情况，按规定定期或按质及时换油。

5）不同牌号的润滑油不能混合使用。汽油机润滑油与柴油机润滑油不能混合使用；普通润滑油与增压润滑油不能混合使用；不同黏度等级的油不能混合使用；全年通用润滑油或冬季使用稠化润滑油时,不能添加普通润滑油。

6)在换油时要将废油放净。为延长发动机的使用寿命,在换润滑油时要将旧润滑油彻底放净,以免污染新加入的润滑油,导致新油迅速变质,引起发动机腐蚀性磨损。一般情况下,在高温时放净废润滑油,然后加注洗油(85%的普通润滑油和15%的汽油混制而成),起动后怠速运转10 min,再放净,最后重新加入洁净的新润滑油即可。

3.27.2 齿轮传动润滑油

齿轮传动润滑油通常是指用于变速器、驱动桥齿轮传动机构以及转向机构的润滑油。与其他润滑油一样,齿轮传动润滑油主要作用是减少齿轮及轴承的摩擦与磨损,加强摩擦表面的散热作用,防止机件发生腐蚀和锈蚀。但出于其工作条件与发动机润滑油不同,因而对汽车齿轮油的性能要求也不相同。

1. 车辆齿轮油的选用

(1)根据齿轮的类型和使用条件选择不同的齿轮油

汽车上用齿轮油来润滑的部位有变速器、主减速器、转向器以及分动器、前(中)桥齿轮箱等。齿轮油种类的选择主要根据齿轮的类型和使用时的负荷、速度来决定。通常变速器和分动器内部的齿轮都为直齿轮或斜齿轮,且负荷和滑移速度都不是很大,可用普通车辆齿轮油或有一定极压性能的150号工业齿轮油;对准双曲面齿轮、蜗杆传动,且又处于大负荷、高速运转的齿轮,需选用中负荷车辆齿轮油(GL-4);进口、国产高级轿车,因其转速高,齿轮表面滑移速度大,且齿轮小,承受的负荷大,故应选用重负荷车辆齿轮油(GL-5)。车辆如在山区和经常满载拖挂行驶,并常处于高负荷状态,操作条件苛刻,油温较高,应选用高一级的齿轮油。

(2)依据气温选择不同的黏度

对于齿轮油黏度的选择,是以地区季节的气温情况来定的。气温高时,选择黏度大一点的齿轮油;反之则选用黏度小一些的齿轮油。如长江以南全年可选用90号,北方寒区全年可选用80W-90号油,其他可选用85W-90号油。

2. 齿轮油使用注意事项

1)采用准双曲面齿轮传动的装置,应用准双曲面齿轮油(GL-4或GL-5)来润滑,绝不可用普通车辆齿轮油来代替。实验表明,主减速器采用准双曲面齿轮传动的车辆,如选用普通车辆齿轮油,行驶3000 km后齿轮就出现擦伤现象,最后完全损坏。

2)严防水分的混入,以免极压添加剂失效。

3)不可用掺兑柴油或裂化煤油来降低齿轮油的凝点,这样会使齿轮油的极压性能急剧下降,从而失去润滑性能,导致齿轮的损坏。

4)不同产地的齿轮油不要混用,即使是同类、同牌号的齿轮油,某些指标也不完全相同。

5)齿轮油在使用过程中,即使热负荷和氧化条件较缓和,随着运行时间的延长,其理化指标也会逐渐衰变恶化,需重新换油。一般按行驶里程、时间采用定期换油。通常各汽车制造厂推荐的换油期较保守,使用中最好能定期检测,摸清衰变规律,再根据使用性能决定换油期。

3.27.3 润滑脂

润滑脂俗称黄油,主要是由润滑油和稠化剂按适当比例组合而成,并根据需要加入各种添加剂。实际上润滑脂是稠化了的润滑油,常温下呈半固体膏状。

润滑脂具有固体和液体的双重性能,在低负荷时呈现固体的性质,当超过某个临界负荷时，润滑脂开始出现塑性变形(类似于液体那样的流动)，卸荷或减载后又恢复固体性质。这一性能使得润滑脂对金属表面有良好的黏附能力而不滑落，并可抵抗流失，防止甩落，同时具有良好的润滑性。因此采用润滑脂润滑不需要像润滑油、齿轮油那样的润滑系统和防漏结构。此外，它可以对某些特殊工作面进行润滑，如摩擦部位难以密封、不能将油及时有规律地送到的摩擦面，或因离心力作用使润滑油无法存留的摩擦面；低速、重负荷、冲击力较大的摩擦部位或高温部位；工作环境潮湿，水、灰尘较多又难以密封隔离的部位；腐蚀性气体接触的部位等。

1. 润滑脂的组成

润滑脂由基础油、稠化剂和添加剂(包括填料)组成。一般润滑脂中稠化剂含量为10%～20%，基础油含量为75%～90%，添加剂及填料的含量在5%以下。

(1)基础油

它是润滑脂中含量最多的组分，是起润滑作用的主要物质。矿物油和合成油都可作基础油。矿物油是制造普通润滑脂的主要基础油，其价格低，但使用温度范围较窄，不能同时满足高、低温要求。合成油用于制造高、低温或某些特殊用途的润滑脂。基础油的黏度必须根据润滑脂的使用条件决定，低温、轻负荷、高转速应选低黏度油，反之，则应选中黏度或高黏度油。

基础油对润滑脂的性能有较大影响。一般润滑脂多采用中等黏度及高黏度的石油润滑油作为基础油，也有一些为适应在苛刻条件下工作的机械润滑及密封的需要，采用合成润滑油作为基础油，如醋类油、硅油等。

(2)稠化剂

它在润滑脂中的含量占10%～20%，其作用是使基础油被吸附和固定在结构骨架之中。稠化剂有四类：烃基、皂基、有机和无机稠化剂，90%的润滑脂是用皂基稠化剂制成的，其分为单皂基(如钙基脂)、混合皂基(如钙钠基脂)、复合皂基(如复合钙基脂)三种。

(3)添加剂与填料

添加剂叫胶溶剂，如甘油与水等，它使油皂结合更加稳定，又称稳定剂。钙基润滑脂一旦失去水分，其结构就完全被破坏，造成严重的油皂分离，不能成脂，因而钙基脂常用微量水(1%～2%)作稳定剂。甘油在钠基润滑脂中可以调节润滑脂的黏度，为了提高润滑脂抵抗流失和增强润滑的能力，常添加一些石墨、二硫化铝和炭黑等作为填料。

(4)润滑脂使用注意事项

1)润滑脂的选择应根据车辆使用说明书的规定，选用与润滑部位的操作条件相适应的润滑脂品种和牌号。

2)加注的润滑量要适当。加脂量过大，会使摩擦力矩增大，温度升高，耗脂量增大；而加脂量过少，则不能获得可靠润滑而发生干摩擦。一般来讲，适宜的加脂量为轴承内总空隙体积的1/3～1/2。但应根据具体情况，有时则应在轴承边缘涂脂而实行空腔润滑。

3)不同种类、牌号的润滑脂不能混用；新旧润滑脂不能混用；避免装脂容器和工具交叉使用；在更换新脂时，应先清除废润滑脂，将部件清洗干净。

4)定期加换润滑脂。润滑脂的加换时间应根据具体使用情况而定，既要保证可靠的润滑又不至于引起润滑脂的浪费。

5)不要用木制或纸制容器包装润滑脂，防止石油变硬、混入水分或被污染变质，并且应存放于阴凉干燥的地方。注意容器和工具的清洁，严防机械杂质、尘埃和砂粒混入。

复习思考题

一、选择题

1. 表示金属材料屈服强度的符号是( )。

A. σ_e B. σ_s C. σ_b D. σ_{-1}

2. 金属材料在静载荷作用下,抵抗变形和破坏的能力称为( )。

A. 塑性   B. 硬度   C. 强度   D. 弹性

3. 做疲劳试验时,试样承受的载荷为( )。

A. 静载荷   B. 交变载荷   C. 冲击载荷   D. 动载荷

4. 碳素结构钢有( ),碳素工具钢有( ),优质碳素结构钢有( )。

A. Q235 - A   B. Q235 - B   C. 40   D. 78

E. T12A

5. 塑料的使用状态为( )。

A. 晶态   B. 玻璃态   C. 高弹态   D. 黏流态

6. 被称为"塑料王"的是( )。

A. 聚氯乙烯   B. 聚苯乙烯   C. 聚四氟乙烯   D. ABS 塑料

7. 与金属材料相比较,塑料的( )要好。

A. 刚度   B. 强度   C. 韧性   D. 比强度

8. 橡胶的使用状态为( )。

A. 晶态   B. 玻璃态   C. 高弹态   D. 黏流态

9. 玻璃主要是由( )和其他金属氧化物组成。

A. SiO_2 B. MgO C. Al_2O_3 D. CaO

10. 安全性能最好的汽车玻璃为( )。

A. 钢化玻璃   B. 区域钢化玻璃   C. A 类夹层玻璃   D. B 类夹层玻璃

二、填空题

1. 材料的力学性能通常是指在载荷作用下材料抵抗_____或_____的能力。

2. 金属塑性的指标主要有_____和_____两种。

3. 金属的性能包括_____性能、_____性能、_____性能和_____性能。

4. 常用测定硬度的方法有_____、_____和维氏硬度测试法。

5. 疲劳强度是表示材料经_____作用而_____的最大应力值。

6. 材料的工艺性能包括_____、_____、_____、_____、_____等。

7. 零件的疲劳失效过程可分为_____、_____、_____三个阶段。

8. 根据热处理的目的和要求不同可分为_____和_____两大类。其中常用的普通热处理的方法有_____、_____、_____、_____等。表面热处理的方法有_____及_____。

9. 常用淬火冷却介质有_____、_____和_____。

10. 表面淬火是快速加热钢件表面达到淬火温度而不等热量传至中心,迅速予以冷却的方法来实现的。主要目的_____。常用的表面加热淬火方式有_____和_____。

11．化学热处理是一种把钢件置放于含有某些_____的炉子中，加热后使介质分解出_____渗入工件表层的工艺方法。常用的化学热处理方法有_____、_____。

12．HT250 是_____铸铁，250 表示_____。

13．白口铸铁中碳主要以_____的形式存在，灰口铸铁中碳主要以_____的形式存在。

14．铜合金有黄铜和青铜两类，黄铜又可分为普通黄铜和_____。青铜又可分为_____和_____。

15．我国按_____划分无铅汽油牌号，共有_____、_____、_____三个牌号。

16．柴油是按_____划分牌号的，GB/T 19147—2003 车用柴油标准将柴油分为七个牌号的城市车用柴油，它们是：_____、_____、_____、_____、_____、_____、_____。

三、问答题

1．金属疲劳断裂是怎样产生的？如何提高零件的疲劳强度？

2．金属的工艺性能包括哪些？具体是什么？

3．常用的淬火方法有哪几种？

4．表面淬火的目的是什么？所需材料如何？

5．表面化学热处理的目的是什么？

6．铜合金分哪几类？不同铜合金的强化方法与特点是什么？

7．黄铜分为几类？

8．有色金属与黑色金属相比较，具有哪些优良的性能？

9．什么是零件失效？失效形式主要有哪些？分析零件失效的主要原因是什么？

10．选择零件材料应遵循哪些原则？在选用材料力学性能判断时，应注意哪些问题？

11．简述零件选材的方法和步骤。

12．举例说明汽车主要零件各自选用的钢材及其性能。

13．举例说明铸铁、有色金属、非金属材料在汽车上的应用。

14．塑料如何分类？常用塑料品种有哪些？

15．汽车上主要应用塑料的部件有哪些？用的是哪种塑料？

16．橡胶由什么组成？为什么橡胶适合做轮胎和密封制品？

17．橡胶如何分类？常用的橡胶有哪些？

18．轮胎、密封条、胶管、胶带、减振块都是由哪些橡胶制成的？

19．陶瓷如何分类？性能如何？

20．汽车上有哪些部件可用陶瓷制造？

21．汽车玻璃有哪几种？对汽车玻璃有什么要求？

22．汽车的前挡风玻璃用全钢化玻璃是否合适？为什么？

23．如何合理地选用车用汽油？

24．如何合理地选用车用柴油？

25．发动机润滑油的作用有哪些？

26．如何正确选用合适的发动机润滑油？使用过程应注意哪些事项？

项目四　汽车常用机构

学习目标

1. 知识目标：
1) 了解机器的基本组成；
2) 掌握常用机构的特性。
2. 能力目标：
1) 能够正确分析常用机构的类型；
2) 能够正确分析常用机构的运动特性。

任务一　汽车常用机构基础

我们通常所说的机械，是人类社会不断进步的产物，是人类在生产中用以减轻、代替体力劳动或者脑力劳动、提高生产率的主要工具，是一个国家工业技术发展水平重要的衡量指标之一。

在机械系统中，凡是将其他形式的能量转换为机械能的机器称为原动机，如内燃机、电动机、液压马达等；凡是利用机械能做有用功的机器称为工作机，如金属切削机床、起重机、织布机等；凡是将机械能转换为其他形式能量的机器称为转换机，如发电机等。机器的种类繁多，包罗万象。一部完整的机器由原动机、执行机构、传动机构、控制机构四部分构成，功用及应用如表 4-1 所示。

表 4-1　机器的功用及应用

构成	功用及应用
原动机	作用是把其他形式的能量转换为驱动机械运动的机械能，是机械运动的动力源，如汽车的发动机、电动机等
执行机构	工作部分，是直接完成机器预定功能的部分，如汽车的驱动轮、车床的刀架等

续表 4 - 1

构成	功用及应用
传动机构	是将原动机的运动和动力传递给工作部分的中间环节，它可以改变运动的速度、转换运动的形式等，从而满足执行部分的各种要求。如汽车上传动系统就是将发动机的高转速变为驱动轮的低转速，发动机的小转矩变为驱动轮的大转矩，或将回转运动变为直线运动等
控制机构	是用来控制机器的其他部分，使操作者能随时实现或终止各自预定的功能，如汽车上的转向系统、刹车系统等。控制部分包括机械机构控制、光、电气装置控制、计算机和液压、气压控制等

4.1　运动副

机械是机器与机构的总称，机构是机器运动的基本组成部分，零件是机器制造的基本组成部分。机构是由若干构件构成的，但若干构件并不一定能组成机构。构件是机构中具有相对运动的单元体。

构件的接触形式为点接触、线接触、面接触三种，使两个构件直接接触并能产生一定相对运动的联接，称为运动副。

按照组成运动副的两构件之间的相对运动形式将运动副分为平面运动副和空间运动副两大类。两个构件之间的相对运动均在同一平面内，这样的运动副统称为平面运动副；如果两个构件之间的相对运动为空间运动，则称为空间运动副。

1. 运动副的分类

由于构件的接触形式有点接触、线接触、面接触三种，所以按照接触特性的不同，通常把运动副分为低副和高副。

（1）低副

在平面机构中，两个构件之间通过面接触而组成的运动副称为低副。根据两个构件之间的相对运动形式，低副分为转动副和移动副。

1）转动副。组成运动副的两构件只能绕某一轴线在一个平面内做相对转动的运动副称为转动副，又可称为铰链。如图 4-1（a）所示的转动副中，构件 1 与构件 2 的接触方式为圆柱面接触。汽车发动机中的曲轴与连杆、连杆与活塞之间的接触方式均为面接触，两者都是转动副。

2）移动副。组成运动副的两个构件只能沿某一方向做相对直线运动的运动副称为移动副。如图 4-1（b）所示的移动副中，构件 1 与构件 2 通过四个平面接触组成移动副，这两个构件只能产生沿轴线方向的相对运动。汽车发动机中的活塞与气缸组成移动副。

低副的形状简单，容易制造，因为低副中两个构件之间的接触是面接触，在承受相同载荷时，低副接触处的压强较小，所以低副耐磨损，承载能力较强，工作可靠，使用寿命较长。

（2）高副

两构件通过点或线接触所构成的运动副称为高副。如图 4-2 所示的凸轮副就是高副，构件 2 相对构件 1 可以沿接触处切线 $l-l$ 方向相对移动，也可以相对于构件 1 绕接触点 A 转动，所以一个平面高副引入一个约束，限制了一个自由度，即两构件过接触点 A 的法线 $n-n$ 方向的相对移动受到限制。

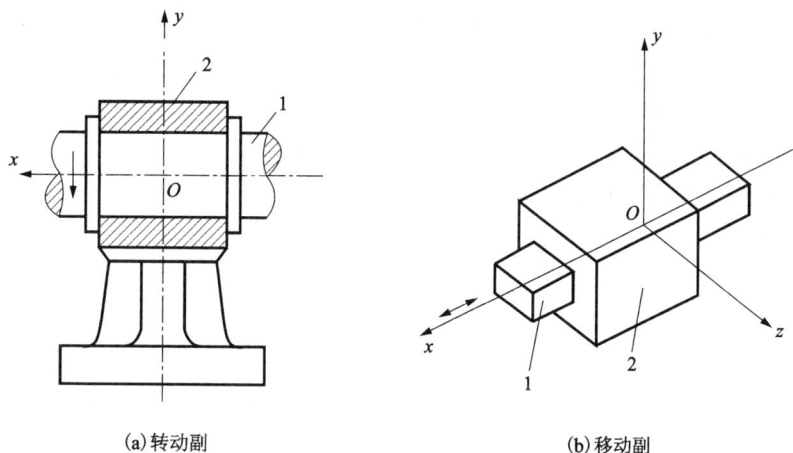

(a)转动副   (b)移动副

图 4 - 1   转动副与移动副

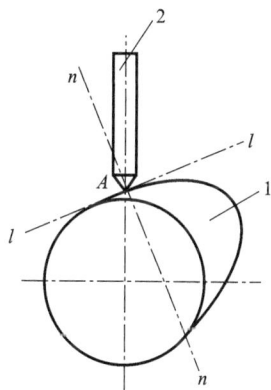

图 4 - 2   高副

由于以点或线相接触，所以在承受相同载荷时，高副接触部分的压强较高，故容易磨损。

4.2   平面机构运动简图

4.2.1   机构运动简图及机构的分类

机构运动简图是指表示构件与构件之间运动关系的简单图形。从机构运动简图中可以识别机构的组成及类型，如机构中构件的类型及数目、运动副的类型及数目、运动副的相对位置关系等，利用机构运动简图可以进行机构的自由度分析。

在机构中的固定构件称为机架，也可选定某一构件将其固定，机架对其他构件起支撑作用；根据不同情况，使运动链中一个或几个构件按给定的运动规律做独立运动，这类运动规律已知的构件称为主动件，也可称为原动件，一般与机架相连；除原动件和机架外，其余各构件能随着原动件的运动做确定的相对运动，这些构件称为从动件，即除主动件以外的全部活动构件都是从动件。

4.2.2 平面机构运动简图

在分析和研究机构的运动时，为了使问题简化，可以不考虑与运动无关的因素，而是采用规定的符号和简单的线条表示运动副和构件，并按一定的比例把各运动副之间的相对位置、机构的组成和相对运动关系表示出来。这种表示机构的组成和各个构件之间的相对运动关系的简单图形称为平面机构运动简图。平面机构运动简图明确地反映出机构中各个构件之间的相对运动关系。对于只为了表示机构的结构及运动情况，而不严格按照比例绘制的简图通常称为机构示意图。

1. 运动副的表示方法

（1）转动副

转动副用一个小圆圈表示，其圆心代表相对转动的轴线。图 4-3（a）表示组成转动副的两个构件都是活动构件，称为活动铰链；图 4-3（b）左图表示组成运动副的两个构件之一为机架，在代表机架的构件上画短斜线，称为固定铰链，习惯上用图 4-3（b）右图形式来表示固定铰链。

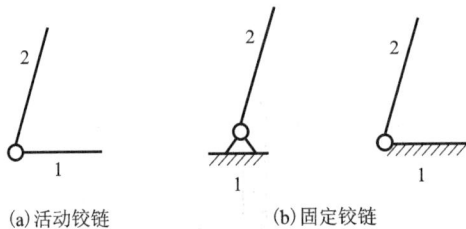

(a)活动铰链　　　　　(b)固定铰链

图 4-3　活动铰链与固定铰链

（2）移动副

图 4-4 是两个构件组成移动副的表示方法。在组成移动副的两个构件中，习惯上将长度较短的块状构件称为滑块，而将长度较长的杆状或槽状构件称为导杆或导槽。其中图 4-4（a）表示导杆 1 与滑块 2 组成移动副；图 4-4（b）表示滑块 2 与导槽 1 组成移动副；图 4-4（c）表示导杆 2 与导槽 1 组成移动副。

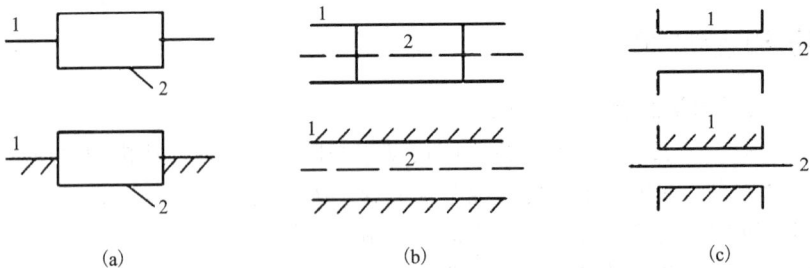

(a)　　　　　　　(b)　　　　　　　(c)

图 4-4　移动副

（3）高副

高副的表示如图4-5所示，图4-5(a)表示齿轮副，图4-5(b)表示凸轮副。高副应画出两个构件在接触处的曲线轮廓。

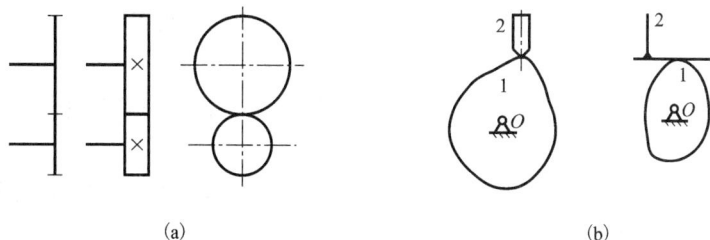

(a)　　　　　　　　　　　　　　　　(b)

图4-5　齿轮副与凸轮副

机构运动简图的常用符号如表4-2所示。

表4-2　机构运动简图的常用符号

名　称		简图符号	名　称		简图符号
构件	轴、杆		机架	基本符号	
	三副元素构件			机架是转动副的一部分	
				机架是移动副的一部分	
	构件的永久联接		平面高副	齿轮副外啮合	
平面低副	转动副			齿轮副内啮合	
	移动副			凸轮副	

2.平面机构运动简图的绘制

绘制平面机构的运动简图时,通常可按下列步骤进行:

1)分析机构的组成和运动。

首先判断构件的类型,找出机构中的主动件、机架以及从动件。然后从主动件开始,沿着运动传递的顺序分析运动的传递情况,最后确定出机构中构件的数目。

2)确定运动副的类型和数目。

从主动件开始,沿着运动传递的顺序,根据构件之间的相对运动性质,确定机构运动副的类型和数目。

3)选择适当的视图平面和原动件位置,以便清楚地表达各构件间的运动关系。通常选择与构件运动平面平行的平面作为投影面。

4)选择适当的比例尺,μ_L = 构件的图示长度/构件实际长度(单位:m/mm 或 mm/mm),按照各运动副间的距离和相对位置,以规定的线条和符号绘图。

图 4 −6(a)所示的颚式破碎机主体机构的运动简图如图 4 −6(c)所示。

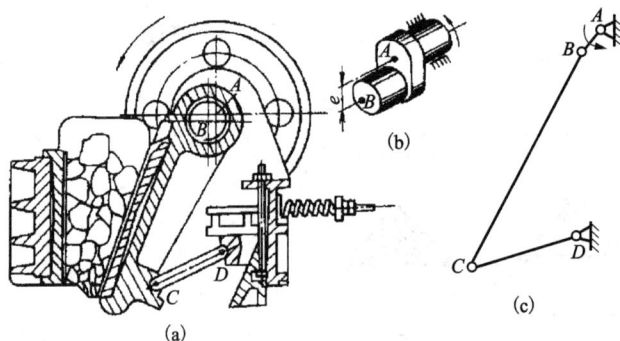

图 4 −6　颚式破碎机主体机构

4.3　平面机构的自由度

4.3.1　自由度和约束的概念

构件做平面运动时,其运动可分解为三个独立运动,沿 x 轴的移动、沿 y 轴的移动和绕垂直于 xOy 平面轴的转动,如图 4 −7(a)所示。把构件所具有的独立运动的数目称为自由度。

当构件间用运动副相连之后,构件的运动则受到限制,自由度便随之减少,如图 4 −7(b)所示。对构件某一个独立运动的限制称为约束条件,故每加上一个约束条件,构件便失去一个自由度。因此,运动副对构件相对运动所产生的作用是:①在两构件间施加约束,减少与约束条件数量相等的自由度;②限制两构件间相对运动的形式。

由前述可知,机构具有确定运动的独立运动数目称为机构的自由度,用 F 表示。一个做平面运动的自由构件具有 3 个自由度,当该构件与另外一个构件组成运动副之后,它的自由度的数目就会减少。若机构中有 N 个构件,除去机架,机构中的活动构件数为 $n = N - 1$,在未用运动副联接之前,这些活动构件的自由度总数为 $3n$。当用运动副联接起来组成机构后,

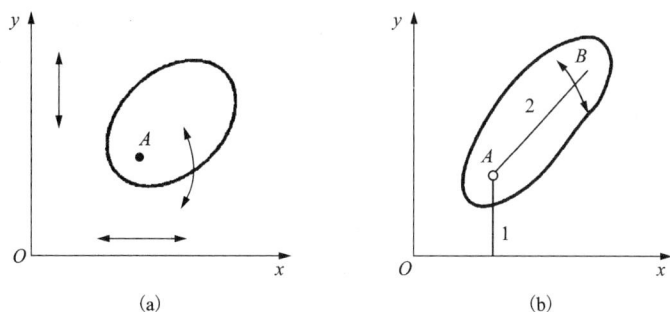

图 4-7　自由度

由于运动副引入了约束,将使机构中各构件具有的自由度减少。由于引入一个低副构件失去两个自由度,引入一个高副构件失去一个自由度,所以若该机构中有 P_L 个低副,P_H 个高副,则机构中全部运动副所引入的约束总数为($2P_L + P_H$)。因此,活动构件的自由度总数减去运动构件失去的自由度总数就是该机构的自由度,以 F 表示,即:

$$F = 3n - 2P_L - P_H \tag{4-1}$$

式中,P_L 为机构中的低副数目;P_H 为机构中的高副数目;n 为机构中的活动构件数。

由式(4-1)可知,机构的自由度 F 取决于机构中活动构件的数目、运动副的类型及数目。

【例 4-1】　如图 4-8 所示的四构件系统,$n = 3$,$P_L = 4$,$P_H = 0$,求自由度。

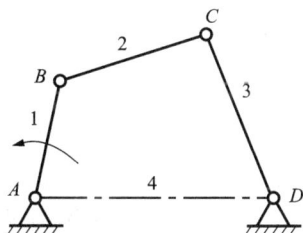

图 4-8　四构件系统

解: 活动构件 $n = 3$;低副 $P_L = 4$;高副 $P_H = 0$,由式(4-1)得:

$$F = 3n - 2P_L - P_H = 3 \times 3 - 2 \times 4 - 0 = 1$$

任务二　平面连杆机构

平面连杆机构是由一些刚性构件用低副(转动副和移动副)相互联接而组成的,在同一平面或相互平行平面内运动的机构。平面连杆机构是构件用低副联接组成的平面机构,因此又称平面低副机构。低副是面接触,制造工艺简单,制造精度高,并且构件承受压强低、磨损小、承载能力大。但是在低副运动中,存在难以消除的间隙,从而使运动产生误差,不适宜高速运动的场合。

平面连杆机构被广泛应用于轻工、纺织、食品、包装、加工等国民经济部门，尤其适用于低速重载场合，例如起重运输、冶金机械等。为了便于实现某些较为复杂的平面运动，在生产和生活中广泛用于动力的传递或改变运动形式。

4.4　平面连杆机构的分类

平面连杆机构常以所包含的构件数目来命名，如平面四杆机构、平面五杆机构等。平面四杆机构是最常用、最基本、最简单的平面连杆机构，是由包括机架在内的四个构件组成的低副机构。

平面四杆机构可分为铰链四杆机构和滑块四杆机构两大类，平面铰链四杆机构是构件间用四个转动副相连的平面四杆机构，简称铰链四杆机构。铰链四杆机构是平面四杆机构的基本形式，滑块四杆机构是由铰链四杆机构演化而来的。

铰链四杆机构的四根杆均用转动副联接，如图 4-9 所示。滑块四杆机构杆件间的联接，除了转动副以外，构件 3 与 4 使用移动副联接，如图 4-10 所示。

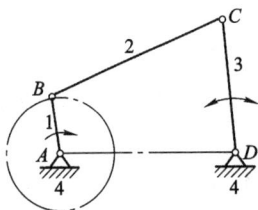

图 4-9　铰链四杆机构

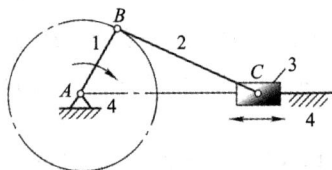

图 4-10　滑块四杆机构

4.4.1　铰链四杆机构的组成与分类

1. 铰链四杆机构的组成

铰链四杆机构各构件之间全部用转动副联接，它是平面四杆机构的基本形式。如图 4-11所示的铰链四杆机构中，固定不动的构件 4 称为机架；与机架相连的构件 1，3 称为连架杆；联接两连架杆的构件 2 称为连杆，连杆是不与机架直接相连的构件。如果杆 1(或者杆 3)能绕铰链 A(或者铰链 D)做整周连续旋转运动，则此杆称为曲柄；如果不能做整周的连续旋转运动，而只能来回摆动一定的角度，则此杆称为摇杆。

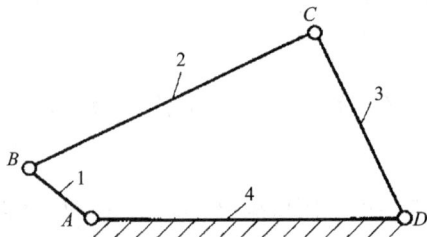

图 4-11　铰链四杆机构

2.铰链四杆机构的分类

铰链四杆机构根据两连架杆运动形式的不同，可分为曲柄摇杆机构、双曲柄机构和双摇杆机构三种基本类型。

（1）曲柄摇杆机构

两连架杆分别为曲柄和摇杆的铰链四杆机构称为曲柄摇杆机构，如图4-12所示的雷达天线俯仰角调整机构，是曲柄摇杆机构的应用实例之一。

在曲柄摇杆机构中，也可以以摇杆为主动件，曲柄为从动件，将主动摇杆的往复摆动转化为从动曲柄的整周转动，如图4-13所示的脚踏砂轮机机构。

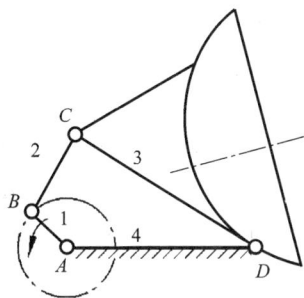

图4-12　雷达天线俯仰角调整机构

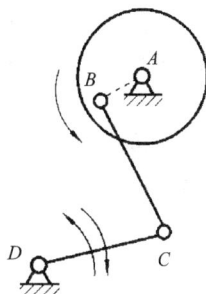

图4-13　脚踏砂轮机机构

（2）双曲柄机构

两连架杆均为曲柄的铰链四杆机构称为双曲柄机构，主动曲柄等速转动，从动曲柄一般为变速转动，如图4-14所示的插床六杆机构是以双曲柄机构为基础扩展而成的。

在双曲柄机构中有一种特殊机构，连杆与机架的长度相等、两个曲柄长度相等且转向相同的双曲柄机构，称为平行四边形机构。如图4-15所示。

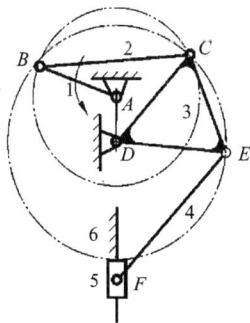

图4-14　插床六杆机构

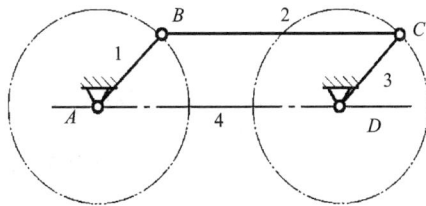

图4-15　平行四边形机构

平行四边形机构的运动特点：

1）两曲柄转速相等。如图4-16所示的机车车轮联动机构。

2）连杆始终与机架平行。如图4-17所示的摄影车升降机构。

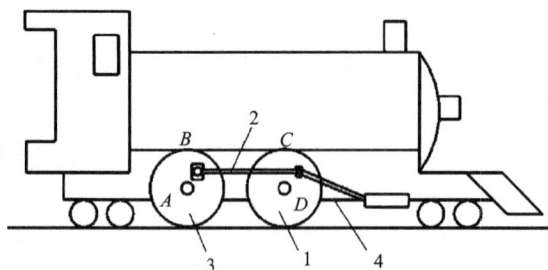

图 4 - 16　机车车轮联动机构

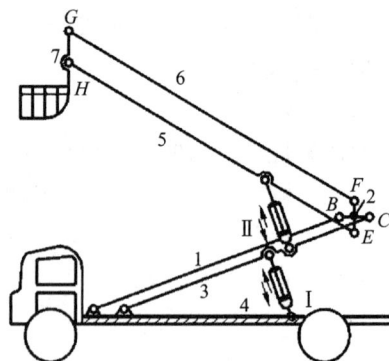

图 4 - 17　摄影车升降机构

对于两个曲柄转向相反的情况,即连杆与机架的长度相等,两个曲柄长度相等所组成的转向相反的双曲柄机构称为反平行四边形机构。反平行四边形机构不具备平行四边形机构前述两个运动特征,如图 4 - 18 所示。车门启闭机构就是反平行四边形机构的应用实例,如图 4 - 19 所示。

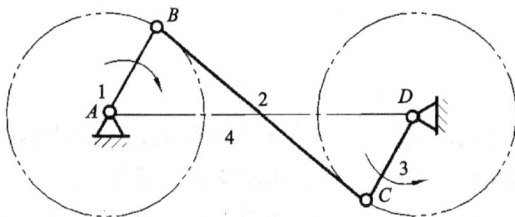

图 4 - 18　反平行四边形机构

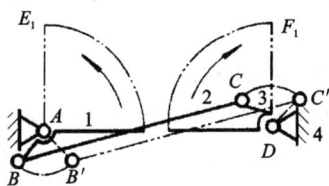

图 4 - 19　车门启闭机构

(3)双摇杆机构

两连架杆均为摇杆的铰链四杆机构,称为双摇杆机构,如图 4 - 20 所示的汽车、拖拉机前轮转向机构。

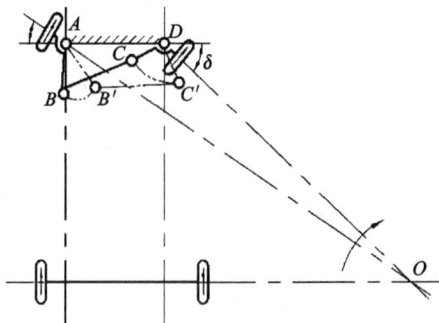

图 4 - 20　双摇杆机构

4.5 铰链四杆机构的基本性质

4.5.1 曲柄存在条件

曲柄存在条件为：

1）最短杆与最长杆的长度之和小于或等于其他两杆长度之和。

2）连架杆和机架中必有一杆是最短杆。

铰链四杆机构中，如果最短杆与最长杆的长度之和小于或等于其余两杆长度之和，则根据机架选取的不同，可有下列三种情况：

①取最短杆为机架时，机架上有两个周转副，故得到双曲柄机构，如图4-21所示。

②取最短杆的邻边为机架时，机架上只有一个周转副，故得曲柄摇杆机构，如图4-22所示。

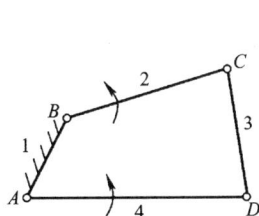

图4-21 双曲柄机构

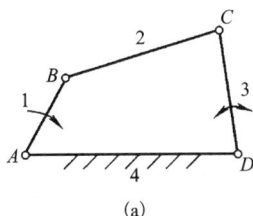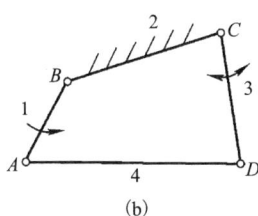

(a)　　　　　　(b)

图4-22 曲柄摇杆机构

③取最短杆的对边为机架时，机架上没有周转副，故得双摇杆机构，如图4-23所示。

当最长杆与最短杆长度之和大于其余两杆长度之和时，无论取哪一杆件为机架，机构均为双摇杆机构。

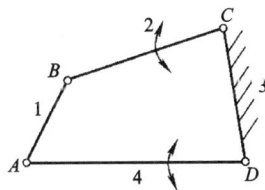

图4-23 双摇杆机构

4.5.2 急回特性

如图4-24所示曲柄摇杆机构中，曲柄 AB 在转动一周中，在 B_1、B_2 两次与连杆 BC 共线，相应铰链中心 A 与 C 之间的距离 AC_1 和 AC_2 分别为最短和最长，摇杆 CD 的位置 C_1D 和 C_2D 分别为其左右极限位置。摇杆在两极限位置间的夹角 ψ 称为摇杆的摆角。当摇杆处于 C_1D、C_2D 两极限位置时，曲柄与连杆共线，对应两位置所夹的锐角称为极位夹角，用 θ 表示。

当曲柄由位置 AB_1 顺时针转到位置 AB_2 时，曲柄转角 $\varphi_1 = 180° + \theta$，这时摇杆由左极限位置 C_1D 摆到右极限位置 C_2D，摆杆角度为 ψ；而当曲柄顺时针再转过角度 $\varphi_2 = 180° - \theta$ 时，摇杆由位置 C_2D 摆回至位置 C_1D，其摆角仍然是 ψ。

虽然摇杆来回摆动的摆角相同，但对应的曲柄转角不等（$\varphi_1 > \varphi_2$）；当曲柄匀速转动时，对应的时间也不等（$t_1 > t_2$）。令摇杆自 C_1D 摆至 C_2D 为工作行程，这时铰链 C 的平均速度是 $v_1 = C_1C_2/t_1$。摇杆自 C_2D 摆回至 C_1D 是其空回行程，这时 C 点的平均速度是 $v_2 = C_1C_2/t_2$，显然 $v_1 < v_2$，它表明摇杆具有急回运动的特性，如图4-24所示，即空回行程时的平均速度大于工作行程时的平均速度。

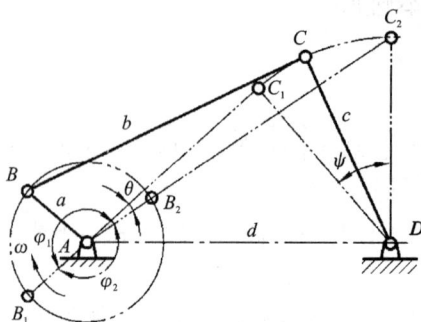

图 4 - 24　曲柄摇杆机构的急回特性分析

　　牛头刨床、往复式输送机等机械就利用这种急回特性来缩短非生产时间,提高生产率。

　　急回运动特性可用行程速度变化系数(也称行程速比系数)K 表示,如式(4 - 2)所示,极位夹角 θ 越大,机构的急回特性越明显,K 值越大,急回特性愈明显。一般机械中,$1 \leqslant K \leqslant 2$。

$$K = \frac{\bar{v}_2}{\bar{v}_1} = \frac{t_1}{t_2} = \frac{180° + \theta}{180° - \theta} \qquad (4 - 2)$$

4.5.3　死点位置

　　在如图 4 - 25 所示的曲柄摇杆机构中,若摇杆为主动件,当摇杆处于两极限位置时,从动曲柄与连杆共线,主动摇杆通过连杆传给从动曲柄的作用力通过曲柄的转动中心,这时,无论驱动力多大都不能驱使机构运动,这个位置称为机构的死点位置。

　　死点位置会使机构从动件出现卡死或运动不确定的情况。为了使机构能顺利地通过死点位置,通常在从动件轴上安装飞轮,利用飞轮的惯性通过死点位置。也可采用多组机构交错排列的方法,如两组机构交错排列,使左右两机构不同时处于死点位置。

　　在工程上有时也需利用机构的死点位置来进行工作。例如飞机的起落架(图 4 - 26)、折叠式家具和夹具等机构。

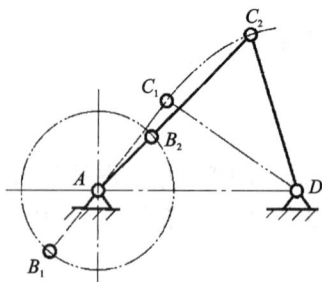

图 4 - 25　曲柄摇杆机构的死点位置

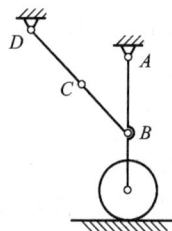

图 4 - 26　飞机起落架

4.6 铰链四杆机构的演化形式

4.6.1 曲柄滑块机构

曲柄滑块机构是具有一个曲柄和一个滑块的平面四杆机构,是由曲柄摇杆机构演化而来的。曲柄摇杆机构如图4-27(a)所示,铰链中心 C 的轨迹是以 D 为圆心,以摇杆3为半径的圆弧。若摇杆3增至无穷大,则如图4-27(c)所示, C 点轨迹变成直线,于是摇杆3演化为直线运动的滑块,转动副 D 演化为移动副,机构演化为如图4-27(d)所示的曲柄滑块机构。

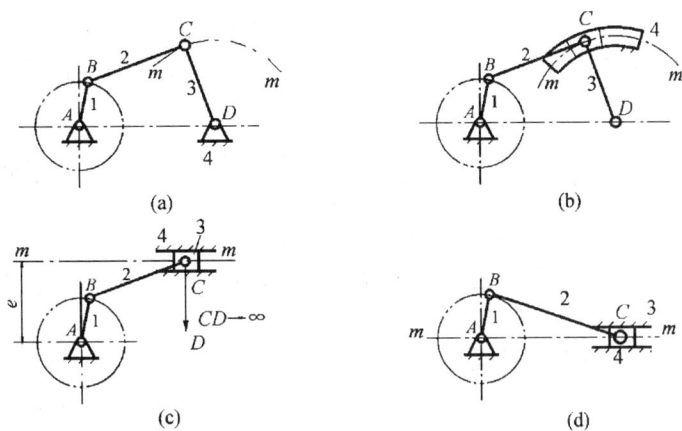

图4-27 曲柄滑块机构的演变过程

曲柄滑块机构最典型的应用为汽车发动机的活塞连杆组,如图4-28所示。

4.6.2 导杆机构

导杆机构是改变曲柄滑块机构中的固定构件而演化来的。如图4-29(a)所示的曲柄滑块机构,若改取杆1为固定构件,即得图4-29(b)所示的导杆机构。杆4称为导杆。滑块3相对导杆滑动并一起绕 A 点转动。通常取杆2为原动件。

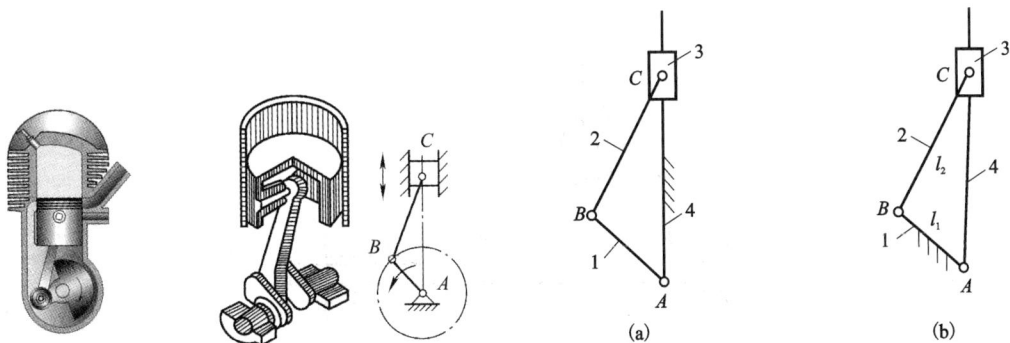

图4-28 汽车发动机活塞连杆组

图4-29 导杆机构的演化过程

导杆是机构中与另一运动构件组成移动副的构件。连架杆中至少有一个构件为导杆的平面四杆机构称为导杆机构。

任务三　凸轮机构

4.7　凸轮机构概述

凸轮机构在机械工业中是一种常用的机构,如图4-30所示,在发动机的配气机构中,凸轮1以等角速度回转,它的轮廓驱使从动件2按预期的运动规律移动,即进气门(排气门)开启和关闭。柴油机的喷油泵供油等都通过凸轮机构来控制,尤其在自动化机械生产中应用更为广泛。

凸轮机构由凸轮1、从动件2、机架3三个基本构件及锁合装置组成,是一种高副机构。其中凸轮是一个具有曲线轮廓或凹槽的构件,通常做连续等速转动,从动件则在凸轮轮廓的控制下按预定的运动规律做往复移动或摆动。

4.7.1　凸轮机构的分类与特点

1.分类

1)按凸轮的形状分类,分为盘形凸轮、移动凸轮、圆柱凸轮三种。

①盘形凸轮。具有变化向径并绕其轴线转动的盘状零件称为盘形凸轮。它是凸轮的基本形式,如图4-30所示。盘形凸轮机构简单,应用广泛,但限于凸轮径向尺寸不能变化太大,故从动件的行程较短。

②移动凸轮。其凸轮是具有曲线轮廓、做往复直线移动的构件,它可看成是转动轴线位于无穷远处的盘形凸轮,如图4-31所示。

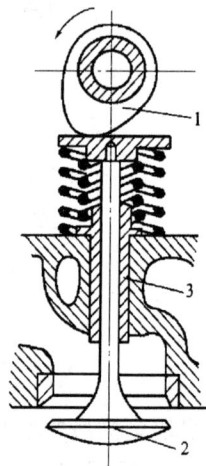

图4-30　发动机配气机构

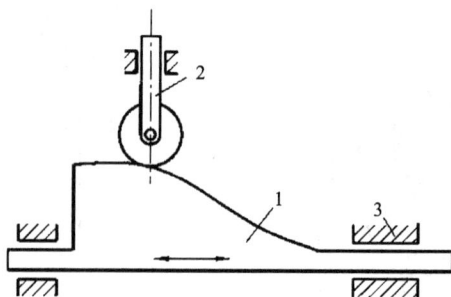

图4-31　移动凸轮

③圆柱凸轮。是在圆柱面上开有曲线凹槽,或在圆柱端面上制出曲线轮廓的凸轮,可使从动件得到较大的行程,如图4-32所示。

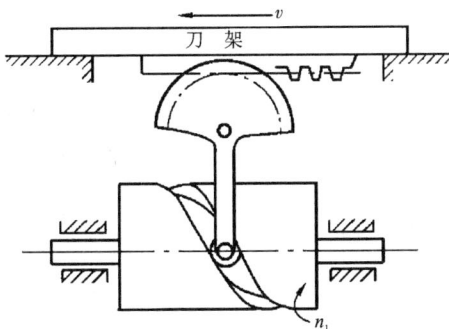

图 4 - 32　圆柱凸轮

2）按从动件末端形状分类，分为尖顶从动件凸轮机构、滚子从动件凸轮机构、平底从动件凸轮机构。

①尖顶从动件凸轮机构。其从动件的端部呈尖点，特点是能与任何形状的凸轮轮廓上各点相接触，因而理论上可实现任意预期的运动规律。尖顶从动件凸轮机构是研究其他形式从动件凸轮机构的基础。但由于从动件尖顶易磨损，故只能用于轻载低速的场合，如图 4 - 33（a）所示。

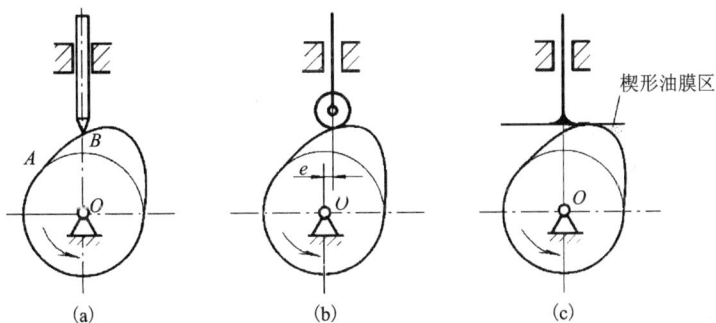

图 4 - 33　不同形状从动件凸轮机构

②滚子从动件凸轮机构。其从动件的端部装有滚子，由于从动件与凸轮之间可形成滚动摩擦，所以磨损显著减少，能承受较大载荷，应用较广。但端部质量较大，又不易润滑，故仍不宜用于高速，如图 4 - 33（b）所示。

③平底从动件凸轮机构。其从动件端部为一平底。若不计摩擦，凸轮对从动件的作用力始终垂直于平底，传力性能良好，且凸轮与平底接触面间易形成润滑油膜，摩擦磨损小、效率高，故可用于高速，缺点是不能用于凸轮轮廓有内凹的情况，如图 4 - 33（c）所示。

3）按锁合方式分类，分为力锁合凸轮机构、形锁合凸轮机构。所谓的锁合是指保持从动件与凸轮之间的高副接触。

①力锁合凸轮机构。依靠重力、弹簧力或其他外力来保证锁合，如内燃机配气凸轮机构。如图 4 - 30 所示，凸轮机构利用弹簧力锁合。

②形锁合凸轮机构。依靠凸轮和从动件几何形状来保证锁合，如图 4 - 32 所示。

2. 特点

（1）优点

只要正确地设计和制造出凸轮的轮廓曲线，就能把凸轮的回转运动准确可靠地转变为从动件所预期的复杂运动规律的运动，而且设计简单；凸轮机构结构简单、紧凑、运动可靠。

（2）缺点

凸轮与从动件之间为点或线接触，故难以保持良好的润滑，容易磨损，所以凸轮机构常用于运动复杂而载荷不大的场合。

（3）应用

凸轮机构通常用于传力不大的机械中，尤其广泛应用于自动机械、仪表和自动控制系统中。

4.7.2　凸轮机构从动件的运动规律

凸轮机构能否按照预期的运动规律正常工作，主要取决于凸轮的轮廓曲线，设计凸轮机构时，是先根据工作要求确定从动件的运动规律，再按这一运动规律设计凸轮轮廓线。加工凸轮的依据就是确定凸轮的轮廓曲线。

1. 凸轮机构常用名词术语及运动过程

在如图 4 - 34 所示的尖顶从动件凸轮机构中，以凸轮轮廓上最小向径 r_0 为半径所作的圆称为凸轮的基圆，r_0 称为基圆半径。点 A 为凸轮轮廓曲线的起始点，也是从动件所处的最低位置点。

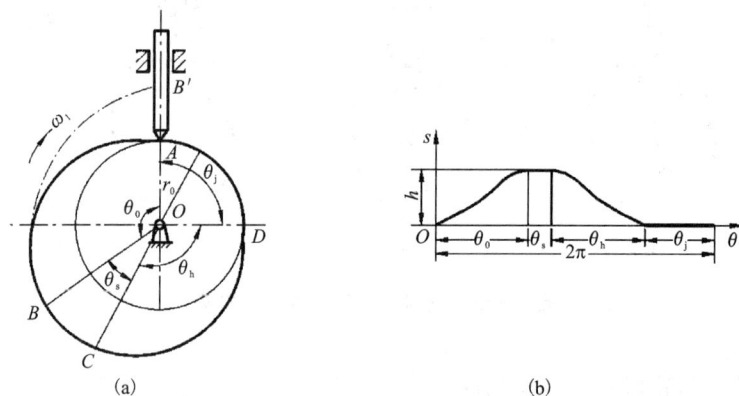

图 4 - 34　凸轮与从动件的关系

当凸轮以等角速度 ω_1 顺时针转过角 θ_0 时，从动件尖顶与凸轮轮廓 AB 段接触，并按一定的运动规律上升至最高位置 B'。

从动件由最低位置点 A 升至最高位置点 B' 的运动过程称为推程，从动件移动的最大位移 h 称为行程，对应的凸轮转角 θ_0 称为推程运动角。

从动件处于最高位置点静止不动，这一过程称为远休止过程，对应的凸轮转角 θ_s 称为远休止角。

从动件由最高位置点降至最低位置点的运动过程称为回程，对应的凸轮转角 θ_h 称为回程运动角。

从动件处于最低位置点静止不动,这一过程称为近休止过程,对应的凸轮转角 θ_j 称为近休止角。

2. 从动件常用运动规律

从动件的位移线图取决于凸轮轮廓曲线的形状,即从动件不同的运动规律要求凸轮具有不同的轮廓曲线。从动件常用运动规律有:等速运动规律、等加速等减速运动规律、间歇运动规律、摆线运动规律。

任务四 间歇运动机构

4.8 间歇运动机构类型

在各类机械中,常需要某些构件实现周期性的运动和停歇,能够将主动件的连续运动转换成从动件有规律的运动和停歇的机构称为间歇运动机构。而实现间歇运动的四种常用机构分别为:棘轮机构、槽轮机构、凸轮式间歇运动机构和不完全齿轮机构。

4.8.1 棘轮机构

1. 棘轮机构的组成及工作原理

如图 4-35 所示,棘轮机构由棘轮、棘爪及机架组成。当摇杆顺时针摆动时,与摇杆铰接的主动棘爪啮入棘轮的齿槽中,从而推动棘轮顺时针转动;当摇杆逆时针摆动时,主动棘爪在棘轮的齿背上滑动,此时,棘轮在止退棘爪的止动下停歇不动,随着摇杆的往复摆动,棘轮做单向时动时停的间歇运动。

2. 棘轮机构的类型

棘轮机构的类型很多,从工作原理上可分为轮齿啮合式和摩擦式棘轮机构;从结构上可分为外啮合式和内啮合式棘轮机构;从传动方向上分为单向(单动和双动)式和双向式棘轮机构。

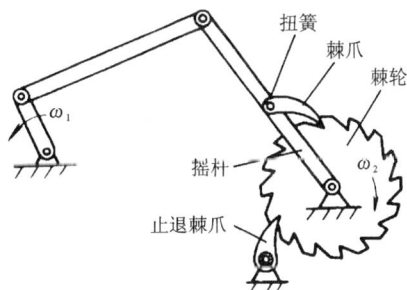

图 4-35 棘轮机构

棘轮机构是把摇杆的摆动转变为棘轮的间歇回转运动。其优点是轮齿式棘轮机构运动可靠,棘轮转角容易实现有级调节,但在工作过程中棘爪在齿面上滑行,齿尖易磨损,并伴有噪声,同时为使棘爪能顺利落入棘轮槽,摇杆摆角应略大于棘轮转角,这样就不可避免地存在空程和冲击,在高速时尤其严重,所以常用在低速、轻载下实现间歇运动。

摩擦式棘轮机构传递运动平稳、无噪声,棘轮转角可作无级调节。但由于运动准确性差,不宜用于运动精度要求高的场合。在工程实践中,棘轮机构常用于实现间歇送进(如牛头刨床)、止动(如起重和牵引设备中)和超越(如钻床中以滚子楔块式棘轮机构作为传动中的超越离合器,实现自动进给和快速进给功能)等场合。

4.8.2　槽轮机构

槽轮机构又称马尔他机构或日内瓦机构，也是常用的间歇运动机构之一。普通平面槽轮机构有外接式槽轮机构（图 4 - 36）和内接式槽轮机构（图 4 - 37）两种类型。它主要是由带有均布的径向开口槽的槽轮、带有圆柱销的拨盘以及机架组成。

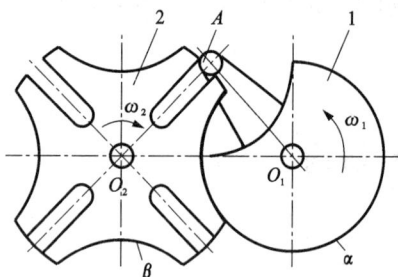

图 4 - 36　外接式槽轮机构

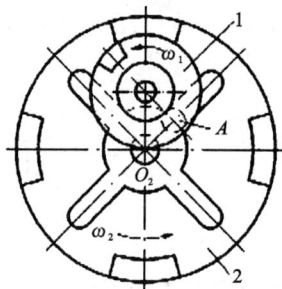

图 4 - 37　内接式槽轮机构

槽轮机构的工作过程是：主动拨盘 1 上的圆柱销 A 进入槽轮 2 上的径向槽前，拨盘上的凸锁止弧 α 将槽轮上的凹锁止弧 β 锁住，则槽轮静止不动。当拨盘圆柱销 A 进入槽轮径向槽时，凸、凹锁止弧刚好分离，圆柱销可以驱动槽轮转动。当圆柱销脱离径向槽时，凸锁止弧又将凹锁止弧锁住，从而使槽轮静止不动。

因此，当主动拨盘做连续转动时，槽轮被驱动做单向的间歇转动。外接式槽轮机构的主动拨盘 1 与槽轮 2 转向相反；内接式槽轮机构的主动拨盘 1 与槽轮 2 转向相同，且传动平稳、空间小，槽轮停歇时间较短。

需要注意的是，为了使槽轮在开始转动和停止转动时运动平稳、避免冲击，圆柱销在进槽和出槽的瞬时，其线速度方向均应沿径向槽的中心线方向，以使槽轮在起动和停止的瞬时角速度为零。

槽轮机构的特点是结构简单、易加工，效率高，能准确控制转角，运动较平稳。因此在各种自动半自动机械、轻工机械中得到广泛的应用。

4.8.3　凸轮式间歇运动机构

滚子齿形凸轮式间歇运动机构，工程上又称为凸轮分度机构，常见有圆柱分度凸轮机构和弧面分度凸轮机构等。

圆柱分度凸轮机构如图 4 - 38 所示。该机构由圆柱凸轮 1、转盘 2 及机架组成。转盘上均匀分布着若干个滚子 3，滚子轴线与转盘轴线相平行，凸轮轴线与转盘轴线垂直交错。当凸轮匀速转动时，转盘做单向间歇运动，转盘的运动完全取决于凸轮轮廓曲线的形状，凸轮轮廓线由分度段和停歇段组成。当凸轮回转时，其分度段轮廓推动滚子使转盘分度转位；当凸轮转到停歇段轮廓时，转盘上两相邻滚子跨夹在凸轮的圆环面突脊上使转盘停歇。

弧面分度凸轮机构，如图 4 - 39 所示。主动件凸轮 1 上有一条突脊犹如蜗杆，从动件转盘 2 的圆柱面上均匀封闭着若干滚子，滚子轴线沿转盘径线方向。凸轮与转盘两轴线垂直交错。该机构工作原理与圆柱分度凸轮机构完全相同，凸轮连续回转带动转盘做单向间歇性运动。

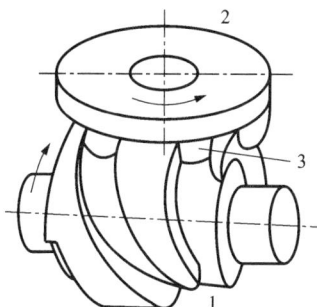

图 4 – 38　圆柱分度凸轮机构

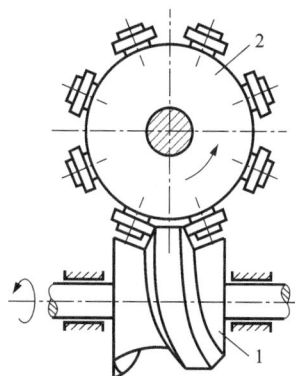

图 4 – 39　弧面分度凸轮机构

上述两种凸轮式间歇运动机构的共同点是定位可靠,转盘可实现任意运动规律,可以通过合理选择转盘的运动规律,使得机构传动平稳,适应中、高速运转。弧面分度凸轮机构与圆柱分度凸轮机构相比,更能适应高速重载,传动精度很高,是目前工作性能最好的一种间歇转位机构。但缺点是凸轮加工较困难且制造成本高。

4.8.4　不完全齿轮机构

不完全齿轮机构也是最常用的一种间歇运动机构(图 4 – 40),它是由普通齿轮机构演化而来,主动轮 1 为一不完整的齿轮,其上只作出一个或一部分正常齿,而从动轮 2 则是由正常齿和带有内凹锁止弧的厚齿彼此相间地组成的特殊齿轮。当主动轮上的齿与从动轮上的正常齿啮合时,从动轮转动;当主动轮的无齿圆弧部分(凸锁止弧)与从动轮上的内凹锁止弧接合时,相互配合锁止,从动轮停歇在预定位置上。所以当主动轮做连续转动时,从动轮获得时转时停的间歇运动。如图 4 – 40(a)所示,外啮合不完全齿轮机构的主、从动轮转向相反;如图 4 – 40(b)所示,内啮合不完全齿轮机构的主、从动轮转向相同。图 4 – 41 为不完全齿条机构。

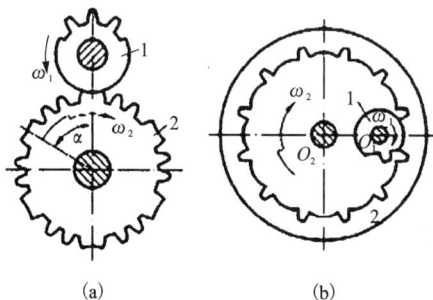

图 4 – 40　不完全齿轮机构

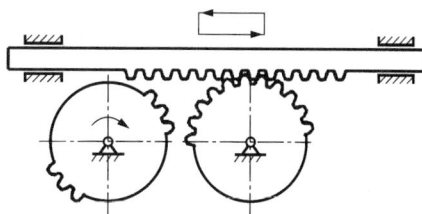

图 4 – 41　不完全齿条机构

不完全齿轮机构与其他间歇运动机构相比,它的结构简单,制造方便,从动轮的运动时间和静止时间的比例不受机构结构的限制。当主动轮匀速转动时,从动轮在其运动期间做匀速转动。但是当从动轮由停歇到突然转动,或由转动到突然停止时,都会产生刚性冲击。因此它不宜用于转速很高的场合。因从动轮在一周的转动中可作多次停歇，所以常用于多工位、多工序的自动机械或生产线上，实现工作台的间歇转位和进给运动。

复习思考题

一、填空题

1.两个做平面平行运动的构件之间为_____接触的运动副称为低副，它有____个约束；而为_____接触的运动副为高副，它有____个约束。

2.构件的接触形式有_____、_____、_____三种。

3 机构具有确定运动的条件是_____。

4.铰链四杆机构各构件之间全部用_____连接。

5.铰链四杆机构中两连架杆均为曲柄的机构称为_____。

6.通常利用机构中构件运动时_____的惯性，或依靠增设在曲柄上_____的惯性来渡过"死点"位置。

二、选择题

1.机械系统的制造单元是(　　)。

A. 构件　　　　　　B.机构　　　　　　C.机器　　　　　　D.零件

2.组成平面低副两构件的接触必须为(　　)。

A.点接触　　　　　B.线接触　　　　　C.点或线接触　　　D.面接触

3.下列实例中采用曲柄摇杆机构的是(　　)

A.汽车雨刷机构　　B.车门开闭机构　　C.起落架机构　　　D.气缸活塞机构

4.图示机构中有(　　)虚约束。

A.1个　　　　　　B.2个　　　　　　C.3个　　　　　　D.没有

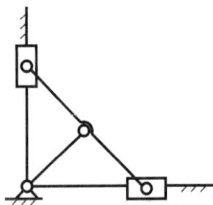
　　　　1

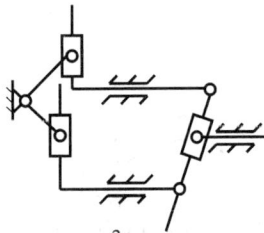
　　　　2

5.图示机构的自由度是(　　)。

A.1个　　　　　　B.2个　　　　　　C.3个　　　　　　D.没有

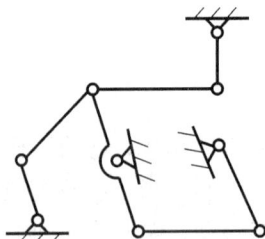

6. 平面四杆机构无急回特性时(　　)，行程速比系数(　　)。

A. $k < 1$ 　　　　B. 传动角 $\beta = 0$ 　　　　C. 极位夹角 $\theta = 0$ 　　　　D. $k > 1$

7. 在双曲柄机构中，已知三杆长度为 $a = 80\text{mm}$，$b = 150\text{mm}$，$c = 120\text{mm}$，则 d 杆长度为 (　　)。

A. $< 110\text{mm}$ 　　　　　　　　　　B. $110\text{mm} \leqslant d \leqslant 190\text{mm}$

C. $\geqslant 190\text{mm}$ 　　　　　　　　　　D. 无要求

8. 曲柄摇杆机构中，曲柄为主动件时，(　　)死点位置。

A. 曲柄与连杆共线时为 　　　　　　　B. 摇杆与连杆共线时

C. 不存在 　　　　　　　　　　　　　D. 摇杆与机架共线时

9. 凸轮与从动件接触处的运动副属于(　　)。

A. 高副 　　　　　B. 转动副 　　　　　C. 移动副 　　　　　D. 低副

10. 凸轮机构中，基圆半径是指凸轮转动中心到(　　)距离。

A. 理论轮廓线上的最大 　　　　　　　B. 实际轮廓线上的最大

C. 实际轮廓线上的最小 　　　　　　　D. 理论轮廓线上的最小

11. 尖顶从动件适用于(　　)的凸轮机构中。

A. 传力较大、高速 　　　　　　　　　B. 低速、轻载

C. 转速较高 　　　　　　　　　　　　D. 传力较大、转速较高

三、问答题

1. 机构具有确定运动的条件是什么？

2. 曲柄存在条件是什么？

3. 铰链四杆机构有哪几种类型？如何判别？

4. 什么是机构的急回特性？在生产中怎样利用这种特性？

5. 什么是机构的死点位置？在生产中有哪些应用？

6. 试述凸轮机构的类型。

7. 间歇运动机构有哪些类型？

项目五　汽车机械联接

学习目标

1. 知识目标：

1) 掌握键和销的类型和应用特点；

2) 掌握螺纹连接的分类、结构参数特点和应用。

2. 能力目标：

1) 具有识别键连接、销连接、螺纹连接等连接方式的能力；

2) 具有分析各种联接方式的能力。

　　为了便于制造、安装、使用、运输及维修，一般情况下，机器是由许多零部件按一定要求，用不同联接方法组合而成的。联接一般由联接件和被联接件组成，按照联接件和被联接件是否可以相互运动，机械联接分为两大类：一类是机械动联接，即联接件与被联接件之间可以相对运动，如各种运动副、联轴器、离合器等；另一类是机械静联接，即联接件与被联接件之间不允许产生相对运动，通常所说的联接主要指静联接。

　　机械静联接按拆卸性质又可分为两类：一类是可拆联接，另一类是不可拆联接。可拆联接是不损坏联接中的任一零件，即可将被联接件拆开的联接，如螺纹联接、键联接及销联接等。这种联接经多次装拆无损于其使用性能。不可拆联接是必须破坏或损伤联接件或被联接件才能拆开的联接，如焊接、铆接及黏接等。

　　本项目主要讨论各类静联接类零件。

任务一　键联接

5.1　键联接的类型和应用

　　键是一种标准件，主要用于轴和轴上零件(如齿轮、带轮、联轴器等)之间的周向固定，以传递转矩和转速。有的还能实现轴零件的轴向固定或轴向滑动。

　　键联接可分为平键联接、半圆键联接、楔键联接、切向键联接和花键联接等。

5.1.1 平键联接

平键的两侧面为工作面,上表面与轮毂槽底之间留有间隙,如图5-1所示,工作时,靠轮毂和轴上的键槽与键侧面的相互挤压来传递转矩,但不能承受轴向力。

平键联接分为普通平键联接、导向平键联接和滑键联接。

1.普通平键

普通平键是应用最广泛的键联接,根据头部的形状,可分为圆头(A型)、方头(B型)和单圆头(C型)三种,如图5-2所示。普通平键联接对中性好、装拆方便、结构简单,常用于相配零件要求定心性好和转速较高的静联接。其中A型键应用最广,C型键则多用于轴端。

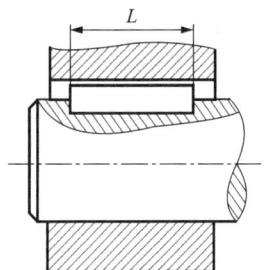

图5-1 普通平键联接

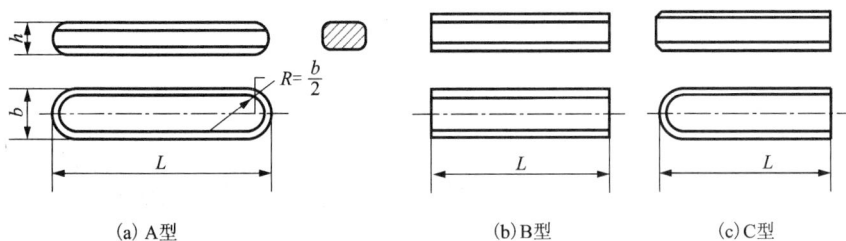

| (a) A型 | (b)B型 | (c)C型 |

图5-2 普通平键的类型

2.导向平键

导向平键如图5-3(a)所示,常用于动联接,如汽车变速器中的滑动齿轮与轴之间的联接。导向平键除实现周向固定外,由于轮毂与轴和键之间均为间隙配合,故还允许轴上零件(如滑动齿轮)做轴向移动,构成动联接。为防松,用两个圆柱头螺钉将键固定在轴槽中;为拆卸方便,在键中部制有起键螺孔。

导向平键一般较长。当被联接零件滑移的距离较大时,宜采用滑键,如图5-3(b)所示。滑键固定在轮毂上,与轮毂同时在轴上的键槽中作轴向滑移。

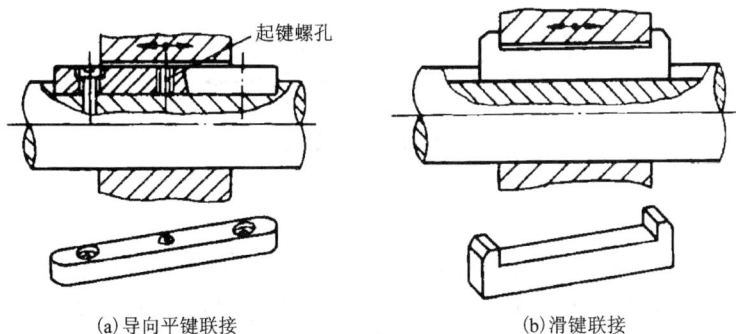

| (a)导向平键联接 | (b)滑键联接 |

图5-3 导向平键联接和滑键联接

5.1.2　半圆键联接

半圆键联接如图 5-4 所示。它的工作面也是两侧面,因此与平键一样有对中性好的优点。键在键槽中能绕其几何中心摆动,以适应轮毂上键槽的斜度,且安装方便,结构紧凑,尤其适用于锥形轴端与轮毂的联接,缺点是由于轴上的键槽较深,对轴的强度削弱较大,故一般只用轻载或辅助联接。

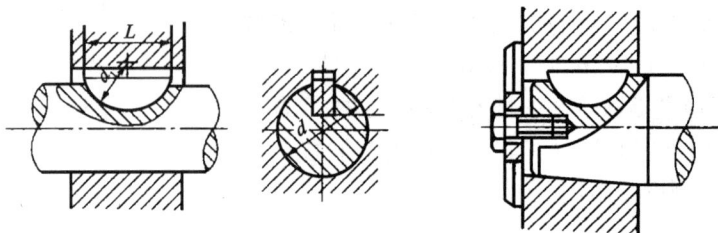

图 5-4　半圆键联接

5.1.3　楔键联接

楔键分为普通楔键和钩头楔键,如图 5-5 所示。楔键工作面是上、下表面,其上表面和轮毂键槽底面均有 1:100 的斜度。键楔入键槽后,工作时靠工作表面的摩擦力传递扭矩,同时还能承受单方向的轴向力,但键在楔紧时破坏了轴与轮毂的同轴度。故普通楔键联接仅适用于对中性要求不高、载荷平稳的低速场合。钩头楔键的钩头是为装拆用的,用于不能从毂槽的另一端将键打出的场合。钩头楔键安装在轴端时,应加防护罩。

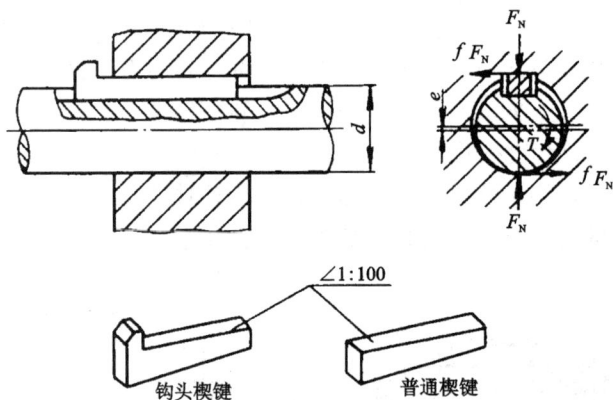

图 5-5　楔键联接

5.1.4　切向键联接

切向键联接如图 5-6 所示,由两个普通楔键组成。装配时两个键分别自轮毂两端楔入。装配后上下两平行的窄面是工作面,单个切向键只能传递单向转矩。若传递双向转矩,应装两个互成 120° 的切向键。由于键槽对轴的强度削弱较大,故主要用于 $d > 100$ mm 的轴上。切向键只用于低速、重载、定位精度要求不高的场合。

5.1.5　花键联接

花键联接是由周向均布多个键齿的花键轴与带有相应的键齿槽的轮毂相配合而组成的可拆联接,如图5-7所示。花键的侧面是工作表面,靠轴与毂齿侧面的挤压来传递转矩。与平键相比,由于花键是多齿传递载荷,可承受大的工作载荷;齿浅,齿根应力集中小,对轴的强度削弱轻;定心精度高,导向性好。所以花键连接一般用于载荷较大、定心性要求高的场合。但花键轴和花键孔的加工需要专门的设备和工具,加工成本较高。

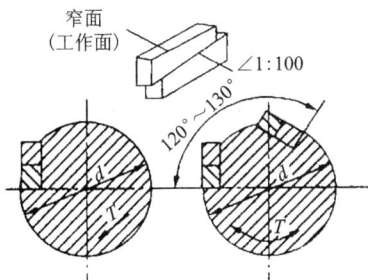

图5-6　切向键联接

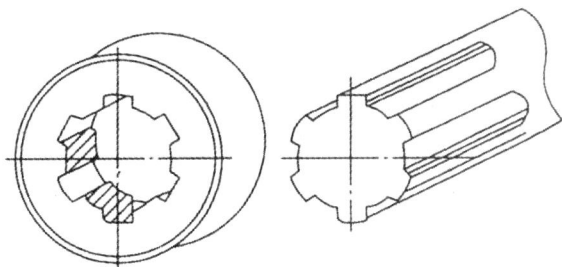

图5-7　花键

花键联接可用于静联接和动联接。按齿形的不同,可分为矩形花键如图5-8(a)所示、渐开线花键,如图5-8(b)所示和三角形花键,如图5-8(c)所示。矩形花键按齿高的不同,在标准中规定了轻系列和中系列两个系列,轻系列的承载能力小,多用于静联接或轻载中;中系列用于中等载荷的联接。矩形花键的定心方式是小径定心,主要特点是承载能力高,定心精度高,应力集中小,能用磨削的方法获得较高的精度,广泛用于汽车、机床、飞机及一般机械传动装置中。

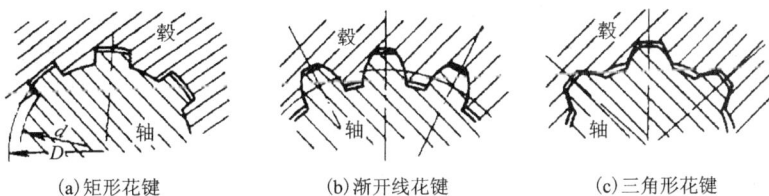

(a)矩形花键　　　　　　(b)渐开线花键　　　　　　(c)三角形花键

图5-8　花键的类型

渐开线花键的齿廓是渐开线,齿形的压力角为30°。渐开线花键的定心方式为齿形定心,具有自动定心的作用。可用制造齿轮的方法来加工,工艺性好,加工精度高,应力集中小。常用于传递转矩较大且轴径也较大的动联接。

三角形花键联接中,外花键齿形为压力角为45°的渐开线花键;内花键齿形为直齿形。三角形花键用齿侧定心,其键齿细小,多用于直径较小或薄壁零件的轴毂联接。

任务二　紧固联接

5.2　紧固联接的类型

常用的紧固联接有销联接、铆接、焊接、黏接和过盈联接。它们在汽车制造中得到广泛的应用。

5.2.1　销联接

销联接主要有三个方面的用途：一是用来固定零件之间的相互位置，如图5-9(a)所示，它是组合加工和装配时的重要辅助零件；二是用于轴与轮毂或其他零件的联接，并传递不大的载荷，如图5-9(b)所示；三是用作安全装置中的过载剪断元件，称为安全销，如图5-9(c)所示。

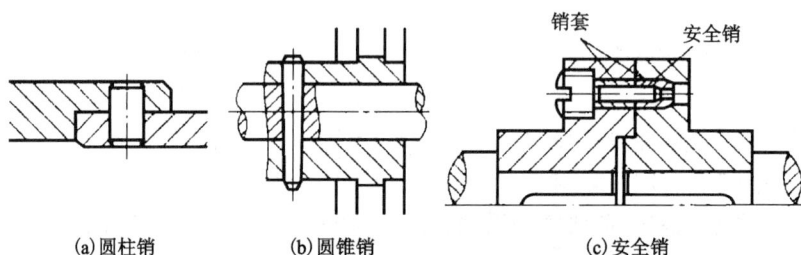

(a)圆柱销　　　　　(b)圆锥销　　　　　　(c)安全销

图5-9　销的用途

销根据其形状可分为圆柱销如图5-9(a)所示、圆锥销如图5-9(b)所示、开口销、销槽及特殊形状销等，其中的圆柱销、圆锥销、开口销均已标准化。圆柱销利用微量过盈固定在铰制的销孔中，如果多次装拆就会松动，其定位的精确性会降低。圆锥销具有1:50的锥度，在受横向力时能自锁，定位精度也比圆柱销高，且多次拆装对定位精度影响较小，故圆锥销较圆柱销应用广泛。内螺纹圆锥销和螺尾圆锥销如图5-10(a)所示，可用于销孔没有开通或装拆困难的场合。开尾圆锥销如图5-10(b)所示，在装入销孔后，把末端开口撑开，能保证销不致松脱，适用于有冲击和振动的场合。槽销5-10(c)沿其圆柱或圆锥的母线方向开有沟槽，通常开三条沟，用弹簧钢滚压或模锻而成，槽销压入销孔后，其凹槽压缩变形，故可借材料的弹性固定在销孔中，安装槽销的孔不需精确加工，槽销制造简单，可多次装拆，并适用于受振动载荷的联接。

5.2.2　焊接

焊接是利用局部加热方法使两种以上的金属元件在联接处形成原子间的结合而构成的不可拆联接。

焊接的方法很多，常用的有电弧焊、气焊等，其中尤以电弧焊应用广泛。汽车制造中常用的焊接方法见项目十——汽车制造基础。

5.2.3　铆接

铆接是利用具有钉杆和预制头的铆钉通过被联接件的预制孔，然后利用铆枪施压再制出

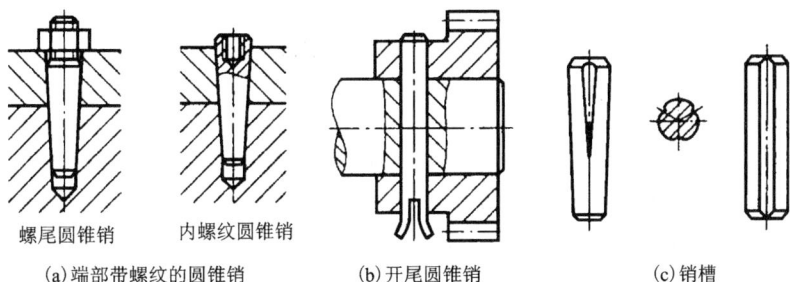

螺尾圆锥销	内螺纹圆锥销		
(a)端部带螺纹的圆锥销		(b)开尾圆锥销	(c)销槽

图 5 - 10　圆锥销和销槽

另一端的铆头构成不可拆联接,铆钉联接过程如图 5 - 11(a)所示。铆钉已经标准化,一般采用钢制实心铆钉。铆钉头有很多形式,其中以半圆头铆钉应用最广泛,其他钉头形式只用于特殊情况。如图 5 - 11(b)所示的沉头铆钉用于联接表面光滑的场合;图 5 - 11(c)所示的平截头铆钉用于要求耐腐蚀的场合。

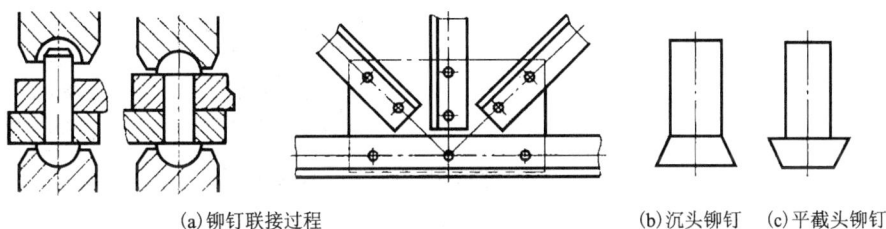

(a)铆钉联接过程	(b)沉头铆钉	(c)平截头铆钉

图 5 - 11　铆钉联接及铆钉头

铆钉联接具有工艺简单、耐冲击和牢固可靠等优点;但结构一般较笨重,被联接件上由于有钉孔而受到较大的削弱,铆接时噪声很大,影响工人健康。近年来,由于焊接、黏接等发展,铆钉联接的应用已逐渐减少。

任务三　螺纹联接与传动

5.3　螺纹联接

螺纹是圆柱或圆锥表面上,沿着螺旋线形成的具有相同剖面的连续凸起与凹槽。

5.3.1　螺纹的类型和参数

1.螺纹的类型

(1)按螺纹的牙型分

螺纹按牙型分有三角形、梯形、锯齿形和矩形等,如图 5 - 12 所示。三角形螺纹主要用于螺纹联接,矩形、梯形和锯齿形螺纹主要用于螺旋传动。除了矩形螺纹外,其他三种螺纹均已标准化。

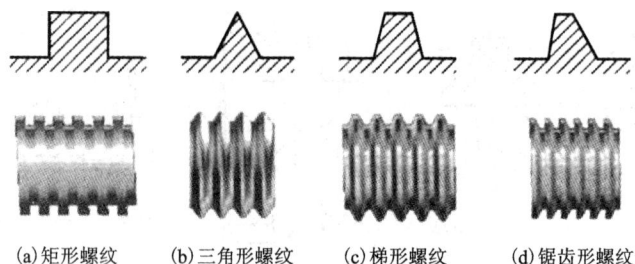

(a)矩形螺纹　　(b)三角形螺纹　　(c)梯形螺纹　　(d)锯齿形螺纹

图 5-12　按螺纹的牙型分类的螺纹

（2）按螺旋线数分

螺纹按螺旋线数分为单线螺纹和多线螺纹。

在圆柱体上沿一条螺旋线形成的螺纹，称为单线螺纹。单线螺纹自锁性好，主要用于联接。

沿两条或两条以上螺旋线形成的螺纹称为多线螺纹。多线螺纹传动效率高，主要用于传动。多线螺纹由于加工制造的原因，线数一般不超过 4 条。

（3）按螺旋线绕行方向分

螺纹按螺旋线绕行的方向，分为左旋螺纹和右旋螺纹，如图 5-13 所示，轴线竖直放置，螺旋线向左上升为左旋螺纹，螺旋线向右上升为右旋螺纹。只有在特殊需要时，才采用左旋螺纹，比如汽车左轮毂和自行车左边踏板使用的螺纹。

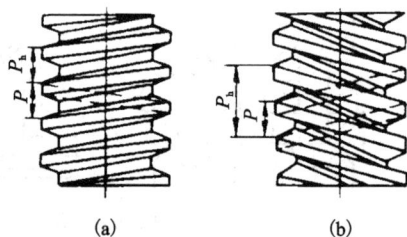

图 5-13　螺纹的线数与旋向

（4）按螺纹位置分

按螺纹位置可分为内螺纹和外螺纹。在圆柱孔内表面形成的螺纹称为圆柱内螺纹；在圆柱外表面形成的螺纹称为圆柱外螺纹。一般内螺纹的尺寸参数用大写字母表示，外螺纹的尺寸参数用小写字母表示。

2. 螺纹的主要参数（图 5-14）

1）外径（大径）$d(D)$——与外螺纹牙顶相重合的假想圆柱面直径，亦称公称直径。

2）内径（小径）$d_1(D_1)$——与外螺纹牙底相重合的假想圆柱面直径。

3）中径 $d_2(D_2)$——在轴向剖面内牙厚与牙间宽相等处的假想圆柱面的直径。

4）螺距 P——相邻两牙在中径圆柱面的母线上对应两点间的轴向距离。

5）导程 S——同一螺旋线上相邻两牙在中径圆柱面的母线上对应两点间的轴向距离。

6）线数 n——螺纹螺旋线数目，螺距、导程、线数之间关系：$S = nP$。

7）螺旋升角 ψ——中径圆柱面上螺旋线的切线与垂直于螺旋线轴线的平面的夹角。

螺纹的牙型、直径、螺距、线数和旋向是决定螺纹的最基本要素。五要素符合国家标准的称为标准螺纹。内外螺纹联接时，以上五要素相同，才能旋合在一起。

常见的普通螺纹有粗牙和细牙两种。公称直径相同时，细牙螺纹的螺距小、升角小、自

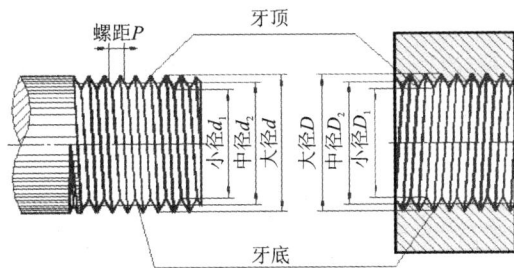

图 5 – 14　螺纹的参数

锁性好、螺杆强度较高，适用于受冲击、振动和变载荷的联接以及薄壁零件的联接。但细牙螺纹比粗牙螺纹的耐磨性差，不宜经常拆卸，故生产实践中广泛使用粗牙螺纹。

5.3.2　螺纹联接的类型

螺纹联接是指利用螺纹将两个或两个以上零件联接起来，是一种可拆卸、结构简单、拆装方便、联接可靠、成本低廉的联接方式，所以被广泛应用。螺纹联接件有螺栓、双头螺柱、螺钉、紧定螺钉、螺母、垫圈、防松零件等，如图 5 – 15 所示。

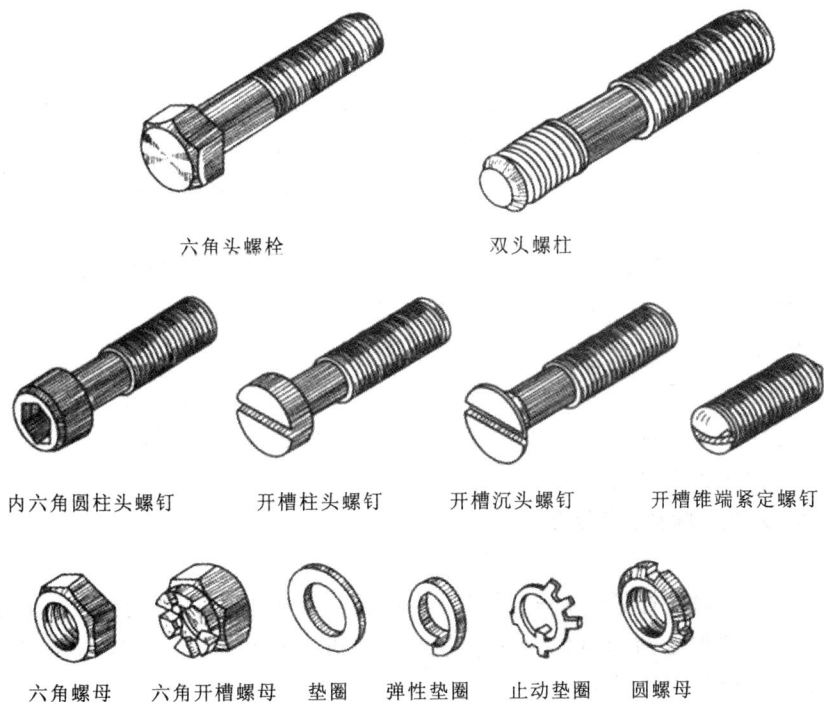

六角头螺栓　　　　　　双头螺柱

内六角圆柱头螺钉　　开槽柱头螺钉　　开槽沉头螺钉　　开槽锥端紧定螺钉

六角螺母　六角开槽螺母　垫圈　弹性垫圈　止动垫圈　圆螺母

图 5 – 15　常见螺纹联接件

螺纹联接有四种基本类型，即螺栓联接、双头螺柱联接、螺钉联接和紧定螺钉联接。

1. 螺栓联接

螺栓联接的结构特点是螺栓穿过被联接件的通孔并配有螺母，用于被联接件不太厚并能从被联接件两边进行装配的场合。螺栓联接可分为以下两种类型。

（1）普通螺栓联接

如图5-16（a）所示，螺栓杆与孔之间有间隙，杆与孔的加工精度要求低，使用时需拧紧螺母。普通螺栓联接装拆方便，应用最广泛。

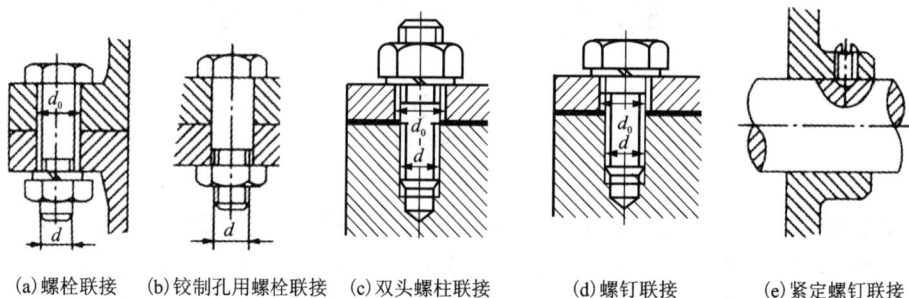

(a)螺栓联接　(b)铰制孔用螺栓联接　(c)双头螺柱联接　(d)螺钉联接　(e)紧定螺钉联接

图5-16　螺纹联接

（2）铰制孔用螺栓联接

如图5-16（b）所示，螺栓杆与孔之间没有间隙，能承受与螺栓轴线方向垂直的横向载荷并起定位作用。但螺栓制造成本较高，孔的加工精度要求也较高。

2. 双头螺柱联接

双头螺柱两头都制有螺纹，一端旋在较厚被联接件的螺纹孔中，另一端则穿过另一较薄的被联接件的通孔，然后拧紧螺母，把被联接件联接起来，如图5-16（c）所示。这种联接适用于被联接件之一较厚难以穿孔并经常拆装的场合，拆卸时，只需拧下螺母。

3. 螺钉联接

螺钉联接如图5-16（d）所示，在螺纹联接中只有螺钉，不需用螺母，直接拧入被联接件体内的螺纹孔中，结构简单，但不宜经常拆装，以免损坏孔内螺纹。

4. 紧定螺钉联接

紧定螺钉联接如图5-16（e）所示，常用以固定两零件间的位置，并可传递不大的力或扭矩，它的末端与被联接件表面顶紧，以固定两个零件的相互位置，所以末端要具备一定的硬度。紧定螺钉直径是根据轴的直径 D 确定的。

5.3.3　螺纹联接的预紧和防松

1. 螺纹联接的预紧

螺纹联接在装配时要拧紧，使被联接件受到压缩，同时螺栓杆部受到拉伸。这种在螺栓承受工作载荷之前预先受到的力称为预紧力。预紧的目的是防止工作时联接出现缝隙和滑移，以保证联接的紧密性和可靠性。

预紧力的大小应根据联接的紧密性要求、载荷性质、被联接件刚度等工作条件决定。预紧力太小，达不到紧固的要求，但预紧力过大，将导致螺栓产生过大的塑性伸长甚至被拉断。因此必须控制扭紧力矩。通常拧紧力矩由操作者手感决定，不易控制。对于重要联接需由测力矩扳手或定力矩扳手来控制其大小，如图5-17所示。

(a)指针式测力扳手　　　　　　　　(b)预置式定力扳手

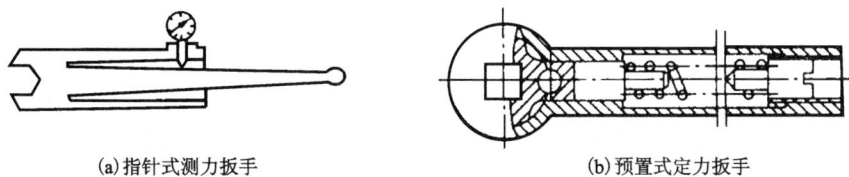

图 5 - 17　力矩扳手

2. 螺纹防松

松动是螺纹联接最常见的失效形式之一。在静载荷条件下，螺栓螺纹的自锁性一般可以保证正常工作，但是，当外载荷有振动、变化或工作温度较高时，会造成螺纹副摩擦力减少，甚至为零，因而造成螺纹联接的失效。因此，对于一些重要联接，必须采取有效的防松措施，否则会影响正常工作，造成事故。如发动机的连杆螺栓松脱，会造成缸体破裂。

螺纹联接防松的本质就是防止螺纹副的相对运动。

表 5 - 1　常见的防松方法

防松方法		结构形式	特点和应用
摩擦力防松	对顶螺母		两螺母对顶拧紧使螺纹间始终受到附加的压力和摩擦力，从而起到防松作用。 适用于平稳、低速重载的联接，但轴向尺寸较大
	弹簧垫圈		螺母拧紧后，靠垫圈压平而产生的弹性反力使旋合螺纹间压紧，同时垫圈斜口的尖端抵住螺母与被联接件的支承面也有防松作用。在冲击振动的工作条件下，其防松效果较差，一般用于不太重要的场合
	自锁螺母		螺母一般制成非圆形收口或开缝后径向收口，当螺母拧紧后，收口胀开，利用收口的弹力使旋合螺纹压紧，该方式结构简单，防松可靠，可多次装拆而不降低防松能力

续表 5 - 1

防松方法		结构形式	特点和应用
机械防松	开口销与六角开槽螺母防松	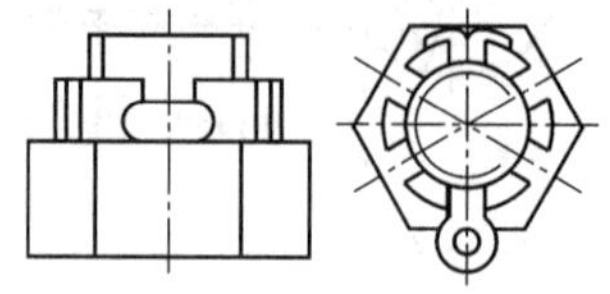	将开口销穿入螺栓尾部小孔和螺母槽内,并将开口销尾部掰开与螺母侧面贴紧,靠开口销阻止螺栓与螺母相对转动以防松,该方式适用于较大冲击、振动的高速机械中
	止动垫圈	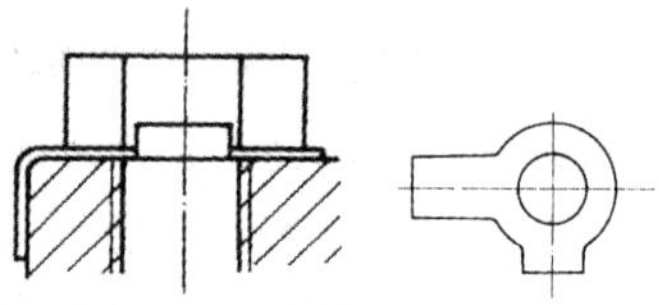	螺母拧紧后,将单耳或双耳止动垫圈上的耳分别向螺母和被联接件的侧面折弯贴紧,即可将螺母锁住,该方式结构简单,使用方便,防松可靠
	串联钢丝	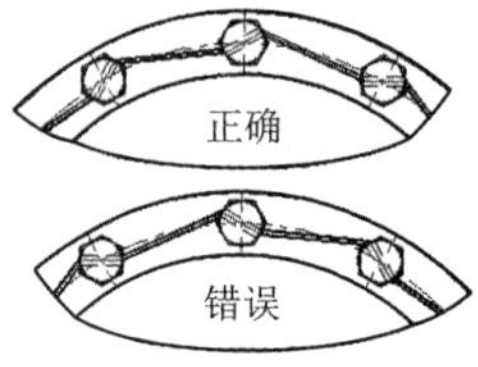 正确 错误	用低碳钢丝穿入各螺钉头部的孔内,将各螺钉串联起来使其相互制约,使用时必须注意钢丝的穿入方向,该方式适用于螺钉组联接,防松可靠,但装拆不方便
其他方法防松	黏合剂	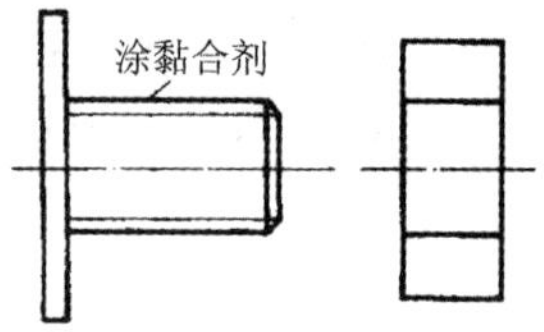 涂黏合剂	用黏合剂涂于螺纹旋合表面,拧紧螺母后黏合剂能自行固化,防松效果良好,但不便拆卸
	冲点	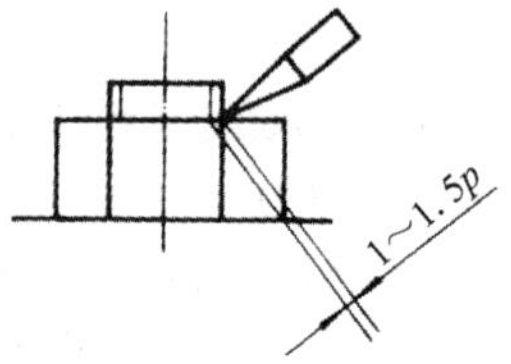 $1\sim1.5p$	在螺纹件旋合后,用冲头在旋合缝处或在端面冲点防松,这种防松方法效果很好,但此时螺纹联接成了不可拆卸联接

5.4　螺旋传动

　　螺纹传动是用内、外螺纹组成的螺旋副来传递运动和动力的传动装置。螺旋运动主要用来把主动件的回转运动转变成从动件的直线往复运动。

　　螺纹传动特点:结构简单、传动连续、平稳,承载能力大,传动精度高。但磨损较大、效率低。

　　1.普通螺旋传动

　　普通螺旋传动指由螺杆和螺母组成的简单螺旋副。

　　2.普通螺旋传动的应用形式。

1）螺母固定不动，螺杆回转并做直线运动。

2）螺杆固定不动，螺母回转并做直线运动。

3）螺杆回转，螺母做直线运动。

4）螺母回转，螺杆做直线运动。

3. 运动方向的判定

螺杆、螺母的运动方向可根据左右手螺旋法则来判定：

左旋螺杆（螺母）伸左手，右旋螺杆（螺母）伸右手。半握拳，四指顺着螺杆（或螺母）的旋转方向，大拇指的指向，即为螺杆（螺母）的移动方向。

若当螺杆（螺母）原地旋转，螺母（螺杆）移动时，螺母（螺杆）移动方向与大拇指指向相反。

复习思考题

一、填空题

1. 螺纹连接防松的实质是为了防止螺纹副发生_____。

2. 键、花键连接主要用于连接轴与轴上的零件，实现_____固定，以传递扭矩。

3. 普通平键的工作面是_____，楔键的工作表面是_____。

4. 普通平键的三种形式为_____，_____，_____型。

5. 普通螺纹多用于_____，梯形螺纹多用于_____。

6. 用的螺纹牙形有_____、_____、_____、_____等几种，用于联接的螺纹为_____牙形，用于传动的为_____牙形。

7. 螺纹连接防松的实质就是_____，按照防松方法的工作原理可将其分为三类，分别是_____、_____、和_____。

8. 勾头楔键联接传递动力是靠_____。

9. 普通螺栓的公称直径为螺纹_____径。

10. 常用连接螺纹的旋向为_____旋。

二、选择题

1. 根据装配时的（　　），键联接可分为松键联接和紧键联接两类。

A. 难易程度　　　　B. 精确程度　　　　C. 松紧程度

2. 普通平键根据（　　）不同，可分A型、B型、C型三种。

A. 尺寸的大小　　　B. 端部的形状　　　C. 截面的形状

3. 锲键联接对轴上零件能作周向固定，且（　　）。

A. 不能承受轴向力　　　　　　　B. 能承受轴向力

C. 能承受单方向的轴向力

4. （　　）联接具有定心精度高、导向性好、承载能力强、能传递较大的转矩及联接可靠等优点。

A. 花键　　　　　　B. 锲键　　　　　　C. 普通平键

5. 为保证被联接件多次装拆而不影响定位精度，可选用（　　）。

A. 圆柱销　　　　　B. 圆锥销　　　　　C. 开口销

6.当被联接件之一较厚,不宜制作通孔,且不需经常折卸时,可采用( )联接。

A.螺栓   B.双头螺柱   C.螺钉   D.紧定螺钉

7.两被联接件之一太厚,需常折装时,宜采用( )联接。

A.螺栓   B.螺钉   C.双头螺柱   D.紧定螺钉

8.当被联接件的厚度不大,并能从两面进行装配时,可采用( )联接。

A.螺栓   B.螺钉   C.双头螺柱   D.紧定螺钉

9.联接螺纹多采用( )螺纹。

A.梯形   B.矩形   C.三角形   D.锯齿形

10.梯形螺纹、锯齿形螺纹、矩形螺纹常用于( )。

A.联接   B.传动   C.联接和传动

11.在螺纹联接的防松方法中,开口销和槽形螺母属于( )防松。

A.利用摩擦   B.利用机械   C.永久

12.在螺纹联接的防松方法中,弹簧垫圈属于( )防松。

A.利用摩擦   B.利用机械   C.永久

13.螺旋副中,一零件相对于另一个零件转过一周,则它们沿轴线方向相对移动的距离是( )。

A.一个螺距   B.线数 X 导程   C.线数 X 螺距

14.属摩擦力防松的是( )。

A.对顶螺母、弹性垫圈   B.止动垫圈、串联钢丝

C.用黏合剂、冲点

三、问答题

1.键联接有什么功用?

2.普通平键联接为什么能得到广泛应用?

3.与平键联接相比,花键联接有什么特点?

4.销联接有什么功用?

5.试述花键联接的装配要点。

6.螺纹的主要参数有哪些?

7.螺纹的导程和螺距有何关系?它们之间的关系式是什么?

8.在螺纹联接中,为什么要拧紧螺母?

9.螺纹联接常用的防松方法有哪些?

10.与粗牙普通螺纹相比,细牙普通螺纹有什么特点?常应用于什么场合?

11.为什么说梯形螺纹是传动螺旋的主要螺纹形式?

项目六　汽车机械传动

学习目标

1.知识目标：
1）知道带传动的类型和特点；
2）知道链传动的结构和特点；
3）知道带传动和链传动的张紧和维护；
4）知道齿轮传动的类型和特点；
5）掌握轮系转向的确定方法及传动比的计算；
6）了解带轮、链轮、齿轮及轮系在汽车上的应用。

2.能力目标：
1）具有识别带传动和链传动种类的能力；
2）具有能正确使用带、链传动的能力；
3）具有识别齿轮传动种类的能力；
4）具有分析轮系中各齿轮转向及计算轮系传动比的能力。

　　带传动、链传动、齿轮传动都是各种机械传动中最基本的传动形式。带传动和链传动是通过中间挠性件(带或链)传递运动和动力的，适用于两轴中心矩较大的场合。齿轮传动是啮合传动，可以用于传递空间任意轴之间的运动和动力。

任务一　带传动

6.1　带传动

6.1.1　带传动的组成和原理

1.带传动的组成

　　如图6-1所示，带传动一般是由主动带轮1、从动带轮2和张紧在两轮上的挠性传动带3组成。由于带被张紧，使带与带轮接触面间产生正压力。当主动带轮1转动时，靠带与带轮接触面间的摩擦力带动从动带轮一起转动，并传递一定的运动和动力。

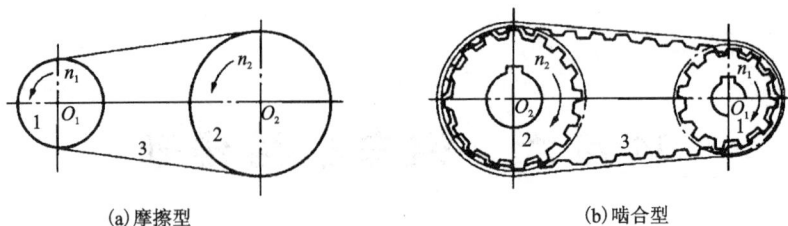

(a)摩擦型　　　　　　　　　　　　　(b)啮合型

图6-1　带传动的工作原理

1—主动轮；2—从动轮；3—传动带

2.带传动的原理

综上所述，带传动是利用挠性传动带张紧在主、从动轮上，依靠带与带轮间的摩擦力来传递运动和动力的传动装置。

6.1.2　带传动的类型和特点

1.带传动的主要类型

(1)按传动原理分

1)摩擦带传动：靠传动带与带轮之间的摩擦力实现传动，如图6-1(a)所示。

2)啮合带传动：靠带内侧凸齿与带轮外缘上的齿槽相啮合实现传动，如图6-1(b)所示的同步带传动。

(2)按用途分

1)传动带：传动动力用。

2)输送带：输送物品用。

(3)按传动带的截面形状分

1)平带：平带的截面形状为矩形，内表面为工作面，如图6-2(a)所示。平带多为胶帆布平带、编织平带、尼龙片复合平带和高速环形胶平带，价格便宜，但传动效率较低。平带可适用于平行轴交叉传动和交错轴的半交叉传动，在汽车上应用很少。

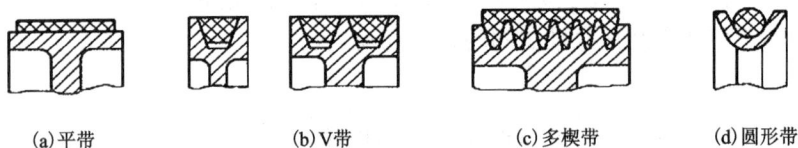

(a)平带　　　　　(b)V带　　　　　(c)多楔带　　　　　(d)圆形带

图6-2　带的传动类型和横截面形状

2)V带：V带的截面形状为梯形，两侧面为工作面，如图6-2(b)所示。由于带与带轮槽之间是V形槽面摩擦，在初拉力相同时，V带传动所产生的摩擦力比平带传动约大70%，而且允许的传动比较大，结构紧凑，汽车中广泛使用的是V带。V带主要类型有：普通V带、窄V带、宽V带、联组V带等。其中普通V带是应用最广泛的一种传动带，其传动功率大，结构简单，价格便宜。

3)多楔带：多楔带是若干V带的组合，可避免多根V带长度不等、传力不均的缺点，如

图6-2(c)所示。常用于要求结构紧凑、传递动力大或轮轴垂直地面的场合。

4)圆形带：圆形带的截面近似于圆形，易打滑，用于低速、小功率的传递场合，如仪表、缝纫机、牙科医疗器械等，如图6-2(d)所示。

5)啮合型传动带：啮合传动带有同步齿形带和齿孔带两种，如图6-3所示。

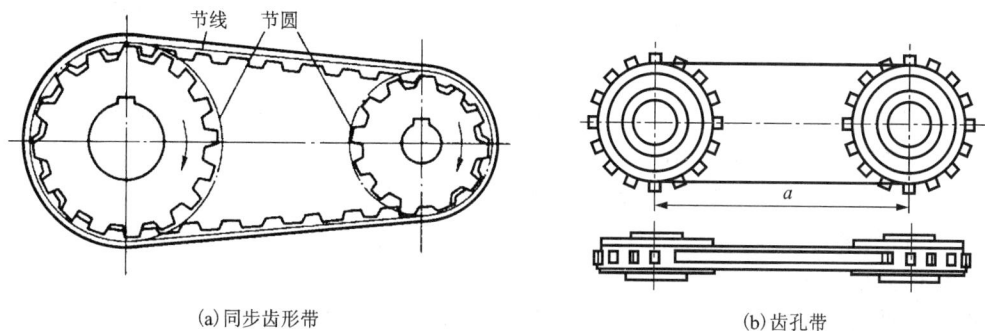

(a)同步齿形带   (b)齿孔带

图6-3 啮合传动带

①同步齿形带横截面近似于矩形，带面具有等距横向齿，通过带齿与同步带轮轮齿的啮合传递动力，用于传动比要求精确的中、小功率传动。在录音机、电子计算机、数控机床、内燃机等机械中都有同步带传动的应用。

②齿孔带带上的孔与轮上的齿相啮合，同样可避免带与带轮之间的相对滑动，使主、从动轮保持同步运动。但因带上有齿孔，所以带的强度降低，孔边缘容易产生裂纹，所以这种带应用较少。

2. 带传动的特点和应用

(1)带传动的优点

1)结构简单，适用于中心距较大的传动；

2)具有良好的挠性，可缓和冲击，吸收振动；

3)过载时带与带轮之间会出现打滑，避免其他零件的损坏；

4)结构简单，成本低廉。

(2)带传动的缺点

1)传动的外廓尺寸较大；

2)需要张紧装置；

3)由于带的滑动，不能保证固定不变的传动比；

4)带的寿命较短；

5)传动效率较低。

(3)带传动的应用

1)两轴平行且同向转动的场合(称为开口传动)；

2)中、小功率传动(通常不大于100 kW)；

3)原动机输出轴的第一级传动(工作速度一般为5～25 m/s)；

4)传动比要求不十分精确的机械传动。

6.1.3 普通 V 带与带轮的结构、型号

1.普通 V 带的结构

标准普通 V 带都制成无接头的环形，根据抗拉体结构，分为帘布芯 V 带和绳芯 V 带两类。

V 带由包布、顶胶、抗拉体和底胶四部分组成，如图 6 - 4 所示。V 带包布为胶帆布，顶胶和底胶材料为橡胶。抗拉体是 V 带工作时的主要承载部分。绳芯结构的 V 带柔

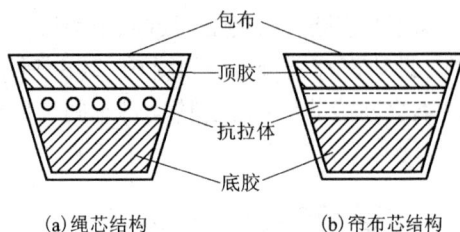

图 6 - 4　普通 V 带的结构

韧性好，抗弯强度高，适用于转速较高、带轮直径较小的场合。现代生产中多采用绳芯结构的 V 带。帘布芯结构的 V 带抗拉强度高，制造方便，价格低廉。

2.普通 V 带的参数

普通 V 带已经标准化，要符合国家标准（GB/T 1171—2006）《普通 V 带和窄 V 带尺寸》的规定。

（1）普通 V 带的截面形状

按截面尺寸分为 Y，Z，A，B，C，D，E 七种型号（表 6 - 1），Y 型的截面积最小，E 型的截面积最大。V 带的截面积越大，传递的功率也越大。

普通 V 带的标记是由型号、基准长度、标准代号三部分组成，如 GB/T 1171—2006 中，A1250 表示的是基准长度为 1250 mm 的 A 型普通 V 带。

表 6 - 1　普通 V 带各型号的截面尺寸

型号	节宽 b_p/mm	顶宽 b/mm	高度 h/mm	楔角 φ/(°)
Y	5.3	6	4	40
Z	8.5	10	6	
A	11	13	8	
B	14	17	11	
C	19	22	14	
D	27	32	19	
E	32	38	25	

（2）V 带的节宽 b_p

当 V 带弯曲时，在带中保持原长度不变（既不伸长也不压缩）的层面叫节面，节宽 b_p 就是节面的宽度，也保持不变。

（3）带的基准长度 L_d

V 带在规定的张紧力下，位于节面上的周线长度称为带的基准长度 L_d，它是根据需要设计和选用 V 带长度的依据，最短为 200 mm，最长可达 16000 mm。

（4）V带带轮的基准宽度b_d

如图6-5所示，轮槽的基准宽度通常与所配用的V带的节宽处于同一位置，即轮槽的基准宽度等于V带的节宽，$b_d = b_p$。

（5）带轮的基准直径d_d

d_d为轮槽的基准宽度b_d处带轮的直径。基准直径越小，传动时带在带轮的弯曲变形越严重，弯曲应力越大。

（6）相对高度

相对高度为V带高度h与节宽b_p之比，约为0.7。

3. V带传动的传动比计算

带传动的传动比是主动轮的转速n_1(r/min)与从动轮的转速n_2(r/min)的比值，也是主、从动轮基准直径d_d的反比，即

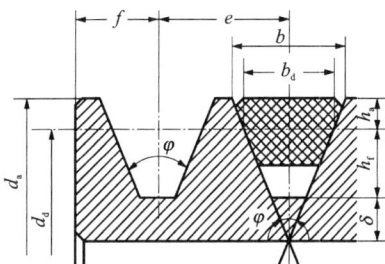

图6-5 普通V带的参数
（V带及带轮的参数）

$$i_{12} = \frac{n_1}{n_2} = \frac{d_{d2}}{d_{d1}} \tag{6-1}$$

由于带传动存在打滑现象，所以不能保证恒定的传动比。

4. V带传动的受力分析

如图6-6所示，静止时，带轮两边的拉力相等，均为预拉力F_0。传动时，在摩擦力的作用下，主动轮带动传动带一起运动，这时卷入主动轮的一边先被拉紧，称为紧边，其拉力由F_0增大到F_1；卷出主动轮的一边则被放松，称为松边，拉力从F_0降到F_2。紧边拉力的增加量等于松边拉力的减少量。即：

$$F_1 - F_0 = F_0 - F_2 \quad F_1 + F_2 = 2F_0$$

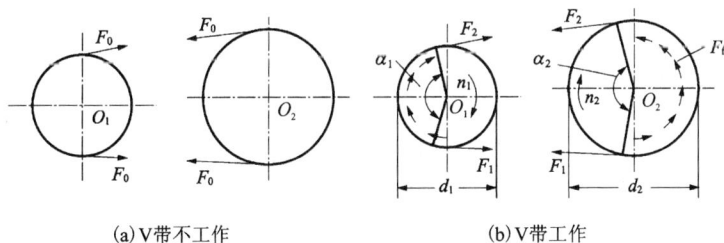

(a)V带不工作 (b)V带工作

图6-6 V带传动受力分析

带与带轮间的总摩擦力为F_f，带传动的有效拉力为F_e，有

$$F_f = F_e = F_1 - F_2 \tag{6-2}$$

在F_0一定时，两边拉力为有限值，有效拉力也有限，传递的功率也有限。带传动的功率P、有效拉力F_e(N)和带速v(m/s)之间的关系为：

$$P = \frac{F_e v}{1000} \tag{6-3}$$

6.1.4　带传动的失效形式

1.带传动工作时其主要的失效形式

（1）打滑

带传动是靠摩擦工作的，当传递的有效圆周力 F 的值超过极限摩擦力时，带将在带轮轮面上发生明显的滑动，这种现象称为打滑。打滑将使传动失效并加剧带的磨损，应予以避免。但打滑也可以起到保护其他零件的作用。

带传动所能传递的最大圆周力与初拉力 F_0、摩擦因数 μ 和带轮包角 α（即带与带轮接触弧所对应的中心角）等有关，增加初拉力 F_0、摩擦因数 μ 和包角 α，都可以提高带传动所能传递的最大圆周力。但初拉力 F_0 与摩擦因数 μ 不能太大，否则会降低传动带的寿命；包角 α 增加，带与带轮之间的摩擦力总和增加，从而提高了传动能力。因此，为了保证带传动具有一定的传动能力，要求 V 带小轮上的包角 $\alpha \geqslant 120°$。

值得注意的是：打滑和弹性滑动是两个不同的概念，弹性滑动是因为带两边的拉力差使带两边的弹性变形不等所致，是带传动正常工作时不可避免的固有特性；而打滑是因为过载所致，是可以避免的。

（2）带的疲劳破坏

带在交变应力状态下工作，当应力循环次数达到一定值时，带将发生疲劳破坏，如脱皮、撕裂和拉断，从而使传动失效。

2.带传动的安装和维护

1）安装时，两带轮轴必须平行，两轮轮槽要对齐，否则将加剧带的摩擦，甚至使带从带轮上脱落。

2）装拆时不要硬撬，应先缩小其中心距，然后再装拆胶带。安装时应按规定的初拉力张紧胶带。

3）胶带不宜与酸、碱或油接触，工作温度不应超过 60℃。

4）带传动装置应加保护罩。

5）定期检查胶带，发现其中一根过度松弛或疲劳损坏时，应全部更换新带，不能新旧并用。如果旧胶带尚可使用，应测量长度，选长度相同的组合使用。

6）V 带的张紧程度要适当，不宜过松或过紧。V 带安好后用大拇指能将带按下 15 mm 左右，则张紧适度，如图 6 - 7 所示。

6.1.5　V 带传动的张紧

V 带由于安装制造误差或工作后的塑性变形而松弛，会影响正常工作，因此必须重新张紧。常用的方法有以下几种：

图 6 - 7　V 带的张紧程度

1）定期张紧装置。可采用改变中心距的方法来调节带的初拉力。如图 6 - 8 所示。

2）自动张紧装置。将装有带轮的电动机安装在浮动的摆架上，利用电动机的自重，使带轮随电动机绕固定轴摆动，以自动保持张紧力。如图 6 - 9 所示。

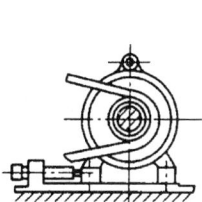

图 6-8　定期张紧装置

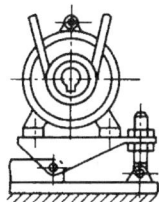

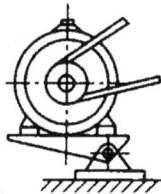

图 6-9　自动张紧装置

3）采用张紧轮的张紧装置。当中心距不能调节时，可采用张紧轮将带张紧。如图 6-10 所示。

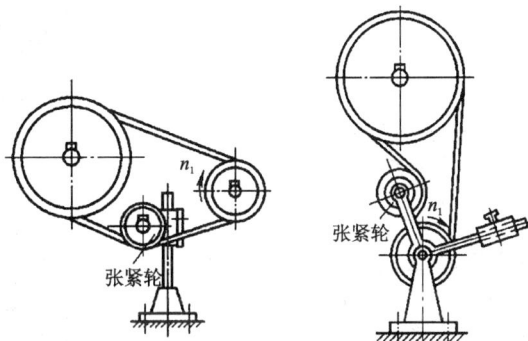

图 6-10　采用张紧轮的装置

4）改变带长。对有接头的带，常采用定期截取带长的方法使带张紧。

6.1.6　普通 V 带传动的选用要点

1）V 带型号。首先根据所需传递的功率和主动轮的转速 n_1 选择 V 带的型号。

2）其次选取带轮直径 d_{d1}、d_{d2}，并保证 $d_{d1} > d_{min}$。带轮的直径过小，则带的弯曲应力大，寿命降低。

3）初定带的长度为 L_0，确定基准长度为 L_d。

4）验算小带轮的包角为 α_1。

包角是指带与带轮接触面的弧长所对的中心角：

$$\alpha_1 = 180° - \frac{d_{d2} - d_{d1}}{\alpha_e} \times 57.3° \qquad (6-4)$$

一般应使 $\alpha_1 \geqslant 120°$。为增大包角，要求带传动松边在上，紧边在下。当 $\alpha_1 < 120°$ 时，可加大中心距或增加张紧轮。α_e 为带轮中心距。

5）验算带速：

$$v = \frac{\pi d_{d1} n_1}{60 \times 1000} \qquad (6-5)$$

式中,若 v 过大,则摩擦力下降,传动能力下降;若 v 过小,则易打滑。v 一般限制在 $5 \sim 25$ m/s。

6.1.7 带传动在汽车上的应用

1.汽车发动机风扇驱动

汽车发动机制冷设备的风扇常和发动机一起由曲轴带轮通过平带驱动,如图 6 – 11 所示。

2.汽车发动机上凸轮轴的驱动

当汽车发动机配气机构的凸轮轴为中置式或上置式时,曲轴通常通过同步齿形带驱动凸轮轴,此时同步齿形带通常被称为正时齿形带,如图 6 – 12 所示。

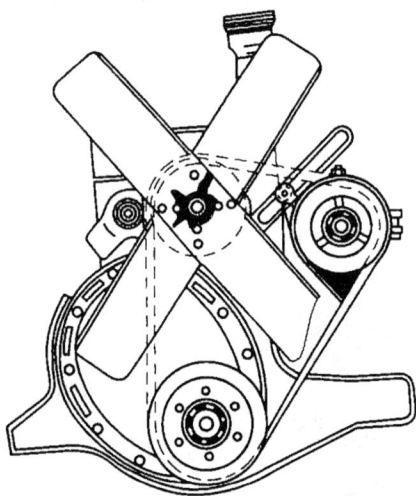

图 6 – 11　汽车发动机风扇驱动及张紧装置

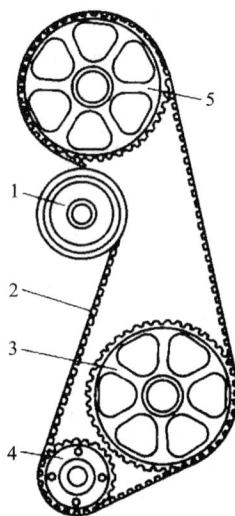

图 6 – 12　汽车发动机上凸轮轴的驱动

1—张紧轮;2—同步带;3—中间轴同步带轮;
4—曲轴同步带轮;5—凸轮轴同步带轮

同步带传动不仅保证了传动的精确性,而且噪声小,不需要润滑。

3.发动机上发电机、空调压缩机、水泵轴等的驱动

汽车上发电机、空调压缩机、水泵轴等通常是通过两根 V 带由曲轴来驱动的,如图 6 – 13 所示。

当发动机的功率较大时,往往也会采用多楔带进行传动,用以驱动发电机、空调压缩机、水泵轴等,如图 6 – 14 所示为捷达 1.6 L 5 气门发动机中采用的双面多楔带传动。

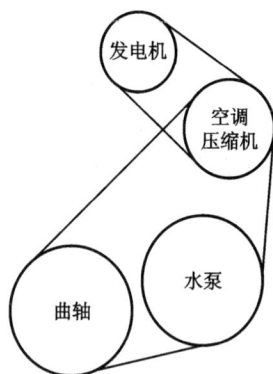

图 6 – 13　发动机 V 带传动

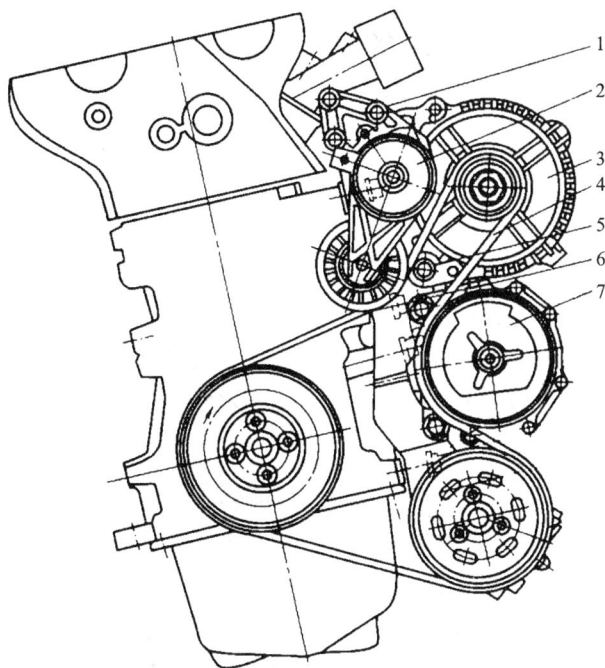

图 6 - 14 捷达 1.6 L 5 气门发动机多楔带传动

1、5、6—螺栓；2—自动张紧轮装置；3—发电机；4—多楔带；7—空调压缩机

4. 机械式无极自动变速器

汽车底盘传动系统中的自动变速器的类型，根据其速比的变化方式，分有极式和无极式两种，其中机械式无极自动变速器(CVT)的速比变化系统采用的就是带传动。

CVT 依靠一组带轮和一条传动带传动，通过传动带和工作直径可变的主、从动带轮配合，如图 6 - 15 所示。它能连续、无极地改变传动比，使车辆与发动机工况实现最佳匹配，保证发动机在高效区运转。

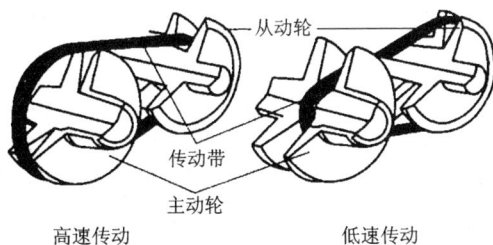

图 6 - 15 无极变速机构组件

任务二　链传动

6.2　链传动

6.2.1　链传动的组成及特点

1.链传动的组成

链传动是由轴线平行的主动链轮 1、从动链轮 2 和跨绕两链轮的闭合链条 3 组成的，如图 6 - 16 所示。链轮上制有特殊齿形的齿，通过轮齿与链节相啮合而进行传动。因此，链传动是一种以链条作中间挠性件来传递运动和动力的啮合传动。

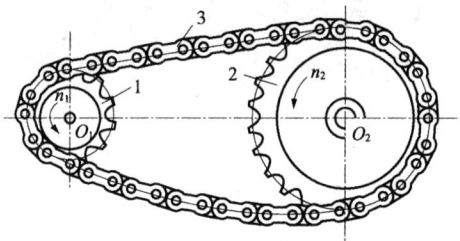

图 6 - 16　链传动

1—主动轮；2—从动轮；3—链条

2.链传动的传动比

设主、从动链轮的齿数分别是 z_1、z_2，主、从动链轮的转速分别是 n_1、n_2。主动齿轮每转过一个齿，会带动链条移动一个链节，从动链轮会被链条带动转过一个齿。单位时间内主动轮转过的齿数等于从动轮转过的齿数。即：

$$z_1 n_1 = z_2 n_2 \quad 或 \quad \frac{n_1}{n_2} = \frac{z_2}{z_1} \tag{6-6}$$

链传动的传动比是主动链轮的转速 n_1 与从动轮的转速 n_2 的比值。即

$$i_{12} = \frac{n_1}{n_2} = \frac{z_2}{z_1} \tag{6-7}$$

即链传动的传动比就是主动链轮与从动链轮的转速之比，也等于其齿数的反比。

链传动的传动比一般为 $i \leqslant 6$，但低速时可以达到 10，两轴中心距一般 $\leqslant 6$ m，传动功率 $P \leqslant 100$ kW，链条速度 $v \leqslant 15$ m/s。

3.链传动的特点

（1）优点

1）由于是啮合传动，没有弹性滑动与打滑现象，所以平均传动比恒定不变。

2）链条装在链轮上，不需要很大的张紧力，对轴的压力小。

3）能传递较大的圆周力，效率较高，一般为 95% ~ 98%。

4）容易维护，并有一定的缓冲减振作用。

　　5) 能在较恶劣的环境下，如高温、多尘、油污、潮湿、泥沙、易燃及有腐蚀性等条件下工作。

　　(2) 缺点

　　链条的铰链磨损后，使链条节距变大，链条易脱落；运动平稳性差，瞬时传动比不恒定；工作时有噪声；不宜在载荷变化很大和急速反向的传动中应用。

6.2.2　链传动的类型和结构

1. 链传动的类型

　　按用途不同，链传动的常用种类包括：

　　1) 传动链：在一般机械中传递运动和动力，应用最广泛。

　　2) 输送链：用于输送工件、物品和材料等。

　　3) 曳引起重链：主要传递力，起牵引、悬挂物品的作用，兼做缓慢运动。

　　常用的传动链有滚子链、套筒链、弯板链和齿形链等多种，如图 6-17 所示。滚子链的结构简单，质量小，价格低，供应方便，应用广泛。齿形链比滚子链传动平稳，噪声较小，又称无声链，可用于较高速度或对运动精度要求较高的场合，但结构复杂，质量大，价格高。

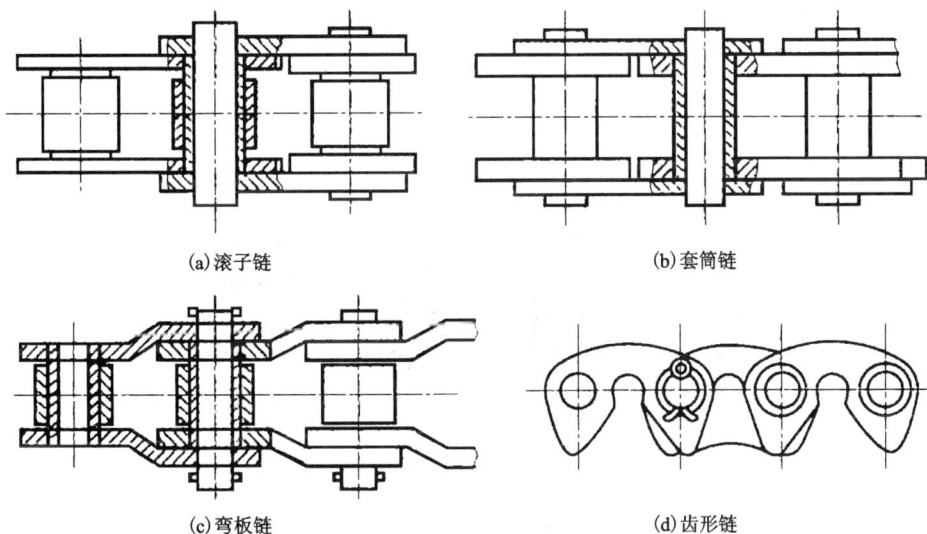

(a) 滚子链　　　　　　　　　　　　(b) 套筒链

(c) 弯板链　　　　　　　　　　　　(d) 齿形链

图 6-17　传动链的类型

2. 滚子链的结构

　　如图 6-18(a) 所示，滚子链由滚子 1、套筒 2、销轴 3、内链板 4、外链板 5 所组成。滚子与套筒间及销轴与套筒间均为可动的间隙配合，而套筒与内链板、销轴与外链板间则为过盈配合固联，这样可使链节与链轮啮合传动时，滚子在链轮的齿间滚动，以减少链与轮齿的磨损。

　　滚子链的接头形式如图 6-18 所示，当链节数为偶数时，内外链板正好相接，可直接采用联接链节，接口处用开口销 (用于大节距) 或弹簧卡 (用于小节距) 固定，如图 6-18(b) 所示。当链节数为奇数时，需要过渡链节，如图 6-18(c) 所示，过渡链板呈弯曲形状，工作时将受附加弯矩，使链条的承载能力降低20%，因此应尽量避免使用奇数链节。

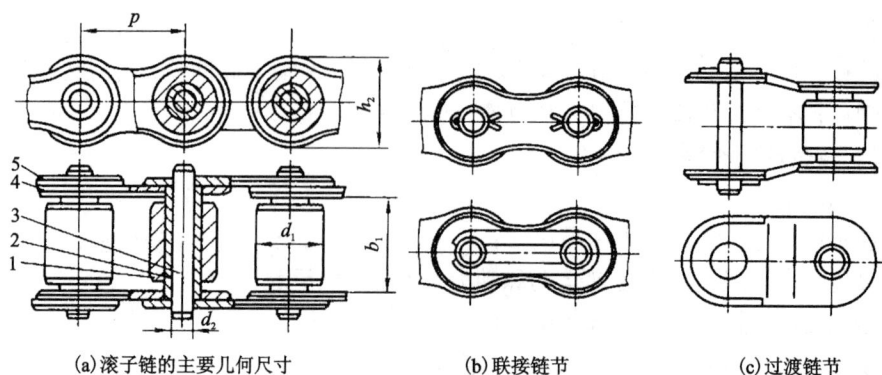

(a)滚子链的主要几何尺寸　　(b)联接链节　　(c)过渡链节

图6-18　套筒滚子链的结构

若需要传递大功率的场合，一般采用双排链或多排链，但排数一般不超过四排。

滚子链是标准件，链轮的标准齿形也已有国标规定，并用标准刀具加工。链轮的结构如图6-19所示。其中图6-19(a)为实心式，常用于链轮尺寸较小时；图6-19(b)为孔板式，常用于中等尺寸的链轮；6-19(c，d)为装配式，常用于链轮尺寸较大时，其齿圈磨损后可以更换。

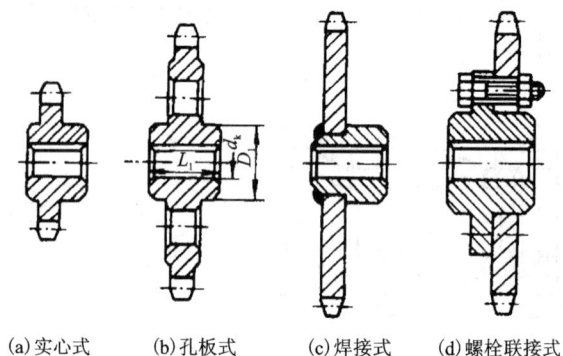

(a)实心式　　(b)孔板式　　(c)焊接式　　(d)螺栓联接式

图6-19　链轮的结构

6.2.3　链传动的失效形式

在正常的安装和润滑情况下，链传动的主要失效形式有以下几种：

1)链条疲劳破坏。链条在工作过程中受到应力的作用，当应力变化达到一定的循环次数后，链条各零件将发生疲劳破坏。其中链板的疲劳破坏是链传动的主要失效形式。

2)链条铰接的磨损。当链节进入或退出啮合时，铰链的销轴与套筒间相对转动产生磨损，使链条的节距增大而脱链。磨损是开式链传动的主要失效形式。

3)销轴与套筒胶合。当链速过高、载荷很大或润滑不良时，销轴与套筒的工作面上将发生胶合，导致链传动失效。

4)链条的拉断。重载或突然过载时，链条受到的拉力超过链条静强度，将被拉断。

6.2.4 链传动的使用与维护

1.链传动的布置

链传动的两轴应平行，两链轮应位于同一平面内；一般宜采用水平或接近水平的布置，并使链条紧边在上，松边在下；为了安全与防尘，链传动应装防护罩。

2.链传动的张紧

链传动是靠链条和链轮的啮合传递运动和转矩，不需要很大的张紧力。链传动张紧的目的是为了避免链条磨损后，链节距伸长而使松边产生振动、跳齿和脱链，同时也是为了增加链条与链轮的啮合包角。当两轮轴倾斜角大于60°时，链传动的张紧方法有：

1）增大两轮中心距。

2）用张紧装置张紧。张紧轮直径稍小于链轮直径，置于松边靠近小链轮处，放在链轮的内外侧均可，张紧轮可是链轮，也可以是无齿的滚轮。

3）拆除1~2个链节，缩短链长，使链张紧。

3.链传动的润滑

链传动的润滑方式有人工润滑如图6-20(a)、油杯滴油润滑如图6-20(b)、油浴润滑如图6-20(c)、飞溅润滑如图6-20(d)及压力循环润滑如图6-20(e)。润滑油可选用牌号为L-AN46(环境温度为5~25℃)、L-AN100(环境温度为35~65℃)全损耗系统用油。

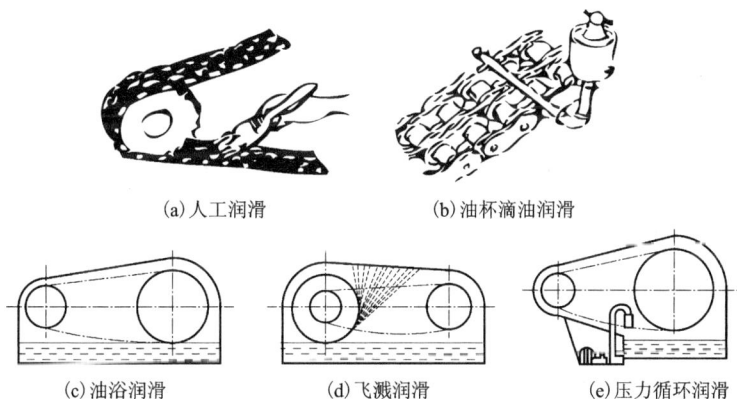

(a)人工润滑   (b)油杯滴油润滑

(c)油浴润滑   (d)飞溅润滑   (e)压力循环润滑

图6-20 链传动的润滑

6.2.5 链传动在汽车上的应用

1.上置式凸轮轴的驱动

在某些高档轿车的配气机构中，其凸轮轴安装在发动机顶部气门室罩内，直接驱动气门，使其根据发动机气缸的工作情况及时开、闭气门，适用于高速发动机。这时候凸轮轴与曲轴之间，往往就是采用链传动的方式，称为正时链。

2.机油泵的驱动

汽车发动机润滑系统中的机油泵，通常是被凸轮轴上的螺旋齿轮驱动的，但当凸轮轴上置时，机油泵和凸轮轴往往是通过链传动方式来传递运动的。

3.无极自动变速器的速比转换装置

无极自动变速器中的速比转换装置，可以是带传动，采用多片钢片叠加而成的钢带，也可以是链传动。

4.发动机双轴平衡机构采用链传动(也有齿轮传动)

任务三　齿轮传动

6.3　齿轮传动

6.3.1　齿轮传动的特点

齿轮传动是利用两齿轮的轮齿相互啮合来传递动力和运动的机械传动方式。齿轮传动是机械行业最常见的基本传动,在各种机械设备、车辆、自动线和仪表的转动系统中应用的非常广泛。

齿轮传动的特点:

1)适用的速度和功率范围广。最高速度可达 300 m/s,功率范围是几瓦至几万千瓦。

2)传动的效率高。传动效率可达 95% ~ 99% 。

3)传动平稳,瞬时传动比恒定。

4)寿命较长。寿命可达 15 ~ 30 年。

但齿轮的制造及安装精度要求高,价格较贵,不宜用于两轴间距离较大的场合。

6.3.2　齿轮传动的分类

1.根据两齿轮是否在同一平面运动分

1)平面齿轮机构。平面齿轮机构用于传递两平行轴之间的运动和动力,两齿轮在同一平面运动,它们的轴线相互平行,如图 6 - 21 所示。

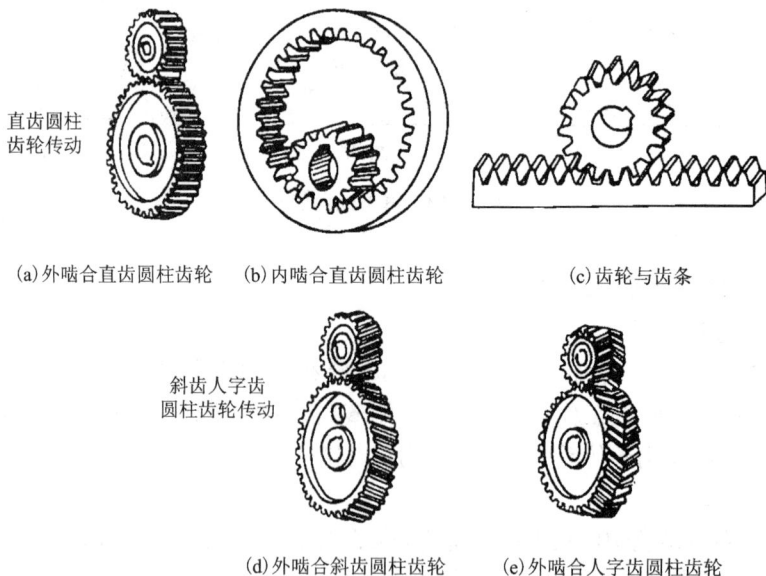

直齿圆柱
齿轮传动

(a)外啮合直齿圆柱齿轮　　(b)内啮合直齿圆柱齿轮　　　　　(c)齿轮与齿条

斜齿人字齿
圆柱齿轮传动

(d)外啮合斜齿圆柱齿轮　　(e)外啮合人字齿圆柱齿轮

图 6 - 21　平面齿轮传动

2)空间齿轮机构。空间齿轮机构用于传递空间两相交轴或两交错轴间的运动和动力,两齿轮不在同一个平面运动,它们的轴线相交或交错,如图6-22所示。其中:圆锥齿轮传动属于相交轴齿轮传动,如图6-22(a,b)所示;交错轴斜齿轮传动、蜗杆传动和准双曲面齿轮传动属于交错轴齿轮传动,如图6-22(c,d,e)所示。

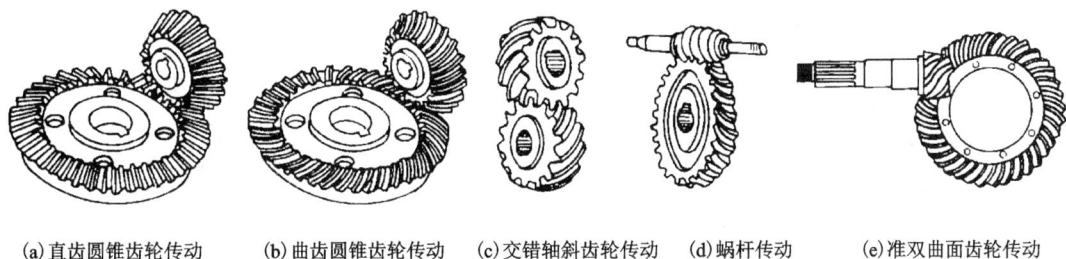

(a)直齿圆锥齿轮传动　　(b)曲齿圆锥齿轮传动　　(c)交错轴斜齿轮传动　　(d)蜗杆传动　　(e)准双曲面齿轮传动

图6-22　空间齿轮传动

2.根据两齿轮啮合方式分

1)内啮合齿轮。内齿轮与外齿轮啮合,两齿轮转向相同,如图6-21(b)所示。

2)外啮合齿轮。外齿轮与外齿轮啮合,两齿轮转向相反,如图6-21(a)、(d)、(e)所示。

3)齿轮齿条啮合,外齿轮与齿条啮合,齿轮转动,齿条移动,如图6-21(c)所示。

3.根据两齿轮外观形状分

1)圆柱齿轮。轮齿分布在圆柱体的表面,如图6-21(a)、(b)、(d)、(e)所示。

2)锥齿轮。轮齿分布在圆锥体的表面,如图6-22(a)、(b)所示。

4.根据轮齿形状分

1)直齿轮。轮齿方向与齿轮母线平行,如图6-21(a)、(b)、(c)所示。

2)斜齿轮。轮齿方向与齿轮母线方向倾斜一个角度,如图6-21(d)所示。

3)人字齿轮。该齿轮可以看成是由两个倾斜角角度相同、方向相反的斜齿轮组成,如图6-21(e)所示。

5.根据工作条件分

1)闭式传动。将齿轮封闭在刚性的箱体内,因此润滑及维护等条件较好。重要的齿轮传动都采用闭式传动。

2)开式传动。齿轮是敞开的,工作时易落入灰尘,润滑不良,轮齿容易磨损,故只宜用于简单的机械设备及低速场合。

6.按轮齿的齿廓曲线分

在机械中,常用的齿廓有渐开线齿廓、摆线齿廓和圆弧齿廓,其中以渐开线齿廓应用最广。本书只讨论渐开线齿轮传动。

6.3.3　渐开线齿轮传动

渐开线齿轮满足传动比的要求,易于设计、计算和加工,强度好,磨损少,效率高,寿命长,制造安装方便,易于互换等。因此,渐开线齿轮在工程中的应用广泛。

1.渐开线的形成

以r_b为半径画一个圆,这个圆称为基圆。当一直线NK沿基圆圆周作纯滚动时,该直线

上任一点 K 的轨迹 AK，就称为该基圆的渐开线，直线 NK 称为发生线。如图 6-23 所示。

2. 渐开线的特性

1)发生线在基圆上滚过的一段长度等于基圆上相应被滚过的一段弧长，即 $\overline{NK} = \overset{\frown}{AN}$。

2)渐开线上任一点的法线必与基圆相切。

3)渐开线上任何一点 K 的曲率半径 $\overline{NK}$ 不相等（离基圆越远，曲率半径越大）。

4)渐开线的形状取决于基圆的大小。

5)渐开线是从基圆开始向外逐渐展开的，故基圆以内无渐开线。

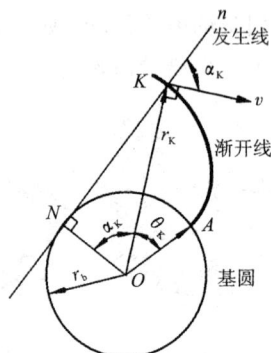

3. 渐开线齿轮啮合的特点

1)由渐开线做齿廓的两齿轮其传动比为恒定常数。

2)渐开线齿轮传动的啮合线是一条直线。

3)渐开线齿轮的可分性，即当中心距稍有变化时其传动比不变的特性。

4)传动平稳，即外力沿固定方向传递，运动平稳。

图 6-23　渐开线的形成

6.3.4　齿轮各部分的名称

如图 6-24 所示为渐开线直齿圆柱齿轮的一部分，齿轮轮齿两侧均为渐开线，整个轮缘由轮齿与齿槽组成。图中各部分的名称和符号如下：

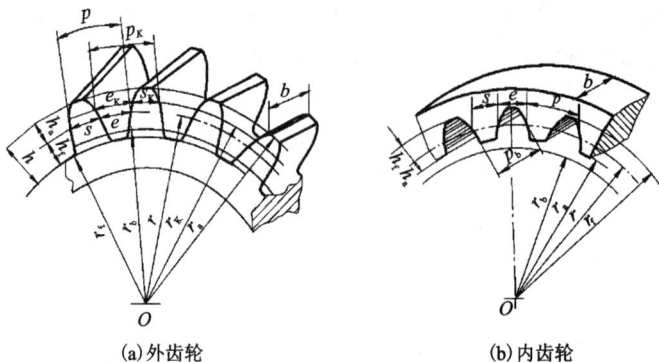

(a)外齿轮　　　　　　　(b)内齿轮

图 6-24　齿轮各部分的名称

1)齿顶圆：过所有齿顶的圆周，半径用 r_a 表示，直径用 d_a 表示。

2)齿根圆：过所有齿根的圆周，半径用 r_f 表示，直径用 d_f 表示。

3)基圆：即齿廓渐开线的基圆，其半径用 r_b 表示。

4)分度圆：分度圆是为度量齿轮的几何尺寸，而在齿轮的齿顶圆和齿根圆之间人为选定的一个基准圆，其半径用 r 表示，直径用 d 表示。

5)齿厚：轮齿两侧齿廓间的弧长为齿厚，通常指分度圆上的齿厚，用 s 表示。

6)齿槽：齿槽两侧齿廓间的弧长为齿槽宽，通常指分度圆上的齿槽宽，用 e 表示。标准齿轮在分度圆上的齿厚 s 等于齿槽宽 e。

7）齿距：指齿厚与齿槽宽之和，也称为周节，用 p 表示。

8）齿顶高：轮齿在齿顶圆和分度圆之间的部分称为齿顶，其径向高度称为齿顶高，用 h_a 表示。

9）齿根高：轮齿在分度圆和齿根圆之间的部分称为齿根，其径向高度称为齿根高，用 h_f 表示。

6.3.5 齿轮主要参数

渐开线标准直齿圆柱齿轮的基本参数有齿数 z、模数 m、压力角 α、齿顶高系数 h_a^*、齿根高系数 h_f^*、顶隙系数 c^* 等。

1. 齿数 z

在齿轮的整个圆周上均匀分布的轮齿总数称为齿数。大小取决于传动比的需要。

2. 模数 m

分度圆的圆周长为：$\pi d = zp$，即 $d = z(p/\pi)$，其中 π 为无理数，为便于设计、制造和检验，令 $m = p/\pi$，称 m 为模数。故有分度圆的直径 $d = zm$，即模数为：

$$m = \frac{p}{\pi} = \frac{d}{z} \qquad (6-8)$$

模数具有长度的量纲，单位为 mm。相同齿数的齿轮，模数越大，其尺寸也越大，承载能力也越强。国家标准对模数值规定了标准模数系列，如表6-2所示。

表6-2 标准模数系列（GB 1357—87）

第一系列	1	1.25	1.5	2	2.5	3	4	5	6	8
	10	12	16	20	25	32	40	50	—	—
第二系列	1.125	1.375	1.75	2.25	2.75	(3.25)	3.5	(3.75)	4.5	5.5
	(6 5)	7	9	(11)	14	18	22	28	36	45

注：选用模数时应优先采用第一系列，其次是第二系列，括号内的模数尽可能不用。

3. 压力角 α

渐开线上任一点法向压力的方向线（即渐开线在该点的法线）和该点速度方向之间的夹角称为该点的压力角。

由图6-25可知：

$$\cos\alpha_k = \frac{r_b}{r_k} \qquad (6-9)$$

以上为渐开线上某点的压力角。

通常所指的压力角是齿轮分度圆与渐开线交点处点的压力角，一般为20°、30°。

4. 齿顶高系数 h_a^*

齿轮的齿顶高：

$$h_a = h_a^* m \qquad (6-10)$$

式中，h_a^* 为齿顶高系数，已标准化，其值如表6-3所示。

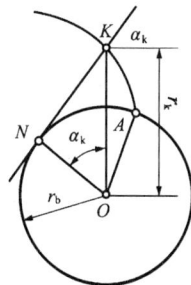

图6-25 压力角

表 6 - 3　齿顶高系数和顶隙系数

系数	正常齿		短齿
	$m \geqslant 1$	$m < 1$	
h_a^*	1	1	0.8
c^*	0.25	0.35	0.3

5. 顶隙系数 c^*

一对齿轮啮合时, 为避免一轮的齿顶与另一轮的齿槽底相抵触, 并留有一些空隙储存润滑油以便润滑, 应使一齿轮齿顶圆与另一齿轮齿根圆之间留有一定的间隙, 此间隙沿径向度量, 称为径向间隙或顶隙, 用 c 表示。标准顶隙为:

$$c = c^* m \tag{6-11}$$

式中, c^* 已标准化, 其值如表 6 - 3 所示。

6. 齿根高系数 h_f^*

齿轮的齿根高:

$$h_f = h_f^* m = (h_a^* + c^*) m \tag{6-12}$$

式中, h_f^* 为齿根高系数。可见: $h_f^* = (h_a^* + c^*)$。

6.3.6　标准直齿圆柱齿轮的主要几何尺寸

渐开线标准直齿圆柱齿轮的主要几何尺寸的计算公式如表 6 - 4 所示。

表 6 - 4　标准直齿圆柱齿轮的主要几何尺寸的计算公式

名称	符号	计算公式
模数	m	经力学设计计算后取表 6 - 2 中标准值
压力角	α	$\alpha = 20°$
分度圆直径	d	$d_1 = mz_1$, $d_2 = mz_2$
齿顶高	h_a	$h_a = h_a^* m$
齿根高	h_f	$h_f = (h_a^* + c^*) m$
全齿高	h	$h = h_a + h_f = (2h_a^* + c^*) m$
齿顶圆直径	d_a	$d_{a1} = d_1 \pm 2h_a = (z_1 \pm 2h_a^*) m$, $d_{a2} = d_2 \pm 2h_a = (z_2 \pm 2h_a^*) m$
齿根圆直径	d_f	$d_{f1} = d_1 \mp 2h_f = (z_1 \mp 2h_a^* \mp 2c^*) m$, $d_{f2} = d_2 \mp 2h_f = (z_2 \mp 2h_a^* \mp 2c^*) m$
基圆直径	d_b	$d_{b1} = d_1 \cos\alpha = mZ_1 \cos\alpha$, $d_{b2} = d_2 \cos\alpha = mZ_2 \cos\alpha$
齿距	p	$p = \pi m$
齿厚	s	$s = \pi m / 2$
齿槽宽	e	$e = \pi m / 2$
中心距	a	$a = (d_2 \pm d_1)/2 = m(z_2 \pm z_1)/2$
顶隙	c	$c = c^* m$
基圆齿距	p_b	$p_b = \pi m \cos\alpha$

注: 凡含 " $\pm$ " 或 " $\mp$ " 的公式, 上面符号用于外啮合, 下面符号用于内啮合。

6.3.7 渐开线齿轮的切齿原理与根切现象

1. 渐开线齿轮的切齿原理

齿轮的切齿方法就其原理来说可分仿形法和展成法两种。

（1）仿形法

这种方法的特点是所用的成型刀具，在其轴向剖面内，刀刃的形状和被切齿轮齿槽的形状相同。常用的有盘状铣刀和指状铣刀。

如图6-26(a)所示为用盘状铣刀切制齿轮的情况。切制时，铣刀转动，同时齿轮毛坯随铣床工作台沿平行于齿轮轴线的方向直线移动，切出一个齿槽后，由分度机构将轮坯转过$360°/z$，再切制第二个齿槽，直至整个齿轮加工结束。

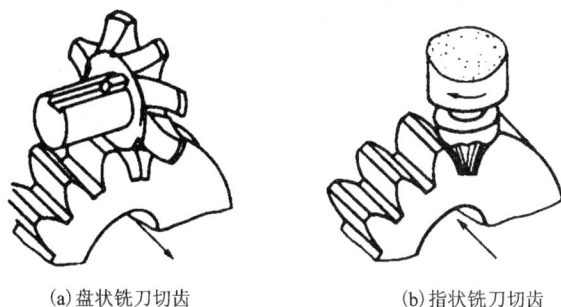

(a) 盘状铣刀切齿　　　　(b) 指状铣刀切齿

图6-26　仿形法切齿

如图6-26(b)所示为用指状铣刀加工齿轮的情况。加工方法与用盘状铣刀加工时相似。指状铣刀常用于加工大模数（如$m > 20$ mm）的齿轮，并可以切制人字齿轮。

仿形法的优点是加工方法简单，不需要专门的齿轮加工设备。缺点是由于铣制相同模数不同齿数的齿轮是用一组有限数目的齿轮铣刀来完成的，因此所选铣刀不可能与要求齿形准确吻合，加工出的齿形不够准确，轮齿的分度有误差，制造精度较低；由于切削是断续的，生产率低。所以仿形法常用于单件、修配或少量生产及齿轮精度要求不高的齿轮加工。

（2）展成法

展成法是目前齿轮加工中最常用的一种方法。用展成法加工齿轮，常用的刀具有两大类：齿轮形加工刀具，如图6-27所示的齿轮插刀；齿条形加工刀具，如图6-28所示的齿条插刀和如图6-29所示的滚刀。

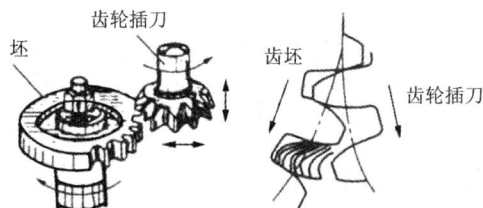

图6-27　齿轮插刀加工齿轮

齿轮插刀加工齿轮(图6-27)：齿轮插刀是一个具有刀刃的渐开线外齿轮。加工时，插刀与轮坯严格地按定比传动做展成运动，即啮合传动，同时插刀沿轮坯轴线方向做上下往复的切削运动。为了防止插刀退刀时擦伤已加工的齿廓表面，在退刀时，轮坯还须做小距离的让刀运动。另外，为了切出轮齿的整个高度，插刀还需要向轮坯中心移动，做径向进给运动。

齿条插刀加工齿轮(图6-28)：刀具与轮坯的展成运动相当于齿条与齿轮啮合传动，其切齿原理与用齿轮插刀加工齿轮的原理相同。

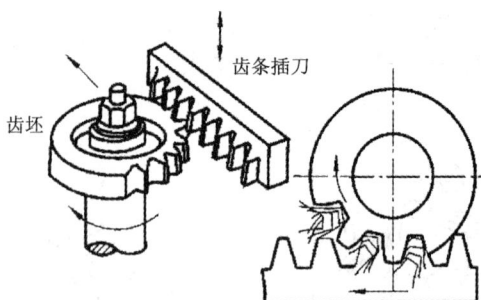

图6-28　齿条插刀加工齿轮

齿轮滚刀加工齿轮(图6-29)：齿条插刀插齿加工切削是不连续的，不仅影响生产率的提高，还限制了加工精度，因此，在生产中更广泛地采用齿轮滚刀加工齿轮。滚刀形状像个螺杆，它的轴向剖面为一齿条。当滚刀转动时，相当于齿条做轴向移动，滚刀转一周，齿条移动一个导程的距离。所以用滚刀切制齿轮的原理和齿条插刀切制齿轮的原理基本相同。滚刀除了旋转之外，还沿着轮坯的轴线缓慢地进给，以便切出整个齿宽。

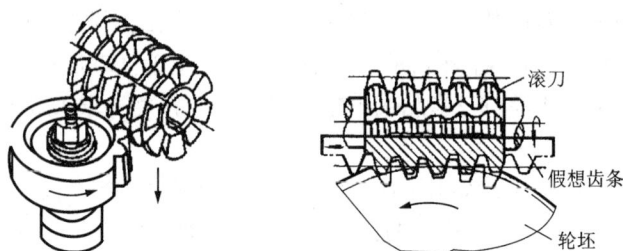

图6-29　齿轮滚刀加工齿轮

用展成法加工齿轮时，只要刀具和被加工齿轮的模数 m 和压力角 α 相同，则不管被加工齿轮的齿数多少，都可以用同一把齿轮刀具加工，而且生产效率较高。所以在大批生产中多采用展成法。

2. 根切现象与不发生根切的最少齿数 z_{min}

(1)根切现象

用展成法加工标准齿轮时，如果刀具的齿顶线超过了极限啮合点 N_1，轮齿根部的渐开线齿廓将会被刀具切去一部分，这种现象称为切齿干涉，又称根切，如图6-30所示。

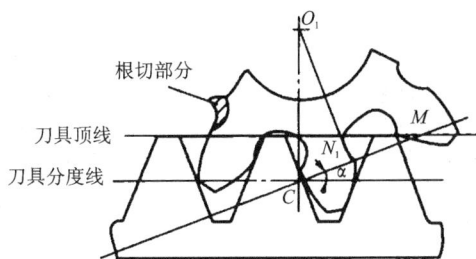

图 6 - 30 轮齿根切

产生严重根切的齿轮，会使轮齿的抗弯强度降低，并使重合度减小，影响传动的平稳性，对传动十分不利，因此应避免根切现象的产生。

（2）最少齿数 z_{min}

z_{min} 为标准齿轮不发生根切的最少齿数。对于正常齿，$z_{min} = 17$；允许少量根切时，$z_{min} = 14$；对于短齿，$z_{min} = 14$。

由上述可知，标准齿轮避免根切的措施是使齿轮齿数大于或等于最少齿数。

6.3.8　轮齿的失效形式

齿轮传动过程中，在载荷的作用下，如果齿轮发生折断、齿面损坏等现象，齿轮就失去了正常的工作能力，这种现象称为失效。齿轮在传动过程中的常见失效有轮齿折断、齿面点蚀、齿面胶合、齿面磨损、齿面塑性变形五种形式。

1. 轮齿折断

轮齿折断的形成有两种：一种是在交变载荷的作用下，齿根弯曲应力超过允许限度时，齿根处产生微小的裂纹，随后裂纹不断扩展，最终导致齿轮疲劳而折断；另一种是短时间过载或受冲击载荷发生突变而折断。危害：传动中断。轮齿折断如图 6 - 31 所示。

防止轮齿折断的措施有：防止过载，减少冲击；限制齿根部的弯曲应力；增大齿根过渡圆角半径；消除加工刀痕，减小齿根应力集中等。

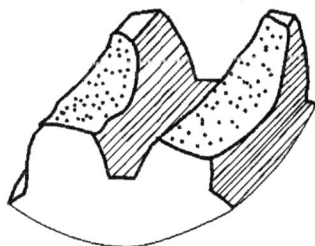

图 6 - 31　轮齿折断

2. 齿面点蚀

齿面接触应力按脉动循环变化，当超过疲劳极限时，表面会产生微裂纹，高压油挤压使裂纹扩展，微粒剥落而形成点蚀。危害：破坏齿形，增大噪声、冲击，降低平稳性。齿面点蚀如图 6 - 32 所示。

防止齿面点蚀措施：保证齿面硬度，提高接触强度；保证齿面接触应力；降低表面粗糙度，提高接触精度；增大润滑油黏度等。

3. 齿面胶合

高速重载传动、低速重载时，由于不易形成油膜，而导致两齿轮齿面的金属直接接触而黏在一起，随着继续运动而使齿面上的金属被撕下，在轮齿的工作表面形成与润滑方向一致的沟纹，这种现象称为齿面胶合，多发生在高温、高压、重载的情况下。危害：平稳性下降，接触应力上升。齿面胶合如图 6 - 33 所示。

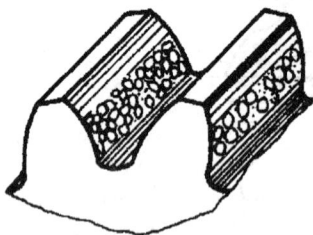

图 6 - 32　齿面点蚀

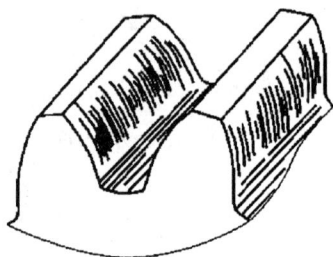

图 6 - 33　齿面胶合

防止齿面胶合措施：提高齿面硬度；减小齿面粗糙度；增加润滑油黏度；加抗胶合添加剂等。

4.齿面磨损

开式齿轮传动中轮齿磨损是主要的失效形式，特别是在粉尘浓度较大的场合。危害：齿廓变形，侧隙增大，齿厚减薄，平稳性下降。齿面磨损如图 6 - 34 所示。

防止齿面磨损措施：减小齿面粗糙度；改善润滑条件，清洁环境采用闭式传动；提高齿面硬度。

5.齿面塑性变形

轮齿在低速重载传动中，若轮齿齿面硬度较低，当齿面间作用力过大时，啮合中的齿面表层材料就会沿着摩擦力的方向产生局部塑性流动，这种现象称为塑性变形。危害：破坏渐开线齿廓形状。齿面塑性变形如图 6 - 35 所示。

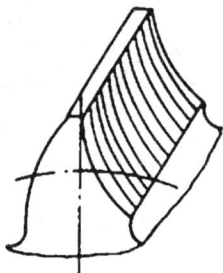

图 6 - 34　齿面磨损图

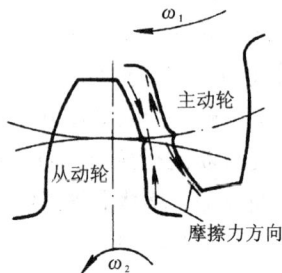

图 6 - 35　齿面塑性变形

防止齿面塑性变形的措施：保持良好润滑，采用屈服极限较高的材料。

6.3.9　齿轮传动的润滑

半开式及开式齿轮传动，或速度较低的闭式齿轮传动，可采用人工定期添加润滑油或润滑脂进行润滑。

闭式齿轮传动通常采用油润滑，其润滑方式根据齿轮的圆周速度 v 而定，当 $v \leqslant 12$ m/s 时可用油浴式(图 6 - 36)，大齿轮浸入油池一定的深度，齿轮转动时把润滑油带到啮合区。齿轮浸油深度可根据齿轮的圆周速度大小而定，对圆柱齿轮通常不宜超过一个齿高，但一般亦不应小于 10 mm；对圆锥齿轮应浸入全齿宽，至少应浸入齿宽的一半。多级齿轮传动中，当几个大齿轮直径不相等时，可采用惰轮的油浴润滑（图 6 - 37）。当齿轮的圆周速度 $v > 12$ m/s时，应采用喷油润滑（图 6 - 38），用油泵以一定的压力供油，借喷嘴将润滑油喷到齿面上。

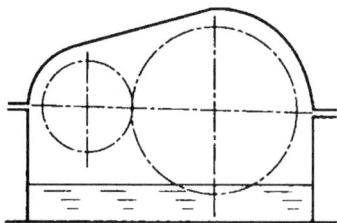

图 6 - 36　油浴润滑

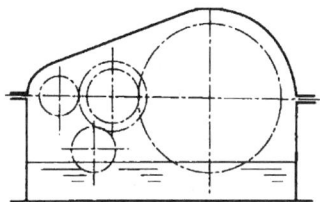

图 6 - 37　采用惰轮的油浴润滑

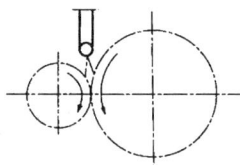

图 6 - 38　喷油润滑

任务四　蜗杆传动

6.4　蜗杆传动

蜗杆传动由蜗杆和蜗轮组成，用于传递空间交错的两轴间的运动和动力，一般交错角为 90°，通常蜗杆为主动件，蜗轮为从动件。如图 6 - 39 所示。

6.4.1　蜗杆传动的特点

1）传动比大，结构紧凑。用于传递动力时，$i = 8 \sim 80$；用于传递运动时，i 可达 1000。

2）传动平稳，无噪声。因为蜗杆与蜗轮齿的啮合是连续的，同时啮合的齿数较多，所以平稳性好。

3）可以自锁。当蜗杆的螺旋角小于轮齿间的当量摩擦角时，蜗杆传动能自锁，即只能由蜗杆带动蜗轮，而不能由蜗轮带动蜗杆。

4）传动效率低。由于蜗杆和蜗轮在啮合处有

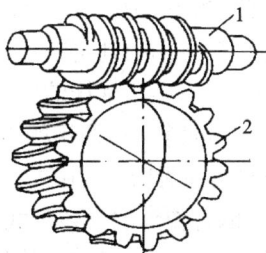

图 6 - 39　蜗杆传动
1—蜗杆；2—蜗轮

较大的相对滑动,因此发热量大,效率较低。$\eta = 0.7 \sim 0.8$,具有自锁性传动时效率 $\eta = 0.4 \sim 0.5$。故不适用于传递大功率和长期连续工作。

5)蜗轮造价高。为了减少摩擦,蜗轮常用贵重的减摩材料(如青铜)制造,成本高。

当蜗杆为主动件时,蜗杆传动的传动比为

$$i = \frac{n_1}{n_2} = \frac{z_2}{z_1} \tag{6-13}$$

式中,n_1,n_2 为蜗杆和蜗轮的转速(r/min);z_1 为蜗杆头数,一般取 1,2,4;常取 $z_1 = 1$,但传动效率较低;$z_1 = 2$,4 时,传动效率高,但加工难度增加。z_2 为蜗轮齿数,为避免蜗轮发生根切,z_2 应不少于 26。

6.4.2 蜗杆传动的分类

根据蜗杆的形状,蜗杆传动可分为圆柱蜗杆传动、环面蜗杆传动和锥面蜗杆传动,如图 6-40 所示。圆柱螺杆又有普通圆柱螺杆传动和圆弧圆柱蜗杆传动。普通圆柱蜗杆根据不同的齿廓曲线可分为阿基米德螺杆、渐开线蜗杆等。其中阿基米德蜗杆由于加工方便,其应用最为广泛。

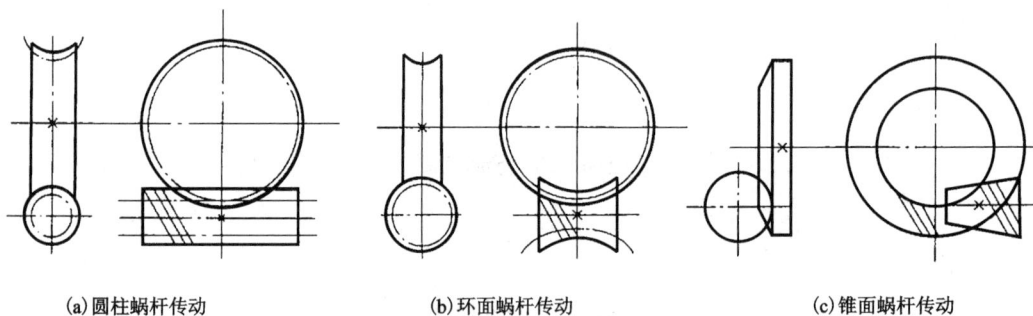

(a)圆柱蜗杆传动　　　　　　(b)环面蜗杆传动　　　　　　(c)锥面蜗杆传动

图 6-40　蜗杆传动的类型

6.4.3 蜗杆传动回转方向的确定

1.螺旋方向的判定

蜗杆传动与斜齿轮传动一样,也有左旋与右旋之分。蜗杆、蜗轮的螺旋方向可用右手法则判定:手心对着自己,四指顺着蜗杆(蜗轮)的轴线摆放。若蜗杆(蜗轮)的齿向与拇指指向一致,该蜗杆(蜗轮)为右旋,反之为左旋,如图 6-41 所示。

2.蜗轮旋转方向的判定

蜗轮的旋转方向与蜗杆的旋转方向有关。蜗轮旋转方向的判定方法如下:当蜗杆是右旋时,伸出右手半握拳,用四指顺着蜗杆的旋转方向,大拇指指向的相反方向就是蜗轮的旋转方向,当螺杆为左旋时,则用左手。如图 6-42 所示。

6.4.4 蜗杆传动的失效形式

蜗杆传动的失效形式与齿轮传动的基本相同,有胶合、磨损、疲劳点蚀和轮齿折断。由于蜗杆传动啮合面间的相对滑动速度较大,效率低,发热量大。在润滑和散热不良时,以胶合和磨损为主要失效形式。而蜗轮无论在材料强度和结构方面均较蜗杆弱,所示失效多发生在蜗轮的轮齿上。

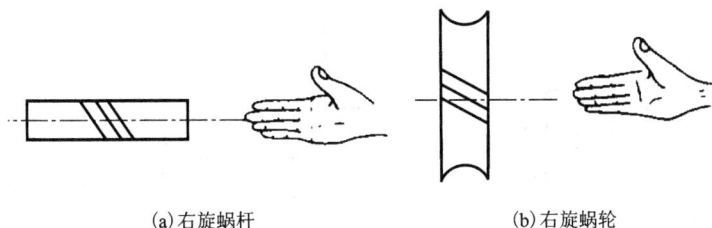

(a)右旋蜗杆　　　　　　　　(b)右旋蜗轮

图 6 – 41　蜗轮蜗杆旋向判断

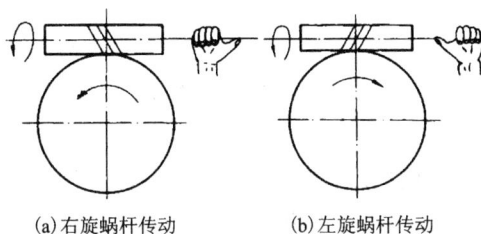

(a)右旋蜗杆传动　　　　　(b)左旋蜗杆传动

图 6 – 42　蜗轮旋转方向判定

任务五　齿轮系

在现代机械中，为了变速、变向或获得大的传动比，通常采用由一系列相互啮合的齿轮组成的传动系统将主动轴的运动传给从动轴。由一系列互相啮合的齿轮组成的齿轮传动装置称为轮系。

6.5　轮系

6.5.1　轮系的类型

根据轮系运转时各齿轮的几何轴线位置相对于机架是否固定，轮系分为定轴轮系、周转轮系和复合轮系三类。

1. 定轴轮系

当轮系运动时，如果各齿轮几何轴线的位置是固定不变的，则称为定轴轮系或普通轮系。定轴轮系由各齿轮的轴线关系又可分为平面定轴轮系和空间定轴轮系两种。其中，平面定轴轮系是由轴线互相平行的圆柱齿轮组成的，如图 6 – 43(a)所示；空间定轴轮系是包含相交轴齿轮传动或交错轴齿轮传动等在内的定轴轮系，如图 6 – 43(b)所示。

2. 周转轮系

当轮系运转时，至少有一个齿轮的几何轴线是绕另一个齿轮的几何轴线转动的轮系称为周转轮系，如图 6 – 44 所示。齿轮 1 和 3 为中心轮，齿轮 2 为行星轮，构件为系杆。

周转齿轮又分为行星轮系和差动轮系。图 6 – 44(a)中，中心齿轮 3 固定，齿轮 2 即绕自

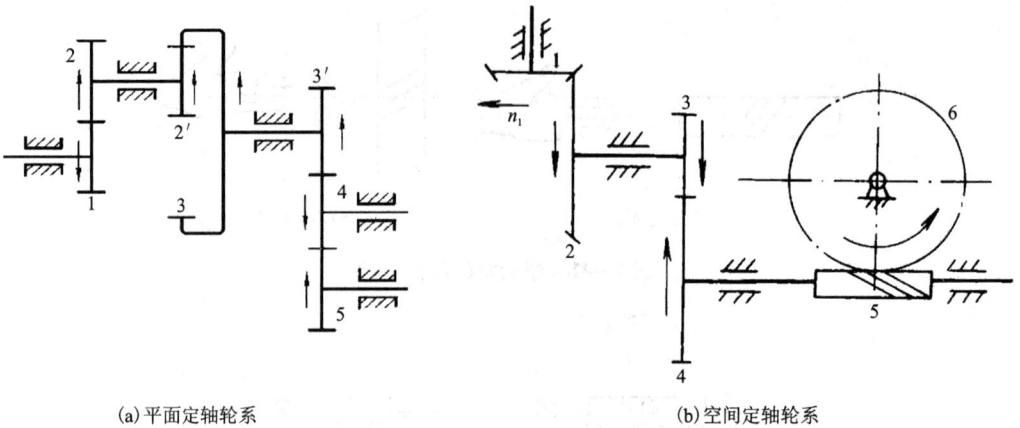

(a)平面定轴轮系   (b)空间定轴轮系

图 6 – 43   定轴轮系

身几何轴线 O_2 转动，又随回转构件绕齿轮 1 的固定轴线 O_1 转动，既有自转又有公转，如同太阳系的行星一样，故称为行星轮系，行星轮系只有 1 个自由度。若中心齿轮 1，3 都不固定，该轮系就有 2 个自由度，称为差动齿轮系，如图 6 – 44(b)所示。

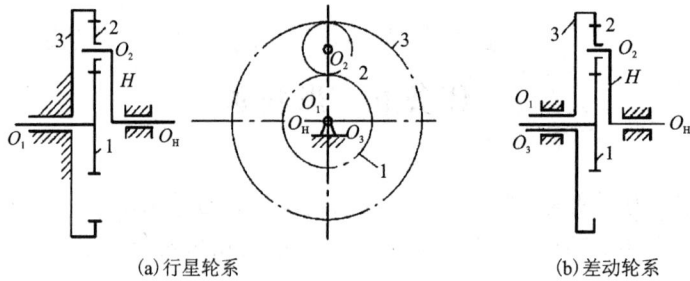

(a)行星轮系   (b)差动轮系

图 6 – 44   周转轮系

3. 混合轮系

混合轮系即由定轴轮系和周转轮系或几个单一的周转轮系组成的轮系。如图 6 – 45

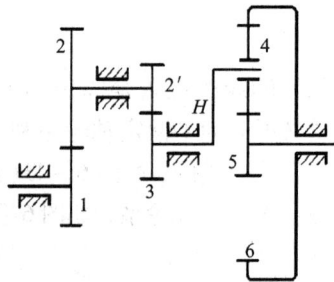

图 6 – 45   混合轮系

所示。

6.5.2 定轴轮系中齿轮传动方向确定

定轴轮系各轮的相对转向可以通过逐对齿轮标注箭头的方法来确定。各类型齿轮机构的标注箭头规则为：轴平行的一对外啮合齿轮，其两轮转向相反，故用方向相反的箭头表示；轴平行的一对内啮合齿轮，其两轮转向相同，故用方向相同的箭头表示；一对锥齿轮传动时，在节点具有相同的速度，故表示转向的箭头或同时指向节点或同时背离节点；蜗轮蜗杆之间的转向根据本项目任务四讲述的"左右手法则"判断。根据上述规则，可以判断各定轴轮系所有齿轮的转向方向。

可根据上述规则，验证图6-43所示的平面定轴轮系和空间定轴轮系中的标注方向。

6.5.3 轮系传动比计算

1. 一对定轴齿轮的传动比

一对定轴齿轮传动，若主动轮为1，从动轮为2，则其传动比i_{12}为

$$i_{12} = \frac{n_1}{n_2} = \frac{\omega_1}{\omega_2} = \pm \frac{z_2}{z_1} \qquad (6-14)$$

式中，"+"号表示内啮合两轮转向相同，"-"号表示外啮合两轮转向相反。

2. 定轴轮系传动比的计算

（1）平面定轴轮系传动比的计算

根据式（6-14），图6-43（a）中平面定轴轮系各齿轮的传动比为：

$$i_{12} = \frac{n_1}{n_2} = -\frac{z_2}{z_1}, \quad i_{23} = \frac{n_2}{n_3} = \frac{z_3}{z_2'}, \quad i_{34} = \frac{n_3}{n_4} = -\frac{z_4}{z_3'}, \quad i_{45} = \frac{n_4}{n_5} = -\frac{z_5}{z_4}$$

将各传动比相乘，得：

$$i_{12} \cdot i_{23} \cdot i_{34} \cdot i_{45} = \frac{n_1}{n_5} = i_{15}$$

故该轮系的传动比为：

$$i_{15} = \frac{n_1}{n_5} = \left(-\frac{z_2}{z_1} \right) \cdot \left(\frac{z_3}{z_2'} \right) \cdot \left(-\frac{z_4}{z_3'} \right) \cdot \left(-\frac{z_5}{z_4} \right)$$

所以定轴轮系传动比的计算公式为：

$$i_{1N} = \frac{n_1}{n_N} = (-1)^m \frac{各对齿数中从动轮齿数乘积}{各对齿数中主动轮齿数乘积} \qquad (6-15)$$

注：m为外啮合的对数。

在图6-43（a）中齿轮4同时与两个齿轮啮合，该轮称为过桥轮或惰轮，它不影响齿轮系传动比的大小，只改变齿轮的转向。

【例6-1】　在图6-43（a）中，各齿轮齿数$z_1 = 18$，$z_2 = 24$，$z_2' = 20$，$z_3 = 60$，$z_3' = 20$，$z_4 = 20$，$z_5 = 34$，$n_1 = 1428$ r/min。求传动比i_{15}，转速n_5，并确认轮5的转向。

解： 因为该轮系中各轴的轴向相互平行，为平面定轴轮系，则由式（6-15）可得：

$$i_{15} = \frac{n_1}{n_5} = (-1)^3 \frac{z_2 z_3 z_4 z_5}{z_1 z_2' z_3' z_4} = -\frac{24 \times 60 \times 20 \times 34}{18 \times 20 \times 20 \times 20} = -\frac{34}{5}$$

$$n_5 = n_1 / i_{15} = -1428 \times \frac{5}{34} = -210 \text{ r/min}$$

n_5的结果为负值，说明轮5转向与轮1相反。

（2）空间定轴轮系传动比的计算

如图 6 - 43（b）所示的空间定轴轮系，由于有的轴线不是相互平行的，不能用转向相同或相反来描述参与啮合的齿轮的转向。故空间定轴轮系传动比依然可用式（6 - 15）来计算，但是（ - 1）^{m} 没有意义，齿轮的转向应通过前面所述的画箭头的方法确定。

【例 6 - 2】 在图 6 - 43（b）中，各齿轮齿数 $z_1 = z_3 = 20$，$z_2 = z_4 = 40$，$z_5 = 2$，右旋，$z_6 = 40$，$n_1 = 1000$ r/min，求蜗轮 6 的转速 n_6，并确认轮 6 的转向。

解： 因为该轮系为空间定轴轮系，所以只能由式（6 - 15）来计算其传动比：

$$i_{13} = \frac{n_1}{n_3} = \frac{z_2 z_4 z_6}{z_1 z_3 z_5} = \frac{40 \times 40 \times 40}{20 \times 20 \times 2} = 80$$

$$n_3 = n_1 / i_{13} = 1000 \div 80 = 12.5 \text{ r/min}$$

各轮的转向按 6.5.2 所述的"定轴轮系中齿轮传动方向"确定，如图 6 - 43（b）中箭头所示。

3. 周转轮系传动比的计算

周转轮系中行星轮的运动是兼有自转和公转的复杂运动，因此不能直接运用求定轴轮系传动比的方法来求周转轮系的传动比。一般用转化机构法来求其传动比。

转化机构法：即假想给整个周转轮系加上一个与系杆的转速大小相等而方向相反的公共转速"$- n_H$"，由相对运动原理可知，轮系中各构件之间的相对运动关系并不因此改变，但此时系杆变为相对静止不动，行星轮的轴线也随之相对固定，周转轮系转化为假想的"定轴轮系"。这个经转化后得到的假想定轴轮系，称为该周转轮系的转化轮系，如图 6 - 46 所示。

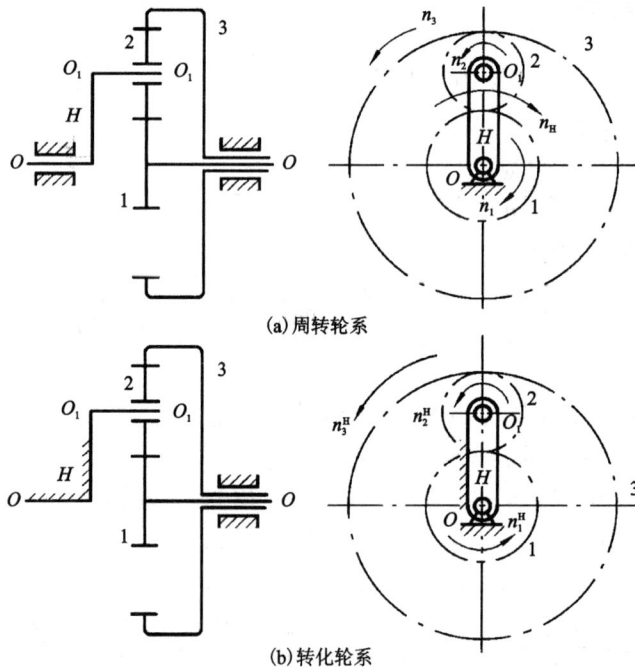

(a) 周转轮系

(b) 转化轮系

图 6 - 46　周转轮系的转化轮系

转化机构中各构件的转速如表 6 – 5 所示。

表 6 – 5 转化机构中各构件的转速

构件	周转轮系转速（原转速）	转化机构转速（相对于行星架的转速）
1	n_1	$n_1^H = n_1 - n_H$
2	n_2	$n_2^H = n_2 - n_H$
3	n_3	$n_3^H = n_3 - n_H$
H	n_H	$n_H^H = n_H - n_H$

按计算定轴轮系传动比的方法可得转化机构的传动比为

$$i_{13}^H = \frac{n_1^H}{n_3^H} = \frac{n_1 - n_H}{n_3 - n_H} = (-1)^1 \left(\frac{z_2}{z_1}\right)\left(\frac{z_3}{z_2}\right) = -\frac{z_3}{z_1}$$

将此式推广即得周转轮系转化机构传动比计算的一般公式：

$$i_{1N}^H = \frac{n_1^H}{n_N^H} = \frac{n_1 - n_H}{n_N - n_H} = (-1)^m \frac{\text{齿数 1 与 } N \text{ 间从动轮齿数乘积}}{\text{齿数 1 与 } N \text{ 间主动轮齿数乘积}} \tag{6-16}$$

注：m 为外啮合的对数。

上述公式只适用于各轮轴线相互平行或重合的情况。

【例 6 – 3】 图 6 – 47 所示的差动轮系中，已知各轮的齿数分别为：$z_1 = 15$，$z_2 = 25$，$z_2' = 20$，$z_3 = 60$，转速为 $n_1 = 200$ r/min，$n_3 = 50$ r/min，转向如图 6 – 47 所示。试求系杆 H 的转速 n_H。

解： 根据公式（6 – 16）可以得到：

$$i_{13}^H = \frac{n_1 - n_H}{n_3 - n_H} = -\frac{z_2 z_3}{z_1 z_2'}$$

因为在转化轮系中，齿轮 1 至齿轮 3 之间外啮合圆柱齿轮的对数为 1，所以上式右端取负号。

设轮 1 的转速 n_1 为正，则轮 3 的转速 n_3 为负，从而：

$$\frac{200 - n_H}{-50 - n_H} = -\frac{25 \times 60}{15 \times 20}$$

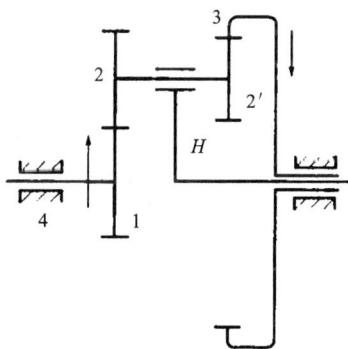

图 6 – 47 例 6 – 3 图

解得：$n_H = -8.33$ r/min，负号表示系杆 H 的转向与齿轮 1 相反，与齿轮 3 相同。

【例 6 – 4】 图 6 – 48 所示的差动轮系中，轮 1、轮 3 和系杆 H 的轴线相互平行，各齿轮的齿数为：$z_1 = 48$，$z_2 = 42$，$z_2' = 18$，$z_3 = 21$，转速为 $n_1 = 80$ r/min，$n_3 = 100$ r/min，转向如图 6 – 48 所示，试求系杆 H 的转速 n_H。

解： 这是由圆锥齿轮组成的空间差动轮系，齿轮 1，3 及系杆 H 的轴线相互平行，因此可用式（6 – 16）来计算传动比。将系杆 H 固定，画出在转化轮系中各轮的转向，如虚线箭头所示。由式（6 – 16）得：

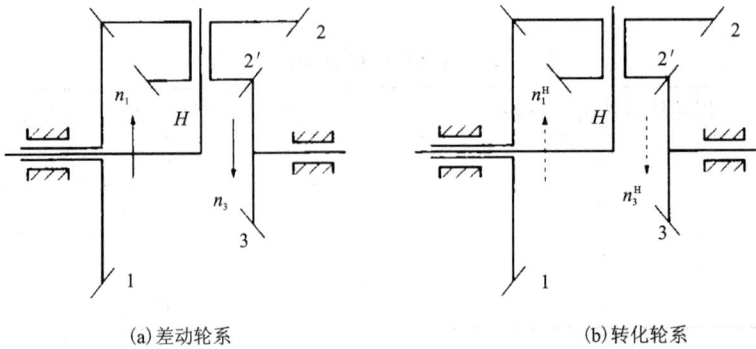

(a)差动轮系 　　　　　　　　　　　　　　(b)转化轮系

图6－48　例6－4图

$$n_{13}^{H} = \frac{n_1 - n_H}{n_3 - n_H} = -\frac{z_2 z_3}{z_1 z_2'}$$

上式中的"－"号是由轮1和轮3虚线箭头反向而确定的,与实线箭头无关。又由题知 n_1 和 n_3 方向相反,若 n_1 取正值, n_3 取为负值。则:

$$\frac{80 - n_H}{-100 - n_H} = -\frac{42 \times 21}{48 \times 18} = -\frac{49}{48}$$

解得 $n_H = -10.93$ r/min, n_H 为负值,表示系杆 H 与齿轮1相反,与齿轮3的转向相同。

6.5.4　轮系的功用

轮系广泛应用于各种机械中,它的主要功用大致可归纳为以下四方面。

1.传递相距较远的两轴之间的运动和动力

当两轴间的距离较大时,采用轮系传动(图6－49中4个实线齿轮)与仅采用一对齿轮传动(图6－49中2个虚线齿轮)相比,具有传动装置所占空间小,节省材料,减轻质量,制造安装方便,结构紧凑等特点。但有时也因此增加了传动件,使成本有所增加。

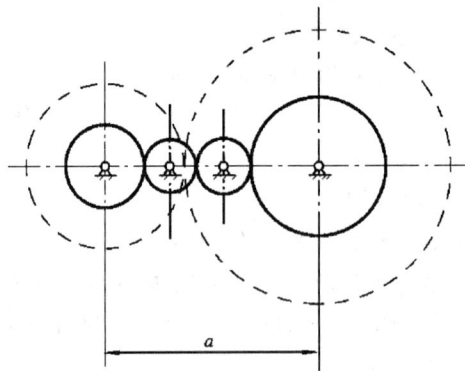

图6－49　传递相距较远两轴间的运动和动力

2.实现变速和转向

主动轴不变时,利用轮系可使从动轴获得多种工作转速或实现转向要求。图6-50所示为汽车齿轮变速机构。图中轴Ⅰ为动力输入轴,轴Ⅳ为输出轴,4,6为滑移齿轮,A,B为牙嵌式离合器。该变速器可使输出轴得到四挡转速:

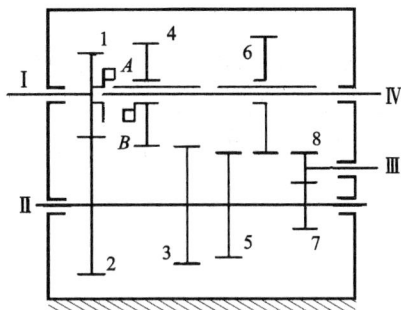

图6-50　变速机构

第一挡(低速挡):齿轮5,6相啮合,而齿轮3,4和离合器A,B均脱离,即1(Ⅰ)—2(Ⅱ)—5—6(Ⅳ)。

第二挡(中速挡):齿轮3,4相啮合,而齿轮5,6和离合器A,B均脱离,即1(Ⅰ)—2(Ⅱ)—3—4(Ⅳ)。

第三挡(高速挡):离合器A,B相嵌,而齿轮5,6和3,4均脱离,即(Ⅰ)—(Ⅳ)。

倒退挡:齿轮6,8相啮合,而齿轮3,4和5,6以及离合器A,B均脱离,即1(Ⅰ)—2(Ⅱ)—7—8(Ⅲ)—6(Ⅳ)。由于轮8的作用,使输出轴Ⅳ反转。

3.实现分路传动

在同一个主动轴带动下,利用轮系可以实现几个从动轴分路输出运动。如图6-51所示的机械式钟表机构,传动关系如下:

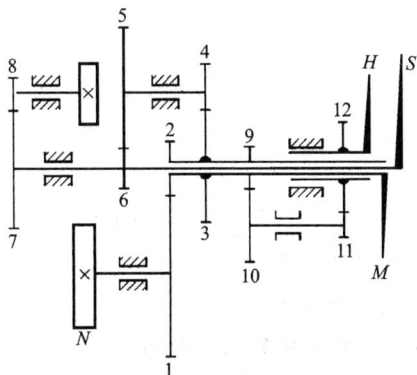

图6-51　机械式钟表机构

$$
(发条)N—1—2 \begin{cases} M(分针) \\ 9—10—11—12—H(时针) \\ 3—4—5—6—S(秒针) \end{cases}
$$

4. 实现运动的分解与合成

将一根主动轴的转动分解成两根从动轴的转动，或将两根主动轴的转动合成为一根从动轴的转动。图 6-52 所示为汽车后桥差速器。当汽车转弯时，输入转速 n_1 分解成两车轮的转速 n_3 和 n_5。n_3 和 n_5 转速不同，使两车轮转弯时在地面上以不同的转速滚动，避免车轮与地面的滑动摩擦。

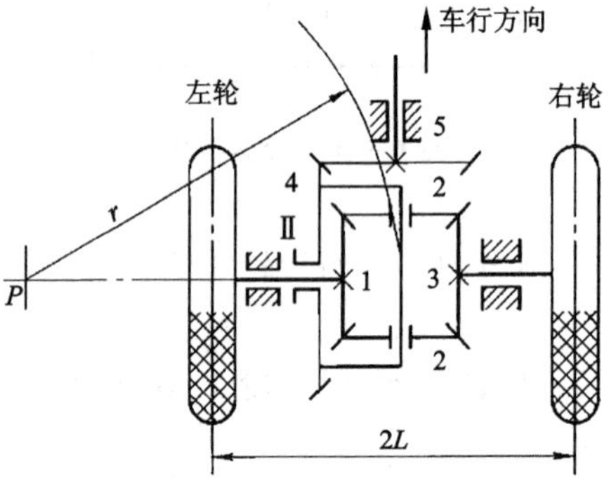

图 6-52　汽车后桥差速器

同样，利用该差动轮系也可实现运动的合成。如当给定太阳轮 1 和 3 的转动，就可以合成输出行星架 H 的转动。

复习思考题

一、填空题

1. 带传动的传动比是_____与_____的比值，用公式表示为_____。

2. V 带的构造有_____、_____、_____和_____四层。

3. 按传动带的截面形状分为_____带、_____带、_____带、_____带和齿形带(同步带)。

4. 链传动一般由_____、_____和_____组成。

5. 规定小带轮上的包角 α 的许用值是_____。

6. 我国标准齿轮分度圆上的压力角等于_____。

7. 在分度圆上，相邻两齿同侧齿廓间的弧长称为_____。

8. 一对渐开线直齿圆柱齿轮的正确啮合条件是_____相等，_____相等。

9. 齿轮传动比等于半径的反比；等于_____的反比。

10. 如果齿轮系中各齿轮的轴线互相平行，则称为_____，否则称为_____。

11. 根据齿轮系运转时齿轮的轴线位置相对于机架是否固定，又可将齿轮系分为_____和_____两大类。

12. 轮系中惰轮的特点是不改变_____，只改变_____。

13. 一对齿轮的传动比大小为其齿数的反比。若考虑转向关系，外啮合时，两轮转向相反，传动比取"_____"号；内啮合时，两轮转向相同，传动比取"_____"号。

14. 蜗杆传动是由_____和_____组成的，用于传递空间交错两轴之间的运动和动力。交错角一般为_____。传动中一般蜗杆是_____，蜗轮是从动件。

15. 蜗轮的旋转方向判定，不仅与_____有关，而且还与_____有关。

二、选择题

1. 带传动是依靠(　　)来传递运动和功率的。

A. 带与带轮接触面之间的正压力　　　B. 带与带轮接触面之间的摩擦力

C. 带的紧边拉力　　　　　　　　　　D. 带的松边拉力

2. 带张紧的目的是(　　)。

A. 减轻带的弹性滑动　　　　　　　　B. 提高带的寿命

C. 改变带的运动方向　　　　　　　　D. 使带具有一定的初拉力

3. 与平带传动相比较，V带传动的优点是(　　)。

A. 传动效率高　　　　　　　　　　　B. 带的寿命长

C. 带的价格便宜　　　　　　　　　　D. 承载能力大

4. 选取V带型号，主要取决于(　　)。

A. 带传递的功率和小带轮转速　　　　B. 带的线速度

C. 带的紧边拉力　　　　　　　　　　D. 带的松边拉力

5. 链传动作用在轴和轴承上的载荷比带传动要小，这主要是因为(　　)。

A. 链传动只用来传递较小功率

B. 链速较高，在传递相同功率时，圆周力小

C. 链传动是啮合传动，无须大的张紧力

D. 链的质量大，离心力大

6. 与齿轮传动相比较，链传动的优点是(　　)。

A. 传动效率高　　　　　　　　　　　B. 工作平稳，无噪声

C. 承载能力大　　　　　　　　　　　D. 能传递的中心距大

7. 为了限制链传动的动载荷，在链节距和小链轮齿数一定时，应限制(　　)。

A. 小链轮的转速　　B. 传递的功率　　C. 传动比　　　　D. 传递的圆周力

8. 大链轮的齿数不能取得过多的原因是(　　)。

A. 齿数越多，链条的磨损就越大

B. 齿数越多，链传动的动载荷与冲击就越大

C. 齿数越多，链传动的噪声就越大

D. 齿数越多，链条磨损后，越容易发生"脱链现象"

三、问答题

1. 普通V带由哪几部分组成？各部分的作用是什么？

2. 什么是带轮的包角？包角的大小对传动有何影响？

3. 弹性滑动与打滑有什么区别？为什么说打滑一般发生在小带轮上？

4. 带传动为什么必须张紧？常用带的张紧装置有哪些？

5. 链传动有哪些特点？适用于什么场合？

6. 滚子链传动的失效形式有哪些？

7. 滚子链传动具有运动不均匀性，试分析其原因。

8. 何谓齿廓的切根现象？在什么情况下会产生切根现象？

9. 齿轮传动的失效形式有哪些？

10. 蜗杆传动有哪些优缺点？

11. 齿轮加工的方法有哪些？各有什么优缺点？

12. 什么叫定轴轮系？惰轮在定轴轮系中起什么作用？如何求定轴轮系的传动比？

13. 什么叫周转轮系？如何判定一个轮系是否是周转轮系？

14. 如何根据定轴轮系或周转轮系转化机构中首轮的转向判定末轮的转向？

15. 为什么用"反转法"求周转轮系传动比？什么叫混合轮系？如何求混合轮系的传动比？

四、分析计算题

1. 试确定图 6-53 中各轮的转向。

2. 在图 6-54 所示的轮系中，已知各轮齿数为 $z_1 = 15$，$z_2 = 25$，$z_2' = 15$，$z_3 = 30$，$z_3' = 15$，$z_4 = 30$，$z_4' = 2$（右旋蜗杆），$z_5 = 60$，求该轮系的传动比 i_{15}，并判断蜗轮 5 的转向。

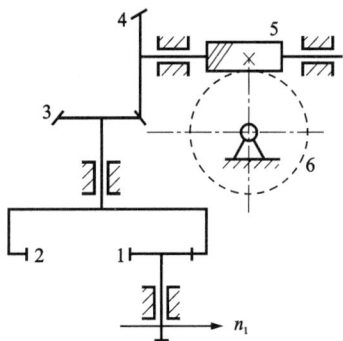

图 6-53 确定图中各轮转向

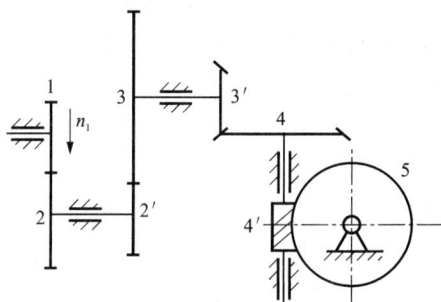

图 6-54 求定轴轮系传动比

3. 如图 6-55 所示轮系，已知各轮的齿数，$z_1 = 50$，$z_2 = 30$，$z_3 = 100$，试求轮系的传动比 i_{1H}。

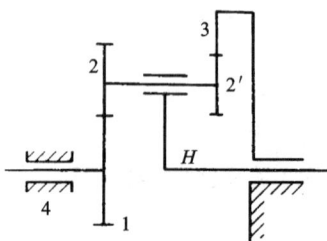

图 6-55 求周转轮系的传动比（一）

4. 如图 6 - 56 所示轮系, 已知 $z_1 = 48$, $z_2 = 27$, $z_2' = 45$, $z_3 = 102$, $z_4 = 120$。设输入转速 $n_1 = 3750$ r/min, 试求传动比 i_{14} 和 n_4。

5. 如图 6 - 57 所示轮系中, 各轮的齿数为 $z_1 = 36$, $z_2 = 60$, $z_3 = 23$, $z_4 = 49$, $z_4' = 45$, $z_5 = 30$, $z_6 = 131$, $z_7 = 94$, $z_8 = 36$, $z_9 = 167$。设输入转速 $n_1 = 3549$ r/min, 试求行星架 H 的转速 n_H。

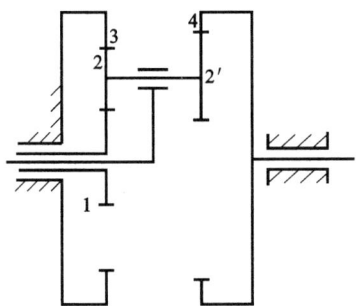

图 6 - 56　求周转轮系的传动比(二)

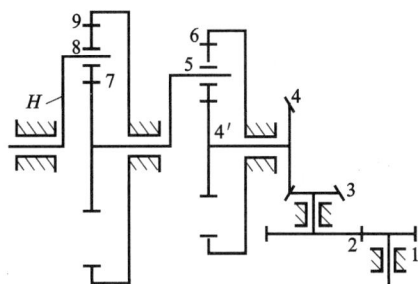

图 6 - 57　求混合轮系的传动比

项目七　汽车轴系零部件

学习目标

1. 知识目标：

1）掌握轴的结构及类型；

2）掌握轴承的类型及代号；

3）了解联轴器的类型及应用。

2. 能力目标：

1）能够正确选择轴的定位方式；

2）能够正确选择和拆装轴承；

3）能够正确选择和拆装联轴器。

汽车轴系零部件主要是指轴、轴承、联轴器和离合器。轴和轴承的主要功能是将传动零件可靠地支撑在机架上，以传递动力和转矩。联轴器与离合器的作用是轴与轴之间的联接零件，以传递动力和转矩。

任务一　轴

汽车上所有的回转零件如带轮、链轮和齿轮等都必须用轴来支承才能正常进行工作，因此，轴是机械中的重要零件。

7.1　轴的分类

7.1.1　根据轴的功用和支承情况分类

轴的功用是用以支承旋转的机械零件（如齿轮、带轮等），并传递运动和动力。

1）转轴——既传递转矩，又承受弯矩的轴，如图7-1所示的减速器的输出轴。

2）心轴——只承受弯矩，不传递转矩的轴，如图7-2所示的火车车轮轴。

3）传动轴——主要传递转矩的轴，不承受弯矩或承受很小的弯矩，如图7-3所示的汽车变速箱与后桥之间的传动轴。

图7-1　转轴

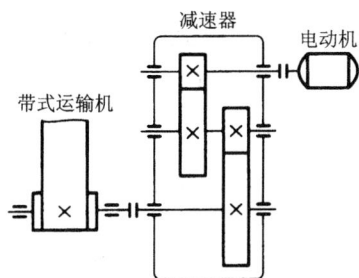

图7-2　心轴

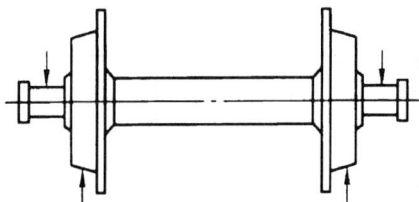

图7-3　传动轴

7.1.2　根据轴的轴线形状分类

1)直轴。按外形又可分为光轴和阶梯轴。光轴的结构最为简单,但在实际应用中,轴上总要安装零件,所以轴常做成阶梯形,轴在加工过程中分成几段,相邻的轴径尺寸不同,中间轴径由于承受的载荷相对集中,所以中间轴径的直径最大,如图7-4所示。

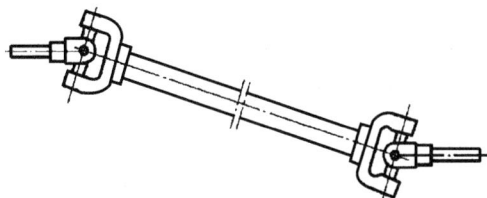

(a)光轴

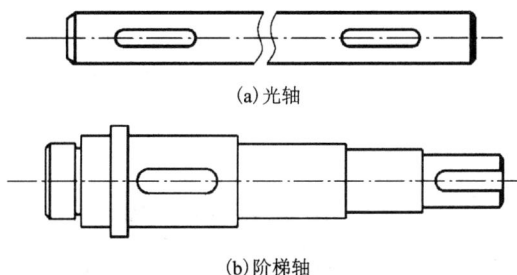

(b)阶梯轴

图7-4　直轴

2)曲轴。可将旋转运动转换为往复的直线运动,如图7-5所示。

3)挠性轴,也叫软轴。由多组钢丝分层卷绕而成,用于两个传动件轴线不在同一直线或工作时彼此有相对运动的空间传动,还可用于受连续振动的场合,以缓和冲击,如图7-6所示。

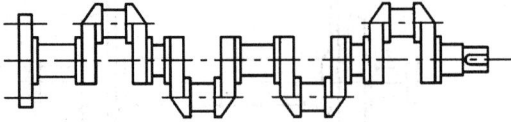

图7-5　曲轴

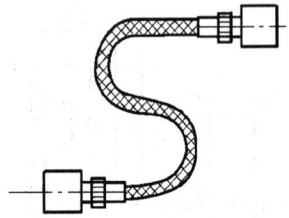

图7-6　挠性轴

7.2　轴的材料

7.2.1　轴的材料要求

轴的主要破坏形式为疲劳破坏,所以,轴的材料应具有足够的强度,小的应力集中敏感性,足够的刚度、耐磨性、耐腐蚀性及韧性,制造工艺性好。

7.2.2　轴的常用材料

在轴的材料中,碳素钢和合金钢的应用最为普遍,其次是球墨铸铁和高强度铸铁。

1)碳素钢:工程中常用35,45,50等优质碳素钢,其中以45钢用得最为广泛。其价格低廉,对应力集中敏感性较小,可以通过调质或正火处理以保证其机械性能,通过表面淬火或低温回火以保证其耐磨性。对于轻载和不重要的轴也可采用Q235,Q275等普通碳素钢。

2)合金钢:常用于高温、高速、重载以及结构要求紧凑的轴,有较高的力学性能,但价格较贵,对应力集中敏感,所以在结构设计时必须尽量减少应力集中。

3)球墨铸铁。耐磨、价格低、吸振性好,对应力集中的敏感性较低,但可靠性较差,一般用于形状复杂的轴,如曲轴、凸轮轴等。

7.3　轴的结构

轴的结构是指确定轴的几何形状及各部分的尺寸。轴一般由轴头、轴身和轴颈三部分构成,如图7-7所示。

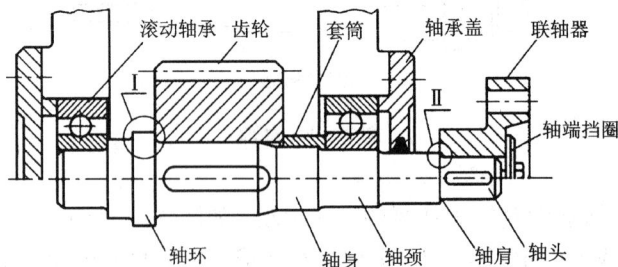

图7-7　轴的结构

轴头是指轴上与传动零件或联轴器、离合器相配的部分,其直径应与相配零件的内径一致,并采用标准直径。

轴颈是指轴上与轴承相配的部分，其直径应符合轴承内径的标准。

轴身是指轴上用于连接轴头和轴径的其余部分。

7.3.1　影响轴结构的主要因素

1.影响轴结构的主要因素

1）轴上所受载荷的性质、大小、方向及载荷的分布情况；

2）轴上零件的数目及零件的布置情况；

3）零件在轴上的定位及固定的方法；

4）轴上安装轴承的类型及轴承的尺寸；

5）轴的加工工艺方法及装配方法等。

2.对轴的结构的基本要求

1）轴的受力应分布合理，避免受力集中，充分考虑轴的强度和刚度；

2）在轴上安装的零件，应能牢固、可靠的固定，轴向固定及周向固定；

3）轴的结构设计应便于加工，加工工艺简单，便于轴上零件的拆装及调整，同时合理分布轴上载荷，尽量减少压力集中。

7.3.2　轴上零件的定位及固定

轴上零件的定位是指轴上零件有准确的工作位置。轴上零件的定位包括轴向定位和周向定位。

轴向定位及固定的作用和目的是为了保证零件在轴上有确定的轴向位置，防止零件做轴向移动，并承受轴向力。

常用的轴向固定措施有：

轴的一端可采用轴端挡圈，如图7-8(a)所示；

套筒过长可采用圆螺母，如图7-8(b)所示；

受载较小时可采用弹性挡圈[图7-8(c)]、紧定螺钉[图7-8(d)]和销钉等固定。

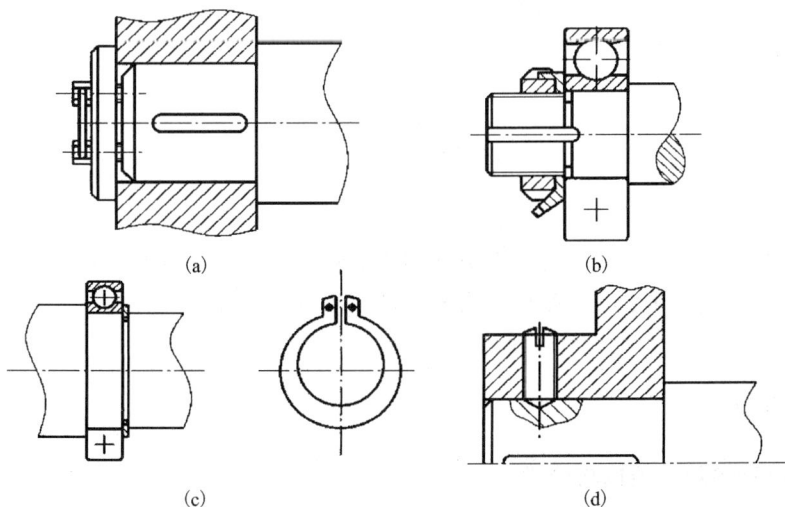

(a)　(b)

(c)　(d)

图7-8　轴的轴向固定措施

周向定位及固定的作用和目的是为了保证零件传递转矩的可靠性，防止零件与轴之间产生相对转动。

常用的周向固定措施有：键、花键、销、紧固螺钉、过盈配合等，如图 7 - 9 所示。

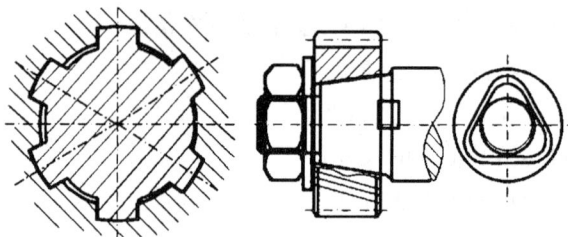

图 7 - 9   轴的周向定位措施

7.3.3   轴的结构工艺性

轴的结构应具备良好的加工工艺和装配工艺性能。设计时应主要从以下四个方面的内容考虑：

1）轴的形状应简单，简化加工工艺，以便于加工，轴的台阶应尽量少，轴的台阶数量越多，加工工艺越复杂，投入的成本也越高。

2）对轴颈和定位轴肩进行磨削时，应留有砂轮越程槽。轴上需要切制螺纹时，应留有退刀槽。轴上沿长度方向开有几个键槽时，应将它们安排在同一母线上，且槽宽尽可能一样大小。

3）轴的结构设计应满足轴上零件安装方便和便于拆卸的要求，一般将轴设计成中间直径最大，两端直径最小的结构。同一根轴上的所有圆角半径和倒角的大小应尽可能一致，以减少加工时使用刀具的数目。

4）滚动轴承轴向固定时，轴承内圈的高度应大于轴肩的高度，这样可以方便滚动轴承的拆卸操作。

任务二   轴承

轴承是一种支撑轴的零件，它可以引导轴的旋转，也可以承载轴上旋转的零件，保证轴与轴上传动件的回转精度，减少摩擦和磨损。轴承按摩擦的性质可分为滚动轴承和滑动轴承两种。

7.4   滚动轴承

7.4.1   滚动轴承的结构与分类

1. 滚动轴承的结构

滚动轴承是将运转的轴与轴座之间的滑动摩擦变为滚动摩擦，从而减少摩擦损失的一种精密的机械元件。滚动轴承一般由外圈 1、内圈 2、滚动体 3 和保持架 4 组成，如图 7 - 10

所示。

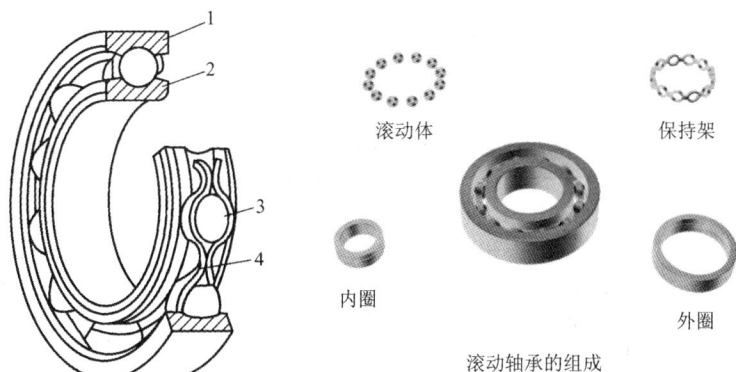

图 7 - 10　滚动轴承结构

内圈的作用是与轴相配合并与轴一起旋转；外圈的作用是与轴承座相配合，起支撑作用；滚动体是借助于保持架均匀地将滚动体分布在内圈和外圈之间，其形状大小和数量直接影响着滚动轴承的使用性能和寿命，滚动体有球、圆锥滚子、圆柱滚子、球面滚子、滚针等几种形式，如图 7 - 11 所示；保持架能使滚动体均匀分布，防止滚动体脱落，引导滚动体旋转起润滑作用。

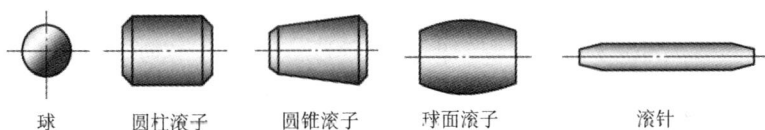

图 7 - 11　滚动体形状

2.滚动轴承的类型

（1）按其所能承受的载荷方向或公称接触角的不同分

1）向心轴承。主要用于承受径向载荷的滚动轴承，其公称接触角从 0°到 45°；

2）推力轴承。主要用于承受轴向载荷的滚动轴承，其公称接触角从 45°到 90°。

（2）按其滚动体的种类分

1）球轴承。滚动体为球的轴承；

2）滚子轴承。滚动体为滚子的轴承。

滚子轴承按滚子种类又分为：①圆柱滚子轴承——滚动体是圆柱滚子的轴承；②滚针轴承——滚动体是滚针的轴承；③圆锥滚子轴承——滚动体是圆锥滚子的轴承；④调心滚子轴承——滚动体是球面滚子的轴承。

（3）按其工作时能否调心分

1）调心轴承。滚道是球面形的，能适应两滚道轴心线间的角偏差及角运动的轴承。

2）非调心轴承（刚性轴承）。能阻抗滚道间轴心线角偏移的轴承。

（4）按滚动体的列数分

1）单列轴承。具有一列滚动体的轴承。

2）双列轴承。具有两列滚动体的轴承。

3）多列轴承。具有多于两列滚动体的轴承，如三列、四列轴承。

滚动轴承的类型及性能如表 7 – 1 所示。

表 7 – 1　滚动轴承的类型及性能

轴承名称 类型及代号	结构简图	载荷方向	主要特性及应用
调心球轴承 （1）			其外圈的内表面主要承受径向载荷，也能承受少量的轴向载荷。因为外圈滚道表面是以轴线中点为球心的球面，故能自动调心
调心滚子轴承 （2）			主要承受径向载荷，也可承受一些不大的轴向载荷，承载能力大，能自动调心
圆锥滚子轴承 （3）			能承受以径向载荷为主的径向、轴向联合载荷，当接触角 α 大时，亦可承受纯单向轴向联合载荷。因系线接触，承载能力大于 7 类轴承。内、外圈可以分离，装拆方便，一般成对使用
推力球轴承 （4）			接触角 $\alpha = 0°$，只能承受单向轴向载荷。而且载荷作用线必须与轴线相重合，高速时钢球离心力大，磨损、发热严重，极限转速低。所以只用于轴向载荷大，转速不高之处
双向推力 球轴承 （5）			能承受双向轴向载荷。其余与推力轴承相同

续表 7 – 1

轴承名称类型及代号	结构简图	载荷方向	主要特性及应用
深沟球轴承（6）			主要承受径向载荷，同时也能承受少量的轴向载荷。当转速很高而轴向载荷不太大时，可代替推力球轴承承受纯轴向载荷。生产量大，价格低
角接触球轴承（7）			能同时承受径向和轴向联合载荷。接触角 α 越大，承受轴向载荷的能力也越大。接触角 α 有 15°、25° 和 40° 三种。一般成对使用，可以分装于两个支点或同装于一个支点上
圆柱滚子轴承（N）			外圈（或内圈）可以分离，故不能承受轴向载荷。由于是线接触，所以能承受较大的径向载荷
滚针轴承（NA）			在同样内径条件下，与其他类型轴承相比，其外径最小，外圈（或内圈）可以分离，径向承载能力较大，一般无保持架，摩擦因数大

3. 滚动轴承的代号

国家标准 GB/T 272—2017 规定了滚动轴承代号的构成方法。滚动轴承的代号用字母和数字来表示，一般印或刻在轴承套圈的端面上。

滚动轴承的代号由基本代号、前置代号和后置代号组成，如表 7 – 2 所示。

表 7 – 2　滚动轴承代号的构成

前置代号	基本代号			后置代号
字母	类型代号	尺寸系列代号		内径代号	字母（或加数字）
	数字或字母	宽度系列代号	直径系列代号	两位数字	
		一位数字	一位数字		

注：以上表格第二行"内径代号"与"后置代号"为跨行。

（1）基本代号

1）轴承的内径代号。轴承的内径代号用右起第一、第二位数字表示，其表示方法如表 7 – 3 所示。

表7-3　滚动轴承的内径代号

内径尺寸/mm	代号表示		举例	
	第二位	第一位	代号	内径/mm
10		0		
12	0	1	深沟球轴承	10
15		2	6200	
17		3		
20～480(5的倍数)	内径/5的高		调心滚子轴承23208	40
22，28，32及500以上	/用内径毫米值直接表示		调心滚子轴承230/500	500

2)轴承的直径系列代号。轴承的直径系列代号用右起第三位表示内径相同而外径不同的系列，其代号如表7-4所示。

表7-4　滚动轴承直径系列代号

直径系列代号	0，1	2	3	4
系列	特轻系列	轻系列	中系列	重系列

3)轴承的宽(高)度系列代号。轴承的宽(高)度系列代号用右起第四位数字表示。当宽度系列为0系列时，多数轴承在代号中可不标出，但对调心滚子轴承和圆锥滚子轴承，高度系列代号应标出，其代号如表7-5所示。

表7-5　滚动轴承的宽(高)度系列代号

向心轴承宽度代号	0	1	2	3
系列	窄系列	正常系列	宽系列	特宽系列
推力轴承宽度代号	7	9	1	2
系列	特低系列	低系列	正常系列	正常系列

4)轴承类型代号。轴承类型代号用右起第五位数字或字母表示，其代号如表7-6所示。

表7-6　一般滚动轴承类型代号

代号	轴承类型	代号	轴承类型
0	双列角接触球轴承	7	角接触球轴承
1	调心球轴承	8	推力圆柱滚子轴承
2	调心滚子轴承和推力调心滚子轴承	N	圆柱滚子轴承
3	圆锥滚子轴承		双列或多列用字母NN表示
4	双列深沟球轴承	U	外球面球轴承
5	推力球轴承	QJ	四点接触球轴承
6	深沟球轴承		

（2）前置、后置代号

前置、后置代号是轴承在结构形状、尺寸、公差、技术要求等有改变时，在基本代号左、右添加的补充代号。

前置代号表示可分离轴承的各部分的分部件，用字母表示，如用 L 表示可分离的内圈或外圈，R 表示不带可分离内圈或外圈的轴承，K 表示滚子和保持架组件。

后置代号为补充代号，用字母和数字表示，包括八项内容：内部结构、密封与防尘结构、保持架及其材料、轴承材料、公差等级、游隙、多轴承配置及其他等。其中内部结构代号，表示轴承内部结构。如以 C，AC，B 分别表示公称接触角 $\alpha = 15°$、$25°$、$40°$ 的角接触球轴承；公差等级代号表示轴承的公差等级，它共有六级，其代号与精度顺序为：/P0，/P6，/P6x，/P5，/P4，/P2，依次由低级到高级，/P0 级为常用的普通级，可不标出。

4. 滚动轴承的安装与拆卸

（1）轴承的安装

1）冷压法。用专用压套压装轴承，如图 7 - 12（a）所示，装配时，先加专用压套，再用压力机压入或用手锤轻轻打入。

2）热装法。将轴承放入油池或加热炉中加热至 $80 \sim 100℃$，然后套装在轴上。

（2）轴承的拆卸

应使用专门的拆卸工具拆卸轴承，如图 7 - 12（b）所示。为了便于采用专用工具拆卸轴承，设计时应使轴上定位轴肩的高度小于轴承内圈的高度，以免在轴肩上开槽。同理，轴承外圈在套筒内应留出足够的高度和必要的拆卸空间，或采取其他便于拆卸的结构。

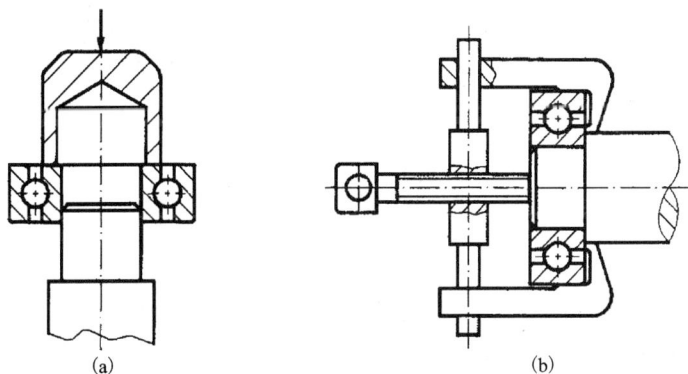

(a)　　　　　　　　　　(b)

图 7 - 12　轴承的安装与拆卸

5. 滚动轴承的选用

1）当载荷加大后有冲击载荷时，宜用滚子轴承；当载荷较小时，宜用球轴承。

2）当只受径向载荷时，或虽同时受径向和轴向载荷，但以径向载荷为主时，应用向心轴承。当只受轴向载荷时，一般应用推力轴承，而当转速很高时，可用角接触球轴承或深沟球轴承。当径向和轴向载荷都较大时，应采用角接触轴承。

3）当转速较高时，宜用球轴承；当转速较低时，可用滚子轴承，也可用球轴承。

4）当要求支承具有较大刚度时，应用滚子轴承。

5）当轴的挠曲变形大或轴承座孔不同、跨度大而对支承有调心要求时，应选用调心轴承。

6）为便于轴承的装拆，可选用内、外圈分离的轴承。

7）从经济角度看，球轴承比滚子轴承便宜，精度低的轴承比精度高的轴承便宜，普通结构轴承比特殊结构的轴承便宜。

7.5　滑动轴承

工作时轴承和轴颈的支承面间形成直接或间接接触摩擦的轴承，称为滑动轴承。滑动轴承为面接触，承载能力高，零件数少，制造精确；径向尺寸小；在特殊无润滑介质下也能胜任。根据轴承所能承受的载荷方向不同，滑动轴承可分为：

1）向心滑动轴承，用于承受径向载荷；

2）推力滑动轴承，用于承受轴向载荷。

7.5.1　滑动轴承的结构

1. 整体式滑动轴承

整体式滑动轴承是在机体上、箱体上或整体的轴承座上直接镗出轴承孔，并在孔内镶入轴套，如图 7 - 13 所示，安装时用螺栓联接在机架上。

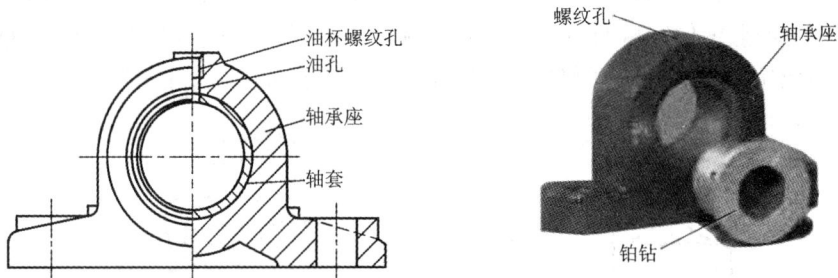

图 7 - 13　整体式滑动轴承

这种轴承结构形式较多，大都已标准化。它的优点是结构简单、成本低；缺点是轴颈只能从端部装入，安装和维修不便，而且轴承磨损后不能调整间隙，只能更换轴套，所以只能用在轻载、低速及间歇性工作的机器上。

2. 剖分式滑动轴承（对开式滑动轴承）

如图 7 - 14 所示，剖分式滑动轴承由轴承座、轴承盖、剖分式轴瓦等组成。在轴承座和轴承盖的剖分面上制有阶梯形的定位止口，便于安装时对心。还可在剖分面间放置调整垫片，以便安装或磨损时调整轴承间隙。

轴承剖分面最好与载荷方向近于垂直。一般剖分面是水平的或倾斜 45°，以适应不同径向载荷方向的要求。这种轴承装拆方便，又能调整间隙，克服了整体式轴承的缺点，得到了广泛的应用。

7.5.2　滑动轴承的应用

滑动轴承广泛应用于工作转速很高、要求对轴的支承位置特别精确、承受巨大的冲击与振动载荷及特重载荷的场合，如曲轴轴承、水轮发电机、多辊轧钢机及精密磨床等。

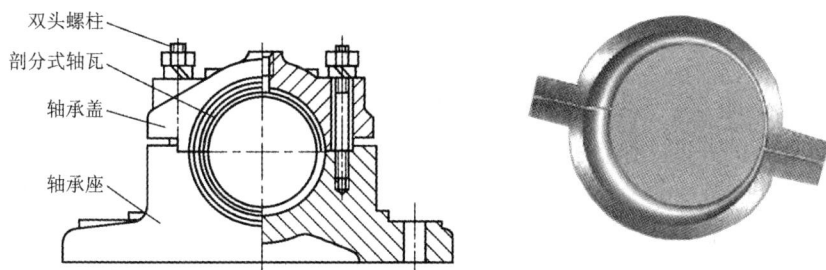

双头螺柱
剖分式轴瓦
轴承盖
轴承座

图 7-14 剖分式滑动轴承

7.6 轴承的润滑与密封

7.6.1 轴承的润滑

轴承的润滑分为脂润滑和油润滑，为了使轴承很好地发挥轴承的有效机能，首先，要选择适合使用条件、使用目的的润滑方法，如只考虑润滑效果，油润滑的润滑效果占优势。但脂润滑有可以简化轴承周围结构的优点，使用也很广泛。近年来，使用润滑脂的密封结构轴承也越来越多地被采用。

脂润滑可做到充填一次润滑脂后长时间不需补充，而且其密封装置的结构也较简单，因此使用广泛。脂润滑有预先在密封型轴承中充填润滑脂的密封方式，以及在外壳内部充填适量润滑脂，每隔一段时间进行补充或更换的充填供脂方式。此外，对有多处轴承需要润滑的机械，还采用管道连接至各润滑处的集中供脂方式。

7.6.2 轴承的密封

轴承的密封装置是防止来自外部的尘埃、水分、金属粉末等有害物的侵入，防止轴承内的润滑脂泄漏。对任何运转条件下的轴承都必须始终起到密封防尘的目的。同时，为了使轴承拆卸、装配、保养等顺利进行，须根据各种不同用途，结合润滑方法来选择适当的密封装置。

密封装置分为非接触式结构和接触式结构两种。非接触式结构不与轴接触，也没有摩擦部分的密封装置，这种结构有细槽、甩油槽、曲路密封等几种形式，是利用离心力、小的游隙起到密封的目的；接触式密封机构是用合成橡胶、合成树脂、毛毡等接触唇与轴接触起到密封的作用。

任务三 联轴器

联轴器在机械传动中常与离合器配合使用，其功用是连接轴与轴或者轴与其他回转零件，使其同步旋转并传递运动和转矩，也可用作传动系统中的安全装置。

7.7 联轴器的类型

根据工作性能，联轴器可分为刚性联轴器和挠性联轴器两大类。刚性联轴器又有固定式和可移动式两种。挠性联轴器中有弹性元件，所以具有缓冲、吸振的功能和适应轴线偏移的能力。

7.7.1　刚性联轴器

刚性联轴器不具有补偿被联两轴轴线相对偏移的能力，也不具有缓冲减震性能。凸缘联轴器是应用最广泛的固定式刚性联轴器，如图7-15所示，凸缘联轴器的结构简单，成本低，使用方便，可传递的转矩较大，但不能缓冲减震及不能补偿两轴线的位移，因此常用于载荷平稳，转速稳定，能保证被联两轴轴线相对偏移极小的情况。

7.7.2　挠性联轴器

挠性联轴器如图7-16所示，是利用联轴器中弹性元件的变形，来补偿两轴间的相对位移，并缓和冲击和振动。挠性联轴器具有一定的补偿被联两轴轴线相对偏移的能力。适用于被联两轴的同轴度不易保证的场合。

图7-15　凸缘联轴器　　　　　　　　　　图7-16　挠性联轴器

挠性联轴器分为无弹性元件的挠性联轴器、非金属弹性元件的挠性联轴器、金属弹性元件的挠性联轴器。

7.7.3　联轴器的选用

目前，大多数常用联轴器的生产均已达到标准化，不需要进行单独设计，一般可根据使用要求先确定具体尺寸，必要时对易损零件进行强度校核。根据机械的工作特点及要求，结合联轴器的性能选定。联轴器类型的选择主要考虑以下因素：

1）两轴对中情况。若两轴能保证严格对中时，可选用固定式联轴器；若不能保证严格对中或工作中可能发生各种偏移时，则应选用可移式联轴器或挠性联轴器。

2）载荷情况。当载荷平稳或者变动不大时，可选用刚性联轴器；若经常起动、制动或载荷变化较大时，最好选用挠性联轴器。

3）速度情况。低速时可选用刚性联轴器，高速时可选用挠性联轴器。工作转速应低于联轴器标准中额定的最大转速。

4）环境情况。当工作环境温度低于零下20℃或温度高于45℃时，一般不宜选用具有橡胶或尼龙作弹性元件的联轴器；有时还要考虑安装尺寸的限制。

例如两轴对中精确，轴本身刚度较好时，可选用凸缘联轴器；两轴对中困难，轴的刚性差时,可选用具有补偿偏移能力的联轴器;两轴成一定夹角时,可选用万向联轴器;转速高,要求能吸收震动和缓冲时,可采用挠性联轴器。

复习思考题

一、填空题

1.转轴既可传递_____,又可承受_____。

2.根据轴的轴线形状分为_____、_____和_____。

3.在轴的材料中,_____和_____的应用最为普遍,其次是_____和_____。

4.轴上零件的定位包括_____和_____。

5.轴承按摩擦的性质可分为_____和_____。

6.轴承的润滑方法,分为_____和_____。

7.两轴成一定夹角时,可选用_____联轴器。

二、选择题

1.工作中既承受弯距又承受转矩的轴,称为( )。

A.传动轴　　　　　B.转轴　　　　　C.心轴　　　　　D.曲轴

2.按承受载荷的性质分类,手动变速器中的齿轮轴属于( )。

A.传动轴　　　　　B.固定心轴　　　　C.转轴　　　　　D.转动心轴

3.下列联轴器中,属于刚性联轴器的是( )。

A.万向联轴器　　　B.齿式联轴器　　　C.弹性柱销联轴器　D.凸缘联轴器

4.汽车下部变速器与后桥间的轴是( )。

A.心轴　　　　　　B.转轴　　　　　　C.传动轴　　　　　D.阶梯轴

5.如果轴的转速较高,轴向力相对较小.则两端轴承宜优先选用( )。

A.深沟球轴承　　　B.圆柱滚子轴承　　C.推力球轴承　　　D.滚针轴承

6.在下列四种型号的滚动轴承中,只能承受径向载荷的是( )。

A.6208　　　　　　B. N208　　　　　　C.3208　　　　　　D.7208

7.汽车常用零件(滚动轴承)如右图,图示中的 2 和 1 表示:( )。

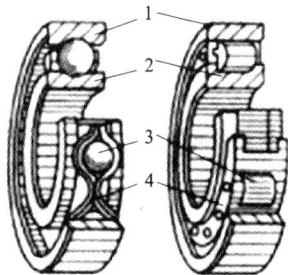

A.保持架和滚动体

B.滚动体和内圈

C.内圈和外圈

D.外圈和保持架

8.汽车常用零件中(如下图),属于( )。

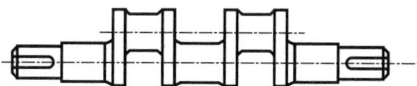

A.曲轴　　　　　B.光轴　　　　　C.阶梯轴　　　　　D.空心轴

9.若两轴刚性较大，对中性好，不发生相对位移，工作中载荷平稳转速稳定时，宜选用（　　）联轴器。

A.刚性凸缘　　　　　B.十字滑块　　　　　C.弹性套柱销　　　　　D.齿式

10.属弹性元件挠性联轴器中的弹性元件都具有（　　）的功能。

A.对中　　　　　B.减磨　　　　　C.缓冲和减振　　　　　D.装配很方便

三、问答题

1.影响轴结构的主要因素是什么？

2.滚动轴承的结构有哪些？

3.滚动轴承的代号怎么区分？

4.轴承润滑的作用是什么？

5.联轴器有哪些类型？

项目八 液压与液力传动

学习目标

1.知识目标：
1）掌握液压传动系统的组成及工作原理；
2）掌握主要液压元件的工作原理、结构组成及图形符号；
3）了解液压传动在汽车中的应用；
4）掌握液力耦合器和液力变矩器的结构和工作原理。

2.能力目标：
1）具有正确选择液压油的牌号的能力；
2）具有合理选择及正确使用液压元件的能力；
3）具有识读液压基本回路和系统的能力；
4）具有正确使用液力变矩器的能力。

任务一 液压传动技术的认知

液体传动是以液体为工作介质传动能量的，它包括液压传动和液力传动。

液压传动是以液体为工作介质，利用液体的压力能来传递能量。它是通过液压泵将原动机的机械能转换为液体的压力能，又通过管路、控制阀等元件传递和控制压力能，再经液压缸（或液压马达）将液体的压力能转换成机械能，驱动负载和实现执行机构的运动。

液力传动是以液体为工作介质，利用液体循环流动过程中的动能来传递能量。

8.1 液压传动的工作原理及组成

8.1.1 液压传动的工作原理

液压千斤顶是机械行业常用的工具，结构如图8－1所示。下面以液压千斤顶为例，说明液压传动装置的工作原理及其组成。

液压千斤顶原理如图8－2所示，千斤顶有两个液压缸：小液压缸3和大液压缸6，内部分别装有活塞，活塞和缸体之间保持良好的配合关系，不仅可滑动还能实现可靠密封。

当向上抬起杠杆1时，小液压缸3的活塞2上提，缸体下腔容积增大形成真空，排油单

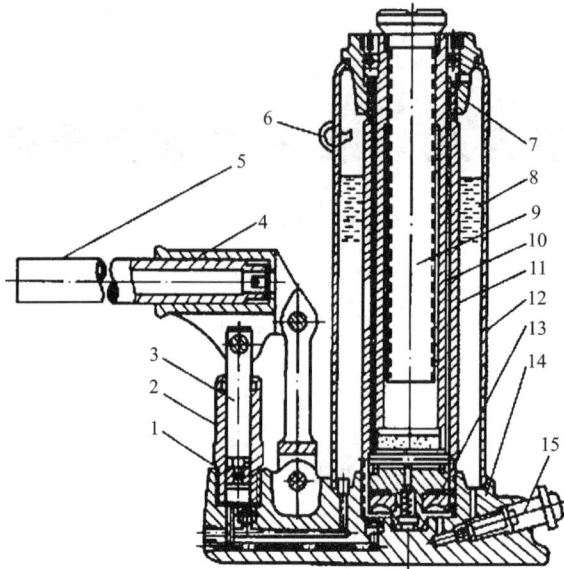

图 8 - 1   液压千斤顶结构图

1—泵芯密封圈；2—泵体；3—泵芯；4—揿手；5—杠杆；6—油塞；

7—顶帽；8—工作油；9—调整螺杆；10—活塞杆；11—油缸；

12—外套；13—活塞密封圈；14—底座；15—回油阀

向阀 5 关闭，油箱 9 中的液体在大气压力作用下，经吸油单向阀 4 进入小液压缸 3 的下腔内，完成一次吸油动作；向下压杠杆 1，小液压缸 3 的活塞 2 下压，吸油单向阀 4 关闭，缸体下腔中的液体推开排油单向阀 5，经管道进入大液压缸 6，迫使活塞克服重物重力 W 上升而做功；重复上述动作可使重物不断升起，达到起重目的。如杠杆停止动作，大液压缸 6 下腔的油液压力将使排油单向阀 5 关闭，大液压缸 6 的活塞连同重物一起被自锁不动，保持在举升位置。如打开回油阀 8，大液压缸 6 的下腔通油箱，液体在重力作用下经回油阀 8 排往油箱 9。

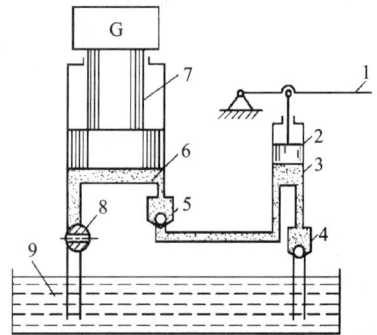

图 8 - 2   液压千斤顶工作原理

1—杠杆；2、7—活塞；3、6—液压缸；

4、5—单向阀；8—回油阀；9—油箱

由千斤顶的工作过程，可知液压传动经过了两次能量转换，小液压缸 3 与单向阀 4、5 一起完成吸油与排油动作，将杠杆的机械能转换为油液的压力能输出；大液压缸 6 则将油液的压力能转换为机械能输出，抬起重物，这就是千斤顶的工作原理。它是简单又完整的液压传动系统，实现了力和运动的传递。

显然，液压传动的工作原理：经过两次能量转换，先将机械能转换为便于输送的液体压力能，经过控制和传递后，再将液体的压力能转换为机械能对外做功。

8.1.2　液压传动系统的组成

由图 8 - 2 千斤顶结构原理图可见,液压传动装置由以下几部分组成:

1)动力元件:将机械能转换成压力能的装置,常见的是液压泵,为系统提供压力油;小液压缸 3、吸油单向阀 4 和排油单向阀 5 组成一个阀配流式的液压泵。

2)执行元件:将流体的压力能转换为机械能输出的装置。常见的是液压缸(输出直线运动,如大液压缸 6);液压马达(输出旋转运动)。

3)控制元件:通过对流体的方向、流量、压力的控制,来实现对执行元件方向、速度、作用力等控制的装置。常见的是各种液压阀,如回油阀 8。

4)辅助元件:上述三个组成部分以外的其他元件,如管道、管接头、油箱、滤油器、蓄能器等均为辅助元件。

8.2　液压传动基本知识

8.2.1　液压工作介质

液压油是液压系统中借以传递能量的工作介质,还具有润滑、冷却、防锈等功能,因此液压油性能的优劣,对液压系统工作的影响很大。

1.液压油的密度

单位体积油液的质量称为该油液的密度。

密度是液体一个重要的物理参数。随着温度和压力的变化,其密度也会发生变化,但变化量一般很小,可以忽略不计。一般液压油的密度为 $900\ kg/m^3$。

2.液压油的黏度

(1)黏度的定义

油液在外力作用下流动时,液层间相对运动产生内摩擦力的性质,叫作油液的黏性。油液黏性的大小用黏度来表示,液层间内摩擦力大,黏度就大,油液就"稠",反之,油液就"稀"。黏度是液体重要的物理特性,也是选择液压油的主要依据。

(2)黏度的种类

常见的黏度有动力黏度 μ、运动黏度 γ、相对黏度 $°E$。

在工程中常用运动黏度 γ 作为液体黏度的标志。机械油的牌号就是用 40℃时的运动黏度 γ 的平均值表示的,如 10 号机械油就是 40℃时的运动黏度 γ 的平均值为 10cSt。

(3)黏度的影响因素

1)黏度与压力的关系。

压力增加,液体分子间的距离随压力增加而减小,内聚力增大,其黏度随之增大;反之,黏度减小。当压力不高且变化不大时,压力对黏度的影响较小,一般可忽略不计。当压力较高($>10^7\ Pa$)或压力变化较大时,需要考虑这种影响。

2)黏度与温度的关系。

黏度随温度变化的性质也称黏温特性,温度对液体的黏度影响较大,温度升高液体黏度下降,温度降低液体黏度上升,在油液选用时要考虑温度对黏度的影响。

3.液体可压缩性

液体受压力作用而体积缩小的性质称为液体的可压缩性。

一般中、低压液压系统,其液体的可压缩性很小。因而可以认为液体是不可压缩的。而在压力变化很大的高压系统中，就需要考虑液体压缩的影响。当液体混入空气时，可压缩性将明显增加，并将严重影响液压系统的工作性能，因而在液压系统中应使油液中的空气含量减少到最低限度。

4. 液压油的选用

选用液压油时常常采用两种方法：一是按液压元件生产厂家所提供的说明书中推荐的油类品种和规格选用液压油；二是根据液压系统的具体情况，例如工作压力高低、工作温度高低、运动速度大小、液压元件的种类等因素，全面考虑选用液压油。通常当环境温度较高或系统工作压力较大时，黏度要取得较大些，以防止系统中泄漏增大；而当工作部件运动速度较高时，为减少由于与液体摩擦而造成的能量损失，宜选用黏度较低的液压油。常见液压油的品种和用途，见表8－1。

表8－1　液压泵用油推荐表

泵型		黏度(40℃，mm²/s)		推荐牌号 (温度高时选后者)
		5～40℃	40～80℃	
叶片泵	7 MPa 以下	30～50	40～75	N32, N46, N68
	14 MPa 以下	50～70	55～90	YA—N32, N46, N68
齿轮泵	12.5 MPa 以下	30～70	95～165	YA—N32, N46, N68
	10～20 MPa			YA—N46, N68；YB—N46, N68
	16～32 MPa			YB—N32, N46, N68
柱塞泵	径向	30～50	65～240	YB—N32, N46, N68
	轴向	40	70～150	YB—N32, N46, N68, N100

8.2.2　液压传动的两个参数

1. 压力

1) 概念：液体单位面积上所受的法向力，物理学中称压强，液压传动中习惯称压力，用符号"p"表示。

2) 计算公式：

$$p = \frac{F}{A}$$

式中：F 为作用在面积上总压力(N)；A 为受压面积(m^2)。

3) 单位：Pa，MPa。

2. 流量

1) 概念：单位时间内流过通流面积的油液的体积。用符号"Q"表示。

2) 计算公式：

$$Q = \frac{V}{t}$$

式中：V 为流过管道或液压缸液体体积(m^2)；t 为时间(s)。

3) 单位：m^3/s。

4)流速 $v(\text{m/s})$：

$$v = \frac{Q}{A} \text{ m/s}$$

任务二　液压泵和液压马达

在液压系统中，液压泵和液压马达都是能量转换元件，液压泵是动力元件，它将机械能转换为压力能，为液压系统提供压力油；液压马达是执行元件，将压力能转换为机械能，为工作机构提供转矩和转速。

液压泵与液压马达内部构造基本相同，工作原理可逆。液压泵由原动机带动做旋转运动，输出压力油；液压马达则是输入压力油，输出旋转运动。因此，常将液压泵和液压马达对比学习。

注：液压泵与液压马达构造基本相同，但细部结构存在一定差别，故很多同类型的泵和马达不能互逆通用。

8.3　液压泵

8.3.1　液压泵的分类

液压泵按其在单位时间内所输出的油液体积能否调节可分为定量泵和变量泵两类；按结构形式可以分为：齿轮泵、叶片泵和柱塞泵三大类。

8.3.2　液压泵的工作原理

液压传动中所用的液压泵都是靠密封的工作容积发生变化而进行工作的，所以都属于容积式泵。

如图 8 - 3 所示，偏心轮 1 旋转时，柱塞 2 在偏心轮 1 和弹簧 3 作用下在缸体中左右移动。柱塞右移时，容积从小变大，产生真空，缸体中的油腔便通过单向阀 4（吸油阀）吸入，此时单向阀 5（排油阀）会关闭；柱塞左移时，缸体中的容积从大变小，吸油阀 4 关闭，已吸入的油液便通过排油阀 5 输出到系统中去。由此可见液压泵正常工作的两个必备条件包括：

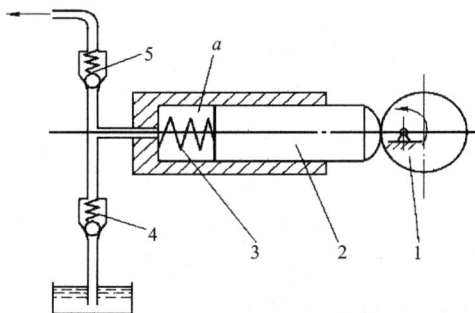

图 8 - 3　单柱塞式液压泵的工作原理

1—偏心轮；2—柱塞；3—弹簧；4、5—单向阀；a—工作腔

1) 具有密闭的周期变化的容积。容积由小变大,则吸油;容积由大变小,则压油。

2) 具有配油装置。其作用是保证密封容积在吸油过程中与油箱相通,同时关闭排油通路;压油时与排油通路相通而与油箱切断,如图 8 – 3 中吸、排油阀。配油装置随着泵结构的不同而有不同的形式。

8.3.3　常见的液压泵

1. 齿轮泵

齿轮泵是一种常见的液压泵,它的主要优点是结构简单,制造方便,价格低廉,体积小,质量轻,自吸性好,对油液污染不敏感;其主要缺点是流量和压力脉动大,排量不可调,只能用作定量泵,且一般适用于低压系统。

齿轮泵被广泛应用于工程机械、农业机械、建筑机械等各个行业,也是汽车机油泵的主要形式。

(1) 齿轮泵的分类

齿轮泵按照其啮合形式不同,有外啮合齿轮泵和内啮合齿轮泵两种,内啮合齿轮泵又有渐开线内啮合齿轮泵和摆线齿形内啮合齿轮泵(又称转子式摆线泵),如图 8 – 4 所示。

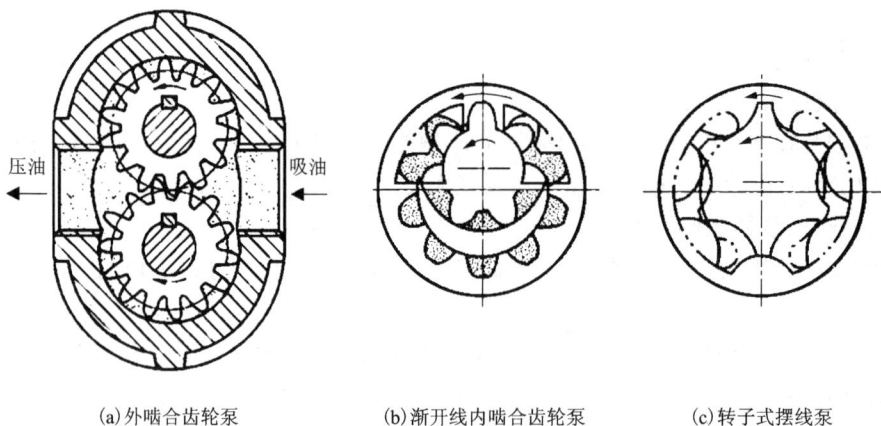

(a)外啮合齿轮泵　　　(b)渐开线内啮合齿轮泵　　　(c)转子式摆线泵

图 8 – 4　液压泵

(2) 齿轮泵的工作原理

外啮合齿轮泵和内啮合齿轮泵的工作原理和主要特点基本相同。现以图 8 – 4(a)外啮合齿轮泵为例,说明齿轮泵的工作原理。

齿轮泵主要由主、从动齿轮,驱动轴,泵体及侧板等主要零件构成。泵体内相互啮合的主、从动齿轮与两端盖及泵体一起构成密封的工作容积,齿轮的啮合点将左、右两腔隔开,形成了吸、压油腔。当齿轮按图示方向旋转时,右侧的轮齿逐渐脱离啮合,露出齿槽,密封容积的体积逐渐增大,形成局部真空,进而吸油,因此这个容腔称为吸油腔;左侧的轮齿逐渐进入啮合,密封容积的体积逐渐减小,把齿间的油液从压油口挤出,因此这个容腔称为压油腔。

当齿轮泵不断旋转时,齿轮泵的吸、压油口不断地吸油和压油,实现了向液压系统输送油液的过程。

2.叶片泵

叶片泵具有结构紧凑、体积小、质量轻、流量均匀、噪声小等优点；但自吸能力差，对油液的污染比较敏感，制造工艺要求也比较高。

汽车动力转向系统中的转向油泵常用叶片泵。

叶片泵有单作用叶片泵和双作用叶片泵两大类，单作用叶片泵泵轴转一转时吸、压油各一次，双作用叶片泵泵轴转一转时吸、压油各两次。

（1）单作用叶片泵

单作用叶片泵结构如图8－5（a）所示，单作用叶片泵由转子1、叶片2、定子3和泵体、端盖、配油盘等组件组成。定子和转子都是圆盘形，定子和转子间有偏心距e，叶片装在转子槽中，并可在槽中滑动，为使叶片在离心惯性力作用下更易向外伸出，叶片后倾一个角度。图中虚线所示为配油盘窗口。当转子按图示方向转动时，在离心力的作用下，叶片从叶片槽中甩出顶在定子的内圆表面上。这样，叶片、定子内表面、转子外表面和两侧的配油盘就围成若干个密封容积。

单作用叶片泵工作原理：如图8－5（a）所示，当转子按逆时针方向转动时，图中右半部分叶片逐渐从槽中伸出，密封容积逐渐增大，产生局部真空，从配油盘的吸油窗口吸油；而左半部分叶片则逐渐缩回，密封容积逐渐减小，容积内油液经配油盘的压油窗口压出。在吸油区和压油区之间有一段封油区，将吸油腔和压油腔隔开。

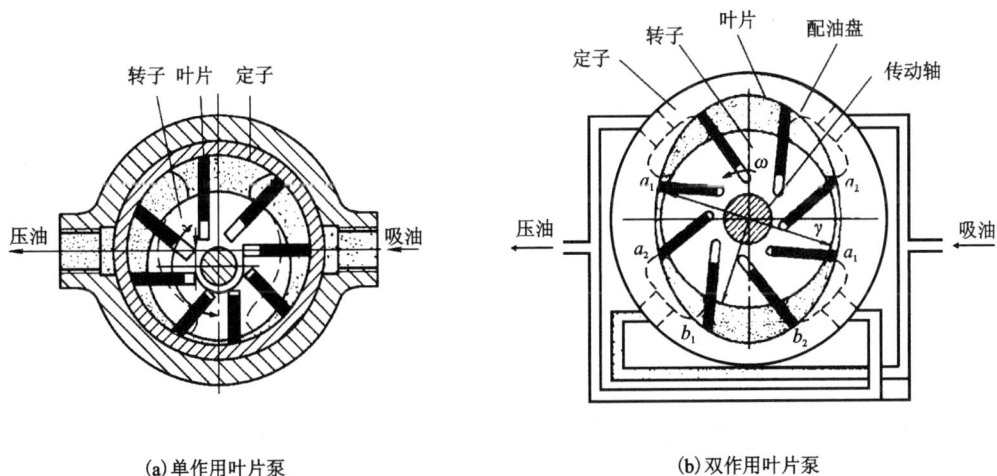

(a)单作用叶片泵

(b)双作用叶片泵

图8－5　叶片泵的工作原理图

这种泵的转子每转一转完成一次吸油和压油，因此称为单作用叶片泵。当转子不停地转动时，泵就不停地吸油和压油。

单作用叶片泵的转子两侧及其轴承上受到不平衡的液体压力，因此单作用叶片泵又称为非平衡式叶片泵。因其径向不平衡力随着工作压力的提高而增加，故多用作低压叶片泵。

改变单作用式叶片泵定子和转子偏心距e的大小，可以改变输出流量；若偏心距方向改变，则泵的吸、压油腔互换，使之成为双向变量泵。

（2）双作用叶片泵

双作用叶片泵如图8-5（b）所示，与单作用叶片泵相比结构不同在于：一是定子内表面是由两段长半径圆弧、两段短半径圆弧和四段过渡圆弧组成，且定子和转子同心；二是配油盘上有四个月牙形配油窗口；三是为减小叶片和定子内表面接触时的压力角，从而减少叶片和定子间的磨损，叶片前倾一个角度，且叶片前倾安装时，叶片泵不允许反转。

双作用叶片泵工作原理：如图8-5（b）所示，转子逆时针方向旋转时，密封工作腔在左下角和右上角处逐渐增大，为吸油区；在左上角和右下角处逐渐减小，为压油区；在吸油区和压油区之间有一段封油区将它们隔开。

这种泵的转子每转一转，完成吸油和压油各两次，所以称双作用叶片泵。

双作用叶片泵的吸油区和压油区对称分布，因此，转子所受径向力是平衡的，所以双作用叶片泵又称平衡式叶片泵。一般用于中压系统。

3.柱塞泵

柱塞泵是靠柱塞在缸体中做往复运动，使密封容积发生变化来实现吸油与压油的液压泵。柱塞泵具有效率高、压力高、流量可调节等优点，常用于高压、大流量、大功率的场合。如液压机、工程机械、龙门刨床、船舶等。

柱塞泵按柱塞的排列和运动方向不同，可分为径向柱塞泵和轴向柱塞泵。轴向柱塞泵的柱塞平行于缸体轴心线。径向柱塞泵的柱塞装在缸体圆周的径向排列孔内。

（1）轴向柱塞泵

轴向柱塞泵可分为斜盘式和斜轴式两大类。图8-6所示为斜盘式轴向柱塞泵，其主要由斜盘1、滑靴2、压板3、缸体7、柱塞5、轴9、配油盘10等组成。其中柱塞5平行于缸体7的轴心线，沿缸体7圆周均匀分布，缸体7由轴9带动旋转，套筒4在弹簧6的作用下，通过压板3使柱塞头部的滑靴2紧压在斜盘上。同时，套筒8则使缸体7和配油盘10紧密接触，起密封作用。

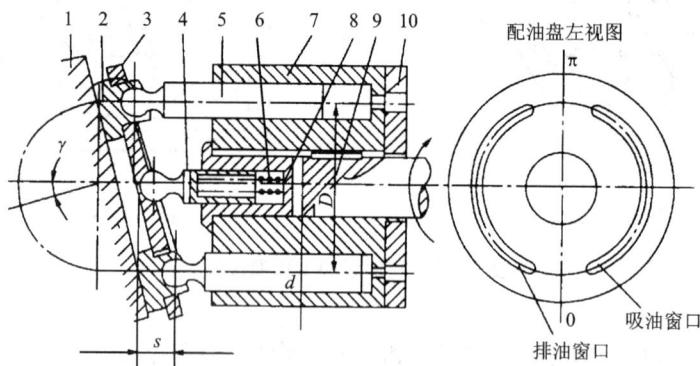

图8-6 斜盘式轴向柱塞泵工作原理图

1—斜盘；2—滑靴；3—压板；4—套筒；5—柱塞；6—弹簧；7—缸体；8—套筒；9—轴；10—配油盘

斜盘式轴向柱塞泵工作原理：当缸体按图8-6所示方向转动时，由于斜盘和压板的作用，迫使柱塞在缸体内做往复运动，使各柱塞与缸体间的密封容积发生变化，通过配油盘进行吸油和压油。当缸孔自最低位置向前上方转动（前面半周）时，柱塞逐渐向左伸出，柱塞底部的缸孔内密封容积增大,经配油盘吸油窗口吸油;而缸孔自最高位置向后下方转动(里面半周)时,柱塞被斜盘逐步压入缸体,柱塞底部密封容积减小,经配油盘排油窗口而压油。

缸体每转一转,柱塞吸、压油各一次。

在变量轴向柱塞泵中设有专门的变量机构,用来改变斜盘倾角的大小,以改变密封工作容积的有效变化量,实现泵的变量。

(2)径向柱塞泵

径向柱塞泵分为轴配式径向柱塞泵和阀配式径向柱塞泵。如图 8-7 所示为轴配式径向柱塞泵,它由柱塞 1、转子 2、衬套 3、定子 4 和配油轴 5 组成。定子和转子之间有偏心距 e。衬套 3 固定在转子孔内随之一起转动,配油轴 5 固定不动。柱塞在转子的径向孔内运动,形成泵的密封工作容腔。

径向柱塞泵工作原理:当转子按图 8-7 所示方向转动时,位于上半周的工作容腔处于吸油状态,油箱中的油液经配油轴的 a 孔进入吸油腔;位于下半周的工作容腔减小,处于压油状态,压油腔中的油将从配油轴的 b 孔向外输出。

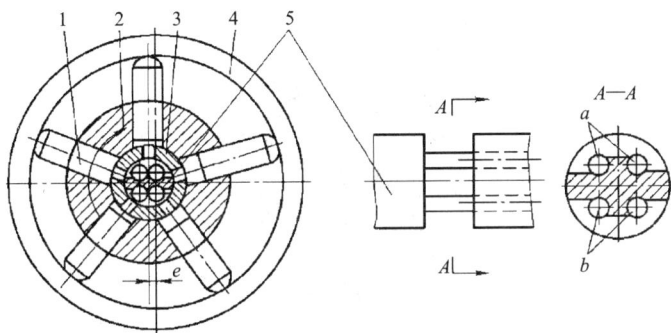

图 8-7　径向柱塞泵的工作原理
1—柱塞;2—转子;3—衬套;4—定子;5—配油轴

改变定子与转子偏心距 e 的大小可以改变输出流量;若偏心距方向改变,则泵的吸、压油腔互换,使之成为双向变量泵。

8.3.4　液压泵的图形符号

液压泵的图形符号如图 8-8 所示。

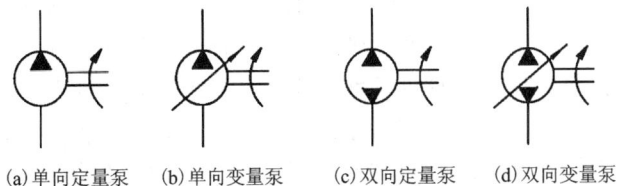

(a)单向定量泵　　(b)单向变量泵　　(c)双向定量泵　　(d)双向变量泵

图 8-8　液压泵图形符号

8.4　液压马达

液压马达也是容积式的,按结构形式也可以分为齿轮式、叶片式和柱塞式三大类;按速度的大小可分为高速马达、中速马达和低速马达三大类。

8.4.1　叶片式马达

图8-9为双作用叶片式液压马达的工作原理图。为满足液压马达有双向旋转的要求,叶片槽径向布置。压力油进入叶片1和3之间,叶片2因两端面均受压力油的作用不产生转矩;而叶片1和3上,一面作用压力油,另一面作用回油(低压油),由于叶片3伸出面积大于叶片1伸出面积,因此叶片3所受的总液压力大于叶片1所受的总液压力,压力差使转子产生逆时针的转矩。同理,压力油进入叶片5和7之间时,叶片6不产生转矩,叶片7的伸出面积大于叶片5的伸出面积,也产生逆时针方向转矩。这样,就把油液的压力能转变成了机械能。

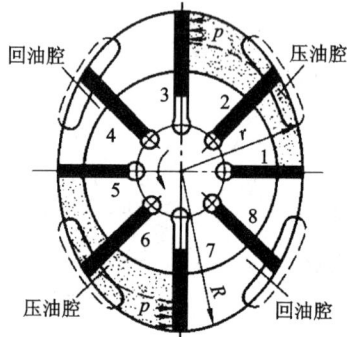

图8-9　叶片马达工作原理

当进油方向改变时,液压马达反转。

叶片马达的体积小,转动惯量小、动作灵敏,但泄漏大,低速工作时不稳定。因此,适用于换向频率较高、转速高、扭矩小、要求动作灵敏的场合。

8.4.2　轴向柱塞马达

轴向柱塞马达的结构形式基本上与轴向柱塞泵一样,故其种类也有斜盘式和斜轴式两种。

图8-10为斜盘式轴向柱塞式液压马达的工作原理图。斜盘1和配流盘4固定不动,柱塞2可在回转缸体3的孔内移动。斜盘1的中心线与回转缸体3的中心线间的倾角为γ。高压油经配流盘4的窗口进入回转缸体的柱塞2时,处在高压腔中的柱塞被顶出,压在斜盘上。斜盘1对柱塞2的反作用力F,可分解为与柱塞上液压力平衡的轴向分力F_x和作用在柱塞上的垂直分力F_y。垂直分力F_y使回转缸体产生转矩,带动马达轴转动。

改变进出油口,则液压马达反转。

一般来说,轴向柱塞马达都是高速马达,输出扭矩小,如果能使液压马达的排量显著增大,也就可以使轴向柱塞马达做成低速大转矩马达。

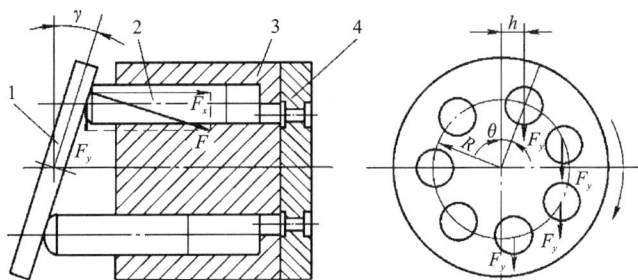

图 8 - 10   轴向柱塞式液压马达的工作原理

1—斜盘；2—柱塞；3—回转缸体；4—配流盘

8.4.3   液压马达的图形符号

液压马达的图形符号如图 8 - 11 所示。

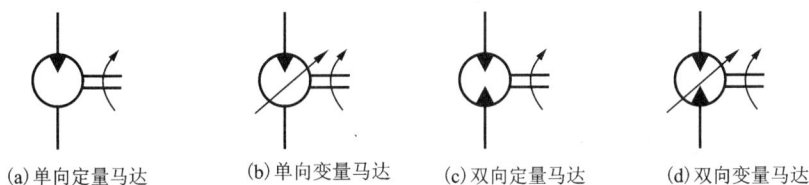

(a) 单向定量马达   (b) 单向变量马达   (c) 双向定量马达   (d) 双向变量马达

图 8 - 11   液压马达图形符号

任务三   液压缸

液压缸和液压马达一样，都属于执行元件，不同的是：液压马达是将压力能转换为旋转机械能，为工作机构提供转矩和转速；液压缸是把压力能转换成往复直线运动机械能，输出推力和速度。

液压缸结构简单，工作可靠，其应用比液压马达更为广泛，在汽车中，应用于制动、动力转向等系统。

8.5   液压缸

按结构形式，液压缸可分为活塞式、柱塞式和组合式三大类。

按作用方式可分为单作用式和双作用式两种。单作用液压缸的压力油只从缸的一侧输入，液压缸只能实现一个方向的运动，反向运动（回油）则需要借助于弹簧力、重力等外力。双作用液压缸的压力油可以从缸两侧交替或同时输入，液压缸可以实现两个方向的往复运动。

8.5.1   活塞式液压缸

活塞式液压缸（活塞缸）是应用最多的一种液压缸，可分为单杆式和双杆式，其固定方式可以是缸体固定，也可以是活塞杆固定。

1. 单杆活塞缸

单杆活塞缸如图 8 – 12 所示，其结构主要由缸体、活塞和活塞杆组成。由于活塞一侧有伸出杆（有杆腔），而另一侧无伸出杆（无杆腔），所以活塞两端的有效工作面积不等。若向活塞缸的两腔分别供油，且供油压力和流量相同，设进入液压缸的流量为 Q，进油口压为 p。

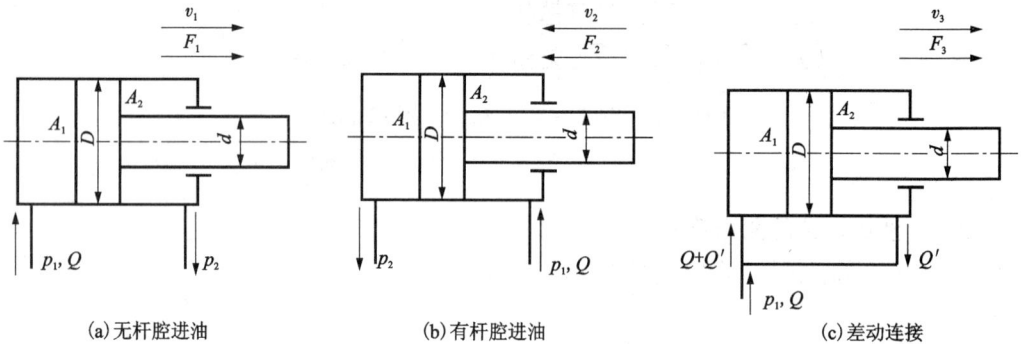

（a）无杆腔进油　　　　　　（b）有杆腔进油　　　　　　（c）差动连接

图 8 – 12　单杆活塞缸

当无杆腔进油，有杆腔回油时，则活塞（或液压缸）的输出推力、运动速度分别为：

$$F_1 = A_1 p_1 - A_2 P_2 \,, \ v_1 = \frac{Q}{A_1}$$

当有杆腔进油，无杆腔回油时，则活塞（或液压缸）的输出推力、运动速度分别为：

$$F_2 = A_2 p_1 - A_1 P_2 \,, \ v_2 = \frac{Q}{A_2}$$

结论：无杆腔进油时，活塞有效面积大，推力大、速度小；有杆腔进油时，活塞有效面积小，故推力小、速度大。

因而它适用于伸出时承受工作载荷，缩回时为空载或轻载的场合。

2. 差动液压缸

工程中，经常遇到单活塞杆液压缸左右两腔同时接通压力油的情况，这种连接方式称为差动连接，此缸称为差动缸。差动连接的显著特点是在不增加输入流量的情况下提高活塞的运动速度。尽管此时液压缸两腔压力相等，但两腔活塞的工作面积不等，因此，活塞将向有杆方向运动（缸体固定时）。有杆腔排出的油液和油泵输入的油液一起进入无杆腔，增加无杆腔的流量，从而提高了活塞的活动速度。

$$F_3 = (A_1 - A_2)p \,, \ v_3 = \frac{Q}{A_1 - A_2}$$

单杆活塞缸不同连接，可实现如下的工作循环：

快进（差动连接）——→工进（无杆腔进油）——→快退（有杆腔进油）。

3. 双活塞杆液压缸

双活塞杆液压缸如图 8 – 13 所示，活塞两侧都有伸出杆。缸体两端都设有进出油口，当压力油从两端油口交替进入液压缸左、右工作腔时，压力油作用于活塞端面，驱动活塞（或缸体）运动，并通过活塞杆（或缸体）带动工作台做直线往复运动。不同固定方式工作台的移动

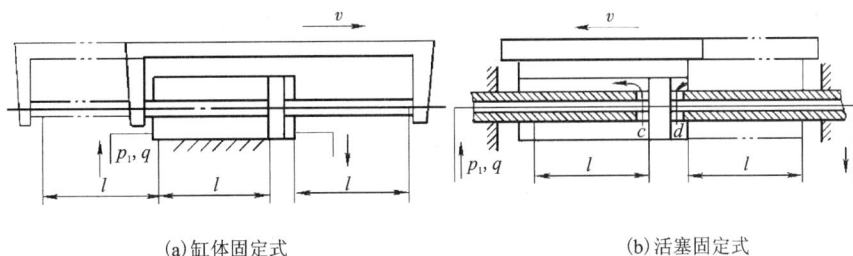

(a)缸体固定式　　　　　　　　　　(b)活塞固定式

图 8 - 13　双杆活塞缸

范围不同，缸体固定时，如图 8 - 13(a)，工作台的活动范围近似于活塞有效行程的三倍，而活塞杆固定时，如图 8 - 13(b)，工作台的活动范围近似活塞有效行程的两倍。

当两活塞杆直径相同，活塞缸两腔的供油压力和流量都相等时，活塞(或缸体)两个方向的运动速度和推力也都相等，因此，这种液压缸常用于要求往复运动速度和负载相同的场合。

8.5.2　柱塞式液压缸

活塞缸缸体的内孔加工精度要求高，当缸体较长时，加工难度增加，因而常采用柱塞缸代替，其工作原理如图 8 - 14(a)所示。柱塞运动时，由缸盖上的导向套来导向，因此柱塞与缸筒的内壁不接触，缸筒内孔不需精加工，甚至可以不加工。当压力油进入缸筒时，推动柱塞带动运动部件向右运动。

柱塞缸只能实现单向运动，它的回程需借助自重(立式缸)或者其他外力(如弹簧力)来实现。为了得到双向运动，柱塞缸常成对使用，如图 8 - 14(b)所示。

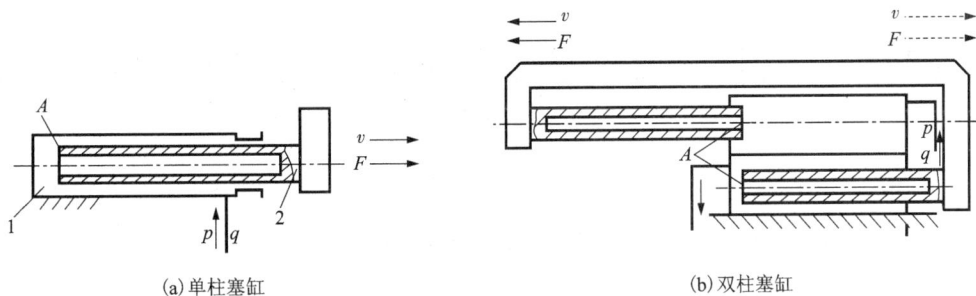

(a)单柱塞缸　　　　　　　　　　(b)双柱塞缸

图 8 - 14　柱塞式液压缸

1—缸筒；2—柱塞

8.5.3　其他类型缸

1. 伸缩式液压缸

伸缩式液压缸具有二级或多级活塞。伸缩式液压缸中活塞伸出的顺序是从大到小，而空载缩回的顺序则一般是从小到大。伸缩缸可实现较长的行程，而缩回时长度较短，结构较为紧凑。此种液压缸常用于工程机械和农业机械上，例如自卸载重汽车、汽车起重机的伸缩臂。

2.增压液压缸

增压缸是将输入的低压油转变为高压油，供液压传动中的某一高压支路使用。它是由大、小直径分别为 D 和 d 的复合缸筒及其特殊结构的复合活塞等件组成，如图 8-15(a)所示，若输入增压缸大端的油液压力为 p_1，由小端输出的压力为 p_2，根据力平衡关系的原理得：

$$p_2 = (D^2/d^2)p_1$$

增压缸只能将高压端输出油通入其他液压缸以获取大的推力，形成增压回路，其本身不能直接作为执行元件，如图 8-15(b)所示。增压回路是利用增压缸使系统中某一部分局部压力远高于液压泵的输出压力，如此可使用低压泵产生高压，以降低成本。

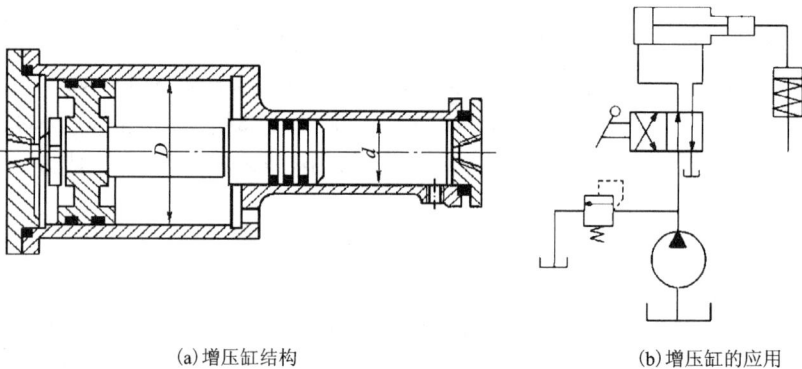

(a)增压缸结构　　　　　　　　(b)增压缸的应用

图 8-15　增压缸及其应用

8.5.4　液压缸的图形符号

液压缸的图形符号如图 8-16 所示。

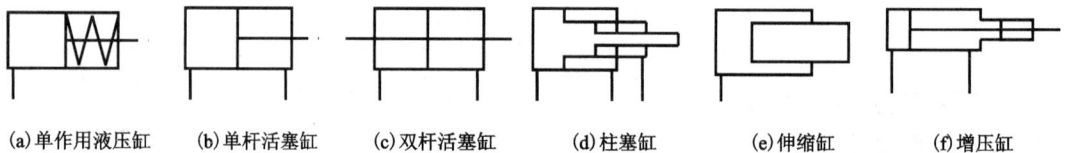

(a)单作用液压缸　(b)单杆活塞缸　(c)双杆活塞缸　(d)柱塞缸　(e)伸缩缸　(f)增压缸

图 8-16　液压缸的图形符号

任务四　液压控制阀

液压控制阀是液压系统中用来控制液流方向、压力和流量的元件。通过各种类型的阀，便能对执行元件的启动、停止、运动方向、运动顺序和克服负载的能力进行调节和控制，使各类液压机械都能按要求、协调地进行工作。

8.6　液压阀分类

根据用途液压阀分为方向控制阀(如单向阀、换向阀等)、压力控制阀(如溢流阀、减压阀、顺序阀等)和流量控制阀(如节流阀、调速阀等)。

方向控制阀——用于控制液流的流动方向;

压力控制阀——用于控制液流的压力大小;

流量控制阀——用于控制液流的流量。

8.6.1　方向控制阀

方向控制阀是用以控制液流通断与油液流动方向的。其原理是利用阀芯和阀体间相对位置的改变,来实现油路与油路间接通或断开,以满足系统对液流方向的要求。

方向控制阀分为单向阀和换向阀。

1.单向阀

单向阀有普通单向阀和液控单向阀两种。

(1)普通单向阀(简称单向阀)

它的作用是仅允许液流沿一个方向通过,而反向液流则被截止,要求其正向流通时压力损失小,反向截止时密封性能好,单向阀通常被安装在泵的出口。

结构原理如图8-17所示。当压力油从左端油口P_1流入时,油液推力作用在阀芯2上克服弹簧3的力,使阀芯向右移动,打开阀口,油液从阀体右端油口P_2流出。当压力油从右端油口P_2流入时,液压力和弹簧力方向相同,使阀芯压紧在阀体1的阀座上,阀口关闭,油液无法通过。普通单向阀职能符号如图8-17(c)所示。

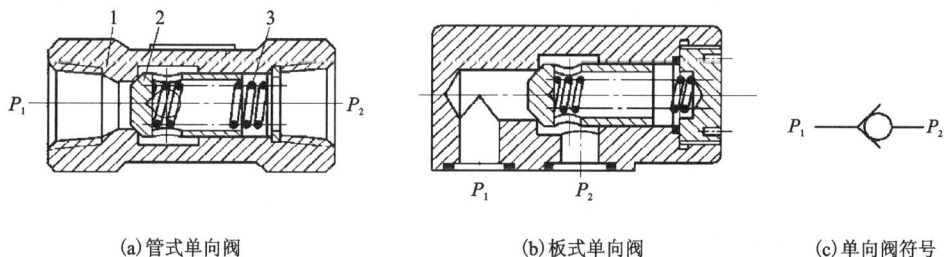

(a)管式单向阀　　　　　　　　(b)板式单向阀　　　　　　　　(c)单向阀符号

图8-17　单向阀

1—阀体;2—阀芯;3—弹簧

(2)液控单向阀

如图8-18所示,与普通单向阀相比,在结构上增加了控制油腔a、控制活塞1及控制油口K。其工作原理是:控制油口K无压力油流入时,它的工作原理与普通单向阀相同,压力油只能从P_1流向P_2,不能反向流通;当控制油口K有控制油时,活塞1受油压作用推动顶杆顶开阀芯,使油口P_1与P_2常通,油液可双向自由流通。职能符号如图8-18(b)所示。

液控式单向阀具有良好的单向密封性,常用于执行元件需要长时间保压和锁紧的情况下,及用于防止立式液压缸停止运动时因自重而下滑,汽车起重机支脚就采用了锁紧回路。

锁紧回路可以使液油缸在任意位置停留,且停留后不会在外力的作用下移动位置。如图8-19所示,是采用双向液控式单向阀(又称液压锁)的锁紧回路。

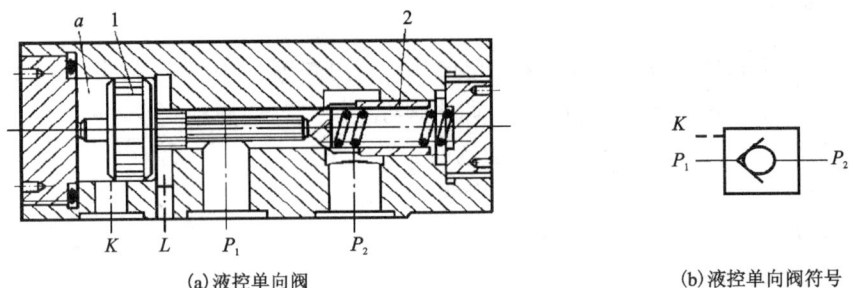

(a)液控单向阀　　　　　　　　　　(b)液控单向阀符号

图 8 – 18　液控单向阀

1—控制活塞；2—锥阀芯

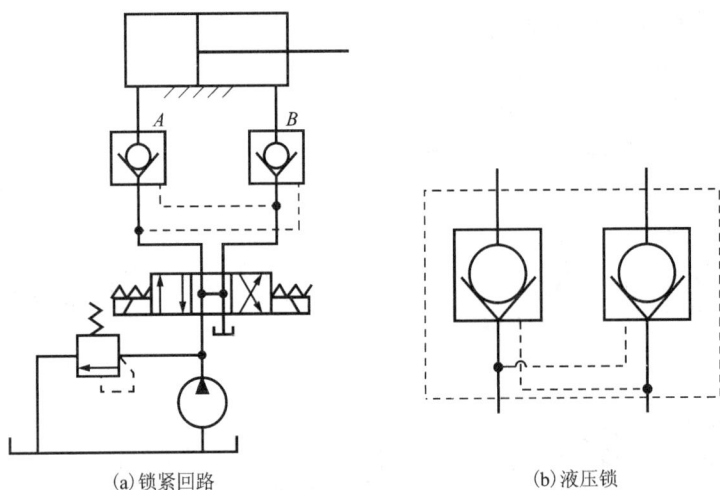

(a)锁紧回路　　　　　　　　　　(b)液压锁

图 8 – 19　液控单向阀的锁紧回路

当左侧电磁铁通电，换向阀左位接入系统，压力油经单向阀 A 进入液压缸左腔，同时进入单向阀 B 的控制油口，打开单向阀 B，液压缸右腔的油液可经单向阀 B 及换向阀回油箱，活塞向右运动。

当右侧电磁铁通电，换向阀右位接入系统，压力油经单向阀 B 进入液压缸右腔，同时进入单向阀 A 的控制油口，打开单向阀 A，液压缸左腔的油液可经单向阀 A 及换向阀回油箱，活塞向左运动。

当换向阀处于中位时，泵停止向液压缸供油，液压缸停止运动。此时，两个液控单向阀将液压缸里的油液封闭在两腔，液压缸便被锁住。

因液控单向阀的反向密封性能很好，即使有外力的作用，活塞也不移动，因此，锁紧可靠。

2.换向阀

(1)换向阀的分类

换向阀按结构形式分为滑阀式、转阀式和锥阀式；

按阀体上与外部连通的油口数可分为二通、三通、四通等，阀体上有几个与外部连通的油口就叫几通阀。

按阀芯在阀体内的工作位置可分为二位、三位、四位等；阀芯相对阀体有几个工作位置就叫几位阀。

按操纵阀芯运动的方式可分为手动、机动、电磁动、液动、电液动等。

按阀芯的定位方式可分为钢球定位和弹簧复位两种。

其中，滑阀式换向阀在液压系统中应用广泛，因此本部分主要介绍滑阀式换向阀。

（2）换向阀的工作原理

滑阀式换向阀是利用阀芯在阀体内做轴向滑动来实现换向作用的。如图 8－20 所示。阀芯上有三个台肩，阀体内有五个沉割槽。每个槽都通过相应的孔道与外部相通，其中 P 口为进油口，O 口为回油口，A 口和 B 口与执行元件的两腔连通。当阀芯处于左位时，如图 8－20（a）所示，P 与 B，A 与 O 相连，活塞向左运动；当阀芯向右移处于右位时，如图 8－20（b）所示，P 与 A，B 与 O 相连，活塞向右运动。

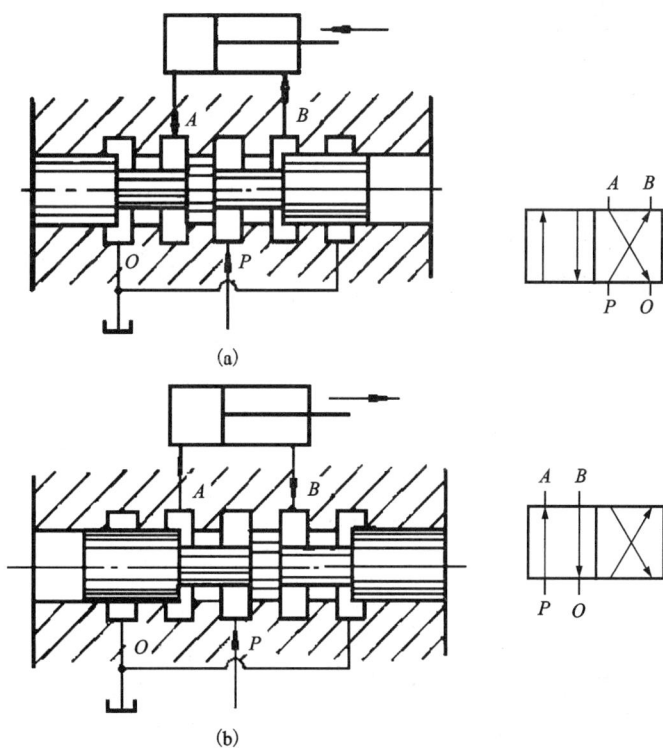

图 8－20　换向阀工作原理

表 8－2 列出了几种常见换向阀的主体部分结构原理和图形符号。一个换向阀完整的图形符号还应该表示出操纵、复位和定位方式等。

表 8-2　换向阀的主体部分结构原理、图形符号及使用场合

名称	结构原理图	图形符号	使用场合
二位二通	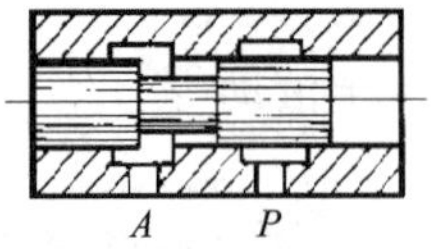	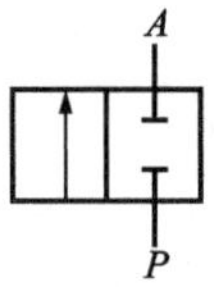	控制油路的接通与断开(相当于开关)
二位三通	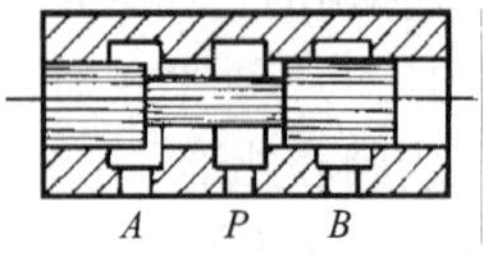	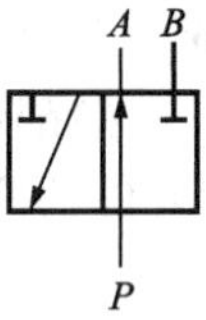	控制液流方向(从一个方向换成另一个方向)
二位四通	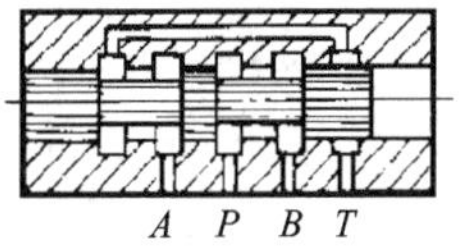	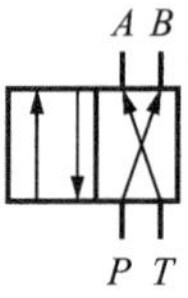	能使执行元件换向,但不能在任何位置停止
三位四通	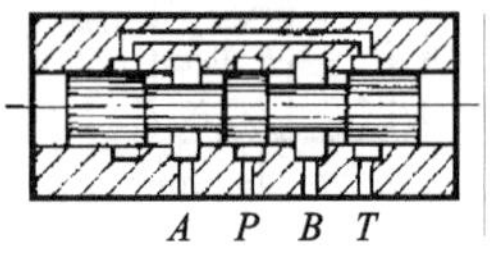	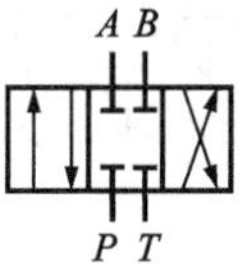	能使执行元件换向,也可在任一位置上停止运动
二位五通	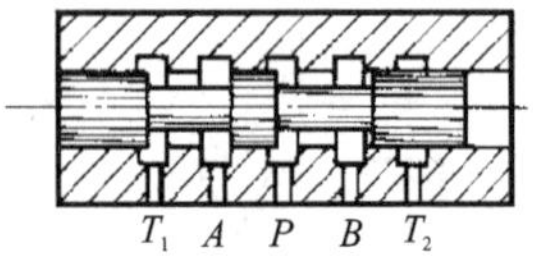		能使执行元件换向,但不能在任何位置停止。执行元件正反向运动时回油方式不同(有背压和无背压)
三位五通	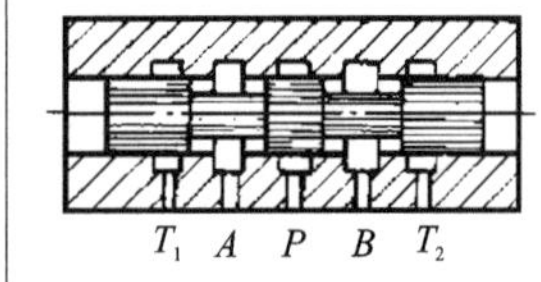	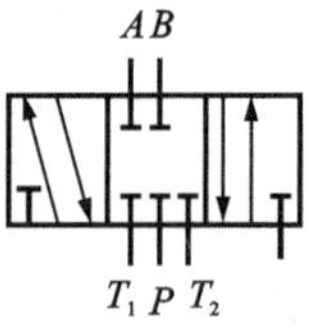	能使执行元件换向,也可在任一位置上停止运动。执行元件正反向运动时回油方式不同(有背压和无背压)

(3)换向阀图形符号的含义

1)用方框表示换向阀的位(工作位置),有几个方框就是几位阀。

2)方框内的箭头表示处在这一位上的油口接通情况,但并不一定表示油流的实际流向。

3)方框内符号"⊥"表示此油口被阀芯堵死。

4)方框上与外部连接的接口即表示通油口,接口数即通油口数,亦即阀的通数。

5)通常,四通阀中 P 表示阀与系统供油路连接的进油口, O(或 T)表示阀与系统回油路连接的出油口, A、B 则表示阀与执行元件连接的工作油口。

6)三位阀的中格、二位阀靠近弹簧的位置为常态位置。在液压系统中,换向阀符号与油路的连接一般都应画在常态位置上。三位换向阀常态各油口的连接方式称为中位机能。表 8 – 3是常见三位四通换向阀中位机能符号和特点。

表 8 – 3 三位四通换向阀的中位机能

形式	图形符号	中位通路状况、特点及应用
O 形		各油口全封闭,系统保压,液压缸双向闭锁,可用于多个换向阀的并联工作
H 形		各油口互通,液压泵卸荷,液压缸处于浮动状态,在外力作用下可移动
Y 形		油口 P 口封闭, A,B,T 三口相通,系统保压,液压缸浮动,在外力作用下可移动
K 形		P、A、T 相通, B 口封闭,液压泵卸荷,液压缸一腔闭锁。两个方向换向时性能不同
M 形		P、T 相通, A、B 口封闭,液压泵卸荷,液压缸闭锁,用于泵卸荷液压缸锁紧的系统中
P 形		P、A、B 相通, T 封闭,液压泵与液压缸两腔相通,可组成差动连接回路

（4）换向阀的控制方式（表8-4）

表8-4　换向阀的控制方式

操纵方式	图形符号	简要说明
手动换向阀	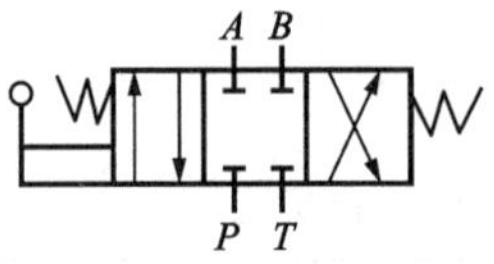	手动操纵，弹簧复位，只适用于间隙动作且要求人工控制的场合
机动换向阀	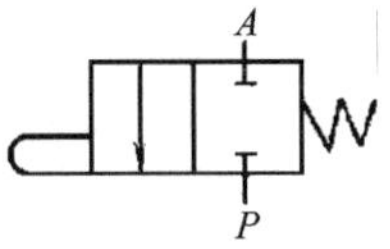	挡块操纵，弹簧复位，又称行程换向阀，常用于控制运动部件的行程，或快慢速换接
电磁换向阀	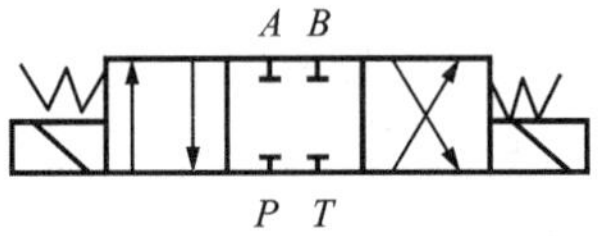 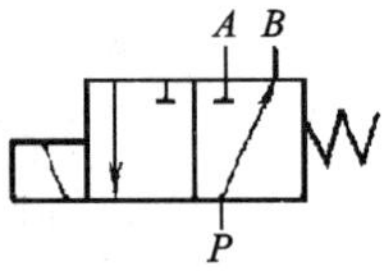	电磁铁操纵，弹簧复位。电磁阀操纵方便，布置灵活，易于实现动作转换的自动化。但因电磁铁吸力有限，所以电磁阀只适用于流量不大的场合
液动换向阀	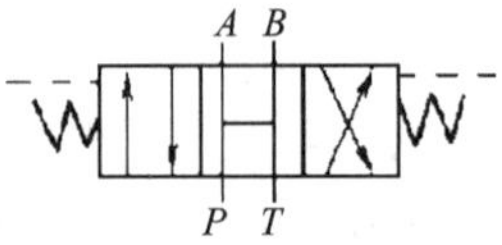	液压操纵，弹簧复位。由于液压驱动力大，故可用于流量大的系统。但不易控制，一般较少单独使用
电液动换向阀	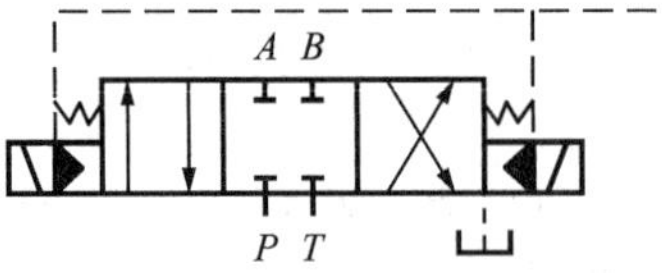	由电磁换向阀和液动换向阀组成，先导阀（电磁换向阀）改变主阀（液动换向阀）控制油的方向，从而使主阀换向

（5）换向回路

换向回路用于控制液压系统中的油流方向，从而改变执行元件的启停及换向，换向回路一般可由换向阀来实现。

如图8-21（a）所示是采用二位四通电磁换向阀控制的换向回路。当电磁铁通电，阀芯处于右位，压力油进入液压缸右腔，推动活塞杆向左移动；电磁铁断电时，弹簧力使阀芯复位，换向阀处于图示位置，压力油进入液压缸左腔，推动活塞杆向右移动。此回路只能停留

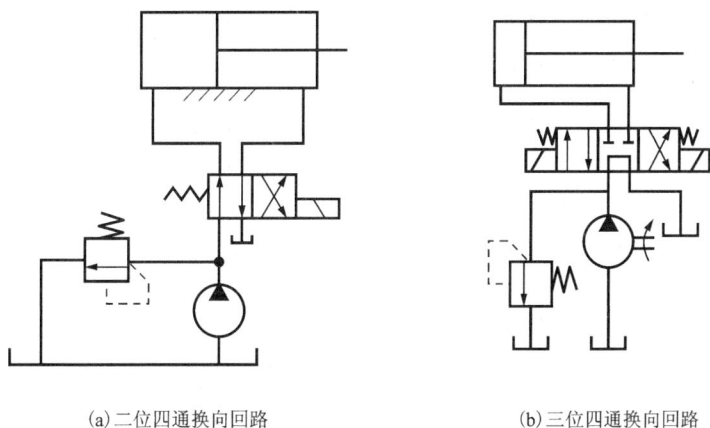

(a)二位四通换向回路   (b)三位四通换向回路

图 8 - 21　换向回路

在缸的两端，不能停留在任意位置上。

如图 8 - 21(b)所示是采用三位四通电磁换向阀的换向回路。当左侧电磁铁通电，换向阀左位工作，液压缸左腔进油，推动活塞杆向右移动；当右侧电磁铁通电，换向阀右位工作，压力油进入液压缸右腔，推动活塞杆向左移动；左右电磁铁失电，弹簧力使阀处于中位，M形中位机能使泵卸荷，缸两腔油路封闭，活塞制动。此回路可以使执行元件在任意位置停止运动。

8.6.2　压力控制阀

压力控制阀是控制油液压力高低或利用压力变化来实现某种动作的阀的统称。这类阀的共同特点是利用阀芯上液压力与弹簧力相平衡的原理进行工作。常见的压力控制阀按用途不同可分为溢流阀、顺序阀、减压阀和压力继电器等。

1. 溢流阀

溢流阀的主要功能是在溢流的同时使液压泵的供油压力得到调控并保持基本恒定。汽车上常在机油泵出口处并联溢流阀来控制机油泵的输出油压。

溢流阀按结构形式可分为直动式溢流阀和先导式溢流阀。一般情况下，直动式溢流阀用于低压系统(≤2.5 MPa)，先导式溢流阀用于中、高压系统。

(1)直动式溢流阀工作原理

系统中的压力油直接作用在阀芯上，利用产生的液压力与作用于阀芯的弹簧力相互作用，控制阀芯的启闭。如图 8 - 22(a)所示。P 为进油口，T 是回油口，进油压力经阀芯 3 中间的阻尼孔 a 作用在阀芯的底部端面上，当进油压力较小时，阀芯在弹簧 2 的作用下处于下端位置，将 P 和 T 两油口隔开；当进油压力升高，在阀芯下端所产生的作用力超过弹簧的压紧力时，阀芯上升，阀口被打开将多余的油液排回油箱。

直动式溢流阀图形符号如图 8 - 22(b)所示。

拧动调节螺母 1 改变弹簧预压缩量，便可调整溢流阀的溢流压力。阻尼孔 a 的作用是增加液阻以减少阀芯的振动。卸油口可将泄漏到弹簧腔的油引到回油口 T。

（2）先导式溢流阀工作原理

先导式溢流阀由先导阀和主阀两部分组成，如图8-23（a）所示。当系统压力低于先导阀的调定压力，油液无流动，上下腔压力相等，弹簧力作用下主阀芯处于最下端，出油口与进油口断开；当系统压力大于先导阀的调定压力，先导阀被打开，油液流动，由于阻尼孔产生压差，当主阀芯两端液压作用力的合力大于弹簧力，主阀芯向上移动，出油口与进油口接通，先导阀起调压控制作用，主阀起主流量溢流作用。

拧动调节螺母11即可调节弹簧9的预压缩量，从而调整系统压力。

先导式溢流阀的特点是：在溢流量发生大幅度变化时，被控压力 p 只有很

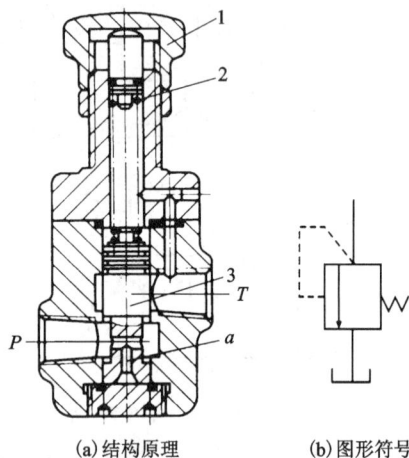

图8-22 直动式溢流阀结构原理及图形符号
1—调节螺母；2—弹簧；3—阀芯

小的变化(因主阀芯弹簧刚度小)，即定压精度高。由于先导阀的溢流量仅为主阀额定流量的1%左右，因此先导阀阀座孔的面积和开口量、调压弹簧刚度都不必很大。所以，先导型溢流阀广泛用于高压、大流量场合。

先导式溢流阀图形符号如图8-23（b）所示。

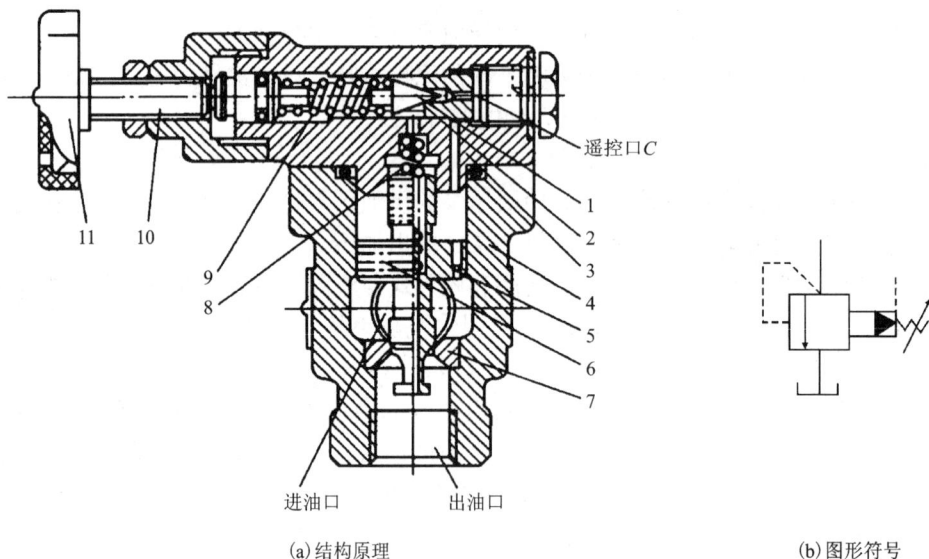

图8-23 先导式溢流阀的结构原理及图形符号
1—先导阀芯；2—先导阀座；3—阀盖；4—主阀体；5—阻尼孔；
6—主阀芯；7—主阀座；8,9—弹簧；10—推杆；11—调节螺母

远程控制口 C 在一般情况下是不用的，若 C 口接远程调压阀，就可以对主阀进行远程控

制,来实现多级调压。

（3）溢流阀的应用

1）作为溢流阀用。如图8－24（a）所示,在采用定量泵节流调速的液压系统中,溢流阀可使泵多余的油液溢回油箱,从而使系统的压力基本保持恒定。

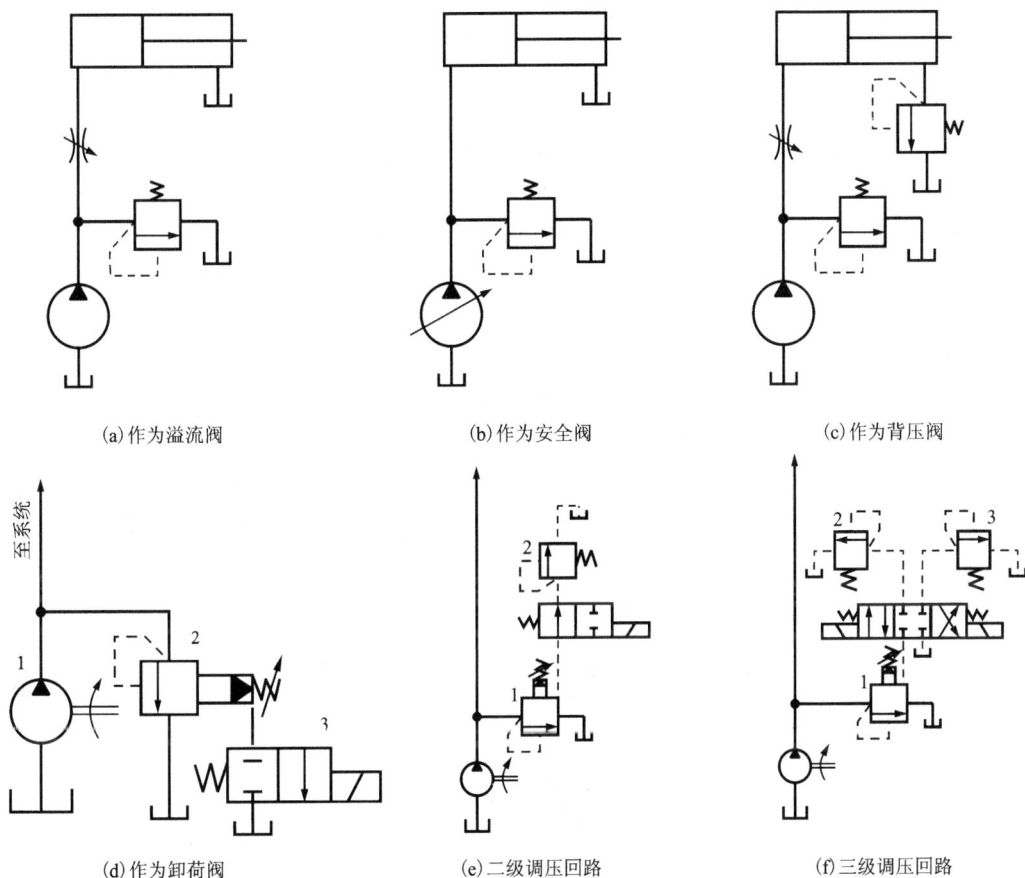

(a)作为溢流阀　　　　　　　　(b)作为安全阀　　　　　　　　(c)作为背压阀

(d)作为卸荷阀　　　　　　　　(e)二级调压回路　　　　　　　　(f)三级调压回路

图 8－24　溢流阀的应用

2）作为安全阀用。如图8－24（b）所示,在变量泵系统中用溢流阀限制系统压力不超过最大允许值,以防止系统过载。正常情况下阀口关闭,当系统超载时阀口打开,压力油经阀返回油箱。

3）作为背压阀用。如图8－24（c）所示,将溢流阀串联在回油上,可以产生背压,使运动部件运动平稳。此时宜选用直动式低压溢流阀。

4）作为卸荷阀用。如图8－24（d）所示,用换向阀将先导式溢流阀的遥控口和油箱连接,可使油路卸荷。

5）作为多级调压阀用。若系统中需要两种以上的压力,则可采用多级调压回路。此时宜选用先导式溢流阀。

①二级调压回路。如图8－24（e）所示为二级调压回路,先导式溢流阀1的远程控制口与溢流阀2连接,溢流阀2的调定压力小于先导式溢流阀1,当电磁换向阀的电磁铁通电时,

溢流阀 2 关闭，压力由先导溢流阀 1 调定，当电磁铁断电时，因溢流阀 2 调定压力小，阀口先打开，液压油经远程控制口至溢流阀 2 流回油箱，系统压力由溢流阀 2 调定。

②三级调压回路。如图 8-24(f)所示为三级调压回路，先导式溢流阀 1 的远程控制口与换向阀 P 口连接，溢流阀 2 和溢流阀 3 的调整压力小于先导式溢流阀 1 的调定压力。换向阀左位工作时，系统的压力由换向阀 2 调定；换向阀右位工作时，系统的压力由溢流阀 3 调定；换向阀中位工作时，系统的压力由先导溢流阀 1 调定。

2. 减压阀

（1）减压阀的功能

减压阀是用来降低系统某部分支路压力的压力控制阀。

它利用液流流过缝隙产生压降的原理，使出口压力低于进口压力。它分为定值减压阀（又称定压减压阀）、定差减压阀和定比减压阀，其中定值减压阀的应用最广。定值减压阀分为直动式和先导式两种，一般情况下，直动式减压阀用于低压系统，先导式减压阀用于中、高压系统。汽车的润滑油路上一般都串联先导式减压阀来减压和稳压。

（2）先导式减压阀的工作原理

先导式减压阀由主阀和先导阀组成，先导阀负责调定压力，主阀负责减压作用，如图 8-25 所示。进口压力油经主阀阀口 P_1 流至出口 P_2，出口压力油引至主阀芯下腔，然后进入主阀芯上腔和先导阀前腔，当出口压力大于减压阀的调定压力时，先导阀阀口开启，主阀芯上移，主阀阀口缝隙关小，减压阀才能起到减压作用且保证出口压力稳定不变。

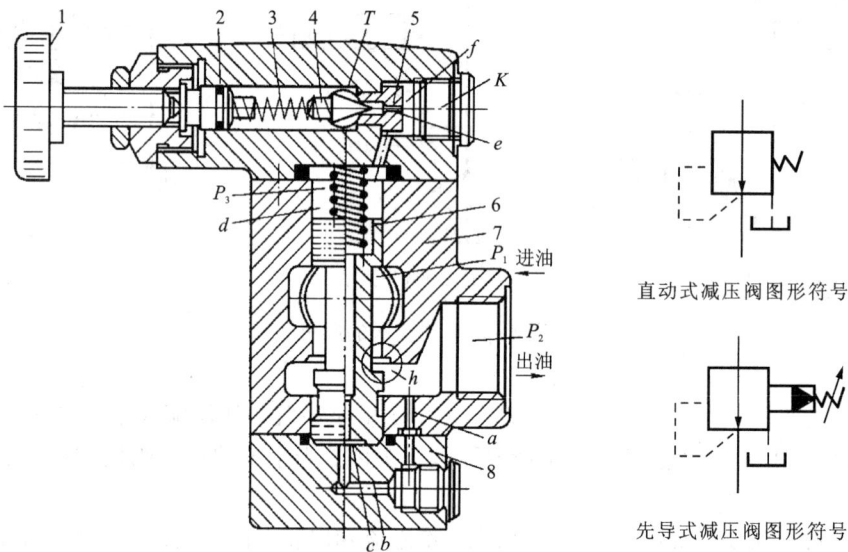

直动式减压阀图形符号

先导式减压阀图形符号

图 8-25　减压阀

1—调压手轮；2—密封圈；3—弹簧；4—先导阀芯；5—先导阀座；6—主阀芯；7—主阀体；8—阀盖

减压阀与溢流阀对比，两者结构相似，调压原理也相似。其主要差别在于：溢流阀控制阀口开启的油液来自进油口，保证进口压力恒定，减压阀控制油液来自出油口，保证出口压力恒定；常态时减压阀阀口常开，溢流阀阀口常闭；减压阀串联在系统中，其出口油液流通至执行元件,因此泄漏油需单独引回油箱(外泄),溢流阀出口直接接油箱,它是并联在系统中的,因此其泄漏油被引至出口(内泄)。

(3)减压阀的应用

减压阀使系统中某一部分具有较低的稳定压力,如夹紧油路、控制油路和润滑油路。如图8-26所示为减压回路,通过定值减压阀与主回路相连,使支路得到稳定低压,回路中的单向阀供主油路压力降低(低于减压阀调整压力)时防止油液倒流,起短时保压之用。

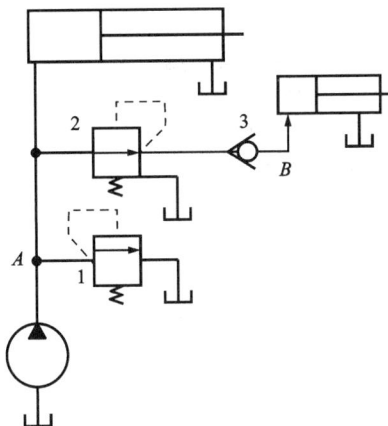

图8-26 减压回路

3.顺序阀

(1)顺序阀功能

顺序阀是以压力为控制信号以实现油路的自动接通或断开的液压阀。其结构和工作原理与溢流阀相似。顺序阀可以控制执行元件按设计顺序动作。

顺序阀按其调压方式的不同,可分为内控式顺序阀和液控式顺序阀。前者直接利用阀的进口压力控制阀的启闭,也简称为顺序阀,后者利用外部压力来控制阀的启闭,也称为外控顺序阀。

按其结构的不同,也可分为直动式顺序阀和先导式顺序阀。

(2)先导式顺序阀工作原理

如图8-27所示为先导式顺序阀结构原理。该阀由主阀与先导阀组成。压力油从进油口 P_1 进入,经通道进入主阀下端,经阻尼孔至先导阀后,由外泄油口 L 流回油箱。当进口压力低于调定压力时,先导阀关闭,主阀芯两端压力相等,复位弹簧将阀芯推向下端,顺序阀关闭;当压力达到调定值时,先导阀打开,压力油经过阻尼孔时产生压力损失,在主阀芯两端形成压差,此压力差大于弹簧力,使主阀芯抬起,顺序阀打开。

调节调压弹簧的预压缩量,即调节弹簧力的大小,可改变阀的出口压力。

由上可见,顺序阀与溢流阀虽外形和结构很相似,但在功能上区别较大:溢流阀有自动恒压调节作用,其出口接油箱,而顺序阀只有开启和关闭两种状态,其出口接下一级液压元件;溢流阀采用内泄漏,顺序阀一般为外泄漏;溢流阀动作时阀口处于半打开状态,主阀口节流作用强,顺序阀打开时阀芯全打开,主通道节流作用弱,其出口油路的压力由负载决定。

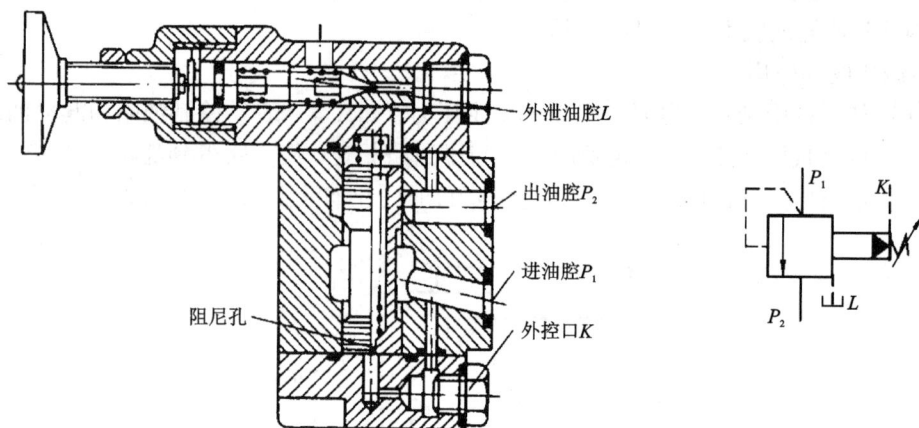

外泄油腔L

出油腔P₂

进油腔P₁

阻尼孔

外控口K

图 8 - 27　先导式顺序阀

（3）顺序阀的图形符号，如图 8 - 28 所示

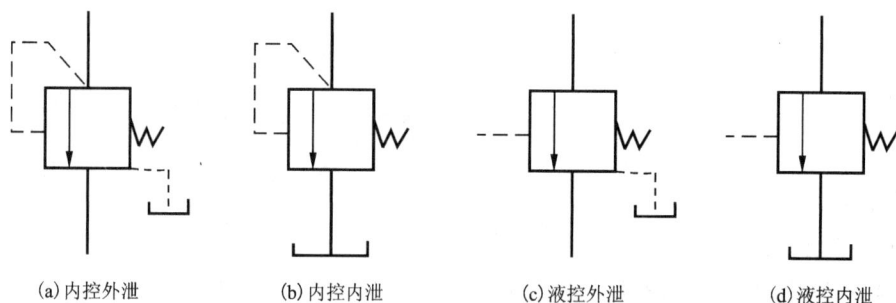

（a）内控外泄　　　（b）内控内泄　　　（c）液控外泄　　　（d）液控内泄

图 8 - 28　顺序阀图形符号

图 8 - 28 中，内控内泄式顺序阀的图形符号和动作原理与溢流阀相同，但实际使用时，内控内泄顺序阀常串联在液压系统回油路中，做背压阀，而溢流阀则常旁接在主油路中。因为它们在性能要求上存在一定的差异，所以二者不能混用。而液控内泄顺序阀在功能上等同于液动二位二通阀，用于双泵供油回路时可使大泵卸荷。

（4）顺序阀的应用

1）顺序动作回路。顺序阀控制的顺序动作回路如图 8 - 29（a）所示，其中将单向阀与顺序阀并联构成单向顺序阀。当换向阀左位工作时，压力油首先进入油缸 4 的无杆腔，完成油缸 4 的右行动作后，系统压力升高，达到单向顺序阀 6 调定压力时，顺序阀打开，压力油经顺序阀进入油缸 5 的无杆腔，实现油缸 5 的右行动作。当换向阀右位工作时，压力油同时进入油缸 4、油缸 5 的有杆腔，两油缸同时左行。

2）平衡回路。为保持垂直放置的液压缸不因自重而自行下落，单向顺序阀接入回油路，如图 8 - 29（b）所示。这里，顺序阀的开启压力要足以支撑运动部件的自重。

由于顺序阀和换向阀存在泄漏，活塞不可能长时间停在任意位置上。该回路适用于工作负载固定且活塞锁紧精度要求不高的场合。

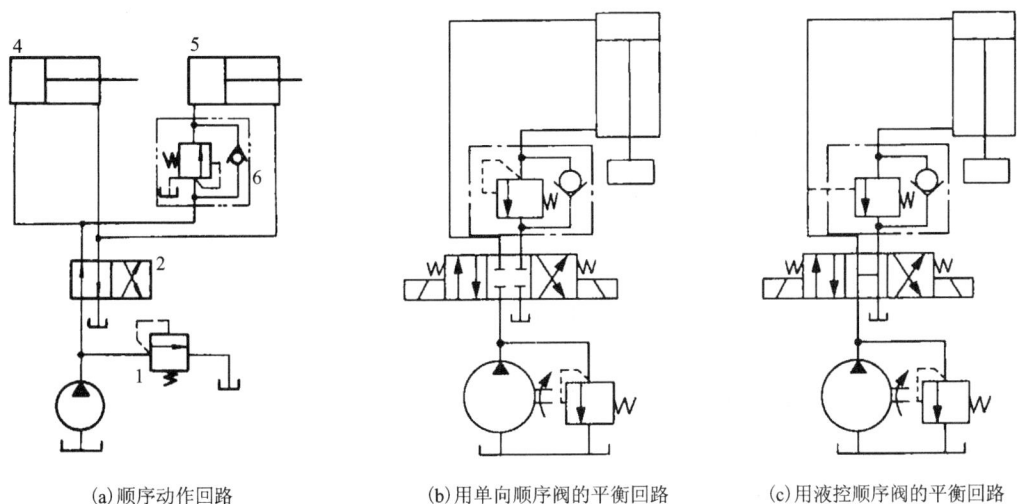

(a)顺序动作回路　　　　　(b)用单向顺序阀的平衡回路　　　　(c)用液控顺序阀的平衡回路

图 8 - 29　顺序阀的应用

图 8 - 29(c)所示为用液控顺序阀的平衡回路。当电磁阀处于左位时，压力油进入液压缸上腔，并进入液控顺序阀的控制口，打开顺序阀使背压消失。当电磁阀处于中位时，液压缸上腔卸压，使液控顺序阀迅速关闭，以防止活塞和工作部件因自重下降，并锁紧。

但当运动部件重力作用而下降过快时，系统压力下降，使液控顺序阀关闭，活塞停止下行，使缸上腔油压升高，又打开液控顺序阀，因此液控顺序阀始终工作在启闭的过渡状态，因而工作的平稳性较差。此回路适用于运动部件质量不是很大，停留时间较短的系统。

4. 压力继电器

压力继电器是一种将油液的压力信号转换成电信号的电液信号转换元件。当液压油的压力达到压力继电器的调定值时，使电气开关发出电信号来控制电气元件动作，实现对电控液压设备控制及对系统的安全保护等。

(1)压力继电器的工作原理

压力继电器由压力位移装置和微动开关两部分组成，如图 8 - 30 所示为柱塞式压力继电器的结构图。液压油从油口 P 通入后作用在柱塞 1 的底部，若其压力已达到弹簧的调定值，它便克服弹簧的阻力和柱塞表面的摩擦力推动柱塞上升，通过顶杆 2 触动微动开关 4 发出电信号，调节螺钉 3 可改变弹簧的压缩量，相应就调节了继电器动作的控制压力。当系统压力较低时，在弹簧力的作用下，柱塞下移，压力继电器复位切断电信号。

(2)压力继电器的应用

压力继电器常用于电控液压设备控制及对系统的安全保护。如图 8 - 31 所示，为压力继电器控制顺序动作回路。当电磁铁 1DT 通电时，换向阀 1 左位接入回路，液压油进入液压缸 5 的无杆腔并推动活塞向右运行，完成动作 1；当液压缸 5 活塞右行至行程终点，进油路压力升高使压力继电器 3 发出电信号，电磁铁 1DT 失电而电磁铁 3DT 通电，换向阀 2 换向至左位接入，液压缸 6 无杆腔进油，活塞右行完成动作 2。同样，当电磁铁 4DT 通电时，换向阀 2 右位接入回路，液压缸 6 左行，完成动作 3；当液压缸 6 运动到行程终点，进油路压力升高使压

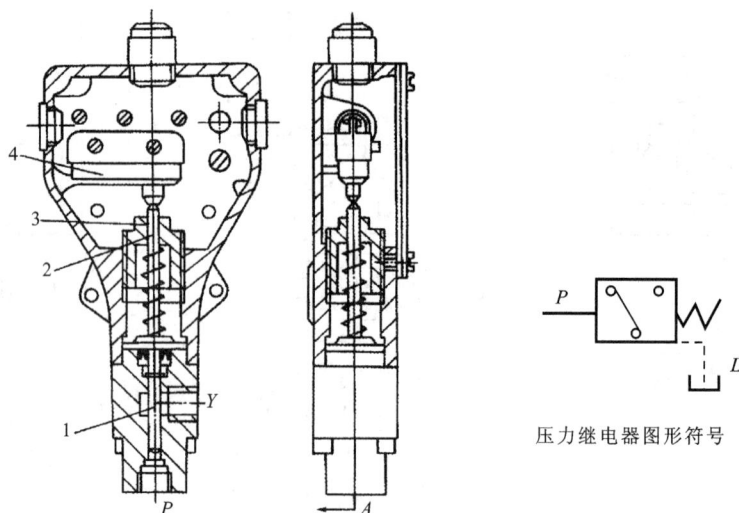

图 8-30 柱塞式压力继电器

1—柱塞；2—顶杆；3—调节螺钉；4—微动开关

力继电器 4 发出电信号，电磁铁 4DT 失电而电磁铁 2DT 通电，换向阀 5 换向至右位，液压缸 5 的活塞向左运行，完成动作 4。

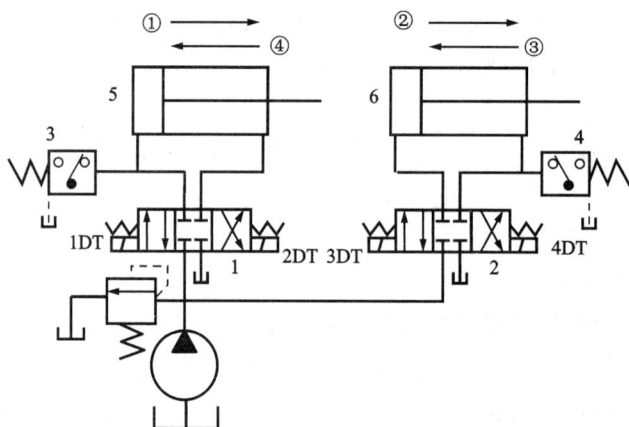

图 8-31 压力继电器控制顺序动作回路

8.6.3 流量控制阀

流量控制阀是通过改变节流口通流面积或通流通道的长短来改变局部阻力的大小，以实现对流量的控制，从而控制执行元件的速度。汽车上常用的流量控制阀有节流阀和调速阀等。

1. 节流阀

如图 8-32 所示为一种典型的节流阀示意图。油液从进油口 P_1 进入，经阀芯上的三角槽节流口,从出油口P_2流出。转动手柄使阀芯做轴向移动,若节流口的通流面积减小,则流量减小;反之增大。

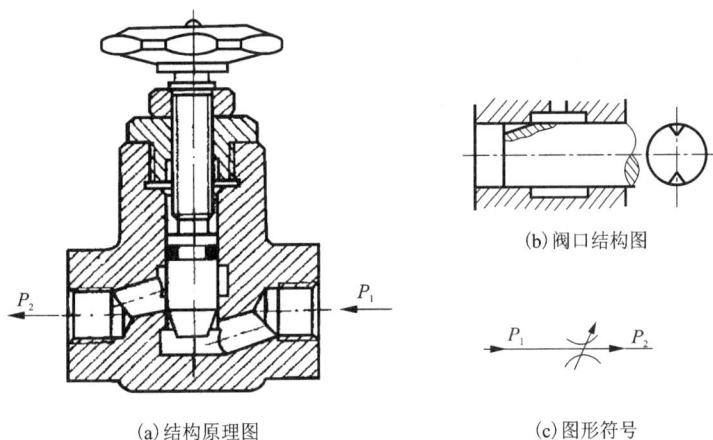

(a)结构原理图　　　　　(b)阀口结构图　　　　　(c)图形符号

图 8 – 32　节流阀

因流经节流口的流量与节流面积 A 和压差 Δp 有关,节流阀调定了节流面积 A,但节流口前后的压差 Δp 易受温度和负载的影响,因此节流阀只适用于温度和负载变化不大和速度稳定性要求不高的液压系统。

2.调速阀

调速阀是由定差减压阀与节流阀串联而成的。节流阀用来调节通流的面积,定差减压阀则自动补偿负载变化的影响,使节流阀前后的压力差为定值,消除负载变化对流量的影响。

如图 8 – 33 所示为一种典型的调速阀示意图,当负载压力 P_3 增大时,作用在定差减压阀阀芯左端的压力增大,阀芯右移,减压口增大,使 P_2 增大,从而使压差($P_2 - P_3$)保持不变;反之亦然。这样就使调速阀的流量不受负载的影响,输出的流量稳定不变。

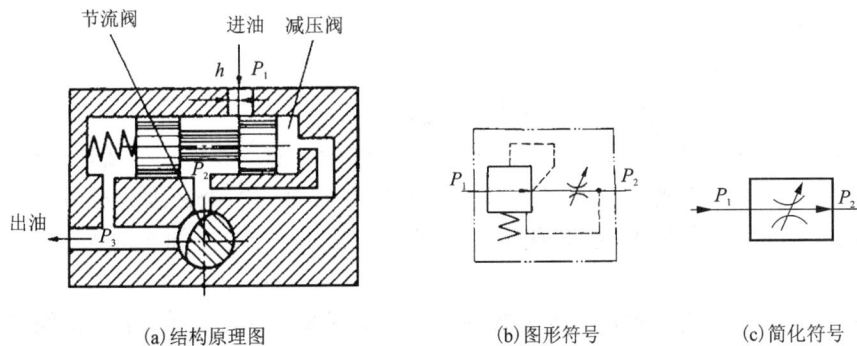

(a)结构原理图　　　　　(b)图形符号　　　　　(c)简化符号

图 8 – 33　调速阀

3. 流量控制阀的应用

（1）节流调速回路

节流调速回路采用定量泵供油，通过改变流量控制阀阀口的通流面积来控制流进或流出执行元件的流量，以调节其运动速度。按流量控制阀安装位置的不同可分为进油节流调速回路、回油节流调速回路、旁路节流调速回路三种。

如图 8-34（a）所示为进油节流调速回路，将节流阀或调速阀串联在进入液压缸的油路上，即串联在泵和缸之间，调节节流阀，即可改变流量，从而改变速度，且必须和溢流阀联合使用。

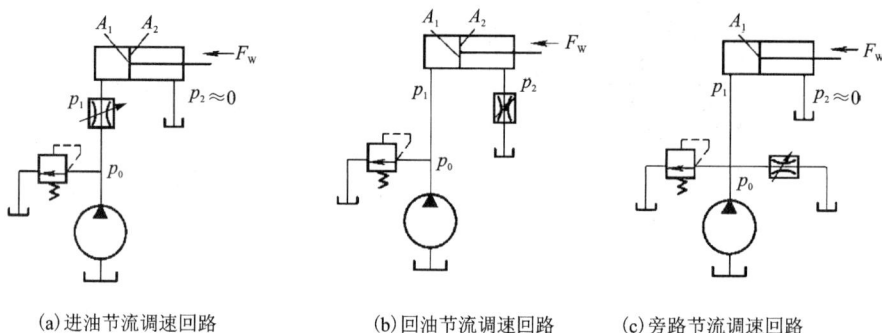

(a)进油节流调速回路   (b)回油节流调速回路   (c)旁路节流调速回路

图 8-34　节流调速回路

如图 8-34（b）所示为回油节流调速回路，将节流阀或调速阀串联在液压缸的回油路上，即串联在缸和油箱之间，调节液压缸的回油量，即可改变流入液油缸的流量，从而改变活塞的移动速度。回油路节流阀使缸有一定背压，运动较平稳，能承受负值负载，但能量损失较大且会使系统油温升高，故高压和大流量系统较少采用。

如图 8-34（c）所示为旁路节流调速回路，此回路是将节流阀或调速阀装在与液油缸并联的支路上，利用节流阀把液压泵供油的一部分排回油箱，实现速度调节。溢流阀作安全阀用，液压泵的供油压力取决于负载。此回路一般用于高速、重载和对速度平稳性要求很低的较大功率的场合。

（2）速度换接回路

速度换接回路用于实现执行元件速度的切换。

图 8-35（a）为快慢速切换回路，换向阀 1 处于图示位置，液压缸活塞快进至预定位置，活塞杆上的挡块压下行程阀 2，行程开关关闭，液压缸右侧的油液必须通过节流阀 3 才能回油箱，活塞运动转为慢速工进。换向阀 1 左位接入，压力油经单向阀 4 进入液压缸右腔，活塞快速向左返回。

图 8-35（b）和（c）为两种慢速的换接回路，其中图 8-35（b）为两个调速阀串联来实现两次进给速度的换接回路，它只能用于第二进给速度小于第一进给速度的场合。图 8-35（c）两个调速阀并联来实现两次进给速度的换接回路，这里两个调速阀可以分别调整，互不影响。

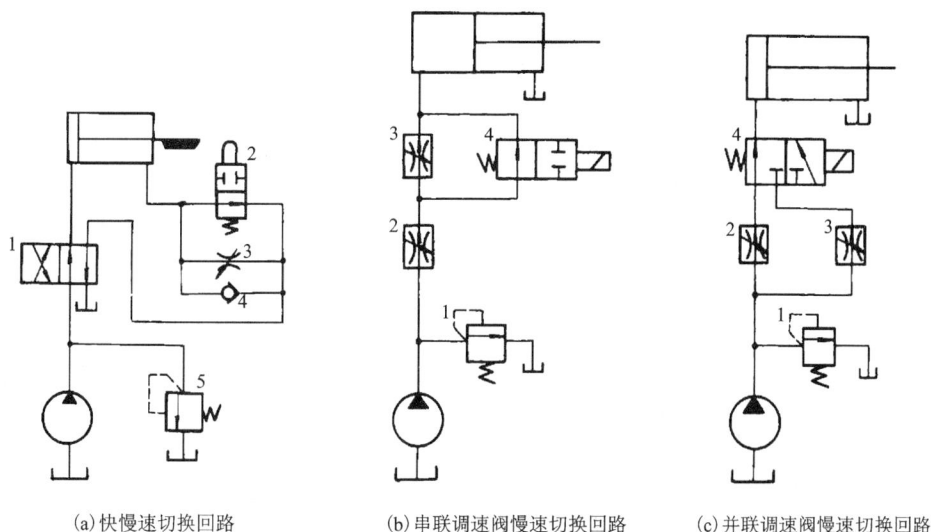

(a)快慢速切换回路　　　　　(b)串联调速阀慢速切换回路　　　　　(c)并联调速阀慢速切换回路

图 8 - 35　换速回路

任务五　液压辅助元件

液压系统中的辅助元件主要包括油管、管接头、蓄能器、过滤器、油箱、密封元件、热交换器等。这些元件对液压系统的性能、效率、温升、噪声和寿命有很大的影响,因此,在选择和使用时,对辅助元件必须予以足够的重视。

8.7　液压辅助元件

8.7.1　油管

油管用于输送液压系统中的液压油。因此要求耐腐蚀、耐老化、耐高压、质量轻并有足够的通流面积。常用的油管有钢管、铜管、橡胶管、尼龙管和塑料管等。

1. 硬管

(1)钢管

钢管强度高、刚性好、价格低廉、耐高压、耐油、耐腐蚀,但装配时不易弯曲,因此常用作拆装方便的压力管道。中压以上系统中可采用无缝钢管,高压系统中可采用合金钢管,低压系统可采用焊接钢管。

(2)铜管

紫铜管优点是易弯曲成型,安装方便,管壁光滑,摩擦阻力小,但价格高,承压能力较低(6~10 MPa),抗震能力差,易使油液氧化,一般只用于仪表等装配不便处。黄铜管可承高压(25 MPa),但不如紫铜管易成型。

2. 软管

（1）橡胶管

耐油橡胶软管可以弯曲，故用于有相对运动的部件间的柔性连接处，分为高压和低压两种。高压胶管由耐油橡胶夹钢丝编织网制成，用于压力管路，钢丝网层数越多，耐压能力越强，最高可耐压 40 MPa；低压胶管由耐油橡胶夹帆布制成，常用于回油管路。

橡胶软管有吸收液压冲击、防震和装配方便等优点。

（2）尼龙管

尼龙管为乳白色半透明管，可观察液体流动情况。加热后可任意弯曲成型和扩口，冷却后即成型，安装方便，但耐压低（2.5~8 MPa），使用寿命短，一般用于低压系统及回油路。

（3）塑料管

塑料管价格便宜，装配方便，但耐压能力低，只适用于低于 0.5 MPa 的回油或泄油路中。

油管安装应合理布置位置，尽量减少弯曲。尽量固定油管减少震动，回油管应入油池。

8.7.2　管接头

管接头是油管与油管、油管与液压元件之间的可拆式联接件。它应满足易装拆、联接牢固、密封可靠、结构紧凑、液阻小、抗震性能好、压力损失小等要求。

管接头的种类很多。按接头的通路数量和方向可分为直通、弯头、三通、四通等；按油管与管接头的联接方式可分为焊接式、管端扩口式、卡套式等，如表 8-5 所示；按接头与机体的联接方式可分为螺纹式、法兰式等；此外还有各种满足特殊用途需要的结构形式。

表 8-5　管接头结构和特点

名称	结构简图	组成	特点和说明
焊接式管接头		1—接头体 2—接管 3—接头螺母 4、5—密封圈	1. 连接牢固，利用球密封，简单可靠； 2. 焊接工艺必须保证质量，必须采用厚壁铜管，装拆不便
卡套式管接头		1—被联接管 2—接头螺母 3—卡套 4—接头体	1. 用卡套卡住密封，轴向尺寸要求不严，装拆方便； 2. 对油管径向尺寸要求高，为此要采用冷拔无缝钢管

续表 8 - 5

名称	结构简图	组成	特点和说明
扩口式管接头	1 2 3 4 74°±30°	1—接管 2—套管 3—接头螺母 4—接头体	1.用油管管端扩口在管套压紧下密封,结构简单; 2.适用于铜管、薄壁钢管、尼龙管和塑料管等低压管道连接
扣压式软管接头	4 3 2 1	1—接头螺母 2—接头芯 3—接头套 4—胶管	用来连接高压橡胶软管,装配前剥去胶管上的一层外胶

8.7.3　密封装置

1.间隙密封

间隙密封是靠相对运动件配合面之间的微小间隙来进行密封的,常用于柱塞、活塞或阀的圆柱配合副中,一般在阀芯的外表面开有几条等距离的均压槽,它的主要作用是使径向压力分布均匀,减少液压卡紧力,同时使阀芯在孔中对中性好,以减小间隙的方法来减少泄漏。同时槽所形成的阻力,对减少泄漏也有一定的作用。均压槽一般宽 $0.3 \sim 0.5$ mm,深 $0.5 \sim 1.0$ mm。如图 8 - 36 所示。

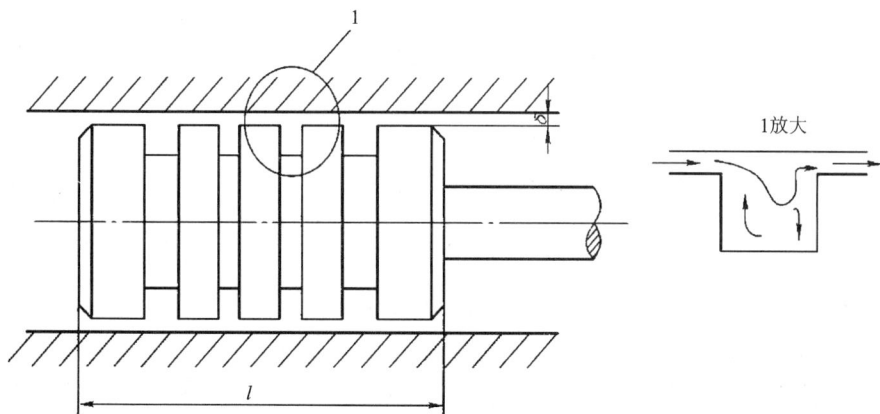

图 8 - 36　间隙密封

间隙密封的优点是摩擦力小,缺点是磨损后不能自动补偿,主要用于直径较小的圆柱面之间,如液压泵内的柱塞与缸体之间,滑阀的阀芯与阀孔之间的配合。

2. 密封圈密封

密封圈密封是液压系统中应用最广泛的一种密封，常用橡胶密封圈如图 8-37 所示。

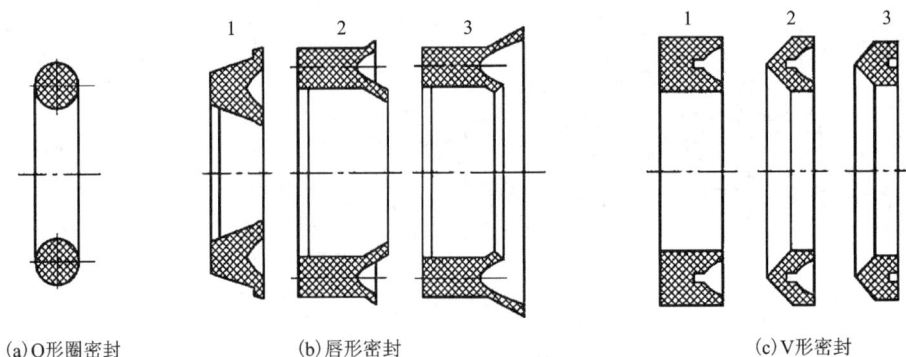

(a)O形圈密封　　　(b)唇形密封　　　(c)V形密封

图 8-37　常见橡胶密封

O 形密封圈一般用耐油橡胶制成，其横截面呈圆形，它具有良好的密封性能，内外侧和端面都能起密封作用，结构紧凑，运动件的摩擦阻力小、制造容易、装拆方便、成本低，且高低压均可以用，所以在液压系统中得到广泛的应用，如图 8-37(a) 所示。

唇形密封圈如图 8-37(b) 所示，根据截面的形状可分为 Y 形、V 形、U 形、L 形等。其工作原理：液压力将密封圈的两唇边压向形成间隙的两个零件的表面。这种密封作用的特点是能随着工作压力的变化自动调整密封性能，压力越高则唇边被压得越紧，密封性越好；当压力降低时唇边压紧程度也随之降低，从而减少了摩擦阻力和功率消耗，除此之外，还能自动补偿唇边的磨损，保持密封性能不降低。

V 形密封如图 8-37(c) 所示，由支承环 1、密封环 2、压紧环 3 叠合而成，开口面向高压侧。V 形密封圈密封原理：当压紧环压紧密封环时，支承环使密封环产生变形而实现密封。V 形密封圈密封效果良好，耐高压，寿命长，增加密封环可提高密封效果，但摩擦阻力增大，尺寸大，成本高。常用于压力较高 $p < 50$ MPa，温度为 $-40 \sim +80℃$，运动速度较低的场合。

8.7.4　滤油器

滤油器的功能就是滤去油液中的杂质，维护油液的清洁，防止油液污染，保证液压系统正常工作。过滤器的图形符号如图 8-38 所示。

1. 滤油器的过滤精度

过滤精度是指介质流经滤油器时滤芯能够滤除的最小杂质颗粒的大小，以公称直径 d 表示，单位 mm。颗粒度越小，其过滤精度越高。根据液压系统的不同要求，过滤精度有四类：粗滤油器 $d > 0.1$ mm；普通滤油器 $d > 0.01$ mm；精滤油器 $d > 0.005$ mm；特精滤油器 $d > 0.001$ mm。

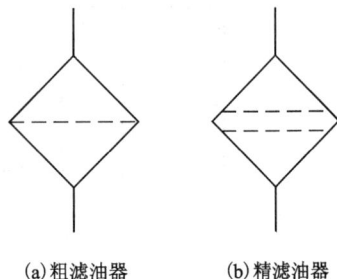

(a)粗滤油器　　(b)精滤油器

图 8-38　过滤器图形符号

2.常用滤油器的类型

常用的滤油器有网式、线隙式、纸芯式、烧结式、磁性式等多种。

(1)网式滤油器

网式滤油器结构如图8-39(a)所示,一般在金属或塑料圆筒形骨架上包一层或两层铜丝网即成,过滤时丝网把污物阻留在其外表面。网式滤油器结构简单、清洗方便、过油能力强但过滤精度不高,压力损失小于0.04 MPa。一般装在液压泵的吸油口处。

(2)线隙式滤油器

线隙式滤油器结构如图8-39(b)所示,滤芯是以铜丝或铝丝绕在特殊的骨架上构成的,依靠线与线之间的间隙来通油并进行过滤。其结构简单、通流能力大,过滤精度比网式滤油器高,但不易清洗。可用于吸油管道中,也可以用于压力管道中。

(3)烧结式滤油器

烧结式滤油器结构如图8-39(c)所示,其滤芯是用金属粉末烧结而成,利用颗粒间的微

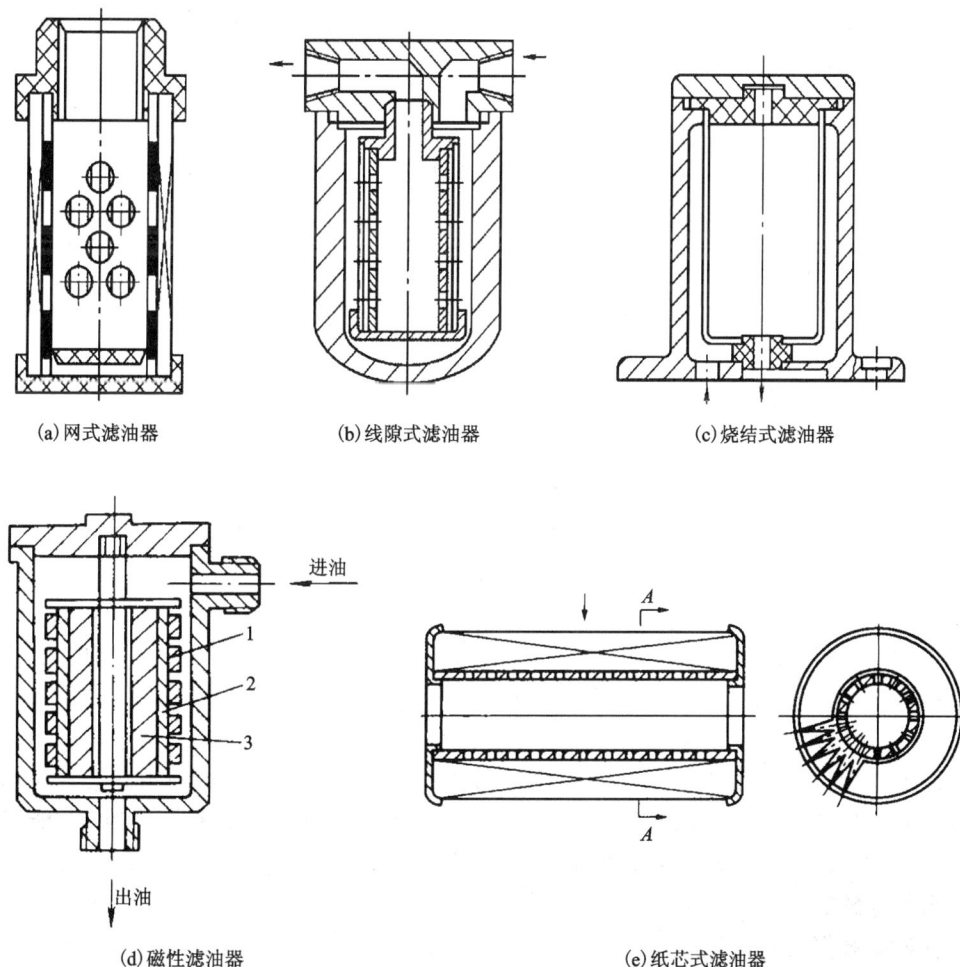

(a)网式滤油器　　　　　　(b)线隙式滤油器　　　　　　(c)烧结式滤油器

(d)磁性滤油器　　　　　　　　　　(e)纸芯式滤油器

图8-39　常见滤油器

孔来挡住油液中的杂质通过。过滤精度高，滤芯能承受高压，但金属颗粒易脱落，堵塞后不易清洗，适用于精过滤。

（4）磁性滤油器

磁性滤油器结构如图8-39(d)所示，其滤芯为永久磁铁，罩子外面是铁环。当油液中能磁化的杂质经过铁环间隙时，便被吸附在其上，从而起到过滤作用。常与其他形式滤芯组合制成复合式滤油器，这种滤油器适用于加工钢铁件的机床液压系统。

（5）纸芯式滤油器

纸芯式滤油器结构如图8-39(e)所示，滤芯部分一般采用机油微孔滤纸，纸芯内部有带孔的镀锡铁皮制成的骨架，用来增加强度。为了增加过滤面积，纸芯一般制成折叠形。油液从滤芯外面进入纸芯，然后从内孔流出。纸芯滤油器的过滤精度高，但易堵塞，无法清洗，需常换纸芯，一般用于油的精过滤($d = 0.03 \sim 0.05$ mm)。

3. 滤油器的安装

滤油器可以根据需要安装在如图8-40所示位置：①安装在泵的吸油口；②安装在泵的出口；③安装在系统的回油路；④安装在系统的旁路；⑤安装在独立的过滤系统。另外重要元件之前也应安装。

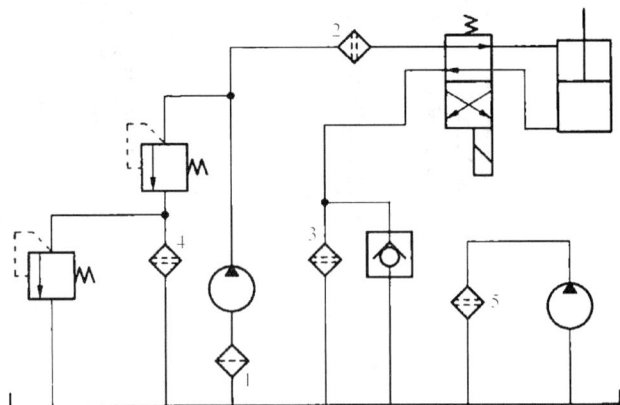

图8-40　过滤器的安装位置

使用滤油器时还应注意：滤油器只能单向使用；按规定液流方向安装，以利于滤芯清洗和安全；清洗或更换滤芯时，要防止外界污染物侵入液压系统。

8.7.5　蓄能器

蓄能器是用于储存和释放液压能的装置。它的工作原理是：当系统压力高于蓄能器内液体的压力时，系统液体充进蓄能器中；当蓄能器内液体的压力高于系统压力时，蓄能器内液体流到系统中去，直至蓄能器内外压力平衡。它可以均衡功率分配、减小压力波动。

1. 蓄能器的类型

蓄能器有弹簧式和充气式等多种，其中最常用的是充气式中的活塞式和气囊式。

（1）活塞式蓄能器

如图8-41所示，这种蓄能器由活塞1、缸体2组成，活塞将气液分开。使用前经气门3给上腔充入压缩空气，使用时下腔油孔通压力油，推动活塞上升至平衡状态，使系统达到所要求压力。

该蓄能器优点是结构简单，工作平稳可靠，安装维护方便，使用寿命长。缺点是加工要求高、有摩擦损失，有少量气液混合。主要用于蓄能，不能吸收压力脉动。常用于中高压系统。

（2）气囊式蓄能器

如图 8 - 42 所示，由壳体 1、固定在壳体上端的气囊 2 及充气阀 3 组成。充气阀平时关闭，工作前向气囊内充惰性气体，利用气体的压缩和膨胀来储存、释放压力能。壳体下部有菌形阀 4，在工作时，压力油经菌形阀进出蓄能器，当油液排空时菌形阀可以防止气囊被挤出容器之外。

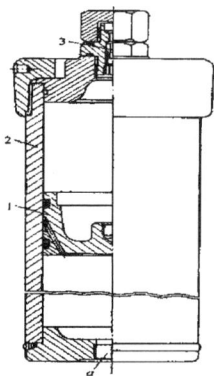

图 8 - 41　活塞式蓄能器

1—活塞；2—缸体；3—气门

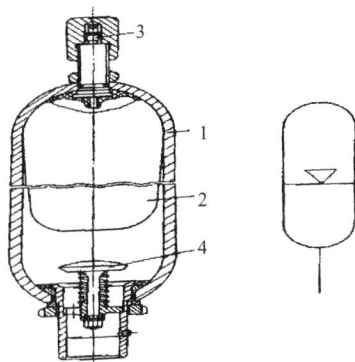

图 8 - 42　气囊式蓄能器及图形符号

1—壳体；2—气阀；3—充气阀；4—菌形阀

该蓄能器优点是气体与油液完全隔开，质量轻、惯性小、反应灵敏、容易维护。缺点是容量小，制造困难。该蓄能器是目前应用较广的一种。

2. 蓄能器的安装使用

1）气囊式蓄能器中应使用惰性气体（一般为氮气），禁止使用氧气，以免引起爆炸；

2）蓄能器是压力容器，搬运和拆装时应将气体排出，以免因振动或碰撞发生意外事故。

3）气囊式蓄能器原则上应垂直安装，油口向下，装在管路上的蓄能器，必须用支持板或支架固定。

4）用于吸收冲击压力和脉动压力的蓄能器应尽可能安装在靠近震源处。

5）蓄能器与管路系统之间应安装截止阀，便于充气、检修。蓄能器与油泵之间应安装单向阀，防止油泵停转或卸荷时蓄能器中的压力油倒流回油泵。

6）蓄能器应定期检修、保养。

8.7.6　油箱

1. 油箱的种类与一般要求

油箱是液压系统中用来储油、散热、沉淀和过滤油液中固体杂质、逸出渗入油中空气的一个重要部件。对油箱的一般要求是：有足够的容积，有足够的散热面积或散热措施，应有合理的结构，方便清洗、加油、放油等。

2.油箱的结构

油箱一般用 3 ~ 6 mm 的钢板焊接成,分离式油箱结构如图 8 - 43 所示。液压泵通过吸油管 1 吸入经滤油器 10 过滤的油液,液压系统的油液经回油管 4 流回油箱,吸、回油管的端口应切成 45°斜口,回油管的斜口应朝向箱壁;隔板 7 可阻挡沉淀杂物进入吸油管,隔板 9 阻挡气泡进入吸油管;注油口内装有滤清器网 2 起滤油作用,滤清器罩盖 3 有通气孔使油箱与大气相通,以保证液压泵能够正常吸油;盖板 5 防止外界的污染;油位指示器 6 供观察油箱中油面高度使用;油箱底部有适当斜度,并在最低处设置放油塞 8,供排放油箱中沉淀杂物和油液用。

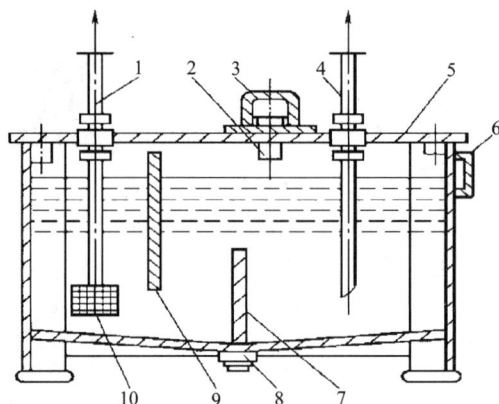

图 8 - 43　油箱的结构

1—吸油管;2—滤清器网;3—滤清器罩盖;4—回油管;
5—盖板;6—油标;7、9—隔板;8—放油塞;10—滤油器

8.7.7　压力表

液压系统各工作点的压力可通过压力表观测,以便调整和控制。压力表的种类很多,最常用的是弹簧管式压力表,其原理如图 8 - 44 所示。压力油进入弹簧弯管 1 时管端产生变形,通过杠杆 4 使扇形齿轮 5 摆动,扇形齿轮与小齿轮 6 啮合,小齿轮带动指针 2 旋转,从刻度盘 3 上读出压力值。压力表的精度等级以其误差占量程的百分数表示。选用压力表时,系统最高压力约为其量程的 3/4 比较合理。压力表必须直立安装,并在压力表与压力管道间设置阻尼器,以防止被测压力突然升高而将表损坏。

压力表开关用于接通或断开压力表与测量点的通路,如图 8 - 45 所示。它实际上是一个小型的截止阀,用于接通或切断压力表与油路的通道。压力表开关有一点、三点、六点等。多点压力表可与几个被测油路相通,以便一个压力表可检测多点压力。

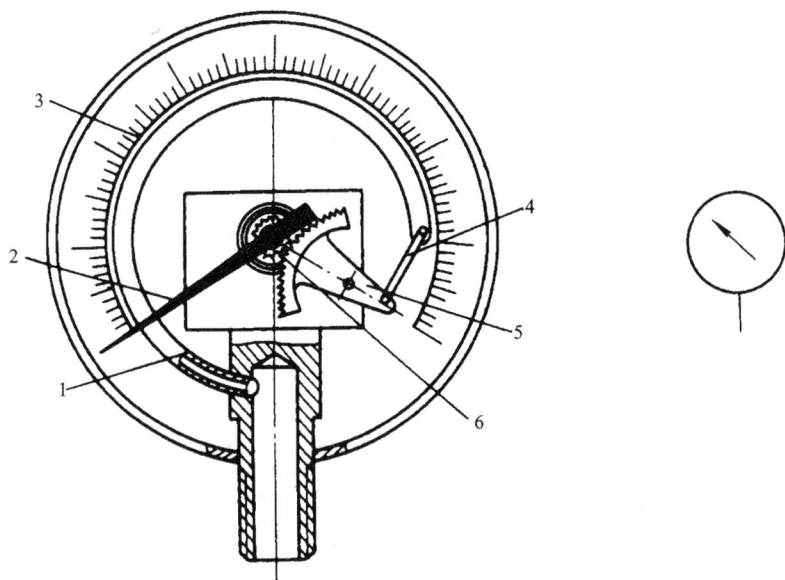

图 8 – 44　压力表及图形符号

1—弹簧弯管；2—指针；3—刻度盘；4—杠杆；5—扇形齿轮；6—小齿轮

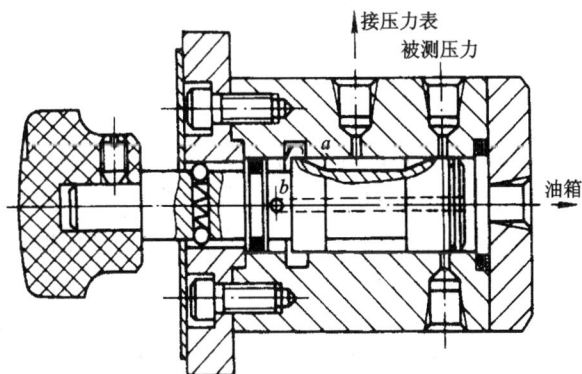

图 8 – 45　测压接头

任务六　汽车典型液压系统

8.8　汽车典型液压系统

8.8.1　液压动力转向系统

为使驾驶员操纵轻便、灵活，现代汽车的转向系统中多加装有液压助力器，这种液压助力器就是一种液压伺服装置。整个装置由液压泵、动力缸、操纵阀组成。

如图8-46所示为常见的汽车动力转向液压助力器的工作原理图,由液压缸和控制滑阀两部分组成。工作原理分析如下:当汽车直线行驶或等半径转向行驶时,方向盘5不动,转向控制滑阀3在弹簧作用下保持中位,液压缸1的两腔均无进出油,液压缸活塞处于平衡状态,对转向节臂不施加作用力,不起助力作用。当左打方向盘5,通过机械传动使转向控制滑阀3相对阀体向左移动,改变油路通道,压力油经转向换向阀进入液压缸的左腔,推动缸体往左移动,进而通过转向机构使车轮左转;当右打方向盘5,转向控制滑阀3处于右位,压力油经转向换向阀进入液压缸的右腔,推动缸体往右移动,进而通过转向机构使车轮右转。

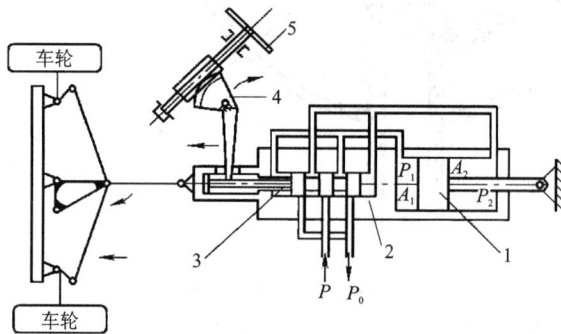

图8-46 动力转向液压助力器的工作原理图

1—液压缸;2—阀体;3—滑阀;4—扇形齿轮;5—方向盘

8.8.2 汽车液压制动系统

1. 普通液压制动系统

如图8-47所示为简单的单回路液压制动系统。工作原理分析如下:踏下踏板4,主缸5的活塞就将制动液体压到前、后制动器的轮缸中,推动轮缸中的活塞,使制动蹄张开制动。放开踏板,制动蹄和轮缸活塞在回位弹簧作用下回位,将制动液压回主缸5。

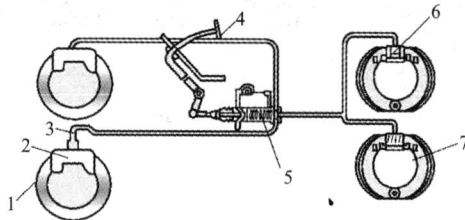

图8-47 单回路液压制动系统

1—前轮制动器;2—制动钳;3—油管;4—踏板;5—制动主缸;6—后制动轮缸;7—后制动器

2. ABS防抱死装置简介

汽车在制动时不希望车轮制动到抱死滑移,而是希望车轮制动到边滚边滑的状态。汽车防抱死装置分后二轮控制与四轮控制方式。后二轮控制方式可预防急刹车时后轮抱死引起的车辆偏向,保证车辆的稳定性。四轮控制方式同时控制四轮,在保证车辆的稳定性的同时还可保证转向性。其执行器为四个电磁阀，在左、右前轮及后轮共设置三个速度传感器，由 8 位微机收集、处理、计算、控制制动装置运行。

任务七　液力传动

液力传动和液压传动一样，都是以液体为工作介质的一种能量转换装置。但两者的工作原理却不同，液压传动是利用液体的压力能实现能量传递，液力传动是利用液体的动能实现能量传递。

8.9　液力传动的形式

液力传动有两种形式：液力耦合器和液力变矩器。液力传动的典型使用为液力控制自动变速器。早期的自动变速器多采用液力耦合器，安装在汽车发动机和机械变速器之间，现代车辆上则用可变矩的液力变矩器代替了液力耦合器。

8.9.1　液力耦合器

1. 液力耦合器的结构

液力耦合器结构示意图如图 8 – 48 所示，它由泵轮和涡轮两个工作轮组成，这两个工作轮是能量转换和动力传递的基本元件，泵轮和涡轮具有相同的内外径，都安装有径向排列的叶片，泵轮和涡轮相对安装，两者端面间留有 3 ~ 4 mm 间隙。

2. 液力耦合器的工作原理

液力耦合器中的泵轮为主动元件，工作时，发动机的动力经发动机曲轴传给泵轮，驱动泵轮转动，由于泵轮叶片的作用，耦合器内部的油液也随叶片一起绕轴线旋转，在离心力的作用下，从半径较小的内缘向半径较大的外缘流动，并以高速液流

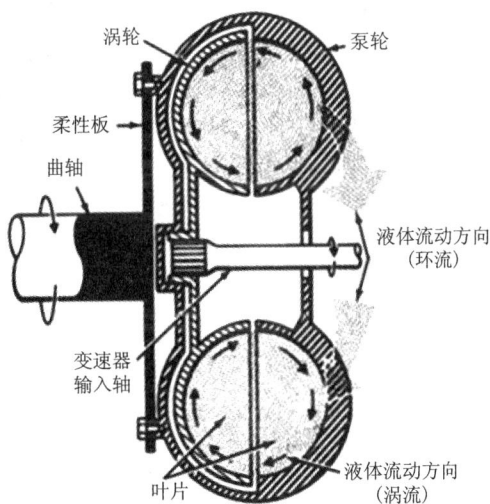

图 8 – 48　液力耦合器结构示意图

形式离开泵轮，实现了将发动机的机械能转换为工作油液的能量。

在一般情况下，被动元件涡轮的转速总是低于泵轮的转速，因此，泵轮外缘油液的能量大于蜗轮外缘处油液能量。在此能量差的作用下，离开泵轮后的高速油流流入涡轮，并作用于涡轮叶片，在克服涡轮转动所产生阻力和负载后推动涡轮转动，且转动方向与泵轮相同，涡轮转动经变速器输入轴输出。高速液流对涡轮叶片的作用，实现了将液体能量转换为涡轮输出轴上的机械能。

由于泵轮和涡轮封闭在一个整体内，工作时，工作液体在惯性离心力的作用下甩向泵轮外缘而做离心运动。油液冲击到涡轮外缘，随后沿着涡轮叶片间通道向涡轮内缘流动而做向心运动，然后返回到泵轮的内缘。工作油液就这样从泵轮流向涡轮，又从涡轮返回泵轮，如此不断循环，形成沿轴线断面循环圆的环流。

液体在液力耦合器中做循环流动时,不受到任何其他附加外力,即液力耦合器只起传递转矩的作用,而不改变转矩的大小,因此,近年来生产的轿车基本上不采用液力耦合器,而使用液力变矩器。

8.9.2　液力变矩器

1.液力变矩器的结构

普通液力变矩器与液力耦合器基本相似,但它在泵轮和涡轮之间加入固定不动的导轮,如图 8 - 49 所示。泵轮与变矩器壳体连成一体,固定在发动机曲轴后端的飞轮上;涡轮通过从动轴与变速器输入轴联接;导轮通过导轮支承座固定在变速器壳体上。所有工作轮在装配后,形成环状的变矩器循环圆,如图 8 - 49(c)所示。工作轮形状如图 8 - 50 所示。

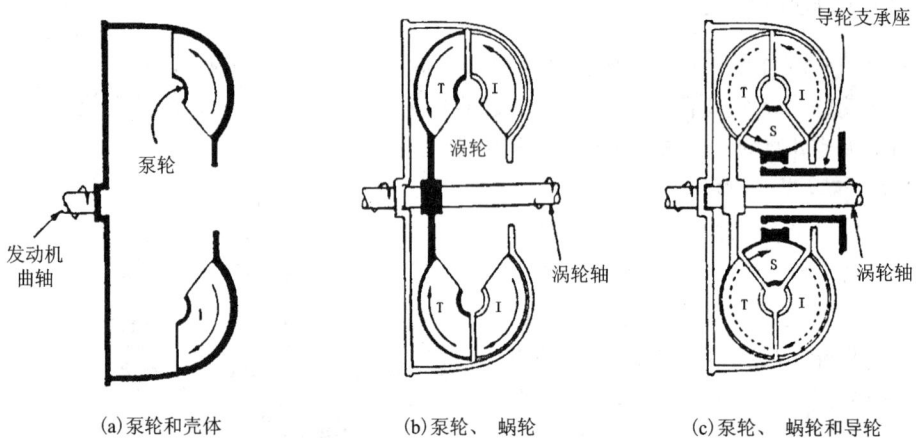

(a)泵轮和壳体　　　　　(b)泵轮、蜗轮　　　　　(c)泵轮、蜗轮和导轮

图 8 - 49　液力变矩器结构示意图

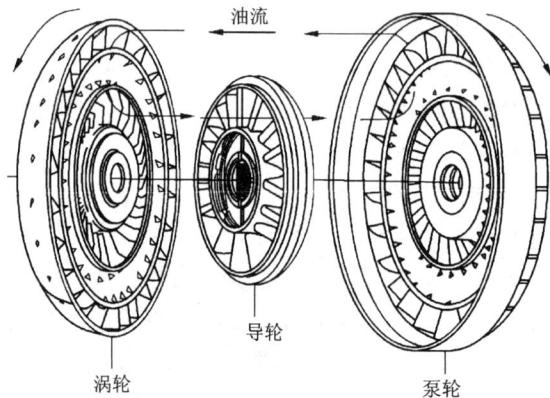

图 8 - 50　液力变矩器主要零件及液流方向示意图

2.液力变矩器工作原理

液力变矩器能量转换、传动动力原理和液力耦合器一样。即泵轮将发动机的机械能转换为工作油液的能量,涡轮将液体能量转换为涡轮输出轴上的机械能。

液力变矩器之所以能起变矩作用,就是因为在结构上比耦合器多了一个导轮机构。在液体循环流动的过程中,固定不动的导轮给涡轮一个反作用力矩,使涡轮输出的转矩不同于泵轮输入的转矩,具有"变矩"功能。液力变矩器的展开图如图 8-51 所示,各工作轮叶片角度清晰可见,导轮叶片角度使液流流经导轮时方向变化,而起到变矩作用。

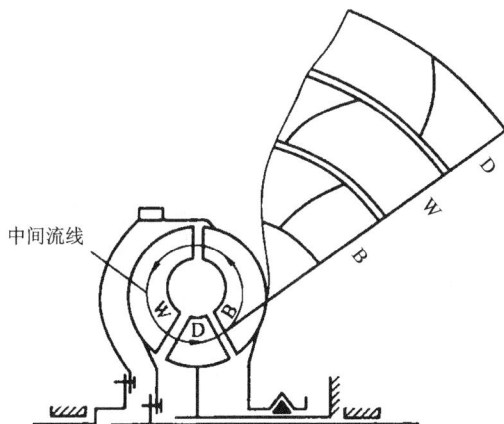

中间流线

图 8-51 液力变矩器的展开图

综上所述:液力变矩器由泵轮(主动轮)、蜗轮(被动轮)和导轮三个工作轮组成,它们是转换能量、传递动力和变矩必不可少的基本元件。

泵轮——使发动机的机械能转换为液体能量;

涡轮——将液体能量转换为蜗轮轴上的机械能;

导轮——通过改变液流的方向而起到变矩作用。

8.9.3 典型液力变矩器介绍

目前液力变矩器的结构形式很多,不同车辆在使用变矩器时,对它有不同的性能要求。

1. 三元件综合式液力变矩器

综合式液力变矩器与普通液力变矩器结构基本相似,仍由泵轮、涡轮和导轮组成,区别是导轮与导轮支承座不再是刚性连接,而是在它们之间装有单向离合器,如图 8-52 所示。

当涡轮转速较低时,涡轮出口处液流冲击导轮叶片正面,此时单向离合器处于结合状态,导轮锁止不动。此状态仍与普通液力变矩器相同,起增大转矩的作用。

当涡轮转速升高到一定值时,涡轮出口处液流冲击导轮叶片的背面,此时单向离合器处于分离状态,导轮可以朝涡轮转向相同的方向转动,导轮与涡轮可合成一个整体来看待。液力变矩器转化为液力耦合器工作状态。

由上分析可知,综合式液力变矩器通过单向离合器的作用有两种工况,即变矩器工况和耦合器工况。液力变矩器可能有的工况数称为液力变矩器的相数。在前面讲述的三元件液力变矩器只有"变矩"工况,故称单相三元件液力变矩器,综合式液力变矩器具有"变矩"和"耦合"两种工况,故称为两相三元件液力变矩器。

2. 锁止式液力变矩器

汽车使用液力变矩器,具有之前所述的很多优点,但是液力变矩器存在着液力损失,其最高效率只有 0.85 ~ 0.9，因而在正常行驶时油耗较高，经济性差。为提高效率，改善经济性，现代轿车的自动变速器多采用锁止式液力变矩器。

锁止式液力变矩器内有一个由液压操纵的锁止离合器。在图 8 - 53 所示的结构中，锁止离合器的主动盘就是变矩器壳体，从动盘是可作轴向移动的压盘，它通过花键套与涡轮连接。

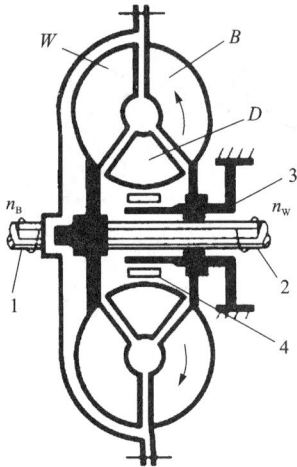

图 8 - 52　综合式液力变矩器

B—泵轮；*W*—涡轮；*D*—导轮；

1—输入轴；2—输出轴；

3—导轮支承套；4—单向离合器

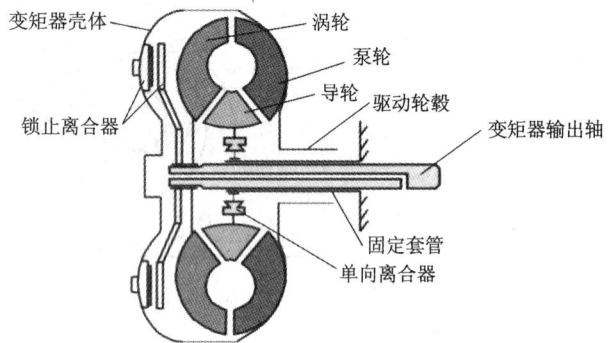

图 8 - 53　锁止式液力变矩器

当车速较低时，锁止控制阀让液压油进入变矩器，使锁止离合器压盘两侧保持相同的油压，锁止离合器处于分离状态，这时输入变矩器的动力完全通过油液传至涡轮。当汽车在良好道路上高速行驶，且车速、节气门开度、变速器液压油等因素符合一定要求时，电脑即操纵锁止控制阀，使压盘在前后两面压力差的作用下压紧在主动盘（变矩器壳体）上，这时输入变矩器的动力通过锁止离合器的机械连接，由压盘直接传至蜗轮输出，传动效率为 100%。

锁止式液力变矩器实现了液力变矩器传动和机械直接传动两种工况，把两者的优点结合于一体。

复习思考题

一、填空题

1. 液压传动是以 _____ 为传动介质，利用液体的 _____ 来传递运动和动力的。

2. 液力传动是以 _____ 为工作介质，利用液体的 _____ 来传递运动和动力的。

3. 我国生产的机械油和液压油标号采用 40℃ 时的 _____。

4. 液压传动中，压力决定于 _____，速度决定于 _____。

5. 液压泵按结构形式可以分为 _____、_____ 和 _____ 三大类。

6. 液压泵中可以做变量泵的有 _____ 和 _____。

7. 液压马达把_____能转换成_____能，输出的主要参数是_____和_____。

8. 液力传动的两种形式是_____和_____。

9. 溢流阀稳定的是_____压力，减压阀稳定的是_____压力。

10. 压力继电器是将_____信号转换为_____信号的转换装置。

二、选择题

1. 下列元件中属于控制元件的是(　　　)。

A. 液压泵　　　　　B. 液压马达　　　　　C. 液压缸　　　　　D. 控制阀

2. 影响液压油黏度变化的主要因素是(　　　)。

A. 温度变化　　　　B. 压力变化　　　　　C. 容积变化　　　　D. 速度变化

3. 调速阀工作原理上最大的特点是(　　　)。

A. 调速阀进口和出口油液的压力差保持不变

B. 调速阀内节流阀进口和出口油液的压力差保持不变

C. 调速阀进口和出口油液的压力保持不变

D. 调速阀内的节流阀进口和出口油液的压力保持不变

4. 差动液压缸(　　　)。

A. 活塞总是向无杆腔方向快速运动

B. 是利用活塞两侧面积差进行工作单位单活塞杆液压缸

C. 推力大小等于工作压力与活塞面积的乘积

D. 推力大小等于工作压力与有杆腔环形面积的乘积

5. 齿轮泵一般适用于(　　　)，轴向柱塞泵一般适用于(　　　)。

A. 低压　　　　　　B. 中压　　　　　　C. 高压

三、问答题

1. 简述液压传动系统的组成。

2. 试述液压泵工作的必要条件。

3. 简述液压泵、液压马达的区别和联系。

4. 液压执行元件有哪几种？区别是什么？

5. 什么是换向阀的"位"和"通"？什么是换向阀的"中位机能"？

6. 溢流阀、顺序阀、减压阀各有什么作用？它们在原理上有何异同？顺序阀能否当溢流阀用？

7. 常用油管有哪几种？它们的适用范围有何不同？

8. 油箱的功用是什么？

9. 液力耦合器和液力变矩器的区别有哪些？

10. 绘制所学液压元件的图形符号，并注明名称。

四、分析题

1. 如图8-54所示的液压系统，可实现快进→工进→快退→停止的工作循环。

(1)说出图中标有序号的液压元件的名称。

(2)写出电磁铁动作顺序表8-6(通电"+"，失电"-")。

(3)试描述油缸工进时的进油、回油路径(经过换向阀时，应注明左、右位置)。

表 8 - 6

动作 \ YA	1YA	2YA	3YA
快进			
工进			
快退			
停止			

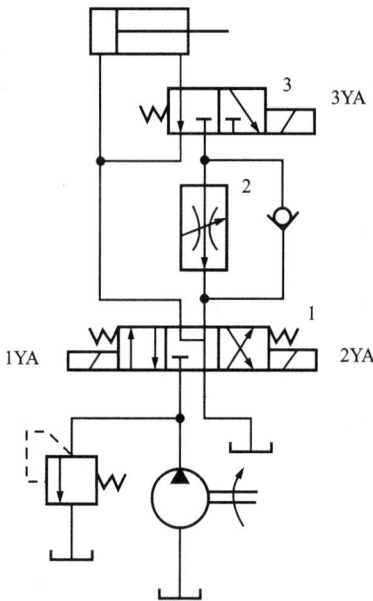

图 8 - 54

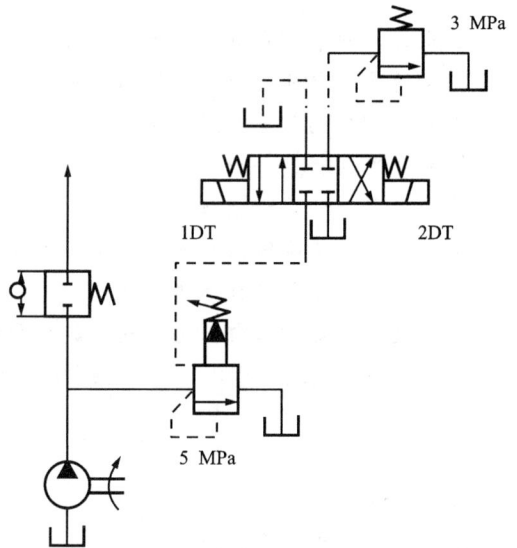

图 8 - 55

2. 试分析图 8 - 55 所示回路在下列情况下,泵的最高出口压力(各阀的调定压力注在阀的一侧):

(1)全部电磁铁断电;

(2)电磁铁 2DT 通电,1DT 断电;

(3)电磁铁 2DT 断电,1DT 通电。

3. 如图 8 - 56 所示的液压系统,可以实现快进→工进→快退→停止的工作循环。要求:

(1)说出图中标有序号的液压元件的名称。

(2)写出电磁铁动作顺序表 8 - 7(通

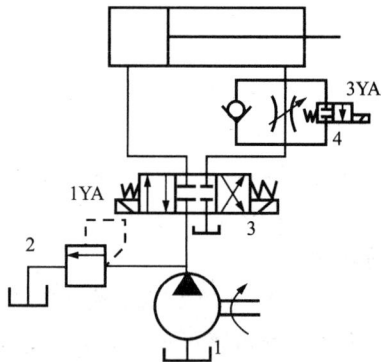

图 8 - 56

电"+"，失电"−"）

（3）写出油缸工进时系统的进油、回油路线（通过换向阀，应注明左、右位置）。

表 8 − 7

YA 动作	1YA	2YA	3YA
快进			
工进			
快退			
停止			

项目九　公差与配合

学习目标

1.知识目标：
1)掌握尺寸配合的基本术语；
2)了解形位公差的含义；
3)掌握表面质量评定参数的含义。
2.知识目标：
1)能够合理地选择公差与配合；
2)能够标注零件的形位公差；
3)能够标注零件的表面粗糙度。

任务一　尺寸公差与配合

9.1　互换性与标准化

9.1.1　互换性

1.互换性的基本概念

在日常生活中有大量的现象涉及互换性。例如，自行车、手表、汽车、拖拉机、机床等的某个零件若损坏了，可按相同规格购买一个装上，并且在更换与装配后，能很好地满足使用要求。之所以这样方便，就因为这些零件都具有互换性。

互换性是指同一规格的产品(包括零件、部件、构件)在尺寸、功能上能够彼此互相替换而使用效果相同的特征。机械制造业中的互换性是指按规定的几何、物理及其他质量参数的技术要求来分别制造机器的各个组成部分，使其在装配与更换时不需要挑选、辅助加工或修配，便能很好地满足使用和生产上要求的特性。

要使零件间具有互换性，不必要也不可能使零件质量参数的实际值完全相同，而只要将它们的差异控制在一定的范围内，即应按"公差"来制造。公差是指允许实际质量参数值的变动量。

2.互换性的种类

互换性按其程度和范围的不同,可分为完全互换性(绝对互换)和不完全互换性(有限互换)。

若零件在装配或更换时,不需要选择、辅助加工与修配,就能满足预定的使用要求,则其互换性为完全互换性。不完全互换性是指在装配前允许有附加的选择,装配时允许有附加的调整,但不允许修配,装配后能满足预期的使用要求。

3.互换性的作用

互换性是机械产品设计和制造的重要原则。按互换性原则组织生产的重要目标,是获得产品功能与经济效益的综合最佳效应。互换性是实现生产分工、协作的必要条件,它不仅使专业化生产成为可能,有效提高生产率、保证产品质量、降低生产成本,而且能大大地缩短设计、制造周期。在当今市场竞争日趋激烈、科学技术迅猛发展、产品更新周期越来越短的时代,互换性对于提高产品的竞争能力,从而获得更大的经济效益具有重要的作用。

9.1.2 标准化

要实现互换性,则要求设计、制造、检验等工作按照统一的标准进行。现代工业生产的特点是规模大、分工细、协作单位多、互换性要求高。为了适应各部门的协调和各生产环节的衔接,必须有统一的标准,才能使分散的、局部的生产部门和生产环节保持必要的技术统一,使之成为一个有机的整体,以实现互换性生产。

标准化是指为在一定的范围内获得最佳秩序,对实际的或潜在的问题制定共同的和重复使用规则的活动。标准化是用以改造客观物质世界的社会性活动,它包括制定、发布及实施标准的全过程。这种活动的意义在于改进产品、过程及服务的适用性,并促进技术合作。标准化的实现对经济全球化和信息社会化有着深远的意义。

在机械制造业中,标准化是实现互换性生产、组织专业化生产的前提条件;是提高产品质量、降低产品成本和提高产品竞争能力的重要保证;是扩人国际贸易,使产品打进国际市场的必要条件。同时,标准化作为科学管理的手段,可以获得显著的经济效益。

9.2 公差

9.2.1 尺寸术语及定义

在生产实践中,由于存在加工误差和测量误差,因此零件不可能准确地被制成指定的尺寸。对零件的加工误差及其控制范围所制定的技术标准,称为"公差与配合"标准,它是实现互换性的基础,并是一项涉及面最广、最重要的基础标准。为了正确理解和应用公差与配合,必须弄清公差与配合的基本术语及定义。

1.尺寸

用特定单位表示长度值的数字称为尺寸。由定义可知尺寸由数值和特定单位两部分组成。如30 mm、60 cm 等。机械图样上的尺寸通常以 mm 为单位,如以此为单位,可省略单位的标注,仅标注数值。采用其他单位时,则必须在数值后注明单位。

2.基本尺寸

设计给定的尺寸称为基本尺寸。孔的基本尺寸用"D"表示,轴的基本尺寸用"d"表示。基本尺寸由设计给定,设计时可根据零件的使用要求,通过计算试验或类比的方法确定基本尺寸。图样上所标注的尺寸,通常都是基本尺寸。

3. 实际尺寸

通过测量获得的尺寸，称为实际尺寸。孔以"D_a"表示，轴以"d_a"表示。由于存在测量误差，所以实际尺寸并非尺寸的真值。

4. 极限尺寸

允许尺寸变化的两个界限值，称为极限尺寸。孔或轴允许的最大尺寸称为最大极限尺寸，孔以"D_{max}"、轴以"d_{max}"表示；孔或轴允许的最小尺寸称为最小极限尺寸，孔以"D_{min}"、轴以"d_{min}"表示。极限尺寸是以基本尺寸为基数来确定的。

在机械加工中，由于机床、刀具、量具等各种因素而形成加工误差的存在，要把同一规格的零件加工成同一尺寸是不可能的。从使用的角度来讲，也没有必要将同一规格的零件都加工成同一尺寸，只需将零件的实际尺寸控制在一个范围内，就能满足使用要求。这个范围由上述两个极限尺寸确定，如图9-1所示。

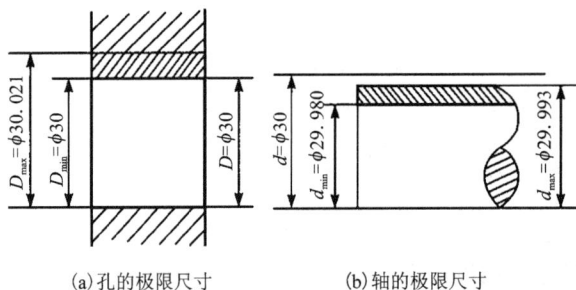

(a)孔的极限尺寸　　(b)轴的极限尺寸

图9-1　极限尺寸

图9-1中

孔的基本尺寸(D) = $\phi30$ mm

孔的最大极限尺寸(D_{max}) = $\phi30.021$ mm

孔的最小极限尺寸(D_{min}) = $\phi30$ mm

轴的基本尺寸(d) = $\phi30$ mm

轴的最大极限尺寸(d_{max}) = $\phi29.993$ mm

轴的最小极限尺寸(d_{min}) = $\phi29.980$ mm

要注意的是基本尺寸和极限尺寸都是设计时给定的，基本尺寸可以在极限尺寸所确定的范围内，也可以在极限尺寸所确定的范围外。如图9-1中孔的基本尺寸等于孔的最小极限尺寸，在两极限尺寸所确定的范围内；而轴的基本尺寸大于轴的最大极限尺寸，在两极限尺寸所确定的范围外。当不考虑形位误差的影响，加工后的零件获得的实际尺寸若在两极限尺寸所确定的范围之内，则零件合格，否则零件不合格。

9.2.2　偏差与公差的术语及定义

1. 偏差

偏差是指某一尺寸(实际尺寸、极限尺寸)减其基本尺寸所得的代数差。

(1)极限偏差

极限偏差是指极限尺寸减其基本尺寸所得的代数差。最大极限尺寸减其基本尺寸所得的代数差称为上偏差，最小极限尺寸减其基本尺寸所得的代数差称为下偏差。孔、轴的上偏差分别以 ES 和 es 表示，孔、轴的下偏差分别以 EI 和 ei 表示，即

$$ES = D_{max} - D \quad es = d_{max} - d$$

$$EI = D_{min} - D \quad ei = d_{min} - d$$

（2）实际偏差

实际偏差是指实际尺寸减其基本尺寸所得的代数差。孔、轴的实际偏差分别以 Ea 和 ea 表示。工件尺寸合格的条件也可以用偏差表示，如下：

对于孔　　　　　　　　　　　　　　　$ES \geqslant Ea \geqslant EI$

对于轴　　　　　　　　　　　　　　　$es \geqslant ea \geqslant ei$

应该注意，偏差可以为正、负或零值。合格零件的实际偏差应在上、下偏差之间。

【例 9-1】　设计一轴，其直径的基本尺寸为 $\phi60$ mm，最大极限尺寸为 $\phi60.018$ mm，最小极限尺寸为 $\phi59.988$ mm（图 9-2），求轴的上、下偏差。

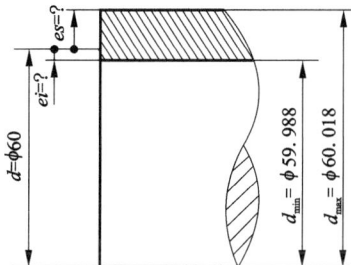

图 9-2　轴的偏差

解：由公式可知轴的上、下偏差为

$$es = d_{max} - d = 60.018 \text{ mm} - 60 \text{ mm} = +0.018 \text{ mm}$$

$$ei = d_{min} - d = 59.988 \text{ mm} - 60 \text{ mm} = -0.012 \text{ mm}$$

2. 公差

在实际生产中，零件的尺寸不可能加工得绝对准确，而是允许零件的实际尺寸在一个合理的范围内变动。这个允许尺寸的变动量就是尺寸公差，简称公差。公差无正负之分，且不能为 0。

公差是设计时根据零件要求的精度并考虑加工时的经济性能，对尺寸的变动范围给定的允许值。由于合格零件的尺寸只能在最大极限尺寸与最小极限尺寸之间的范围内变动，所以公差等于最大极限尺寸与最小极限尺寸的代数差，又等于上偏差与下偏差的代数差。孔和轴的公差分别以 T_h 和 T_s 表示，则其表达式为：

孔的公差

$$T_h = D_{max} - D_{min} = ES - EI$$

轴的公差

$$T_s = d_{max} - d_{min} = es - ei$$

【例 9-2】　求轴 $\phi25^{-0.007}_{-0.020}$ 的尺寸公差，如图 9-3 所示。

解：利用公式进行计算得

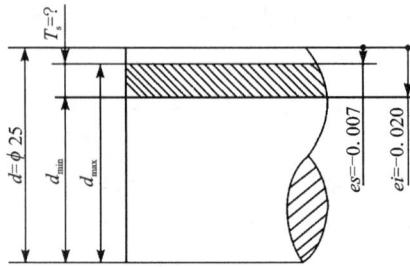

图 9 - 3　轴的尺寸公差

$$d_{max} = d + es = 25 + (-0.007) = 24.993 \text{ mm}$$

$$d_{min} = d + ei = 25 + (-0.020) = 24.980 \text{ mm}$$

$$T_s = d_{max} - d_{min} = 24.993 - 24.980 = 0.013 \text{ mm}$$

同样:

$$T_s = es - ei = (-0.007) - (-0.020) = 0.013 \text{ mm}$$

从以上例题可看出,求公差的大小可以采用极限尺寸和极限偏差两种方法,由于图样上标注的是基本尺寸和上、下偏差,因而采用极限偏差的方法计算要简单一些。

9.2.3　零线、公差带与公差带图解

为了清晰地表示上述各量及其相互关系,一般采用极限与配合的示意图,在图中将公差和极限偏差部分放大,如图 9 - 4 所示。从图中可以直观地看出基本尺寸、极限尺寸、极限偏差和公差之间的关系。由于公差及偏差的数值与尺寸数值相比,差别甚大,不便用同一比例表示,所以在实际应用中,为了简化,只画出放大的孔、轴公差带来分析问题,这种方法称为公差带图解,如图 9 - 5 所示。

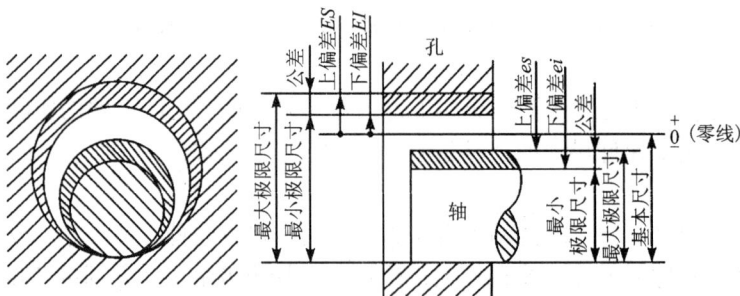

图 9 - 4　极限与配合的示意图

1.零线

在公差带图中,零线是确定正、负偏差的基准线,零线以上为正偏差、零线以下为负偏差。其上、下偏差有时都是正值,有时都是负值,有时一正一负。上、下偏差值中可以有一个值是"0",但不得两个值均为"0"。公差带的宽度即为尺寸公差。

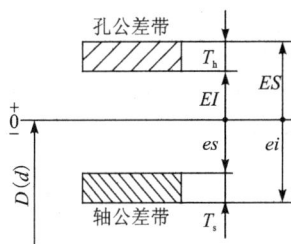

图 9-5　公差带图解

2.尺寸公差带(简称公差带)

在公差带图中,由代表上、下偏差的两条直线所限定的一个区域称为尺寸公差带。尺寸公差带的大小取决于公差的大小;公差带相对于零线的位置取决于极限偏差的大小。只有既给定公差大小,又给定一个极限偏差(上偏差或下偏差),才能完整地描述一个公差带。

9.3　配合

一批基本尺寸相同的相互结合的孔和轴公差带之间的关系称为配合。根据使用要求不同,孔和轴之间的配合有松有紧,例如轴承座、轴套和轴三者之间的配合,轴套与轴承座之间不允许相对运动,应选择紧的配合,而轴在轴套内要求能转动,应选择松动的配合。为此,国家标准规定的配合分为三类:

1.间隙配合

孔的实际尺寸大于或等于轴的实际尺寸,两者装配在一起后,轴与孔之间存在间隙(包括最小间隙为零的情况),轴在孔中能相对运动。这时,孔的公差带在轴的公差带之上,如图 9-6 所示。

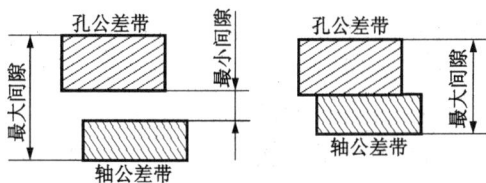

图 9-6　间隙配合

2.过盈配合

孔的实际尺寸小于或等于轴的实际尺寸,两者在装配时需要一定的外力或使带孔零件加热膨胀后,才能把轴压入孔中,所以轴与孔装配在一起后不能产生相对运动并起联接作用。这时,孔的公差带在轴的公差带之下,如图 9-7 所示。

3.过渡配合

轴的实际尺寸比孔的实际尺寸有时小,有时大。它们装在一起后可能会出现间隙,或出现过盈,但间隙或过盈量都相对较小。这种介于间隙与过盈之间的配合,即为过渡配合。这时,孔的公差带与轴的公差带将出现相互重叠部分,如图 9-8 所示。

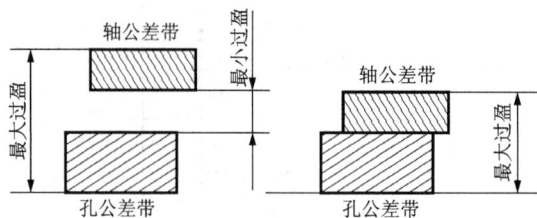

图 9 - 7　过盈配合

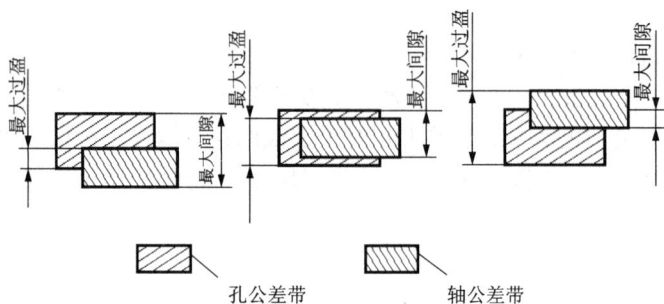

图 9 - 8　过渡配合

任务二　形位公差

9.4　形位公差的概念

形位公差表示零件的形状和其相互间位置的精度要求。形位公差和尺寸公差相同，是评定产品质量、保证零件装配互换的一项技术指标。

零件加工过程中，不仅会产生尺寸误差，也会出现形状和相对位置的误差。如加工轴时可能会出现轴线弯曲，这种现象属于零件的形状误差。例如图 9 - 9(a)所示的销轴，除了标注出直径的公差外，还标注了圆柱轴线的形状公差——直线度，它表示圆柱实际轴线应限定在 $\phi 0.06$ 的圆柱体内。又如图 9 - 9(b)所示，箱体上两个安装锥齿轮轴的孔，如果两孔轴线歪斜太大，势必影响一对锥齿轮的啮合传动。为了保证正常的啮合，必须标注位置公差——垂直度。图中代号的含义是：水平孔的轴线必须位于距离 0.05，且垂直于铅垂孔的轴线的两平行平面之间。

由图 9 - 16 可见，为保证零件的装配和使用要求，在图样上除给出尺寸及其公差要求外，还必须给出形状和位置公差(简称形位公差)要求。形位公差在图样上的注法应按照 GB/T 1182 的规定。

9.4.1　形位公差的代号

形位公差的代号包括：形状公差特征项目符号、形位公差框格及指引线、基准代号、形位公差数值、其他有关符号等，如图 9 - 10 所示。

(a)　　　　　　　　　(b)

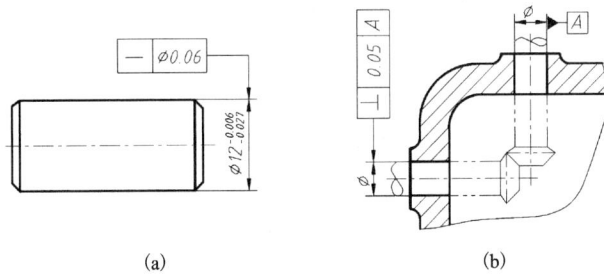

图 9 - 9　形状和位置公差示例

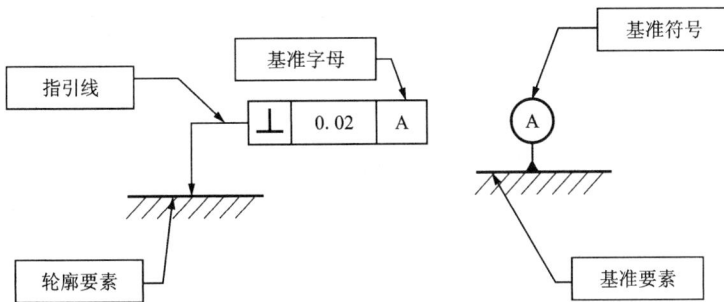

图 9 - 10　形位公差代号及基准符号

9.4.2　形位公差的标注与识读

形位公差在图样中以框格形式标注。表 9 - 1 列举了常见形位公差标注示例及识读说明。

表 9 - 1　形位公差符号及代号标注与识别

分类	特征项目及符号	标注示例	识读说明
形状公差	直线度 —		①圆柱表面上任一素线的直线度公差为 0.02 mm(左图)； ②φ10 轴线的直线度公差为 0.04 mm(右图)
	平面度 ▱		实际平面的形状所允许的变动全量 0.05 mm
	圆度 ○		在垂直于轴线的任一正截面上实际圆的形状所允许的变动全量 0.02 mm

续表 9 – 1

分类	特征项目及符号	标注示例	识读说明
形状公差	圆柱度		实际圆柱面的形状所允许的变动全量 0.05 mm
	线轮廓度		在零件宽度方向，任一横截面上实际线的轮廓形状所允许的变动全量 0.04 mm
	面轮廓度		实际表面的轮廓形状所允许的变动全量 0.04 mm
方向公差	平行度 //　垂直度 ⊥　倾斜度 ∠		实际要素对基准在方向上所允许的变动全量平行度为 0.05 mm，垂直度为 0.05 mm，倾斜度为 0.08 mm
位置公差	同轴(同心)度 ◎　对称度 ＝　位置度 ⊕		实际要素对基准在位置上所允许的变动全量同轴度 0.1 mm，对称度 0.1 mm，位置度 0.3 mm
跳动公差	圆跳动　全跳动		①实际要素绕基准轴线回转一周时所允许的最大跳动量。②实际要素绕基准轴线连续回转时所允许的最大跳动量

任务三　表面粗糙度

为保证零件装配后的使用要求，除了对零件各部分结构的尺寸、形状和位置给出公差要求外，还要根据功能需要对零件的表面质量——表面结构给出要求。表面结构是表面粗糙度、表面波纹度、表面缺陷、表面纹理和表面几何形状的总称。

9.5　表面粗糙度

机械加工后的工件表面，总会留下刀刃或磨轮的加工痕迹。这些痕迹都是由许多较小高低不平的峰谷组成。国家标准规定，表面粗糙度就是指加工表面上具有的较小间距和峰谷所组成的微观几何形状特性，即表面微观的不平度。一般由所采用的加工方法或其他因素而形成。它与表面宏观形状误差以及表面波纹误差有所区别。它们从量上可以按相邻两波的峰间（或谷间）距离大小加以区别。波距一般在 1 mm 以下者属于表面粗糙度（微观形状误差）；波距在 1 ~ 10 mm 之间者属于表面波纹度（或称中间形状误差）；波距在 10 mm 以上者属于形状误差（宏观形状误差）。

9.5.1　表面粗糙度符号、代号及标注

国标 GB/T 131—2006 规定了零件表面粗糙度符号、代号及其在图样上的标注方法，现仅就国标中与表面粗糙度标注有关的基本规定作简要介绍。

1. 表面粗糙度符号

表面粗糙度的符号及说明如表 9 - 2 所示。

表 9 - 2　表面粗糙度符号及说明

符号	说　明
√	基本符号，表示表面可以用任意方法获得。当不加注粗糙度参数或有关说明（例如：表面处理、局部热处理等）时，仅适用于简化代号标注
√	基本符号加一短画，表示表面是用去除材料的方法获得。例如：铣、钻、磨、剪切、抛光、腐蚀、气割等
√	基本符号加一小圆，表示表面是用不去除材料的方法获得。例如：铸、锻、冲压、变形、热轧等
√ √ √	在上述三个符号的上边均加一横线，用于标注有关参数和说明

2. 表面粗糙度参数

表面粗糙度参数的单位是 μm。只标注一个值时，表示为上限值；标注两个值时，表示为

上限值和下限值。例如：

$$\sqrt{}\text{Ra3.2}$$

用任何方法获得的表面，Ra 的上限值为 3.2 μm。

$$\sqrt{}\text{Ra3.2}$$

用去除材料的方法获得的表面，Ra 的上限值为 3.2 μm。

3. 表面粗糙度的标注方法

表面粗糙度代号（符号）在图样上的标注方法，如图 9 - 11 所示。

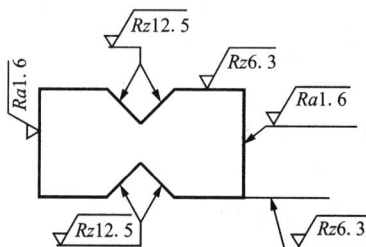

图 9 - 11　面粗糙度代号（符号）在图样上的标注方法

1）在同一图样中，零件的每一表面都应标注相应的表面结构。每一表面的表面结构只能标注一次，并尽可能标注在具有确定该表面大小或位置尺寸的视图上，且代号应标注在可见轮廓线、尺寸线、尺寸界线或其延长线上，必要时可标注在指引线上；

2）符号的尖端必须由材料外指向该表面；

3）代号中的数字为表面结构参数允许值，其单位是微米（μm）；

4）除非另有说明，所标注的表面结构是对完工零件表面的要求；

5）表面结构符号、代号的标注位置和方向，总的原则是与尺寸的标注和读取方向一致。

9.5.2　表面粗糙度的选用

表面粗糙度参数值的选择既要满足零件表面的功能要求，也要考虑零件制造的经济性。一般选择原则如下：

1）在满足零件表面功能要求的情况下，尽量选用较大的表面粗糙度数值。

2）同一零件上，工作面表面粗糙度参数值小于非工作面表面粗糙度数值。

3）摩擦表面比非摩擦表面和滑动表面粗糙度的参数值要小；滚动摩擦表面比滑动摩擦表面粗糙度的参数值要小；运动速度高、单位压力大的摩擦表面应比运动速度低、单位压力小的摩擦表面的粗糙度参数值要小。

4）受循环载荷的表面和容易引起应力集中的部分（如尖角、沟槽等）应取较小的表面粗糙度参数值。

5）配合性质要求高的结合表面，配合间隙小的配合表面以及要求连接可靠，受重载荷的过盈配合表面等，都应取较小的表面粗糙度数值。

6）对有防腐或密封要求的零件的表面粗糙度数值要小。

通常在尺寸公差和表面形状公差小时，表面粗糙度数值也小。但表面粗糙度数值与尺寸公差、表面形状公差之间并不存在固定的关系，如手柄、手轮等的尺寸公差较大，而表面粗糙度数值却小。

任务四　测量技术基础

9.6　测量技术

9.6.1　长度计量单位

为了进行长度测量，必须建立统一可靠的长度单位基准。当前国际上通常使用的长度单位有米制和英制两种。

目前，我国采用的长度单位制是国际单位制（表 9 − 3），基本单位是米（m），其他常用单位有厘米（cm）、毫米（mm）和微米（μm）等。机械图样上常用的单位是毫米（mm），在图样上标注时，通常只标注数值而不标注单位。

表 9 − 3　我国长度法定计量单位

单位名称	代号	对基本单位的比
千米（公里）	km	10^3（1000 m）
米	m	基本单位
分米	dm	10^{-1}（0.1 m）
厘米	cm	10^{-2}（0.01 m）
毫米	mm	10^{-3}（0.001 m）
微米	μm	10^{-6}（0.000001 m）
纳米	nm	10^{-9}（0.000000001 m）
皮米	pm	10^{-12}（0.000000000001 m）

9.6.2　测量器具与测量方法的分类

1.测量器具的分类

测量器具包括量具与量仪两大类。

量具——使用时，以固定形式复现一给定量的一个或多个已知值的一类测量器具。

量仪——将被测的或有关的量转换成可直接观测的示值或等效信息的一类测量器具。

量具的类型很多，有基准量具（量块、角度量块、基准米尺）、极限量规（塞规、环规、塞尺）、通用量具（如游标卡尺、高度游标卡尺、深度游标卡尺、外径千分尺、内径千分尺等)等。

量仪的类型也很多,有基准量仪(激光比较仪)、通用量仪(杠杆齿轮比较仪、扭簧比较仪、光学比较仪、电感式量仪、电容式量仪、浮标式气动量仪、水柱式气动量仪等)等。

2.测量方法的分类

按是否直接测量被测参数,可分为直接测量与间接测量;按量具与量仪的读数值是否直接表示被测尺寸的数值,可分为绝对测量与相对测量;按被测表面与量具量仪的测量头是否接触,分为接触测量与非接触测量;按一次测量参数的多少,分为单项测量和综合测量。

9.6.3 常用测量器具的使用方法

1.游标类量具的使用方法

游标类量具是利用游标读数原理制成的一种常用量具,具有结构简单、使用方便、测量范围大等特点。游标类量具有游标卡尺、深度游标尺、高度游标尺、齿厚游标卡尺等,其读数原理相同,所不同的主要是测量面的位置不同,如图9-12所示。

游标类量具的读数值就是测量时的读数精度,常用的有0.1 mm,0.05 mm,0.02 mm三种。这三种游标类量具的尺身刻度是相同的,即每格1 mm,所不同的是游标格数与尺身相对的格数。现以0.1 mm游标类量具为例说明它们的原理。

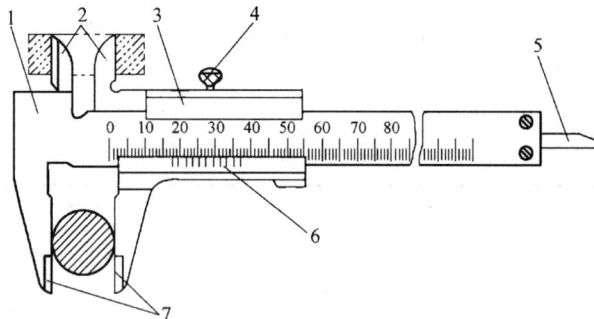

图9-12 游标卡尺

1—尺身;2—内量爪;3—尺框;4—紧固螺钉;5—深度尺;6—游标;7—外量爪

游标卡尺的使用:

尺身每小格为1 mm,当两测量爪合并时,尺身上9 mm正好等于游标上10格(图9-13),则:

$$游标每格 = 9 \text{ mm} \div 10 = 0.9 \text{ mm}$$

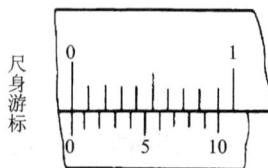

图9-13 0.1 mm游标卡尺

尺身与游标每格相差 $=1$ mm -0.9 mm $=0.1$ mm

这就是读数值的来源。

在游标尺上读数时，一般分为三个步骤：

第一步：在尺身上读出毫米数，即在尺身上与游标零线对齐刻度或零线偏左的刻线。

第二步：在游标上找出一条线与尺身上刻线对齐刻线。以该刻线为终线从游标零线开始数格，共有多少格。并将该格数乘上本尺的读数精度即是游标的读数值。

第三步：把尺上读数值（毫米）和游标上的读数值相加即为所需的读数。

【例9-3】　读出图9-14所示游标卡尺的量值。

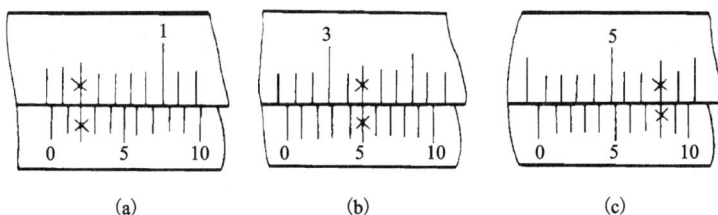

图9-14　0.1 mm游标卡尺

解： 图9-14(a)的值为：$3 + 0.2 = 3.2$ mm；

图9-14(b)的值为：$27 + 0.5 = 27.5$ mm；

图9-14(c)的值为：$45 + 0.8 = 45.8$ mm。

2. 螺旋测微类量具的使用方法

螺旋测微量具是利用螺旋运动原理进行测量和读数的一种测微量具。按用途分为外径千分尺、内径千分尺、深度千分尺、螺纹千分尺、公法线千分尺等。普通千分尺的测量精度（分度值）为 0.01 mm，因此常用来测量加工精度要求较高的零件。

现以外径千分尺为例说明其测量方法，其结构如图9-15所示。千分尺测微螺杆右端螺纹的螺距为 0.5 mm，当微分筒转　周时，测微螺杆就推进 0.5 mm。固定套筒上的刻度间隔也是 0.5 mm，微分筒圆周上共刻50格，因此当微分筒转一格时，测微螺杆就推进 0.01 mm，即这种千分尺的分度值为 0.01 mm。

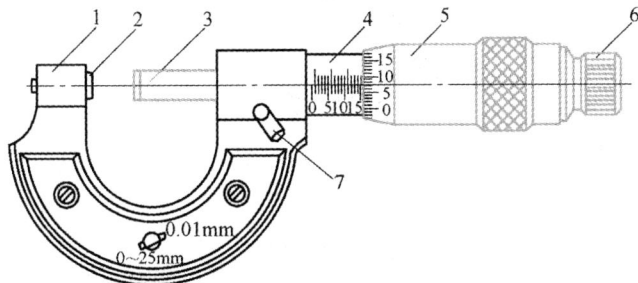

图9-15　外径千分尺

1—尺架；2—固定测砧；3—活动测杆；4—固定套筒；5—活动套筒；6—旋转棘轮；7—止动器

外径千分尺的使用：

千分尺上读尺寸的方法，可分为三步：

第一步：读出微分筒边缘在固定套管多少毫米后面；

第二步：微分筒上哪一格与固定套筒上基准线对齐；

第三步：把以上两个读数相加。

【例9-4】 读出图9-16所示外径千分尺的量值。

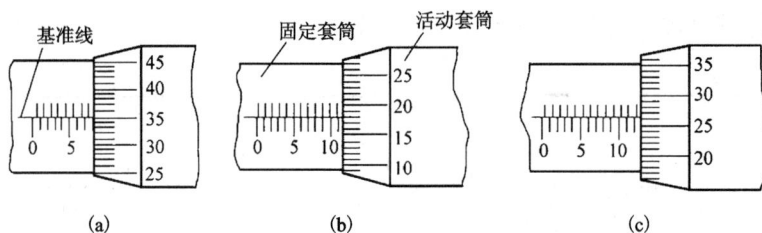

图 9-16　外径千分尺的量值

解：图9-16(a)的值为：8.0 + 0.35 = 8.35 mm；

图9-16(b)的值为：11 + 0.18 = 11.18 mm；

图9-16(c)的值为：12.5 + 0.26 = 12.76 mm。

3. 指示量具的使用方法

指示量具是利用机械结构将直线位移经传动、放大后，通过读数装置表示出来的一种测量器具。主要有百分表、内径百分表、杠杆百分表、扭簧比较仪和杠杆齿轮比较仪等。

现以百分表为例说明其测量方法，其结构如图9-17所示。百分表的分度值为0.01 mm，表盘圆周刻有100条等分刻线。因此，百分表的齿轮传动系统应使测量杆移动1 mm，指针回

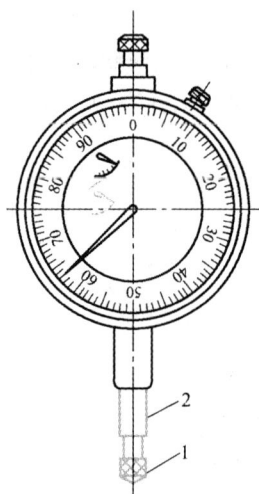

图 9-17　百分表

1—测头；2—测杆

转一圈。百分表的示值范围有：0~3 mm，0~5 mm，0~10 mm 三种。

百分表的使用：

第一步：百分表在使用时，可装在磁性专用的表架上，表架放在平板上，或放在某一平整位置上。百分表在表架上的上下、前后位置可以任意调节。

第二步：调整表架，使量杆垂直被测量面，并使量杆略有压缩(即大指针有转动)。

第三步：转动表圈"对零"。

第四步：使量表与被测表面缓慢地产生相对运动。

第五步：读出相对运动的前后指针的变化值即为相对长度变化值。

复习思考题

一、填空题

1. 按公差带关系的不同，配合可分为_____、_____和_____。

2. 配合表示_____相同，相互结合的孔、轴_____之间的关系。

3. 孔、轴公差带相互交叠的配合是_____配合。

4. 在基本尺寸相同的前提下，孔的尺寸公差带在轴的公差带之上则为_____配合。

5. 某一尺寸减去其_____所得的代数_____尺寸偏差，又简称_____。尺寸偏差可分为_____和_____两种，而_____又有_____偏差和_____偏差之分。

6. 孔的尺寸减去相配合的轴的尺寸之差为_____时是间隙，为_____则是过盈。

7. 表述零件表面峰谷的_____和_____的微观几何形状特性的术语称为_____。

8. 表面粗糙度代号由_____和_____及有关规定的项目组成。

9. 互换性按其程度和范围的不同可分为_____和_____两种。其中_____互换性在生产中得到广泛作用。

二、选择题

1. 孔和轴的公差带相互交叠，随着孔、轴实际尺寸的变化可能得到间隙或过盈的配合，叫做(　　)。

　A. 间隙配合　　　　B. 过盈配合　　　　C. 过渡配合　　　　D. 间隙、过盈配合

2. 设计给定的尺寸为(　　)。

　A. 理想尺寸　　　　B. 基本尺寸　　　　C. 极限尺寸　　　　D. 实际尺寸

3. 最小极限尺寸减其基本尺寸所得的代数差称为(　　)。

　A. 上偏差　　　　　B. 下偏差　　　　　C. 实际偏差　　　　D. 基本偏差

4. 下列尺寸(　　)为正确标注。

　A. $\phi 40^{-0.010}_{+0.027}$　　　　B. $\phi 40^{+0.027}_{-0.010}$　　　　C. $\phi 40\left(^{+0.027}_{-0.010}\right)$

5. 由零件上、下偏差所限定的区域称为(　　)。

　A. 尺寸公差带图　　B. 尺寸公差带　　　C. 配合公差带图　　D. 配合公差带

6. 尺寸公差带图的零线表示(　　)尺寸。

A.最大极限　　　　　B.最小极限　　　　　C.基本　　　　　　D.实际

7.孔、轴配合须满足(　　)相同。

A.极限尺寸　　　　　B.基本尺寸　　　　　C.基本偏差代号　　D.公差等级

8.表面粗糙度是指(　　)。

A.表面微观的几何形状误差　　　　　　　B.表面波纹度

C.表面宏观的几何形状误差　　　　　　　D.表面形状误差

9.表面粗糙度值越小,则零件的(　　)。

A.耐磨性好　　　　　B.抗疲劳强度差　　　C.传动灵敏性差　　D.加工容易。

10.最大实体尺寸是(　　)的统称。

A.孔的最小极限尺寸和轴的最小极限尺寸

B.孔的最大极限尺寸和轴的最大极限尺寸

C.轴的最小极限尺寸和孔的最大极限尺寸

D.轴的最大极限尺寸和孔的最小极限尺寸

三、问答题

1.基本尺寸、极限尺寸、实际尺寸和作用尺寸有何区别和联系?

2.尺寸公差、极限偏差和实际偏差有何区别和联系?

3.配合分为几类?各种配合中孔、轴公差带的相对位置分别有什么特点?配合公差等于相互配合的孔、轴公差之和说明了什么?

4.间隙配合、过盈配合与过渡配合各适用于什么场合?每类配合在选定松紧程度时应考虑哪些因素?

5.将下列各项形位公差要求标注在图9-18上。

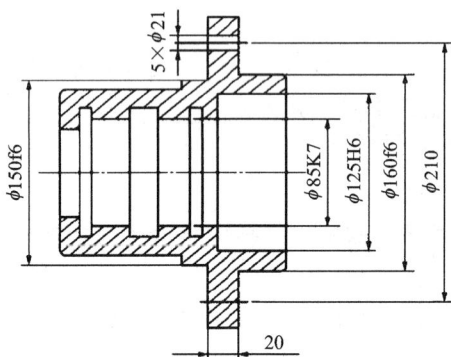

图9-18

①φ160f6 圆柱表面对 φ85K7 圆孔轴线的圆跳动公差为 0.03 mm。

②φ150f6 圆柱表面对 φ85K7 圆孔轴线的圆跳动公差为 0.02 mm。

③厚度为 20 的安装板左端面对 φ150f6 圆柱面的垂直度公差为 0.03 mm。

④安装板右端面对 φ160f6 圆柱面轴线的垂直度公差为 0.03 mm。

⑤φ125H6 圆孔的轴线对 φ85K7 圆孔轴线的同轴度公差为 φ0.05 mm。

6.将下列要求标注在图9－19上,各加工面均采用去除材料法获得。

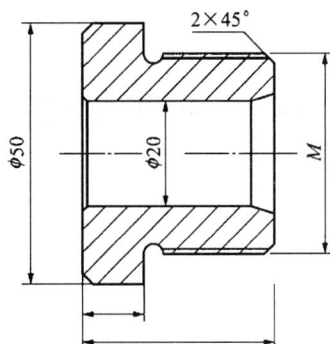

图 9 － 19

①直径为 ϕ50 mm 的圆柱外表面粗糙度 Ra 的允许值为 3.2 μm。

②左端面的表面粗糙度 Ra 的允许值为 1.6 μm。

③直径为 ϕ50 mm 的圆柱的右端面的表面粗糙度 Ra 的允许值为 1.6 μm。

④内孔表面粗糙度 Ra 的允许值为 0.4 μm。

项目十　汽车制造基础

学习目标

1. 知识目标：
1）知道汽车的制造工艺流程；
2）掌握铸、锻造工艺类型及其特点；
3）掌握冲压工艺分类及其特点；
4）掌握焊接工艺分类及其特点；
5）掌握车削、铣削、钻削、镗削、磨削加工的基本工艺及设备；
6）掌握齿轮齿面加工的基本工艺及设备。
2. 能力目标：
1）具有分析各机械加工方法种类的能力；
2）具有分析汽车常用零件加工工艺的能力；
3）具有正确选用装配方法的能力。

　　汽车是一种复杂的机电产品，制造过程十分复杂。汽车制造过程是指将原材料转变为汽车产品的整个过程。汽车的制造过程包括零件毛坯的制造、机械加工、热处理、装配等。汽车的制造过程涉及多个行业，如机械制造行业、玻璃制造行业及橡胶塑料制品行业、电子电器行业等，一个汽车企业或公司不可能承担全部汽车零部件的生产，因此，汽车企业一般只完成汽车主要零件或部件的生产，如发动机、变速器、驱动桥、转向机构、车架、车身等的主要零件制造和总成装配。

　　在生产过程中，直接改变生产对象的形状、尺寸、表面之间的相对位置和性质等，使其成为成品或半成品的过程，称为工艺过程。汽车制造的工艺过程包括毛坯（铸件、锻件等）制造工艺过程、热处理工艺过程、机械加工工艺过程、装配工艺过程。汽车生产流程如图 10－1 所示。

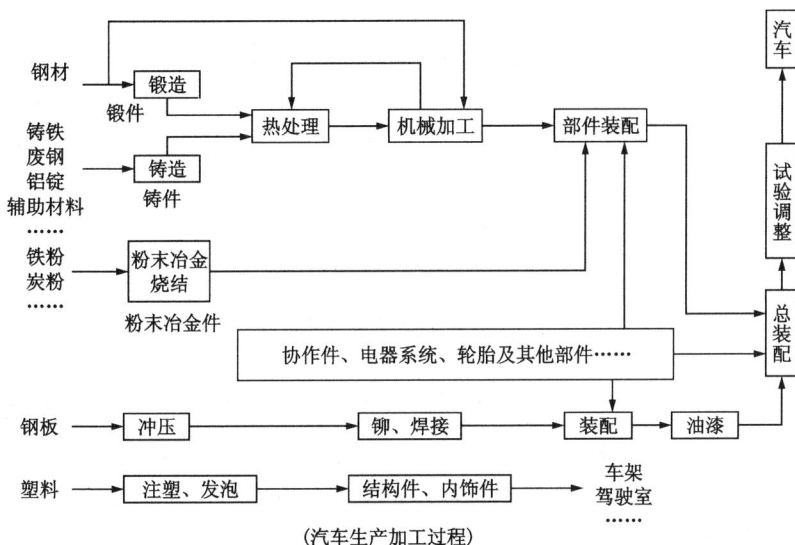

图 10 –1 汽车生产流程图

任务一 汽车毛坯制造工艺基础

据统计,大约占汽车质量70%的零件,其毛坯是由铸造、模锻、冲压及焊接工艺方法加工成型的。如缸体、变速器箱体、铝制活塞与轮毂等零件的毛坯,采用的是铸造成型的铸件;连杆、十字轴、载重车前梁、曲轴、齿轮等要求高的重要零件毛坯,采用的是模锻成型的模锻件;车身覆盖件与加强件、车架等,直接采用冲压成型的方法制成冲压件,并经焊接方法最终形成车身。

10.1 铸造工艺

铸造是将熔化后的金属液浇注到与零件内外形状相适应的铸模型腔中,待其凝固、冷却后,获得一定形状的零件或零件毛坯的生产方法。铸造是用来制造结构复杂的箱体类零件毛坯的主要生产方法,通过铸造获得的毛坯或零件统称为铸件。

按工艺条件不同,铸造工艺分为砂型铸造和特种铸造。砂型铸造是指由液态金属依靠重力充满以型砂为主要原材料形成的铸型型腔的成型方法;所有其他铸造方法,包括熔模铸造、金属型铸造、压力铸造、低压铸造、离心铸造和实型铸造等,统称为特种铸造。

10.1.1 砂型铸造

砂型铸造是以原砂为主,均匀混合旧砂、黏土、树脂和少量水分的混合物为造型材料,进行造型和造芯(铸件无内壁时无须造芯),并把成分和温度都合格的熔炼合金液浇注到装配固定好的铸型中,再冷却、凝固、开箱、落砂和铸件清理后,即可获得铸件。其工艺过程如图10 –2所示。

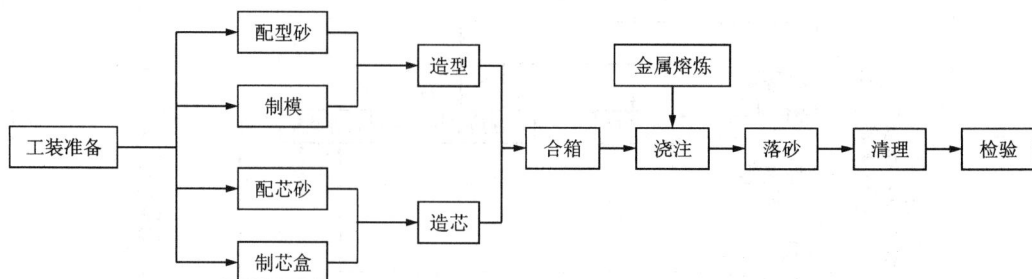

图 10-2　砂型铸造工艺过程

其中造芯工艺形成的型芯是在合箱后，最终用来成型铸件内部空腔与孔洞的构件。

混合造型材料具有成型性、耐火性、黏合性和透气性等工艺性能。

在汽车生产中，砂型铸造所生产的铸件占整个汽车铸件的90%以上。

10.1.2　特种铸造

1. 熔模铸造

熔模铸造又称失蜡铸造，俗称精密铸造。其工艺过程如图 10-3 所示，即：先压蜡制模，在蜡模表面制壳，然后蜡模熔模流失、烧结、金属熔炼浇注、凝固和铸件清理等。

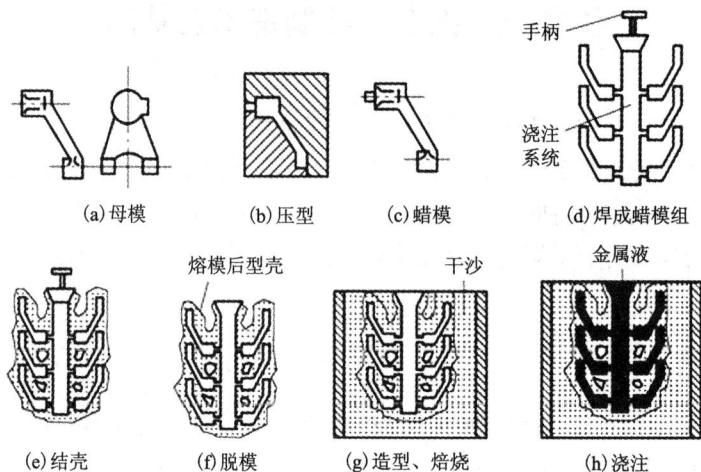

图 10-3　熔模铸造工艺过程

　　熔模铸造常用于制造形状特别复杂且难以加工的薄壁（最小壁厚 0.7 mm）精密铸件，像汽车上的小型风路、油路、水路管接头和三通等小型铜合金和合金钢铸件等。

2. 压力铸造

压力铸造是借助压铸机的高压，将合金液高速注入压铸模型腔内，并在高压作用下结晶凝固的工艺过程。压力铸造有两个显著特点：一是在金属模（压铸模）内成型；二是借助于高压作用结晶。压力铸造工艺过程如图 10-4 所示。

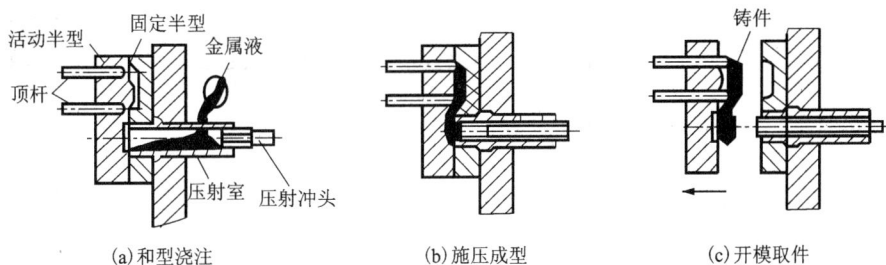

| 活动半型 | 固定半型 | | 铸件 |
(a)和型浇注　　　　　　　　(b)施压成型　　　　　　　　(c)开模取件

图 10 - 4　压力铸造过程

汽车压铸件的铸造精度高，表面质量好，内部结晶组织致密，具体表现为尺寸精度可达到 IT11～13，表面粗糙度值 $Ra3.2～0.8$，强度提高 25%～30%，从而达到少量或无切屑加工。如图 10 - 5 所示为以硬铝合金为原材料，经压铸而成的精密压铸件——气门摇臂。

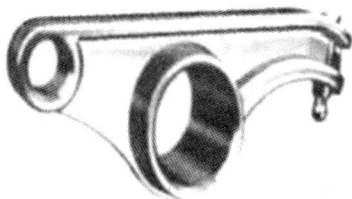

图 10 - 5　硬铝合金精密压铸件——气门摇臂

10.2　锻造工艺

锻造是利用金属材料的可塑性，借助加压设备和加工模具的作用，使坯料或铸锭产生局部或全部变形而形成所需要的形状、尺寸和一定组织性能锻件的加工方法。所以，锻造是使合金材料受力产生不可恢复的塑性变形，形成所需形状、尺寸与高性能零件毛坯的工艺过程。锻造是制造结构比较复杂，且强度要求高的零件毛坯的生产方法。

锻造分为自由锻造和模型锻造。自由锻造时，由于没有工模具，所以金属在各个方向是自由流动的，受力变形不受限制；而模型锻造时，则相反。汽车制造中多用模型锻造。

模型锻造，简称模锻，是指将加热到一定温度的金属坯料放到锻模的模腔内，经过一次或多次冲击力或压力作用，使其被迫流动，从而形成与模腔形状正好相反的锻件的一种塑性成型工艺。模锻在汽车生产中应用很广，如连杆、转向节、摇臂、万向节及大多数齿轮等，都以模锻获得锻造毛坯件。汽车各种典型模锻件毛坯如图 10 - 6 所示。

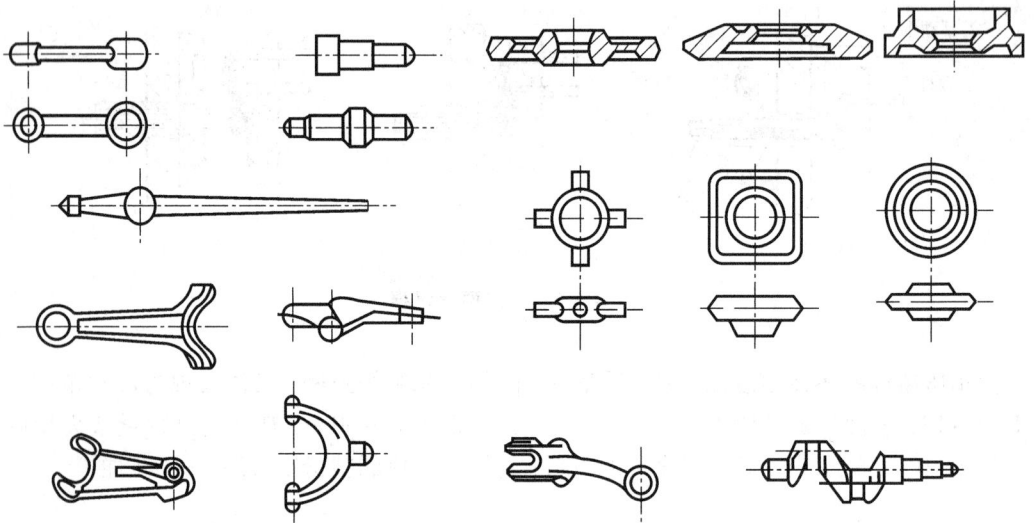

图 10 - 6　汽车各种典型模锻件毛坯

10.3　冲压工艺基础

冲压工艺是建立在金属塑性成型基础上，一般于室温条件下利用模具和冲压设备对一定厚度的板料施加压力，使其产生塑性变形或分离，从而得到具有各式形状、尺寸和性能零件的一种先进金属加工方法。冲压工艺加工出来的零件，统称为冲压件。

10.3.1　冲压工艺特点

1) 冲压工艺操作简便，生产率高，易于实现机械化和自动化。

2) 冲压件的尺寸精度由模具保证，所以质量稳定，一般不需要再进行切削加工便可使用。

3) 利用模具可获得其他加工方法所不能或无法加工的、形状复杂的零件。

4) 冲压加工一般不需要加热毛坯，也不需要切除大量金属，所以节能环保，而且节约材料。

5) 所用原料是轧制板料或带料，在冲压过程中材料表面一般不受破坏，故冲压零件表面质量较好。

10.3.2　冲压工序的分类

冲压工序按加工性质的不同，可以分为两大类型：分离工序和成型工序。分离工序是冲压过程中使冲压零件与板料沿一定的轮廓线相互分离，使其满足一定的断面质量要求。成型工序是板料在不破坏的情况下产生塑性变形，从而获得所需形状和尺寸精度零件的工艺过程。根据加工方式不同，分离工序和成型工序还可进一步细分，分离工序也称为冲裁工序，可分为冲孔、落料、切断、切口、切边、剖切和整修工序。表 10 - 1 列出了几类常见的分离工序。

表 10 – 1　常用的分离工序

工序	图例	工序简图	工序性质
落料			用落料模沿封闭轮廓曲线冲切，冲下部分是零件，剩余的部分是废料
冲孔			用冲孔模沿封闭轮廓曲线冲切，冲下部分是废料，剩余的部分是制件
切断			用剪刀或磨具切断板料，切断线不封闭
切口			在坯料上将板材部分切开，切口部分发生弯曲
切边			将拉深或成型后的半成品边缘部分多余材料切掉
剖边			将对称形状的半成品沿着对称面切成两个或几个工件，常用于成双冲压

成型工序可分为压弯、卷边、扭弯、拉深、起伏成型、翻边、整形和校平工序，其中，前三种统称为弯曲工序，后四种统称为局部成型工序。表10-2分别列出了几类常见的成型工序。

表 10 - 2　常用的成型工序

工序	图例	功用性质
弯曲		把板料沿直线弯成各种形状
拉深		将板料毛坯压制成空心件，壁厚基本不变
内孔翻边		将板料上孔的边缘翻成竖立边缘
外缘翻边		将工件的上外缘翻成圆弧或曲线形状的竖立边缘
起伏		在板料或工件上压出筋条、花纹或文字
胀形		使空心件(或管料)的一部分沿径向扩张成凸肚形
整形		把形状不太准确的工件校正成型

10.3.3　车身覆盖件的冲压工序

覆盖件形状复杂(图 10 - 7)，轮廓尺寸大，容易出现回弹、起皱、拉裂、表面缺陷和平直度低等问题，不可能简单地经过一两道冲压工序就可制成，多的要十几道工序，最少也要三道工序才能完成。覆盖件冲压成型的基本工序有落料、拉深、翻边、整形、冲孔和修边等。

图 10 - 7　汽车覆盖件内部局部形状示例

1. 剪板和拉深

覆盖件冲压成型先从剪板和拉深开始。剪板一般在开卷—剪板自动线上完成。拉深工序是汽车覆盖件冲压基本成型工序。覆盖件的形状主要通过板料毛坯在拉深模中拉深成型。拉深件需经过整形和修边。

2. 落料

落料工序一般安排在拉深、翻边前进行，要通过落料才知后续拉深工序所需要的坯料形状和尺寸。但在生产技术准备时，由于覆盖件形状复杂，不可能事先计算出其准确的坯料尺寸，所以应当在拉深工艺试冲成功后，才能通过落料确定坯料的形状和尺寸。

3. 整形

整形工序主要是将拉深工序中尚未完全成型的覆盖件形状成型出来。其变形性质一般是胀形或局部成型，通常和修边或翻边工序复合完成。胀形或局部成形保持覆盖件整体形状与尺寸不变，只通过局部面积增大，壁厚减薄而成形局部，如压制加强筋和标牌字样等。

4. 修边

修边主要是切除拉深件上的工艺补充部分和四周边角余料。工艺补充部分仅为拉深工序所需要而增加的板料补充部位。凡是非拉深件结构本体部分，包括工艺补充面，应在拉深成型后在修边模中将其切除。

5. 翻边

翻边主要是根据需要将覆盖件的边缘进行翻边，一般安排在修边之后。

6. 冲孔

冲孔用以加工覆盖件上的各种孔，一般安排在拉深或翻边之后进行。若先冲孔，会造成在拉深或翻边时孔的位置、尺寸、形状发生精度变化，影响以后覆盖件的安装与连接。

10.4　焊接工艺基础

焊接是指通过加热或加压，或两者并用，使金属构件之间结合的一种连接方法。焊接工艺与其他连接方法有本质的区别，被连接的焊件不仅在宏观上建立了永久性的外在联系，而且在微观上建立了内部组织之间的内在联系。

焊接方法种类繁多。按其焊接过程不同，一般将焊接分为熔焊、压焊和钎焊三大类。熔焊是在有效隔离空气的措施下，通过热源将焊处的母材金属熔化后形成焊缝的焊接方法；压焊是在加热或不加热的条件下，对焊件施加压力完成焊接的方法；钎焊是通过熔化熔点比母材低的钎料，并将其填充到母材接头间隙，使其与母材相互扩散实现连接的焊接方法。汽车生产中常用的焊接工艺有以下几种。

10.4.1　电阻焊

电阻焊又称接触焊，属于压焊的一种，是利用电流通过焊件接触面所产生的电阻热，将焊件局部加热到高塑性或半熔化状态，并在压力作用下结晶凝固形成焊接接头的方法。它是所有焊接方法中效率最高、最适合大批量汽车薄板件生产的一种焊接方法。电阻焊包括点焊、缝焊和凸焊等。

1. 点焊

点焊操作过程与原理如图 10 - 8 所示，被焊工件在电极之间加压并通电加热后，在受压接触中心形成熔核，并借助压力产生塑性变形，断电冷却形成连接点。点焊是一种最具代表性的电阻焊，具有焊接过程简单、不产生弧光、易实现机械化和自动化等优点，广泛应用于"白车身"的装焊。

(a)点焊工艺操作　　　　　　　　　　(b)点焊原理

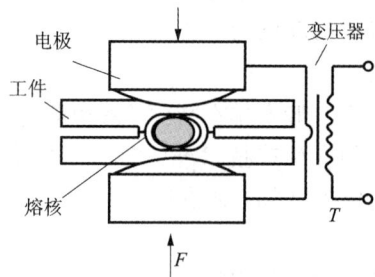

图 10 - 8　点焊工艺操作与原理

2. 缝焊

缝焊原理与点焊基本相同，只是以旋转的滚盘状电极替代了点焊的柱状电极，焊件置于两滚盘电极之间，依靠滚盘转动带动焊件移动，通过焊接电流，就会形成类似连接点焊的焊缝，如图 10 - 9 所示为缝焊操作与原理示意图。

缝焊的焊接过程与点焊一样，也存在加压、通电加热焊接和冷却结晶三个阶段。

3. 凸焊

凸焊是点焊的一种变形。与点焊相比，凸焊的不同点在于需要预先在焊件上加工出凸点，或利用焊件上原有的能使电流集中的型面、倒角等作为焊接时的相互接触部位，如图 10 - 10所示。焊接时，靠凸点接触，提高了单位面积上的压力和电流密度，有利于将板件表面的氧化膜压破，使热量集中，减小分流，一次可在接头处形成一个或多个熔核，提高了生产率，减小了接头的翘曲变形。车身制造中，可将有凸点的螺母、螺钉焊在薄板上，亦称螺柱焊。

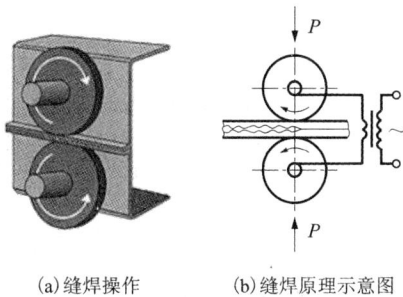

(a)缝焊操作　　(b)缝焊原理示意图

图 10 - 9　封焊操作与原理示意图

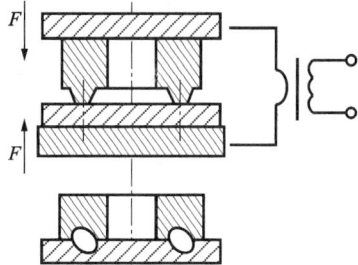

图 10 - 10　凸焊示意图

10.4.2　CO_2 气体保护焊

CO_2 气体保护焊是以 CO_2 作为保护气体，焊丝作为填充金属，并利用焊丝与工件间产生的电弧熔化金属的一种电弧焊接方法。

CO_2 气体保护焊设备主要由焊接电源、焊枪、送丝机构、供气(CO_2)系统和控制电路组成，如图 10 - 11 所示。焊丝由送丝机构送入焊枪导电嘴，进入焊接区与焊件接触并引燃电弧。此时气瓶中的 CO_2 气体经预热、干燥、减压后已提前以一定的流速由喷嘴喷出，使电弧及熔池与空气隔离，防止空气对溶化金属的氧化作用。焊丝不断被熔化到焊件的熔池里，形成连续的焊缝。焊接完成后再停止 CO_2 气体的供应。

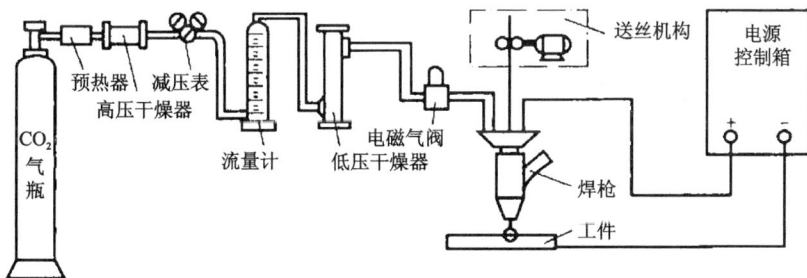

图 10 - 11　CO_2 气体保护焊接设备示意图

CO_2 气体保护焊具有焊接质量高、适用范围广、生产率高、成本低、操作性能好、抗锈能力强、易于实现机械化和自动化等优点，在汽车车身尤其是客车车身的制造中得以广泛应用。其不足之处在于受风力影响大，露天作业受到一定限制；弧光和热辐射较强；不能采用交流电。

10.4.3　激光焊

激光焊属于特种焊范畴，是以聚焦的激光束作为能源，轰击焊件所产生的热量进行焊接的方法。焊接时无机械接触，具有输入热量少，焊接速度高，接头热变形和热影响区小，熔池形状深宽比大，组织细、韧性好等优点，有利于实现自动化生产，经济效益显著。因其可以达到两块钢板之间的分子结合，使焊接后的钢板硬度相当于一整块钢板，焊件的结构强度提升了30%，同时也大大提升了焊件的结合精度。激光焊接设备的关键是大功率激光器，主要有两大类：一类是固体激光器；另一类是气体激光器或称 CO_2 激光器。

近年来，激光焊发展迅速，尤其在轿车车身制造中的应用越来越广泛。汽车工业中，激光焊主要用于车身框架结构（如顶盖与侧面车身）焊接和零件焊接（如前挡风玻璃框架、车门内板、车身底板、中立柱、顶盖、侧围等）。激光焊减少了零件和模具的数量，减少了点焊的数目，优化了材料用量，降低了零件质量和成本，并提高了尺寸精度，所以传统的电阻点焊方法已经逐渐被激光焊接所替代。

任务二　汽车零件机械加工工艺及设备

机械切削加工工艺作为零件毛坯的后续加工方法，其基本原理是将工件和切削刀具安装在相应的切削机床上，通过机床使刀具和工件根据加工表面的形成要求，按一定规律做相对运动，刀具上的切削刃切除工件上多余的金属，从而使工件的形状、尺寸精度及表面质量符合预定要求。

10.5　车削加工

10.5.1　车削加工及车床的典型加工

车削加工是以工件的旋转作为主运动，刀具（车刀）的连续移动为进给运动的一种回转体表面的加工方法，是切削加工最基本的加工方法。车削加工主要用于加工轴、盘、套等回转体工件的内外圆柱面、内外圆锥面、螺纹、回转沟槽、单头或多头蜗杆、各类回转成型表面、回转表面滚花等，也可完成回转体端平面的加工。典型的车削加工工艺如图 10 - 12 所示。

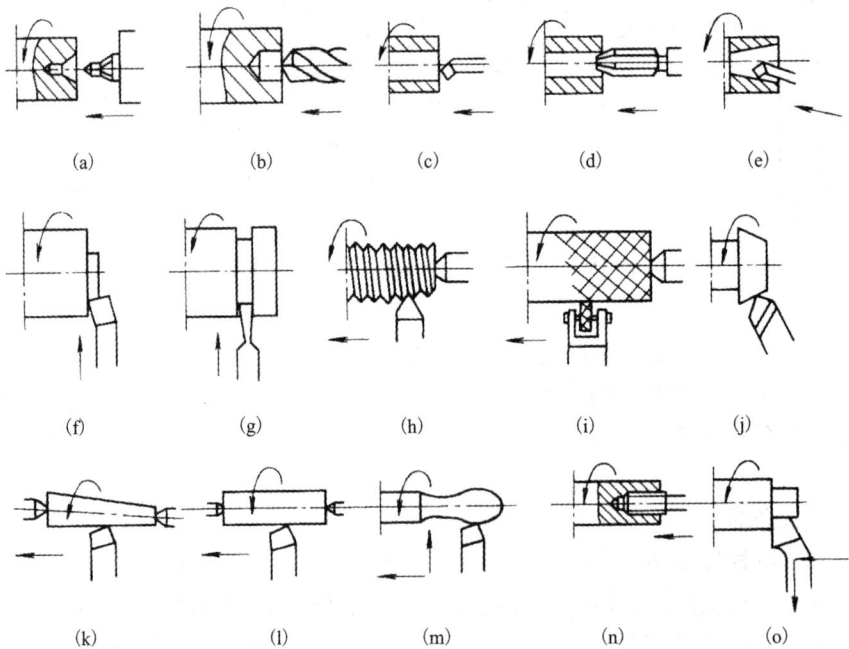

图 10 - 12　典型的车削加工工艺

10.5.2　车削加工常用设备

1. 车床分类

车床是实现车削加工的机床，根据不同特点车床可作如下分类：

1）按用途和结构分类。可分为卧式车床、落地车床、立式车床、六角车床、单轴自动车床、多轴自动和半自动车床、仿形车床、专门化车床（如凸轮轴车床、曲轴车床、车轮车床、铲齿车床）。

2）按精度分类。可分为普通车床、精密车床、高精度车床。

3）按控制方式分类。可分为普通车床和数控车床。

2. 普通车床

普通车床能对轴、盘、环等多种回转体类工件进行加工，还可以加工端面和各种内外螺纹，采用相应的刀具和附件，还可进行钻孔、扩孔、攻丝和滚花等。普通车床主轴转速和进给量的调整范围较大，加工前的工艺准备和调整工作量较少，但自动化程度较低，工件的加工精度取决于工人的操作水平。所以，普通车床适用于单件、小批量生产和修配车间。

几种典型的普通车床如图 10 - 13 ~ 图 10 - 15 所示。

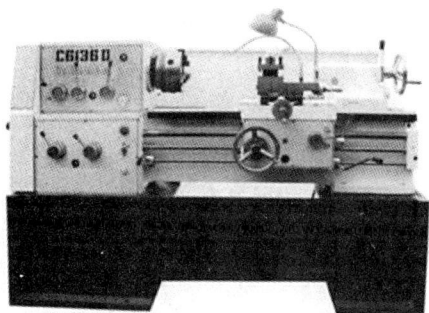

图 10　13　普通卧式车床

图 10 - 14　立式车床

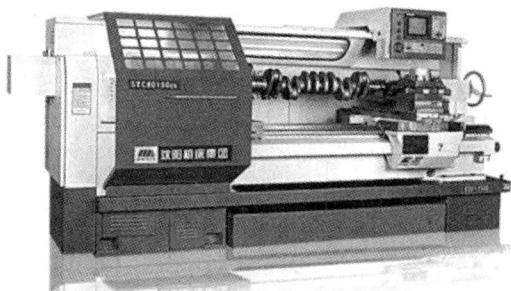

图 10 - 15　曲轴车床

3. 数控车床

数控车床除能够完成普通车床所有的切削加工任务外，具有加工精度高、高效率、高柔性化、能作直线和圆弧插补及在加工过程中能自动变速等特点。因此，其工艺范围较普通机床宽得多，一些复杂回转曲面的加工也可以方便地完成。

几种典型的数控车床如图 10 - 16 ~ 图 10 - 18 所示。

4. 车削加工中心和车铣加工中心

车削加工中心刀塔及主轴部分如图 10 - 19 所示。

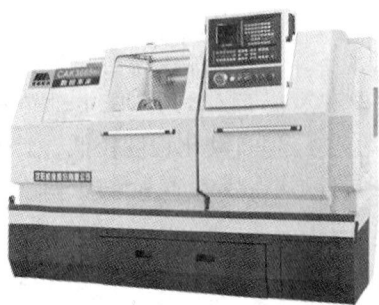

图 10 - 16　简易数控车床

图 10 - 17　数控车床

图 10 - 18　数控立式车床

图 10 - 19　车削加工中心刀塔及主轴部分

车削加工中心与一般的数控车床相比，具有刀库和自动换刀功能，增加了动力刀具，从而可在回转体零件上完成钻孔、铣削等工序，例如钻油孔、钻横向孔、铣键槽、铣扁方以及铣油槽等，并且可实现绕主轴坐标的回转运动，其加工工艺范围较一般的数控车床得到了很大扩展。图 10 - 20 为车削加工中心的一些特殊功能。

(a)铣端面槽　　(b)端面钻孔、攻螺纹

(c)铣扁方

(d)端面分度钻孔、攻螺纹

(e)横向钻孔　　(f)横向攻螺纹　　(g)斜面上钻孔、铣槽、攻螺纹

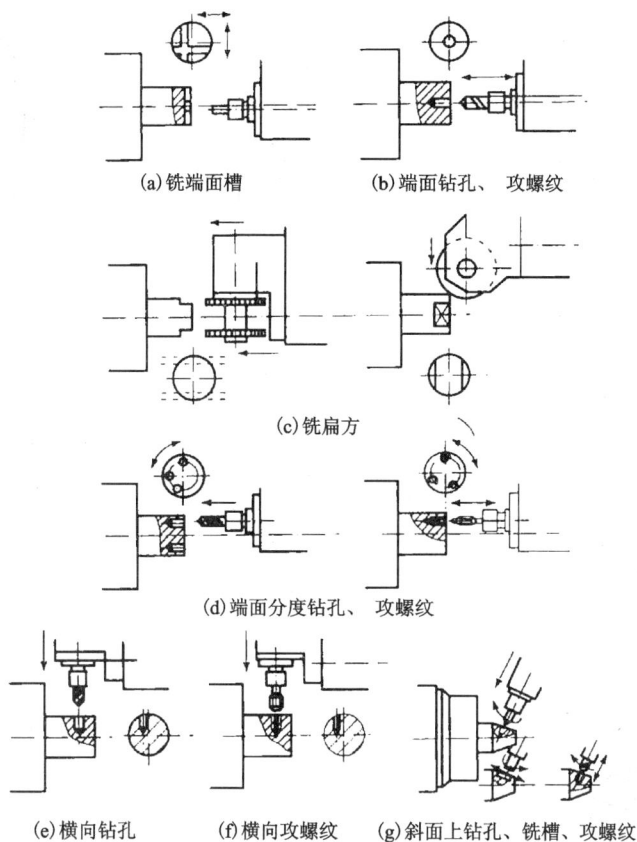

图 10 - 20　车削加工中心的其他工艺

10.6　铣削加工

10.6.1　铣削加工及典型加工工艺

铣削加工是以铣刀旋转作为主运动，工件或铣刀做进给运动的一种切削加工方法。

汽车零件的机械加工中铣削加工占有很大比重。铣削加工可以加工平面、沟槽，切断，加工分齿零件、花键轴、链轮槽、螺旋形表面及各种曲面。此外，在车铣机床上还可用于回转体表面、内孔等的加工。典型的铣削加工工艺如图 10 - 21 所示。

铣削加工的方法有端铣和周铣。端铣法是采用端铣刀加工工件表面的铣削方法，如图 10 - 22所示。周铣法是采用圆柱或者圆盘铣刀加工平面的铣削方法，分为逆铣和顺铣两种，如图 10 - 23 所示。

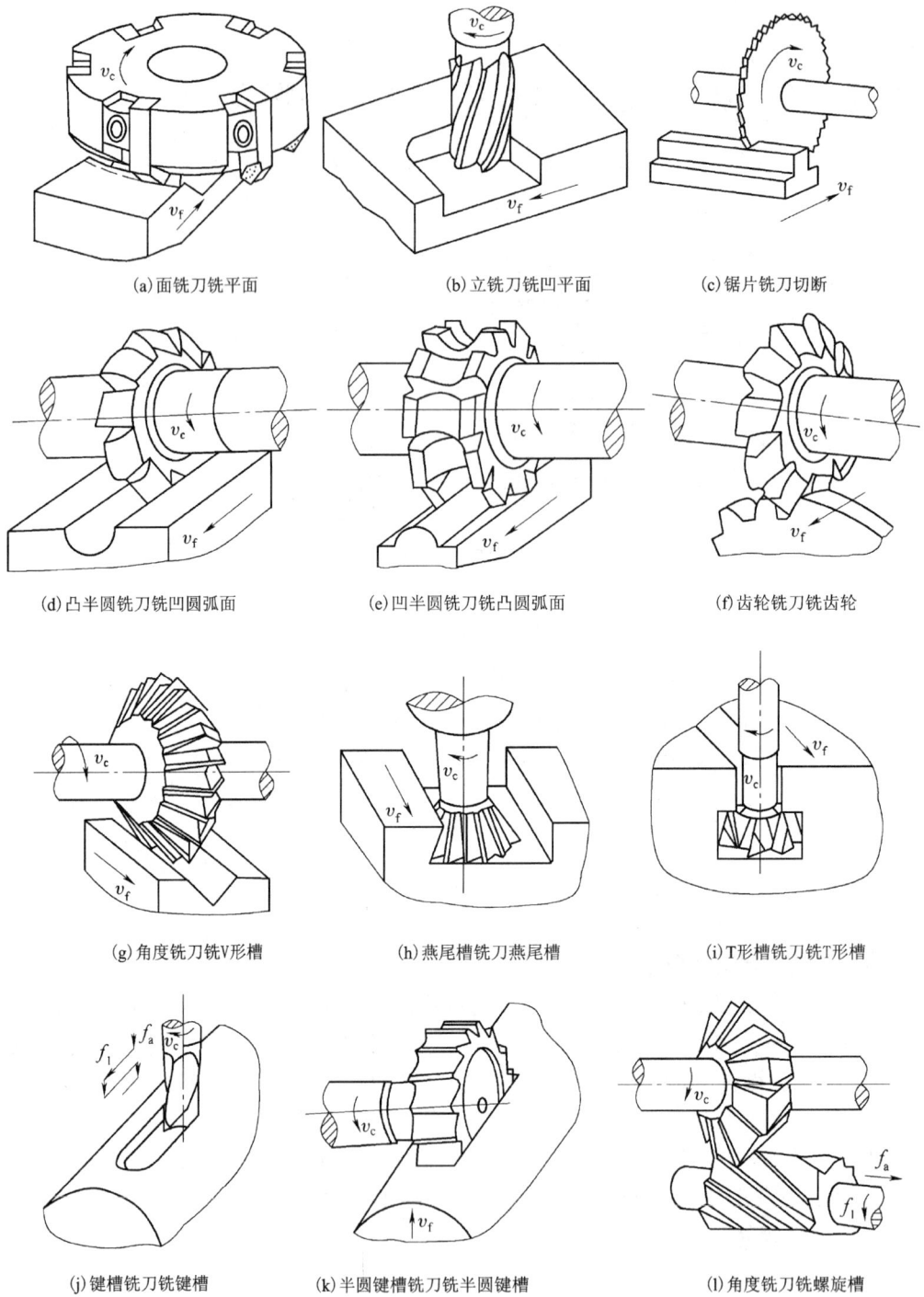

(a)面铣刀铣平面　　　　　　　(b)立铣刀铣凹平面　　　　　　　(c)锯片铣刀切断

(d)凸半圆铣刀铣凹圆弧面　　　(e)凹半圆铣刀铣凸圆弧面　　　　(f)齿轮铣刀铣齿轮

(g)角度铣刀铣V形槽　　　　　　(h)燕尾槽铣刀燕尾槽　　　　　　(i)T形槽铣刀铣T形槽

(j)键槽铣刀铣键槽　　　　　(k)半圆键槽铣刀铣半圆键槽　　　　(l)角度铣刀铣螺旋槽

图 10 – 21　典型的铣削加工

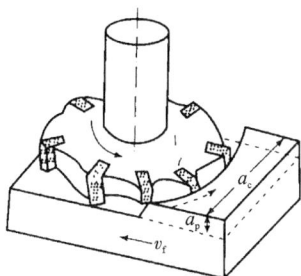

图 10－22　端铣法

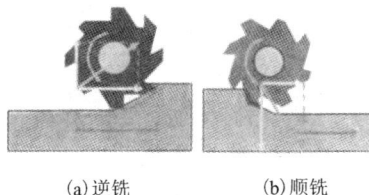

(a)逆铣　　　(b)顺铣

图 10－23　周铣法

10.6.2　铣削加工常用设备

铣床是实现铣削加工的机床。

1. 铣床分类

(1)按布局形式和适用范围分类

1)升降台铣床,有万能式、卧式和立式。

2)龙门铣床,包括龙门铣镗床、龙门铣刨床和双柱铣床。

3)单柱铣床和单臂铣床。单柱铣床的水平铣头可沿立柱导轨移动,工作台做纵向进给;单臂铣床的立铣头可沿悬臂导轨水平移动。

4)工作台不升降铣床,有矩形工作台式和圆工作台式。

5)仪表铣床,它是一种小型的升降台铣床。

6)工具铣床。用于模具和工具制造,配有立铣头、万能角度工作台和插头等多种附件。

7)其他铣床,如键槽铣床、凸轮铣床、曲轴铣床、轧辊轴颈铣床和方钢锭铣床等。

(2)根据控制方式不同分类

主要有普通铣床和数控铣床。

2. 普通铣床

普通铣床如图 10－24~图 10－27 所示。

普通立卧两用升降台铣床是在传统升降台铣床基础上开发的产品,除具有普通立式升降台铣床的一般性能外,还可转动铣头角度,铣削空间前半球任意角度、斜面,也可作为卧式铣床使用。

3. 数控铣床

数控铣床与普通铣床相比,具有加工精度高、可加工复杂形状的零件、加工范围广等特点。但是数控铣床加工成本相对较高。适合数控铣床加工的零件主要有以下几种:

1)曲线轮廓类零件,指要求有内、外复杂曲线轮廓的零件,特别是由数学表达式等给出其轮廓为非圆曲线或列表曲线的零件。

2)空间曲面类零件,由数学模型设计出的,并具有三维空间曲面的零件。

3)复杂零件,指形状复杂、尺寸繁多、画线与检测均较困难,在普通铣床上加工又难以观察和控制的零件。

图 10 - 24　普通卧式万能升降台铣床

图 10 - 25　普通立式升降台铣床

图 10 - 26　普通立卧两用式升降台铣床

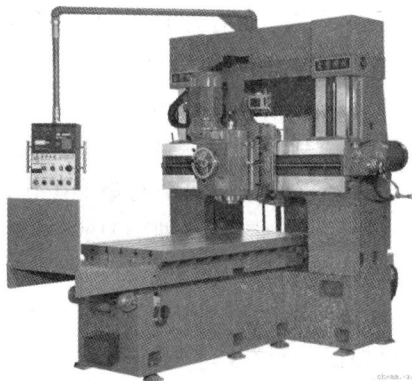

图 10 - 27　龙门立式铣床

　　4)高精度零件。尺寸精度、形位精度和表面粗糙度等要求较高的零件。如发动机缸体上的多组高精度孔或型面。

　　5)一致性要求好的零件。在批量生产中,由于数控铣床本身的定位精度和重复定位精度都较高,能够避免在普通铣床加工中因人为因素而造成的多种误差。

　　数控铣床容易保证成批零件的一致性,使其加工精度得到提高,质量更加稳定。常见的数控铣床如图 10 - 28 所示。

　　镗铣类加工中心与一般数控铣床相比,带有刀具库,具有自动换刀功能,除铣削加工外,还可以完成镗削加工、钻削等加工,在一次装夹中可完成零件大部分工序的加工,从而减小由于多次装夹造成的加工误差。镗铣类加工中心如图 10 - 29 所示。

　　4.五轴联动铣削加工中心

　　五轴联动铣削加工中心可实现 X、Y、Z 三个直角坐标轴与两个转动坐标轴相互联动数控加工,主要用于复杂曲面的加工。其结构布局如图 10 - 30 所示。

图 10 – 28　数控立式升降台铣床

(a) 数控卧式镗铣类加工中心　　　　　　　　(b) 数控立式镗铣加工中心

图 10 – 29　镗铣类加工中心

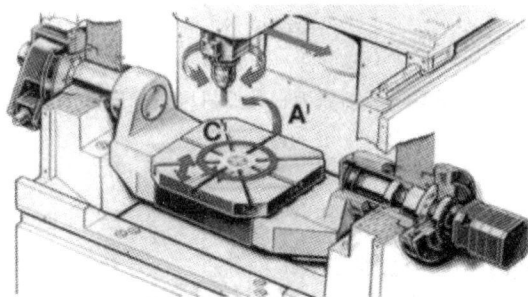

图 10 – 30　五轴联动加工中心

10.6.3 铣削加工的主要刀具

铣削加工常用的刀具类型如图 10 – 31 所示。

铣刀在数控机床上的安装如图 10 – 32 所示。

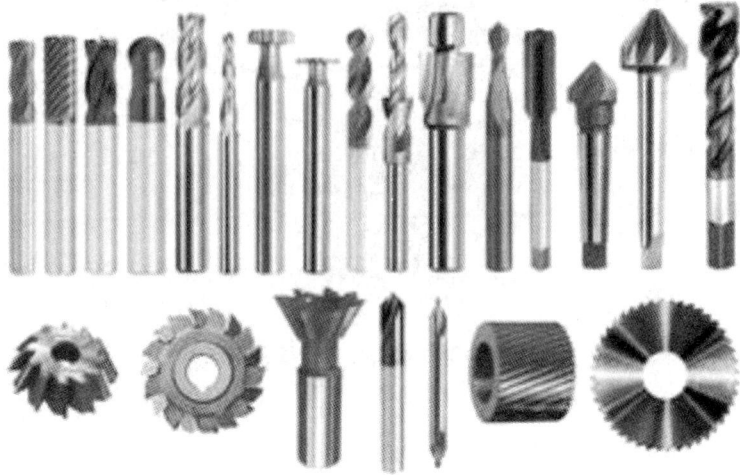

图 10 – 31　常用铣刀类型

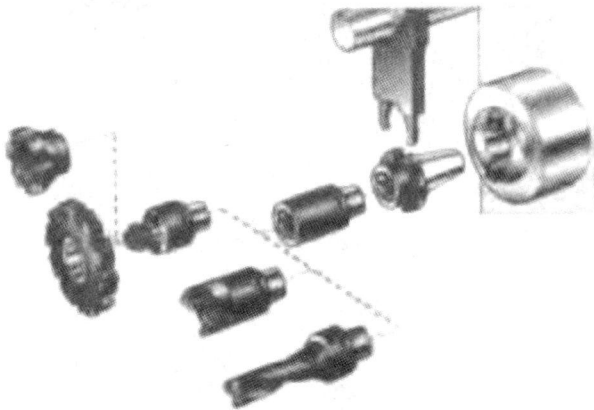

图 10 – 32　铣刀在数控机床上的安装

10.7　钻削加工

10.7.1　钻削加工及钻床的典型加工

钻削加工是以钻削刀具的旋转作为主运动,同时钻削刀具还做进给运动的一种孔加工方法。所用的主要加工设备为钻床,主要用于钻通孔、盲孔、扩孔、铰孔、锪孔和攻丝等加工。加工方法如图 10 – 33 所示。随着加工中心的发展和广泛应用,一次装夹,在镗铣类加工中心上可完成铣削、钻削、镗削等加工。

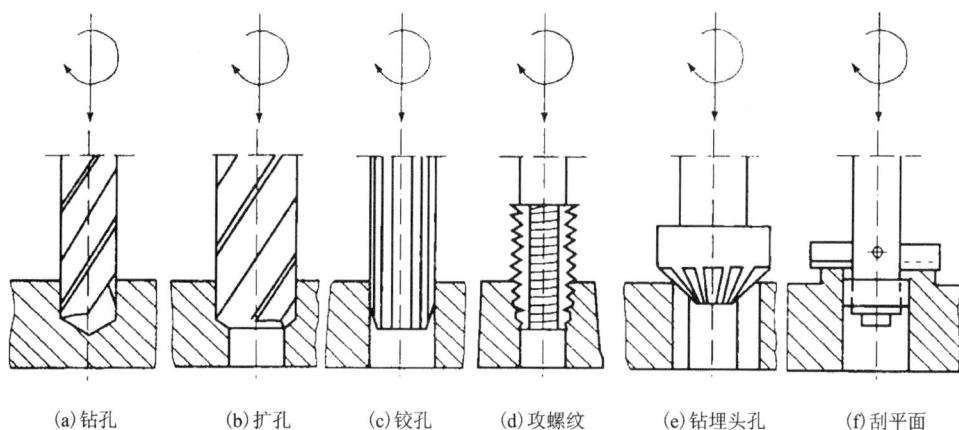

|(a)钻孔|(b)扩孔|(c)铰孔|(d)攻螺纹|(e)钻埋头孔|(f)刮平面|

图 10 – 33　钻床的典型加工

10.7.2　钻削加工常用设备

1. 钻床分类

（1）根据用途和结构分类

1）台式钻床。简称台钻。一种小型立式钻床，最大钻孔直径为 12 ~ 15 mm，安装在钳工台上使用，多为手动进钻，常用来加工小型工件的小孔等。

2）立式钻床。工作台和主轴箱可以在立柱上垂直移动，用于加工中小型工件。

3）摇臂钻床。主轴箱能在摇臂上移动，摇臂能回转和升降，工件固定不动，适用于加工大而重和多孔的工件，广泛应用于机械制造中。

4）深孔钻床。用深孔钻钻削深度比直径大得多的孔（如枪管、炮筒和机床主轴等零件的深孔）的专门化机床，为便于清除切屑及避免机床过高，一般为卧式布局，常备有冷却液输送装置（由刀具内部输入冷却液至切削部位）及周期退刀排屑装置等。

（2）按控制方式分类

主要有普通钻床和数控钻床。

2. 普通钻床

普通钻床如图 10 – 34 ~ 图 10 – 37 所示。

3. 数控钻床

在普通钻床上加工零件上的孔，其孔的中心位置调整由操作者人为进行，孔的位置精度较差。

与普通钻床相比，数控钻床一般都具有 X、Y 坐标控制功能，操作更方便，定位更精确，主要用来加工位置精度要求较高的孔和孔系。常见的数控钻床如图 10 – 38 ~ 图 10 – 41 所示。

4. 钻削加工中心

与一般的数控钻床相比，钻削加工中心更适用于以孔系为主的零件的加工，典型的钻削加工中心如图 10 – 42、图 10 – 43 所示。

图 10 - 34　台式钻床

图 10 - 35　立式钻床

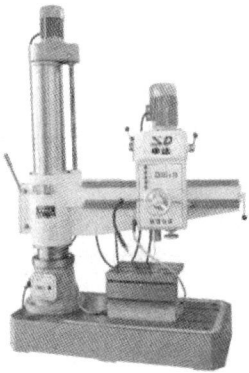

图 10 - 36　摇臂钻床

图 10 - 37　深孔钻床

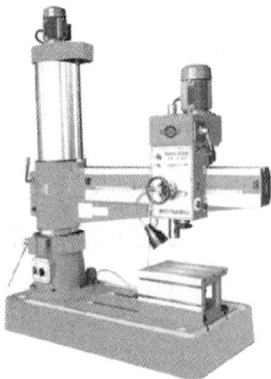

图 10 - 38　单摇臂数控钻床

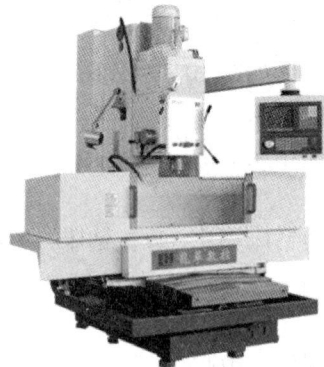

图 10 - 39　双柱数控钻床

图 10 - 40　龙门式数控钻床

图 10 - 41　立式数控钻床

图 10 - 42　立式钻削加工中心

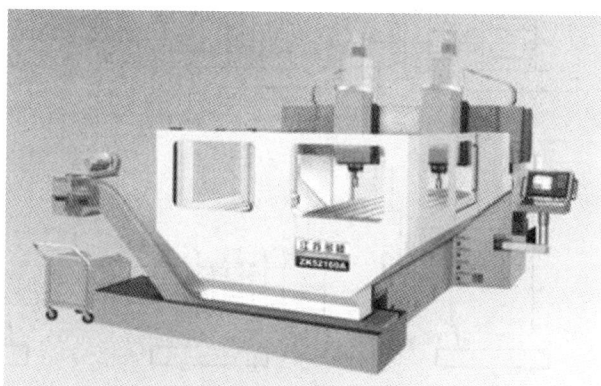

图 10 - 43　龙门式双主轴立式钻削加工中心

10.7.3　钻削加工的主要刀具

钻削加工常用的刀具如图 10 - 44 ~ 图 10 - 46 所示。

图 10 - 44　内冷式钻头

图 10 - 45　深钻钻头

图 10 - 46　锪孔工具

10.8　镗削加工

10.8.1　镗削加工及镗床的典型加工

镗削加工是以镗刀旋转为主运动,工件或镗刀主轴做进给运动的一种切削加工方法。

镗床是用镗刀在工件上镗孔的机床,主要用于加工高精度孔或一次定位完成多个孔的精加工。镗床可以对各种大、中型零件的孔或孔系进行镗削加工,也可进行钻孔、扩孔和铰孔等加工。还可以利用镗床主轴,安装铣刀盘或其他铣刀,对工件进行铣削加工。其中卧式镗床还可以利用平旋盘和其他机床附件镗削大孔、大端面、槽及进行螺纹等一些特殊的镗削加工。在镗床上可保证加工的平面,各孔、槽的垂直度、平行度及同轴、孔的同轴度。镗床的典型加工如图 10 - 47 所示。

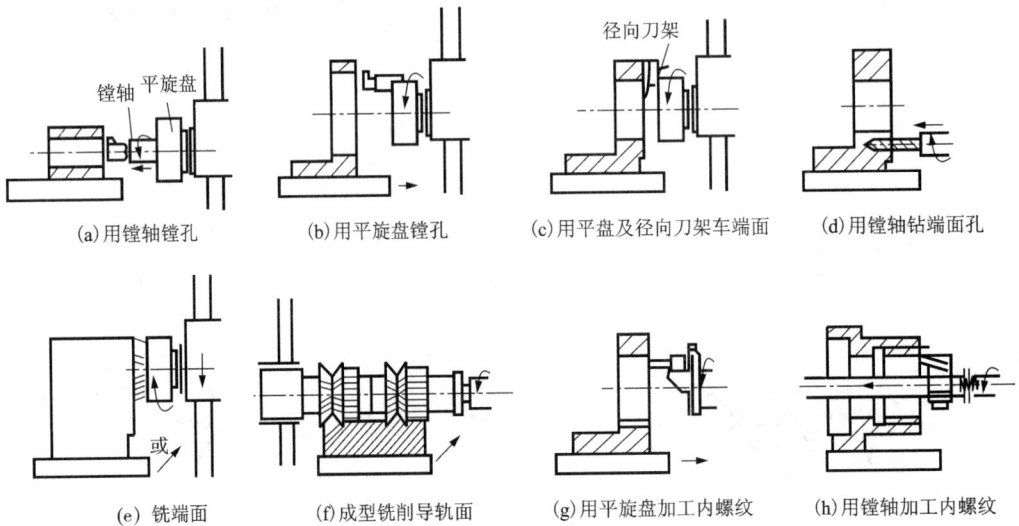

(a)用镗轴镗孔　　(b)用平旋盘镗孔　　(c)用平盘及径向刀架车端面　　(d)用镗轴钻端面孔

(e)铣端面　　(f)成型铣削导轨面　　(g)用平旋盘加工内螺纹　　(h)用镗轴加工内螺纹

图 10 - 47　镗床的典型加工工艺

10.8.2　镗削加工常用设备

1. 镗床分类

(1)镗床按结构和被加工对象可分为:卧式镗床、坐标镗床、金刚镗床、深孔镗床、落地镗铣床和钻镗床。

(2)按控制过程可分为:普通镗床和数控镗床。

2. 普通镗床

常见的普通镗床如图 10 - 48 ~ 图 10 - 52 所示。

3. 数控镗床及镗铣加工中心

数控镗床除了具有普通镗削加工工艺特点之外,还可以自动调节孔系的相互位置的精度,保证孔系间的相互位置的精度。一般的数控镗床如图 10 - 53 所示,由于数控机床的迅速发展,带刀库和自动换刀功能的镗铣加工中心得到了普遍应用,镗铣加工中心见铣削加工部分。

图 10 - 48　普通卧式镗床

图 10 - 49　普通落地镗床

图 10 - 50　单柱立式坐标镗床

图 10 - 51　双柱立式坐标镗床

图 10 - 52　双面卧式金刚镗床

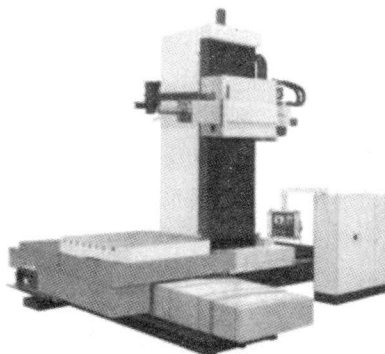

图 10 - 53　数控卧式镗床

10.8.3　镗削加工的主要刀具

镗削加工常用刀具如图 10 – 54 所示。

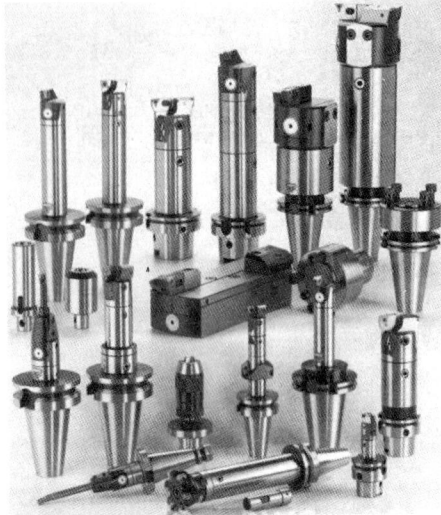

图 10 – 54　常用镗刀

10.9　磨削加工

10.9.1　普通磨削加工

磨削加工是以磨具(砂轮、砂带)的旋转作为主运动,工件做进给运动,实现磨具对工件表面加工的方法。

磨削加工属于精密加工工艺,其加工工艺范围很广,可以划分为粗磨、精磨、细磨及镜面磨削。由于磨削加工所采用的磨具(磨料)具有颗粒细小、硬度高、耐热性好等特点,因而能加工一般金属切削刀具难以加工的零件表面,如淬硬表面。从被加工表面的几何特征看,磨削加工不仅可以加工内外圆柱面、内外圆锥面和平面,还可加工螺纹、花键轴、曲轴、齿轮、叶片等特殊的成型表面。磨削加工的典型零件如图 10 – 55 所示。

由于砂轮上每个磨粒相当于一个微小切削刃,所以磨削加工也是一种切削加工,但和通常的车削、铣削、刨削等相比却有以下几个特点:

1)磨削属多刃、微刃切削,而且由于磨粒的形状及分布处于随机状态,每个磨粒的切削角度、切削条件均不相同。

2)磨削属于微刃切削,切削厚度极薄,每一磨粒切削厚度可小到数微米,故可获得很高的加工精度和很低的表面粗糙度值。

10.9.2　磨削加工常用设备

1.磨床分类

(1)根据用途和结构磨床可以分为:外圆磨床、万能磨床、内圆磨床、平面磨床、无心磨床、工刃具磨床、导轨磨床、螺纹磨床、专用磨床等。

(2)按控制方式,磨床也分为普通磨床和数控磨床。

图 10 − 55　磨削加工的典型零件

2. 外圆磨床及加工方法

普通外圆磨床可以完成外圆柱面、外圆锥面等的磨削加工，采用成型砂轮也可磨削外回转成型表面。外圆磨削分为纵磨法和横磨法。

（1）纵磨法

纵磨法以砂轮的旋转运动为主运动，工件做进给运动（包括工件的圆周进给运动和工件的纵向往复进给运动），此外还有砂轮的横向间歇切入运动，如图 10 − 56（a），（b），（d）所示。

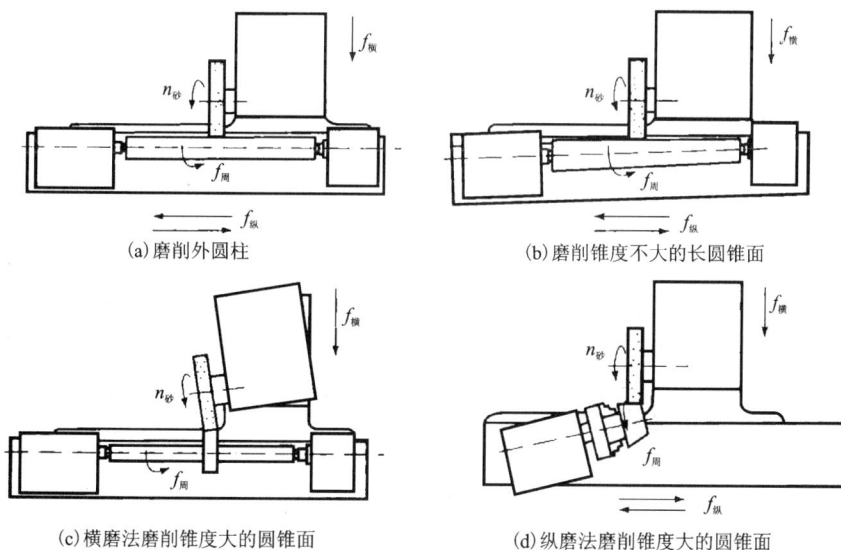

(a)磨削外圆柱

(b)磨削锥度不大的长圆锥面

(c)横磨法磨削锥度大的圆锥面

(d)纵磨法磨削锥度大的圆锥面

图 10 − 56　外圆磨床的加工方法

（2）横磨法

横磨法除砂轮的旋转主运动外，工件只做旋转圆周进给运动，无纵向往复运动；砂轮做连续的横向进给运动。主要用于磨削宽度小于砂轮宽度的工件或采用成型砂轮进行成型磨削，磨削效率较高，但磨削力大，散热条件不好，磨削精度和表面质量较差，横磨法如图 10 – 56（c）所示。

普通外圆磨床如图 10 – 57 所示。

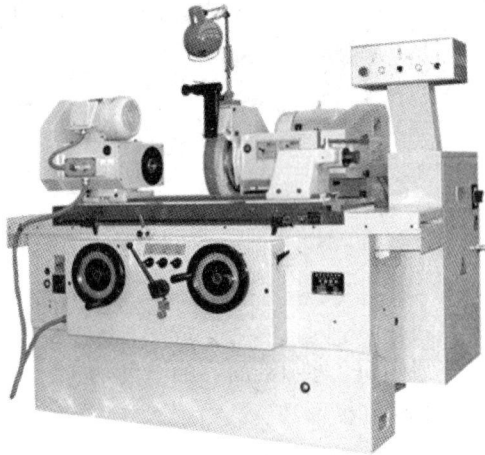

图 10 – 57　普通外圆磨床

3.内圆磨床及其加工方法

内圆磨床主要有普通内圆磨床、无心内圆磨床和行星运动内圆磨床，用于磨削圆柱形或圆锥形的通孔、盲孔、阶梯孔等，其中普通内圆磨床应用最广。

普通内圆磨床的磨削方法如图 10 – 58 所示。图 10 – 58（a）是纵磨法磨孔，图 10 – 58（b）是横磨法磨孔，图 10 – 58（c）和图 10 – 58（d）采用专用的端面磨削装置，用砂轮端面或圆周面磨削工件的端面，易于保证孔和端面的垂直度。

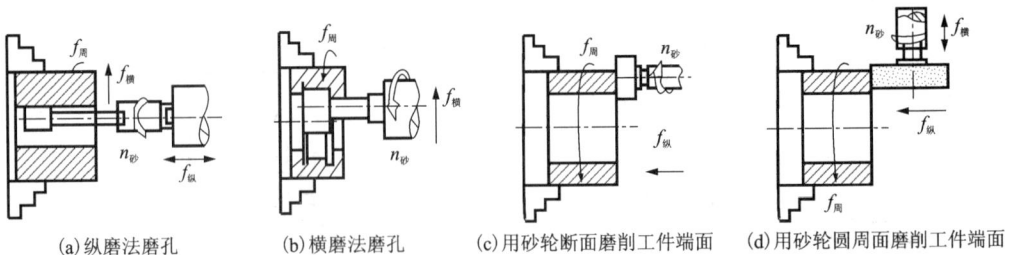

(a)纵磨法磨孔　　(b)横磨法磨孔　　(c)用砂轮断面磨削工件端面　　(d)用砂轮圆周面磨削工件端面

图 10 – 58　普通内圆磨床的磨削方法

内圆磨削的运动与外圆磨削相同，砂轮高速旋转运动为主运动，工件旋转运动为圆周进给运动，根据磨削方法不同，砂轮相对工件分别做纵向进给运动，或横向进给。普通内圆磨床如图 10 – 59 所示。

图 10－59　普通内圆磨床

4. 平面磨床及其加工方法

平面磨床主要用于磨削各种平面。平面磨床的工作台有矩形和圆形两种。矩形平面磨床用来加工长工件；圆形平面磨床用来加工短工件或圆工件的端面。平面磨削根据砂轮工作面的不同分为周边磨削法和端面磨削法。根据工作台形状和磨削方法不同，平面磨床的类型及工作原理如图 10－60 所示。

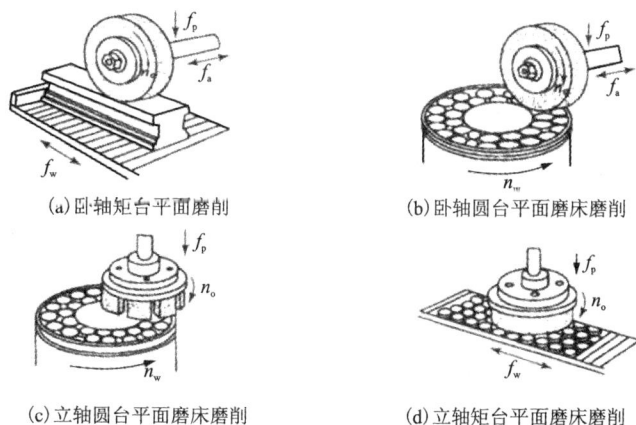

(a)卧轴矩台平面磨削　　　　(b)卧轴圆台平面磨床磨削

(c)立轴圆台平面磨床磨削　　　　(d)立轴矩台平面磨床磨削

图 10－60　平面磨床的类型和磨削方法及工作原理

图 10－60(a)和图 10－60(b)采用砂轮的周边磨削工件，接触面积小，磨削发热少，排屑及冷却条件好，工件变形小，砂轮磨损均匀。但由于砂轮轴水平，呈悬臂状态，刚性差，磨削用量小，生产效率低。

图 10－60(c)和图 10－60(d)采用砂轮的端面磨削工件，砂轮轴伸出较短，刚性好，磨削用量大，生产效率高。但磨削发热量大，冷却条件差，排屑困难，工件热变形大，表面易烧伤。

普通卧轴矩台平面磨床如图 10－61 所示。

图 10 – 61　普通卧轴矩台平面磨床

5. 无心磨床及其加工方法

无心磨床主要用来加工外圆和内圆，其加工原理与定心外圆磨床、内圆磨床不同，磨削时工件不用顶尖或卡盘来定心和支承，而是直接将工件放在砂轮、导轮之间，用托板支承，由工件外圆面作定位面。无心外圆磨削和无心内圆磨削的原理分别如图 10 – 62、图 10 – 63所示。无心磨削方法有贯穿磨削(纵磨)和切入磨削(横磨)。无心外圆磨削具有较高的生产效率，在成批大量生产中应用广泛。无心内圆磨削适合不宜用卡盘夹紧、内外圆同轴度要求又较高的薄壁件加工。

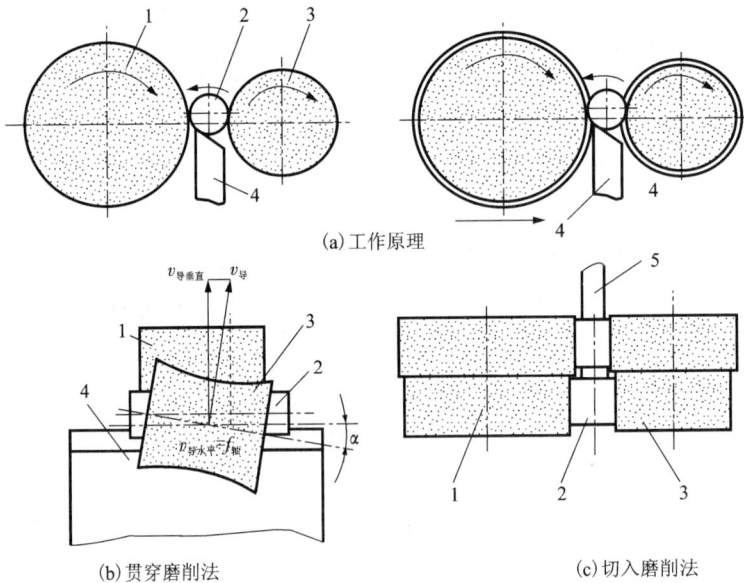

(a) 工作原理

(b) 贯穿磨削法

(c) 切入磨削法

图 10 – 62　无心外圆磨削的工作原理

1—磨削砂轮；2—工件；3—导轮；4—托板；5—挡块

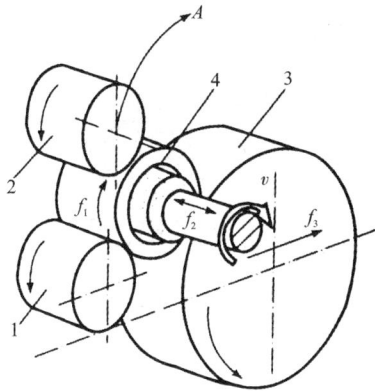

图 10 – 63　无心内圆磨削的工作原理
1—滚轮；2—压紧轮；3—导轮；4—工作件

6. 数控磨床

数控磨床除具有普通磨床的一般功能外，由于其具有两轴或多轴联动功能，因此还可以实现非圆曲面等的加工。图 10 – 64 是一些常见的数控磨床。

(a) 数控外圆磨床　　　　　(b) 数控内圆磨床　　　　　(c) 数控平面磨床

(d) 数控曲轴磨床　　　　　(e) 数控螺纹磨床

图 10 – 64　常见数控磨床

10.9.3　磨削加工的主要工具——砂轮

砂轮是磨削加工的主要工具，一些常见的砂轮类型如图 10 – 65 所示。

(a)外圆砂轮

(b)碗形砂轮

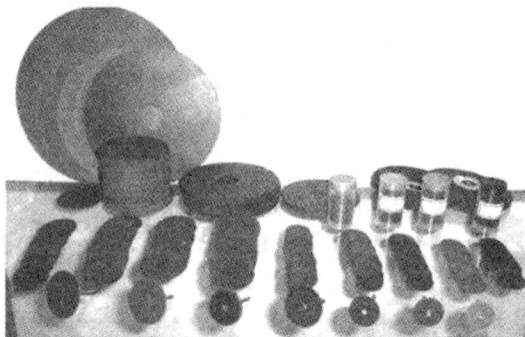
(c)锯片砂轮

(d)金刚石砂轮

图 10 – 65　常见砂轮

任务三　装配工艺基础

10.10　装配的概念

根据规定的装配精度要求，将零件结合成组件和部件，并进一步将零件、组件和部件结合成机器的过程称为装配。

零件与零件的组合过程称为组装，其成品为组件；零件与组件的组合过程称为部装，其成品为部件；而零件、组件和部件的组合过程称为总装，其成品为机器或产品。

10.10.1 装配工作的主要内容

1. 清洗

进入装配的零件必须先进行清洗，除去在制造、储存和运输过程中所黏附的切屑、油脂、灰尘等。部件或总成在运转磨合后也要清洗。清洗对于保证和提高装配质量、延长产品的使用寿命有着重要意义。保证清洗的质量，主要靠合理选用清洗液、清洗方法及工艺参数。零件在清洗后，应具有一定的防锈能力。

2. 平衡

旋转体的平衡是装配过程中一项重要工作。特别是对于转速高、运转平稳性要求高的机器，对其零部件的平衡要求更为严格，平衡工作更为重要。旋转体的平衡方法有静平衡和动平衡两种。对于盘状旋转体零件，如带轮、飞轮等，一般只进行静平衡；对于长度大的零件，如曲轴、传动轴等，必须进行动平衡。

旋转体内的不平衡质量可用加工去除法进行平衡，如钻、铣、磨、锉、刮等；也可用加配质量法进行平衡，如螺纹连接、铆接、补焊、胶接、喷涂等。

3. 过盈联接

机器中的孔、轴配合时，有很多采用过盈联接。对于过盈连接件，在装配前应保持配合表面的清洁。常用的过盈联接装配方法有压入法和热胀(或冷缩)法。

1)压入法是在常温下将工件以一定压力压入装配，会把配合表面微观不平度挤平，影响过盈量。压入法适用于过盈量不大和要求不高的情况。

2)重要的、精密的机械以及过盈量较大的联接处，常用热胀(或冷缩)法。即采用加热孔件或冷却轴件的办法，使得过盈量缩小或达到有间隙后进行装配。

4. 螺纹联接

在汽车结构中广泛采用螺纹联接。对螺纹联接的要求有如下几方面：

1)螺栓杆部不产生弯曲变形，螺栓头部、螺母底面与被联接件接触良好。

2)被联接件应均匀受压，互相紧密贴合，连接牢固。

3)根据被联接件形状、螺栓的分布情况，按一定顺序逐次(一般为2~3次)拧紧螺母。

螺纹联接的质量，除受有关零件的加工精度影响外，与装配技术也有很大关系。如：拧紧的次序不对、施力不均，零件将产生变形，降低装配精度，造成漏油、漏气、漏水等。

5. 校正

将各零部件本身或相互之间位置找正及相应的调整工作称为校正，校正是装配时重要的工作之一。

10.10.2 常用装配方法

汽车的装配精度包括以下几方面：有关零件或部件间的尺寸精度，如间隙或过盈量等；位置精度，如平行度、垂直度和同轴度等；相对运动精度，即在相对运动过程中，保证有关零件或部件间相对位置的准确度以及各个配合表面的接触精度等。

汽车制造中常用的保证装配精度的装配方法有互换装配法、选择装配法、调整装配法和修配装配法，其中互换装配法又分为完全互换装配法和大数互换装配法。

1. 互换装配法

互换装配法是在装配时，各配合零件不经选择、调整或修理即可达到装配精度的方法。互换装配法的实质就是通过控制零件的加工误差来保证装配精度。在装配时，零件可以完全互换的，称为完全互换法。

完全互换装配法的优点是：可保证零部件的互换性，便于组织专业化生产，备品、备件供应方便；装配工作简单、经济，生产率高；便于组织流水装配及自动化装配，对装配工人的技术水平要求不高；易于扩大再生产。

2.选择装配法

选择装配法是在成批或大量生产中，将产品配合副经过选择进行装配以达到装配精度的方法。在成批或大量生产条件下，若组成零件数不多而装配精度很高时，如果采用完全互换法，会使零件的公差值过小，不仅会造成加工困难，甚至会超过加工的实现可能性。

这时可以采用选择装配法，将配合副中各零件的公差放大，然后通过选择合适的零件进行装配，以保证规定的装配精度。选择装配法按其形式不同可分为三种：直接选配法、分组装配法和复合选配法。

(1)直接选配法

直接选配法即在装配时，由装配工人直接从待装配的零件中选择合适的零件进行装配，以满足装配精度的方法。例如汽车发动机活塞环的装配，为了避免活塞环工作时在环槽中卡死，装配工人凭经验直接挑选合适的活塞环进行装配，来保证装配精度。

这种装配方法的优点是简单，但装配质量在很大程度上取决于装配工人的技术水平，装配质量不稳定，而且工时分配也不稳定，不适用于生产节拍要求严格的现代化流水装配线。

(2)分组装配法

分组装配法是在成批或大量生产中，将产品各配合副的零件按实测尺寸分组，装配时按组进行互换装配以达到装配精度的方法。

例如，发动机活塞销和销孔的配合，技术要求规定，在冷态装配时应有极小的过盈量。若用完全互换法装配，则活塞销和销孔各自的加工公差分配非常小，给机械加工造成极大困难，也不经济。在实际生产中，采用分组装配法，即把活塞销和销孔的公差放大，然后对这些零件进行测量分组，按分组顺序，给对应组的零件进行装配，以保证装配精度的要求。

分组装配法的优点是降低了零件加工精度的要求，仍能获得很高的装配精度；同组内的零件具有完全互换的优点。它的缺点是增加了零件的测量、分组工作，增加了零件存储量，并使零件的储存、运输工作复杂化。

采用分组装配法时应注意如下事项：

1)配合件的公差应相等，公差增大应同一方向，增大的倍数就是分组组数。

2)配合件的表面粗糙度、形位公差必须保持原设计要求，不应随着配合件公差的放大而降低要求。

3)保证零件分组装配中都能配套。若产生某一组零件过多或过少而无法配套时，必须采取措施，避免造成积压或浪费。

4)所分组数不宜过多，以免管理复杂。

(3)复合选配法

该种方法是上述两种方法的复合，即先把零件测量分组，装配时再在对应组零件中直接选择装配。复合选配法的优点在于吸取了前述两种装配法的长处，不仅较快地选择合适的零件进行装配，又能达到理想的装配质量。实际生产中发动机气缸孔与活塞的装配大都采用此种装配方法。

3. 调整装配法

调整装配法是用改变可调整零件的相对位置或选用合适的调整件来达到装配精度的方法。根据调整件的不同,调整装配法又分为可动调整装配法和固定调整装配法。对于组成件数比较多,而装配精度要求又高的场合,宜采用调整装配法。

(1)可动调整装配法

可动调整装配法是用改变预先选定的可调整零件(一般为螺钉、螺母等)在产品中的相对位置来达到装配精度的要求。如图 10 - 66 所示,发动机的气门间隙就是通过调整螺钉来保证要求的。

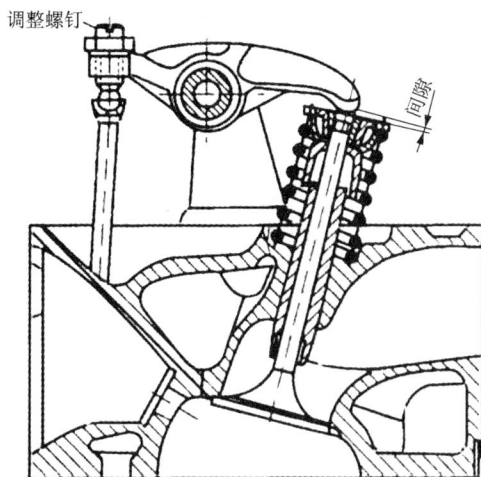

图 10 - 66 螺钉调整发动机的气门间隙

(2)固定调整装配法

固定调整装配法需预先设置几档的定尺寸调整件,装配时根据需要选择相应尺寸的调整件装入,以达到所要求的装配精度。汽车主减速器中主动锥齿轮轴承预紧度的调整,就是通过选择不同厚度的调整垫片来保证要求的。

调整装配法虽然多用了一个调整件,因而增加了部分调整工作量和一些机械加工量,但就保证整个汽车生产的装配质量来说,却是非常重要的,所以在汽车装配中被广泛采用。

4. 修配装配法

修配装配法是指在装配时修去指定零件上预留的修配量以达到装配精度的方法。修配装配法和调整装配法在原理上是一样的,都是通过调整件来补偿累积误差,仅仅是具体方法不同。

修配装配法一般适用于产量小的场合,如单件小批量生产或新产品的试制阶段。当装配件数量不多,但对装配精度要求很高,或装配件数量多而装配精度要求也很高,可以采用修配装配法。

总的来说,因为汽车多是大批量生产,所以修配装配法的应用不如前述三种装配方法广泛。

复习思考题

1. 简述铸造工艺的分类、特点及其工艺过程。

2. 简述锻件工艺过程及特点。

3. 简述冲压工艺的类型。

4. 简述车身覆盖板的冲压工艺过程。

5. 焊接工艺性包括哪些方面?

6. 说明车削加工可以完成的典型加工工艺。

7. 车削加工中心与一般数控车床相比,在功能上有什么特点?

8. 说明铣削加工可以完成的典型加工工艺。

9. 说明镗削加工可以完成的典型加工工艺。

10. 说明一般钻床可以完成的典型加工工艺。

11. 简述磨床的种类及磨削加工的特点。

12. 说明齿轮的加工和齿轮加工机床的主要类型。

13. 汽车总装配中的常用装配方法主要有哪几种?

14. 说明互换装配法和修配法的应用。

参考文献

［1］秦坚强，杨树生. 汽车机械基础［M］. 北京：中国广播电视出版社，2010.

［2］王国强，宋庆阳. 汽车与工程机械材料［M］. 武汉：华中科技大学出版社，2012.

［3］徐晓昂. 汽车机械基础［M］. 北京：机械工业出版社，2013.

［4］凤勇. 汽车机械基础［M］. 北京：人民交通出版社，2010.

［5］万苏文. 机械设计基础［M］. 重庆：重庆大学出版社，2010.

［6］钱云峰，殷锐. 互换性与技术测量［M］. 北京：电子工业出版社，2012.

［7］徐茂功. 公差配合与技术测量［M］. 北京：机械工业出版社，2015.

［8］李长河. 机械制造基础［M］. 北京：机械工业出版社，2009.

图书在版编目(CIP)数据

汽车机械基础／蔺文刚，王建莉主编. —长沙：中南
大学出版社，2020.8

全国高等职业教育汽车类"十三五"规划教材

ISBN 978 - 7 - 5487 - 4089 - 6

Ⅰ.①汽… Ⅱ.①蔺… ②王… Ⅲ.①汽车－机械学－
高等职业教育－教材 Ⅳ.①U463

中国版本图书馆 CIP 数据核字(2020)第 135975 号

汽车机械基础

主编　蔺文刚　王建莉

□责任编辑	刘　辉	
□责任印制	周　颖	
□出版发行	中南大学出版社	
	社址：长沙市麓山南路	邮编：410083
	发行科电话：0731 - 88876770	传真：0731 - 88710482
□印　　装	长沙印通印刷有限公司	

□开　　本	787 mm×1092 mm 1/16	□印张 18.5	□字数 470 千字		
□版　　次	2020 年 8 月第 1 版	□2020 年 8 月第 1 次印刷			
□书　　号	ISBN 978 - 7 - 5487 - 4089 - 6				
□定　　价	50.00 元				